# 親子法制の比較研究

大村敦志 監修

第1部　ドイツ法・オーストリア法 …… 長野史寛［著］

第2部　フランス法 ………………………… 石綿はる美

第3部　イングランド法 ………………… 金子敬明

第4部　アメリカ法 ……………………………… 常岡史子

第5部　韓国法 ………………………………… 郭　珉希

第6部　台湾法 ……………………………… 黄　詩淳

商事法務

# はしがき

　明治期に制定された民法典は「比較法学の賜」と呼ばれてきた。起草者たちは多くの外国法を参照し、様々な制約はあったものの最先端の民法典を制定した。法典編纂から130年、日本民法は社会の変化に応じて独自の発展を遂げ、かつてのように西洋の法制度をほぼそのまま導入するということは考えにくくなった。しかしながら今日でも、立法にあたって諸外国の法制を比較検討することは、なお重要な意味を持ち続けている。一方で、契約法や担保法などに関しては、様々な意味で国際的な調和が重要になっており、比較法的な状況認識は立法の不可欠の前提となっている。他方、家族法や土地法のように、ローカルな性格が相対的に強い領域では、様々に異なりつつも共通点を見いだしうる諸外国の立法例は、日本における法改正の発想源の一つになっている。

　周知のように、この15年来、民法改正作業は継続的に行われており、2017年の債権法改正に続き、2018年には相続法改正、成年年齢の引下げ（及びこれに伴う婚姻法の改正）、2019年には特別養子法の改正、2021年には所有者不明不動産に関する物権法・相続法の改正、2022年には実親子法（及び懲戒権規定）の改正、そして2024年には離婚後養育に関する改正が実現した。これらの改正の準備段階で、商事法務研究会は法務省の委託を受けていくつかの比較法調査を実施してきたが、これらの調査には若手の有力な研究者たちが貴重な研究時間を割いて参加して下さった。その成果は報告書としてとりまとめられ、法改正に際して様々な場面で利用されてきた。

　いま、これらの報告書を改めて書籍として刊行するのには、二つの理由がある。第一に、改正過程の研究を試みる後の研究者のために、立案過程において参照された比較法資料を長く閲覧可能な形で残すことが望まれるが、それだけではない。第二に、それぞれの改正は必ずしも完全な形で実現しているわけではなく、解釈によって補完されるべき点も多く残されているので、将来の解釈に向けての有益な検討材料として比較法資料を広く利用可能な状態にしておくことも有益なことである。

　本書は、平成30年（2018年）12月に公表された『各国の親子法制（養子・嫡

ii　はしがき

出推定）に関する調査研究業務報告書』の誤記等を補正しアップデートを施して、書籍として刊行するものである。報告書刊行以降の変化の概要は各章の末尾に【後記】という形でまとめられているほか、本文・注・引用文献についても必要な範囲で修正が加えられている。本書をご覧いただくと、ドイツ・オーストリア・フランス・イングランド・アメリカだけでなく韓国・台湾も含む対象国につき、養子・嫡出推定の双方に及ぶ広い範囲での調査がなされたことがわかるであろう。また、その後の6年間の変化も含めて、今後の解釈論・立法論にとって活用可能な考え方も数多く見いだされるはずである。とりわけ単に法情報が列挙されているだけでなく、それぞれの法制度・法文化を理解した上で、日本法との対比が行われている点に注目していただきたい。

　本書と同趣旨のもと、すでに刊行されている『相続法制の比較研究』（大村敦志監修、商事法務、2020年）とあわせて、様々な方々が本書を十分に活用して下さることを期待している。

　ご多忙のなか報告書のアップデートに取り組んでいただいた執筆者、報告書の書籍化を承諾して下さった法務省・商事法務研究会、そして出版を引き受け編集をして下さった商事法務の皆さんに、この場を借りてお礼を申し上げる。

　2024年10月

監修者　大村　敦志

iii

## 監修者・執筆者一覧

| | | |
|---|---|---|
| 監　修 | 大村　敦志（おおむら　あつし） | |
| | 学習院大学大学院法務研究科教授 | |
| 第1部　ドイツ法・ | 長野　史寛（ながの　ふみひろ） | |
| 　　　　オーストリア法 | 京都大学大学院法学研究科教授 | |
| 第2部　フランス法 | 石綿　はる美（いしわた　はるみ） | |
| | 一橋大学大学院法学研究科准教授 | |
| 第3部　イングランド法 | 金子　敬明（かねこ　よしあき） | |
| | 名古屋大学大学院法学研究科教授 | |
| 第4部　アメリカ法 | 常岡　史子（つねおか　ふみこ） | |
| | 横浜国立大学理事・名誉教授 | |
| 第5部　韓　国　法 | 郭　　珉希（カク　ミンヒ） | |
| | 淑明女子大学校法科大学教授 | |
| 第6部　台　湾　法 | 黄　　詩淳（コウ　シジュン） | |
| | 国立台湾大学法律学院教授 | |

# 目　　次

# 第1部　ドイツ法・オーストリア法——1

## 第1章　特別養子——ドイツ ……………………………………1

### ① 緒　　論 ……………………………………………………1

#### 1 沿　　革 …………………………………………………1

#### 2 特　　色 …………………………………………………2

#### 3 法　　源 …………………………………………………2

(1) 実体法規範　2／(2) 手続法規範　3

#### 4 叙述の対象 ………………………………………………3

### ② 要　　件 ……………………………………………………3

#### 1 緒　　論 …………………………………………………3

(1) 「要件」の意味　3／(2) 概観　4

#### 2 養親適格 …………………………………………………4

(1) 行為能力　4／(2) 年齢　4／(3) 共同養子縁組の必要性・可能性　5

#### 3 養子適格 …………………………………………………7

(1) 固有の要件　7／(2) 養親となるべき者との実親子関係の不存在　8

(3) 既に養子となっていないこと（多重縁組の禁止）　8

#### 4 子の福祉適合性 …………………………………………10

(1) 原則　10／(2) 児童取引に関与した者等についての特則　12

#### 5 親子関係発生の見込み …………………………………12

(1) 位置づけ　12／(2) 内容　13／(3) 特別な場合／13

#### 6 試験養育期間 ……………………………………………14

(1) 趣旨　14／(2) 期間　14

目　次　v

7　養親となるべき者の子ないし養子となるべき子の子の利益への
　　　配慮 ……………………………………………………………………… 14
　（1）　趣旨　14／（2）　養親となるべき者の子の利益　15
　（3）　養子となるべき子の子の利益　16

8　関係者の同意等 ……………………………………………………… 16
　（1）　実親の同意　16／（2）　母と婚姻関係にない父の保護　26
　（3）　子の同意　27／（4）　養親の配偶者の同意（民法1749条）　31

9　申立て（民法1752条1項）………………………………………… 32

③　効　　　果 …………………………………………………………… 33

1　将　来　効 …………………………………………………………… 33
　（1）　原則　33
　（2）　例外——養親が既に死亡している場合（民法1753条3項）　33

2　親族関係 ……………………………………………………………… 33
　（1）　養親およびその親族との関係（民法1754条）　34
　（2）　実親およびその親族との関係　34

3　氏名（民法1757条）………………………………………………… 38
　（1）　養親の氏の取得（1項）　39
　（2）　養親夫婦が婚氏を有しない場合（2項）　39
　（3）　氏名の追加・変更（3項）　40

4　秘密保護（民法1758条）…………………………………………… 41
　（1）　原則　41／（2）　拡張　41／（3）　制限　41

5　身分登録 ……………………………………………………………… 42

6　補論——出自を知る権利 …………………………………………… 42

④　手　　　続 …………………………………………………………… 43

1　総　　　論 …………………………………………………………… 43

2　養子縁組成立の手続 ………………………………………………… 43
　（1）　養子縁組あっせん　43／（2）　管轄裁判所　47／（3）　手続の開始　47

vi 目　　次

(4)　関係人　48／(5)　審理　48／(6)　手続の中断　51

(7)　裁判および不服申立て　51

3　同意に代わる決定の手続……………………………………………52

(1)　緒論　52／(2)　手続開始　52／(3)　関係人　52

(4)　裁判資料の収集　53／(5)　手続の中断　53

(6)　裁判および不服申立て　54

⑤　解　　消………………………………………………………………54

1　緒　　　論……………………………………………………………54

(1)　解消制度の趣旨　54／(2)　解消と無効　54

(3)　解消事由の種類　55

2　裁判による解消1── 申立てによる解消………………………55

(1)　解消事由　55／(2)　障害事由　57／(3)　申立て　59

3　裁判による解消2── 職権による解消（民法1763条）…………61

(1)　趣旨　61／(2)　要件　62

4　裁判による解消3── 効果…………………………………………64

(1)　将来効　64／(2)　親族関係の復活　64／(3)　親権　65

(4)　氏（民法1765条）　65

5　裁判による解消4── 手続…………………………………………67

(1)　緒論　67／(2)　開始　67／(3)　関係人　67／(4)　審理　67

(5)　裁判および不服申立て　68

6　法律上当然の解消（民法1766条）…………………………………68

(1)　趣旨　68／(2)　要件・効果　69

⑥　運用状況……………………………………………………………69

第2章　嫡出推定（父子関係）── ドイツ………………70

①　緒　　　論……………………………………………………………70

1　沿　　　革……………………………………………………………70

目　次　vii

2　父子関係の発生態様（民法1592条）……………………………… 70

3　本章の説明の対象 …………………………………………………… 70

### ② 婚姻による父子関係発生 ……………………………………………… 71

1　緒論──1998年改正前の規律 …………………………………… 71

(1)　嫡出推定　71／(2)　推定が重複する場合──後婚の優先　71

2　原則（民法1592条1号）…………………………………………… 71

(1)　規準　71／(2)　旧法との相違　72

3　拡張──夫死亡後の出生（民法1593条1文、2文）………………… 72

4　父子関係競合への対処 ……………………………………………… 73

(1)　後婚の優先（民法1593条3文）　73

(2)　前婚の復活（民法1593条4文）　73

### ③ 認知による父子関係発生 ……………………………………………… 74

1　通常の認知 …………………………………………………………… 74

(1)　要件　74／(2)　効果　76

2　離婚手続に際しての認知（民法1599条2項）…………………… 76

(1)　概要・趣旨　76／(2)　要件　77／(3)　効果　78

### ④ 裁判による父子関係確認 ……………………………………………… 79

1　緒　　論 ……………………………………………………………… 79

2　事件の種類 …………………………………………………………… 79

3　管　　轄 ……………………………………………………………… 80

4　手続開始──申立て ………………………………………………… 80

5　関　係　人 …………………………………………………………… 81

(1)　範囲　81／(2)　代理　81／(3)　死亡　81

6　実体的要件 …………………………………………………………… 81

(1)　原則　81／(2)　適格精子提供者についての例外（民法1600d条
4項）　82／(3)　推定　82

viii 目　　次

　　　7　審　　理 ……………………………………………………………83

　　　　(1)　手続の進行　83 ／(2)　裁判資料の収集　83

　　　8　裁判および不服申立て ………………………………………………84

　⑤　父子関係の否認 ……………………………………………………………85

　　　1　緒　　論 ……………………………………………………………85

　　　2　要　　件 ……………………………………………………………85

　　　　(1)　否認権者(民法1600条)　85 ／(2)　否認の意思表示(民法1600a条)　89

　　　　(3)　期間制限(民法1600b条)　90 ／(4)　否認事由　93

　　　　(5)　推定(民法1600c条)　94

　　　3　効　　果 ……………………………………………………………95

　　　　(1)　父子関係の消滅　95 ／(2)　扶養給付の処理　95

　　　　(3)　代理行為の効果　96

　　　4　手　　続 ……………………………………………………………96

　　　　(1)　事件の種類　96 ／(2)　管轄　96 ／(3)　手続開始――申立て　96

　　　　(4)　関係人　97 ／(5)　審理　97 ／(6)　裁判および不服申立て　98

　⑥　立　法　論 ……………………………………………………………99

第3章　補論――オーストリア ………………………………………107

　①　緒　　論 ……………………………………………………………107

　②　特別養子 ……………………………………………………………108

　　　1　緒　　論 ……………………………………………………………108

　　　　(1)　沿革　108 ／(2)　法源　108 ／(3)　特徴　108

　　　2　要　　件 ……………………………………………………………109

　　　　(1)　養親適格　109 ／(2)　養子適格　112 ／(3)　養子縁組契約　112

　　　　(4)　裁判所の承認　113

　　　3　効　　果 ……………………………………………………………118

　　　　(1)　遡及効等　118 ／(2)　親族関係の変動（民法197条）　118

目　　次　ix

　　　(3)　財産的法律関係の存続　120 ／(4)　氏　121

　　　(5)　身分登録・子の出自を知る権利　122

　　4　手　　　続……………………………………………………122

　　　(1)　養子縁組あっせん　122 ／(2)　事件の種類　123

　　　(3)　管轄裁判所　124 ／(4)　手続開始——申立て　124

　　　(5)　当事者　125 ／(6)　審理　125 ／(7)　裁判および不服申立て　127

　　5　承認撤回および解消……………………………………………127

　　　(1)　緒論　127 ／(2)　承認撤回（民法200条）　128 ／(3)　解消　130

　　　(4)　手続　131

　　6　運用状況……………………………………………………131

　3　嫡出推定（父子関係）………………………………………132

　　1　緒　　　論……………………………………………………132

　　　(1)　沿革および叙述の対象　132 ／(2)　法源　132 ／(3)　特徴　132

　　2　親子関係に関する行為能力…………………………………133

　　3　婚姻による父子関係発生……………………………………134

　　　(1)　発生要件　134 ／(2)　排除——父子関係不存在の確認　134

　　4　認　　　知……………………………………………………138

　　　(1)　原則——通常の認知　138 ／(2)　特則——父子関係覆滅認知　139

　　　(3)　排除——認知の無効宣言　141

　　5　裁判所による父子関係確認…………………………………143

　　　(1)　原則——通常の手続　143 ／(2)　特則——父子関係が既に存在
　　する場合における父子関係確認（民法150条）　145

　　6　補論——父子関係否認の諸相………………………………146

【後記】……………………………………………………………147

# 第2部　フランス法 ———————— 149

## 第1章　養子法制 ………………………………………… 149

### ① 養子制度概要 …………………………………………… 149

1　2つの制度の存在 …………………………………… 149

2　養子縁組に関連する組織 ………………………… 151

### ② 完全養子縁組 …………………………………………… 151

第1節　養親の要件 …………………………………… 151

1　すべての者に共通な要件——養子と養親の年齢差 ……………… 152

2　養親の類型ごとに要件される要件——年齢等 ……………………… 152

(1)　夫婦で完全養子縁組をする場合　152

(2)　単独で完全養子縁組をする場合　153

(3)　配偶者の子と完全養子縁組する場合　154

(4)　養親となる者が死亡した場合　154

第2節　養子の要件 …………………………………… 154

1　養子の年齢 …………………………………………… 155

2　養親の家庭における受け入れ ………………………… 155

3　養子の同意 …………………………………………… 155

4　養子となることができる子 ………………………… 157

(1)　家族の同意により養子縁組ができる子　157／(2)　国の被後見子　160

(3)　判決により放任が宣言された子　162

(4)　配偶者の子の完全養子縁組　163

第3節　養子縁組の手続 ……………………………… 163

1　完全養子縁組のための託置 ………………………… 164

2　完全養子縁組裁判 …………………………………… 165

(1)　申立て　165／(2)　審理　165／(3)　合法性の確認　166

目　次　xi

　⑷　子の利益　167／⑸　判決への不服申立ての方法　168

　3　身分登録（出生証書等の扱い）……………………………………… 168

　⑴　出生証書について　168／⑵　出自を知る権利　168

第4節　養子縁組の効果……………………………………………………… 169

　1　財産以外の効果……………………………………………………… 170

　2　財産関係の効果……………………………………………………… 170

　3　配偶者の子を完全養子縁組する場合の特則……………………… 171

第5節　離　　縁……………………………………………………………… 171

　1　撤回不可能の原則…………………………………………………… 171

　2　例外——再度の養子縁組の可能性………………………………… 172

3　単純養子縁組……………………………………………………………… 172

第1節　養親の要件…………………………………………………………… 173

第2節　養子の要件…………………………………………………………… 173

　1　養子の年齢…………………………………………………………… 173

　2　養親家庭における受け入れ………………………………………… 173

　3　養子の同意…………………………………………………………… 174

　4　養子となることができる者………………………………………… 174

第3節　養子縁組の手続……………………………………………………… 174

第4節　養子縁組の効果……………………………………………………… 175

　1　財産以外の効果……………………………………………………… 175

　⑴　親族関係　175／⑵　氏名　175／⑶　親権　176

　2　財産関係の効果……………………………………………………… 176

　⑴　扶養義務　176／⑵　相続　176

第5節　離　　縁……………………………………………………………… 177

4　統　計　等………………………………………………………………… 178

　1　統　　計……………………………………………………………… 178

xii 目　　次

　　2　評　　価 ……………………………………………………………… 180

# 第2章　父子関係の推定 …………………………………………… 182

## ① 親子関係の確立の概要 ………………………………………… 182

　　1　序 ………………………………………………………………… 182

　　2　親子関係の確立方法 ………………………………………… 184

　　　(1)　法律の効果による確立　184／(2)　認知　184

　　　(3)　公知証書により確認される身分占有　184

　　　(4)　裁判による親子関係の確立　185

　　3　親子関係を争う方法 ………………………………………… 186

## ② 父子関係の推定制度 …………………………………………… 186

　　第1節　父性推定の原則 ……………………………………… 187

　　第2節　父性推定の排除 ……………………………………… 187

　　1　出生証書が父の資格で夫を表示しない場合 ………………… 188

　　2　離婚や別居の手続中である場合 …………………………… 188

　　第3節　父性推定の回復 ……………………………………… 189

　　1　身分占有による回復 ………………………………………… 189

　　　(1)　子が夫に関して身分占有を有すること　189

　　　(2)　子が第三者に関して既に確立された父子関係を有しないこと　190

　　2　判決による回復 ……………………………………………… 190

　　第4節　父子関係の重複の可能性 …………………………… 191

　　1　父性推定の重複の可能性 …………………………………… 191

　　2　父子関係の重複の可能性 …………………………………… 192

## ③ 父子関係を争う訴え …………………………………………… 194

　　1　証書と身分占有が合致する場合 …………………………… 194

　　2　証書と身分占有が合致しない場合 ………………………… 195

目　次　xiii

　　3　公知証書によって確認された身分占有により確立された父子

　　　　関係を争う場合 ……………………………………………………… 195

　④　終わりに——父性推定への評価・改正の動き ……………… 195

【後記】 ……………………………………………………………………… 198

# 第3部　イングランド法 ———————— 207

## 第1章　イングランド法における養子制度 ……………… 207

　①　養子制度全般 ………………………………………………………… 207

　　1　概　　要 ………………………………………………………………… 207

　　2　統　　計 ………………………………………………………………… 208

　②　養子機関（adoption agency） ……………………………………… 210

　③　養子となる者、養親となる者に関する要件 ……………………… 211

　　1　養子となる者の要件 ………………………………………………… 211

　　2　養親となる者の要件 ………………………………………………… 211

　　3　養親と養子との年齢差 ……………………………………………… 212

　　4　養子機関の役割（付・養子の標準的なプロセス） ………………… 212

　④　養子託置（placement for adoption） …………………………… 213

　　1　養子託置をする権限の取得 ………………………………………… 213

　　2　養子託置の効果 ……………………………………………………… 218

　⑤　養子命令（adoption order） ……………………………………… 220

　　1　申立ての手続 ………………………………………………………… 220

　　2　申立ての前提要件 …………………………………………………… 221

　　　(1)　試験養育期間　221／(2)　養子機関による報告書の作成等　222

　　3　申立てが認められる要件 …………………………………………… 222

xiv 目　　次

6　養子命令の効果……………………………………………………223

　1　養子の法的地位…………………………………………………223

　2　養子に関する情報………………………………………………224

　⑴　Adopted Children Register　224

　⑵　養子になった子が実親などについての情報を得る手段　225

　⑶　Adoption Contact Register　225

　3　養子命令後の実方との交流（post-adoption contact）……………225

7　養子命令の取消し…………………………………………………226

8　養親の秘匿性確保のための裁判実務上の工夫………………227

9　おわりに……………………………………………………………228

# 第2章　イングランド法における親子関係……………230

1　母の決まり方………………………………………………………230

2　父の決まり方………………………………………………………230

3　出生登録……………………………………………………………230

　1　現行の手続………………………………………………………231

　⑴　出生登録の義務を負う者　231／⑵　登録のプロセス　232

　⑶　再登録（re-registration）　233／⑷　統計　233

4　WRA2009のもとで予定されている出生登録の手続…………233

5　父性の推定（*pater est* ルール）………………………………234

6　科学的テストが指示される場合・されない場合……………236

7　生殖補助医療の場面におけるコモンロー上のルールの修正…238

# 第4部 アメリカ法 ———————241

## 第1章 はじめに ………………241

### ① 本調査の目的 ………………241

### ② アメリカにおける親子法制の概要 ………………243

## 第2章 養子制度 ………………247

### ① アメリカにおける養子縁組の動向 ………………247

### ② 統一養子法（Uniform Adoption Act）の養子制度 …………249

#### 1 概　要 ………………249

#### 2 養親子関係成立の一般的要件と効果 ………………250

#### 3 未成年養子制度 ………………251

(1) 養子縁組の権限を有する者　251

(2) 直接的養子縁組（direct placement adoption）　253

(3) 仲介機関による養子縁組（agency placement adoption）　254

(4) 養子縁組への同意と子に関する権利の譲渡（relinquishment）　255

(5) 養子縁組成立判決　259／(6) 記録・身元の秘密保持　268

(7) 継親と未成年の継子の養子縁組　268

#### 4 成年養子制度 ………………270

## 第3章 親子関係制度 ………………271

### ① 法律上の親子関係に関する規律の動向 ………………271

#### 1 嫡出子（婚内子）の親子関係 ………………271

#### 2 婚外子の親子関係 ………………271

(1) 父性の任意認知手続　271／(2) 父子関係確定訴訟　273

### ② 統一親子関係法（Uniform Parentage Act）の親子関係制度 …274

#### 1 統一親子関係法の概要 ………………274

2　法律上の親子関係の成立……………………………………………278

　　　(1)　親子関係の発生原因　278 ／(2)　親子関係発生の効果　281

　　　(3)　親子関係の推定　281

　　3　親子関係の否定……………………………………………………287

　　　(1)　裁判手続　287 ／(2)　申立権者と関係人への通知　287

　　　(3)　判決の拘束力　289 ／(4)　親子関係の否定　291

　　　(5)　親子関係が競合する場合　295

　3　生殖補助医療と親子関係…………………………………………297

　　1　生殖補助医療による出生子の親子関係……………………………297

　　2　代理懐胎による子と法律上の親子関係……………………………300

　　　(1)　代理出産契約に関する規律　300 ／(2)　懐胎代理母契約　301

　　　(3)　遺伝子的代理母契約　302

# 第4章　諸州の養子・親子法制……………………………………303

　1　養子制度……………………………………………………………303

　　1　諸州の概要…………………………………………………………303

　　　(1)　養親の要件　303 ／(2)　養子の要件　304

　　　(3)　管轄州に関する要件　305 ／(4)　養子縁組をする権限を持つ者　305

　　2　ニュー・ヨーク州…………………………………………………306

　　　(1)　手続　306 ／(2)　同意権者　306 ／(3)　養子縁組成立判決　307

　　3　カリフォルニア州…………………………………………………307

　　　(1)　要件　307 ／(2)　同意権者　308 ／(3)　効果　309

　2　親子関係制度………………………………………………………310

　　1　諸州の概要…………………………………………………………310

　　2　ニュー・ヨーク州…………………………………………………310

　　　(1)　嫡出子　310 ／(2)　婚外子　311

　　3　カリフォルニア州…………………………………………………312

【後記】……………………………………………………………………………………… 313

# 第5部　韓　国　法──────── 321

## 第1章　親生推定（嫡出推定）………………………………………… 321

### 1　父子関係の成立と親生子の推定……………………………… 321

　1　父子関係の成立………………………………………………… 321

　2　親生推定の要件………………………………………………… 321

　3　親生推定の効果………………………………………………… 322

　　(1)　親生子関係の存在の推定　322

　4　親生推定の制限………………………………………………… 323

　　(1)　学説　323 ／(2)　判例　323 ／(3)　親子関係の存否確認　324

### 2　親生推定の否認……………………………………………… 325

　1　親生否認の訴…………………………………………………… 325

　　(1)　親生否認権者（提訴権者）　325 ／(2)　訴の相手方　326

　　(3)　調停前置主義　326 ／(4)　出訴期間　326

　　(5)　承認による親生否認権の喪失　327 ／(6)　親生否認判決の効力　327

　2　親生否認の許可請求と認知許可請求……………………… 327

　　(1)　憲法裁判所の違憲判決　327 ／(2)　親生否認の許可請求　328

　　(3)　認知の許可請求　329

### 3　親生推定（嫡出推定）の重複…………………………… 329

　1　親生推定の重複………………………………………………… 329

　2　父を定める訴…………………………………………………… 329

　　(1)　提訴権者と相手方　329 ／(2)　調停前置主義　330

　　(3)　家庭裁判所の証拠調査と判断　330 ／(4)　父を定める訴の効力　330

xviii 目　　次

# 第 2 章　養子縁組……………………………………………332

## ① 序………………………………………………………332

### 1　序　　説……………………………………………332

### 2　韓国の養子制度……………………………………332

### 3　民法と国内入養特別法との関係……………………334

## ② 一般養子………………………………………………334

### 1　未成年者の養子縁組………………………………334

(1)　養子となる子と意思表示　334 ／(2)　親生父母（実親）の同意　335

(3)　家庭裁判所の許可と届出　336

### 2　成年者の養子縁組……………………………………337

### 3　被成年後見人の養子縁組……………………………338

### 4　一般養子縁組の効果…………………………………338

### 5　縁組の無効……………………………………………339

(1)　無効事由　339 ／(2)　養子縁組の無効の訴　339

(3)　養子縁組の無効の効果　340

### 6　縁組の取消し…………………………………………340

(1)　取消事由　340 ／(2)　養子縁組の取消しの訴　341

(3)　養子縁組の取消しの効果　342

### 7　縁組の解消――罷養（離縁）………………………342

(1)　協議上罷養　342 ／(2)　裁判上罷養　343

## ③ 親 養 子…………………………………………………345

### 1　意　　義………………………………………………345

### 2　親養子の要件…………………………………………346

(1)　親養子縁組の対象（養子となる子）　347 ／(2)　養親となる者　347

(3)　法定代理人の同意・承諾　347 ／(4)　親生父母（実親）の同意　348

(5)　家庭裁判所の許可　349

目　次　xix

　　3　養子縁組の届出と登録 ……………………………………… 349

　　4　親養子縁組の効果 …………………………………………… 349

　　　(1)　婚姻中の出生者　349／(2)　親養子の姓と本　350

　　　(3)　養子縁組前の親族関係の終了（断絶型養子縁組）　350

　　5　縁組の取消し ………………………………………………… 351

　　　(1)　取消事由と取消権者　351／(2)　取消届出　351

　　　(3)　取消しの効力　352

　　6　縁組の解消──罷養（離縁）……………………………… 352

　　　(1)　罷養事由と罷養請求権者　353／(2)　罷養の判断　353

　　　(3)　罷養の届出と登録　353／(4)　罷養の効力　354

　4　国内入養特別法による養子縁組 …………………………… 354

　　1　意　　義 ……………………………………………………… 354

　　2　国内入養特別法上の養子縁組の成立要件 ………………… 355

　　　(1)　養子縁組の対象及び養子となる児童の決定　355

　　　(2)　養親となる者　356／(3)　養子となる児童の承諾　357

　　　(4)　親生父母の同意　357／(5)　養子縁組の申請及び結縁　358

　　　(6)　家庭裁判所の許可及び臨時養育決定　359／(7)　養子縁組の届出　360

　　3　養子縁組の効力 ……………………………………………… 361

　　4　養子縁組の無効と取消し …………………………………… 362

　　5　児童権利保障院 ……………………………………………… 362

# 第6部　台　湾　法 ─────── 363

## 第1章　はじめに ……………………………………………… 363

## 第2章　養子縁組制度について ……………………………… 365

　1　養子縁組制度の沿革と目的 ………………………………… 365

xx　目　　次

2　現行法下の養子縁組の要件と効果 ………………………………… 367

　1　養子縁組の成立 ……………………………………………………… 368

　　(1)　実質的要件　368 ／(2)　形式的要件　370

　2　養子縁組の効力 ……………………………………………………… 371

　　(1)　効力の発生の時点　371 ／(2)　親子関係と親族関係の発生　372

　　(3)　養子の氏　373

　3　離　　　縁 …………………………………………………………… 373

　　(1)　協議離縁　373 ／(2)　裁判離縁　374 ／(3)　死後離縁　375

3　家事事件法の立法に伴う手続上の変化 ………………………… 375

　1　立法経緯 ……………………………………………………………… 375

　2　家事事件の五類型 …………………………………………………… 376

　3　裁判離縁の手続に関する論争 …………………………………… 377

4　養子縁組の実態とその機能 …………………………………… 379

　1　養子縁組の成立の実態 …………………………………………… 379

　2　離縁の実態 …………………………………………………………… 381

# 第3章　嫡出推定制度について ……………………………………… 383

1　親子関係の成立について …………………………………… 383

2　嫡出推定の概要 ……………………………………………… 384

　1　懐胎期間の推定 ……………………………………………………… 384

　2　嫡出推定 ……………………………………………………………… 385

3　再婚禁止期間の撤廃と父子関係の重複回避の手続 ………… 386

　1　再婚禁止期間の規定 ……………………………………………… 386

　2　再婚禁止期間の削除 ……………………………………………… 386

　3　父の確認の訴え ……………………………………………………… 387

4　嫡出否認制度の変遷 ………………………………………… 387

1　1931年民法と民事訴訟法では夫と「相続権を害される者」のみ … 387

　　2　1985年法改正で妻へ否認権を付与 ……………………………… 389

　　3　2004年の憲法裁判 ………………………………………………… 390

　　4　2007年法改正で子へ否認権を付与 ……………………………… 393

第4章　最近の議論──同性カップルの法的保障と

　　　　親子法 ……………………………………………………………… 395

【後記】……………………………………………………………………… 398

# 第 1 部　ドイツ法・オーストリア法

長野　史寛

## 第 1 章　特別養子——ドイツ[1]

### ① 緒　論

#### 1　沿　革

ドイツの養子縁組制度は、当初、子のいない養親のための制度だった。この

---

1)　以下でドイツ法に関し略語で引用する文献は、以下のものである。なお、邦語文献は
ごく一部の例外を除き原則として引用していない。

- BeckOGK-BGB/（著者名）; Beck-online Großkommentar BGB（Stand: 1.8.2018）
- Behrentin/（著者名）, Handbuch; Rolf Behrentin（Hrsg.）, Handbuch Adoptionsrecht（2017）
- *Gernhuber/Coester-Waltjen*, Familienrecht; Joachim Gernhuber/Dagmar Coester-Waltjen, Familienrecht, 6. Aufl.（2010）
- MüKoBGB/（著者名）; Münchener Kommentar zum Bürgerlichen Gesetzbuch, Band 8 Familienrecht I（1297-1588）, 7 . Aufl.（2017）; Band 9 Familienrecht II（1589-1921）, 7. Aufl.（2017）
- MüKoFamFG/（著者名）; Münchener Kommentar zum FamFG, Band 1, 3. Aufl.（2018）
- *Muscheler*, Familienrecht; Karlheinz Muscheler, Familienrecht, 4. Aufl.（2017）
- Soergel/（著者名）; Soergel Bürgerliches Gesetzbuch mit Einführungsgesetz und Nebengesetzen Band 20, 13. Aufl.（2000）
- Staudinger/（著者名）; J. von Staudingers Kommentar zum Bürgerlichen Gesetzbuch mit Einführungsgesetz und Nebengesetzen, Buch 4 Familienrecht §§1589-1600d（Abstammung）, Neubearbeitung 2011（2011）; §§ 1741-1772（Adoption）, Neubearbeitung 2007（2007）

ことは、制度上、養親の年齢が50歳以上であり、かつ子を有しないことが要件とされていた点に表れている。しかし、第 2 次大戦後、これらの要件の緩和・廃止とともに、同制度は次第に養子の福祉のための制度に転換していった。この流れの集大成と言えるのが1977年の改正であり、これによって契約主義から国家宣言主義への移行、弱い養子縁組から完全養子縁組への移行が実現した。このように、ドイツ法は現代的な養子法にとっての 1 つの典型的な展開をたどったものと言うことができる。

## 2 特　色

　現行のドイツ養子法の詳細に立ち入る前に、概観に代えて、日本法との比較におけるその特色をいくつか挙げておく。

　①　未成年養子と成年養子とが、民法典の排列上も明確に区別されている。そして、未成年養子については、実親およびその親族との親族関係が消滅するいわゆる完全養子のみが認められている。日本法のように、普通養子と特別養子の区分に対応するものは存在しない。

　②　養子縁組は、裁判所の決定により成立する（いわゆる国家宣言型）。従来、縁組当事者の契約を裁判所が承認することが長きにわたり縁組の要件とされていたものの、様々な規制ゆえに、契約と言っても名ばかりのものに過ぎなかった。1977年養子法改正により、この点を実態に合わせるべく、国家宣言型への転換が図られたのである。

　③　後に詳しく見るとおり、養子縁組のあっせん手続が制度化され、それに続く裁判所における手続とも一定の有機的な連携が図られている。

## 3 法　源

### (1) 実体法規範

　養子縁組に関する実体的な規定は、そのほぼ全てが民法（Bürgerliches Gesetzbuch; BGB; 条数引用の際は「民法」とする）の親族編に置かれている（1741条以下）。もっとも、ドイツでは、異性間ないし同性間での婚姻[2]と並んで、

---

　2)　後者は、2017年の改正により可能となった（民法1353条 1 項 1 文）。

同性カップル間での生活パートナーシップが認められているところ[3]、この生活パートナーが養子縁組の当事者となる場合については、生活パートナーシップ法（Lebenspartnerschaftsgesetz; LPartG; 条数引用の際は「パートナー」とする）に若干の規定がある。

### (2) 手続法規範

養子縁組の手続のうち、養子縁組のあっせんに関しては、主として養子縁組あっせん法（Adoptionsvermittlungsgesetz; AdVermiG; 条数引用の際は「あっせん」とする）が、裁判所における成立手続については、家事・非訟事件手続法（Gesetz über das Verfahren in Familiensachen und in den Angelegenheiten der freiwilligen Gerichtsbarkeit; FamFG; 条数引用の際は「家事・非訟」とする）が、これを定めている。

### 4　叙述の対象

本章の課題は、ドイツの未成年養子縁組制度の概要および運用状況につき説明することである。そこで、以下では、未成年縁組養子に関する規律に限定して、その概要を説明する。なお、ドイツの養子縁組においては、養親または養子がドイツ国外に居住しているなど、国際的な要素が重要な意味を持つこともある。しかし、この点は本章の主たる関心ではないことから、以下では触れない。

## ② 要　件

### 1　緒　論

### (1)「要件」の意味

未成年養子縁組の要件については、民法1741条から1753条に規定が置かれている。もっとも、ここで言う「要件」とは、通常の意味におけるそれとは若干

---

3)　もっとも、同性婚が認められたのと同時に、生活パートナーシップの新規登録はもはやできなくなっている（Art. 3 Abs. 3 Gesetz zur Einführung des Rechts auf Eheschließung für Personen gleichen Geschlechts vom 20.7.2017, BGBl. I S. 2780）。これにより、生活パートナーシップに関する議論は今後実益を失っていくと思われるため、本章ではこれに関する事項は注で言及するにとどめる。

4 第1部 ドイツ法・オーストリア法

異なる。と言うのも、裁判所による養子縁組成立の決定がされれば、原則とし
て養子縁組は成立するのであって、その「要件」が欠けていたことは、せいぜ
い養子縁組の解消事由になりうるに過ぎないからである。その意味で、以下に
述べる要件は、法律効果発生のための要件というよりも、第一次的には、裁判
所がいかなる場合に縁組成立の決定をすべきかという行為規範としての役割を
果たす[4]。なお、このこととも対応して、以下の要件はいずれも基本的に養子
縁組成立の決定の時点で備わっている必要がある。

## (2) 概　観

以上の意味での養子縁組成立の要件は、①養親および養子の資格に関する要
件（2、3）、②養子の利益に関する要件、③関係者の利益保護に関する要件、
④手続的要件としての申立て（9）の4つに大きく区分することができる。②
には、子の福祉適合性（4）、親子関係発生の見込み（5）および試験養育期
間（6）の要件が含まれる。③は、養親となるべき者および養子となるべき子
のそれぞれの子の利益への配慮（7）と、その他の利害関係人（養子となるべ
き子、実親および養親となるべき者の配偶者）の同意要件（8）とからなる。

## 2　養親適格

まず、養親たる資格としては、次の諸点が必要とされる。

## (1) 行為能力

養親となるべき者は、完全な行為能力を備えていなければならない。現行法
にはこのことを明記する規定は存在しないが、異論は存在しない[5]。

## (2) 年　齢

### (a) 下　限

養親となるべき者の年齢については、日本の現行特別養子法と同様、その下

---

4)　*Gernhuber/Coester-Waltjen*, Familienrecht, §68 Rn. 11, 96.

5)　Soergel/*Liermann*, §1741 Rn. 40; *Gernhuber/Coester-Waltjen*, Familienrecht, §68 Rn. 34.

限が定められている。すなわち、養親は、原則として25歳以上でなければならない（民法1743条1文前段）。ただし、配偶者[6]の一方が他方の子を単独で養子とするときは、その配偶者は21歳以上であれば足りる（同条1文後段）。また、夫婦[7]が共同で養子縁組をする場合には、一方が25歳以上、他方が21歳以上であれば足りる（同条2文）[8]。なお、夫婦が養親となる場合における共同養子縁組の必要性については、次の(3)を参照。

(b)　年齢差要件の不存在

以上のような絶対的な下限年齢に対し、養親・養子間の相対的な年齢差については、特に規定がない。もっとも、後述するように（本章②5(3)(a)）、年齢差が通常の実親子においてありえないほど小さく、または大きいときは、親子関係発生の見込みの要件が否定される。

(3)　共同養子縁組の必要性・可能性

(a)　原　　　則

1)　夫婦──共同縁組の原則

夫婦は、原則として共同でのみ養親となることができる（民法1741条2項2文）。両親のそろった家庭の中で育つことが養子の福祉に適うとの考慮によるものであり[9]、日本の現行法と同様である。

共同縁組の原則が妥当すべき夫婦について、民法は一定の婚姻期間の継続を要件とはしていない。しかし、後述のように（本章②4(1)(b)）、婚姻関係が安定しており、その継続が見込まれることは、子の福祉適合性の要件においてその

---

6)　生活パートナーについても同様である（パートナー9条7項2文）。

7)　同性婚の当事者を含む。以下同じ。

8)　もっとも、こうした規律に対しては、実親子関係であれば親が成年に達してさえいればその親権に制限がないこととの整合性を欠き、また養親となるべき者が若年ゆえに養親としての適性を欠くことは、子の福祉の要件において考慮すれば足りるとの批判がある。この見解は、年齢の下限に代えて、養親・養子間に一定の年齢差を要件とすべき旨を説く（*Gernhuber/Coester-Waltjen*, Familienrecht, §68 Rn. 33）。

9)　MüKoBGB/*Maurer*, §1741 Rn. 8.

6 第1部 ドイツ法・オーストリア法

他の諸事情とともに考慮される。

2) その他――単独縁組

　婚姻していない者も、養親となることができる。もっとも、単独でのみであり、他人との共同縁組は認められない（民法1741条2項1文）[10]。単独縁組であることは、後述のように（本章②4(1)(c)1)）子の福祉適合性の判断において不利な要素として考慮されることがあるものの、その可能性自体は認められている点で、日本の現行法とは異なる。


(b)　例外――配偶者の一方による単独縁組

　もっとも、夫婦の共同縁組については、次の2つの例外が認められている。いずれも、共同縁組が法律上不可能であることによるものである。

①　配偶者の一方が他方の子を養親とするときは、単独で縁組をすることができる（民法1741条2項3文）[11]。この場合、上述のように、他方の配偶者が自らの実子を養子とすることは法律上できないことから、この特則が置かれている。

　　ここで言う他方の配偶者の子は、養子であってもよい[12]。このような養子縁組は、承継縁組（Sukzessivadoption）と呼ばれる[13]。

②　他方の配偶者が行為無能力または21歳未満であるために養親となること

---

10)　共同縁組は夫婦に限定されており、生活パートナーによる共同縁組は認められない（BeckOGK-BGB/*Löhnig*, §1741 Rn. 73; MüKoBGB/*Maurer*, §1741 Rn. 36）。これに対しては、違憲とする見解が強い（MüKoBGB/*Maurer*, Vor §1741 Rn. 66, 68）。さらに、内縁関係にある者についても共同縁組を認めるべきだとする見解もある（BeckOGK-BGB/*Löhnig*, §1741 Rn. 74）。もっとも、生活パートナーについては、注13）に述べる事情から、禁止の意味はほとんどなくなっている。

11)　生活パートナーについても同様である（パートナー9条7項1文）。

12)　BeckOGK-BGB/*Löhnig*, §1741 Rn. 76; MüKoBGB/*Maurer*, §1741 Rn. 17.

13)　この承継縁組は、かつては生活パートナーには認められていなかった。しかし、そのことが違憲であるとする連邦憲法裁判所の判決（BVerfG FamRZ 2013, 521）が出されたのを受け、現在では認められるに至っている（パートナー9条）。その結果、生活パートナーの一方がまず単独縁組をし、続いて他方が承継縁組をすることによって、生活パートナーには認められていない共同縁組と同じ実質を容易に作り出すことができることになっている。

ができないときにも、単独縁組が認められる（民法1741条 2 項 4 文）[14]。この場合における他方の配偶者の同意については、後述する（本章②8(4)）。

## 3　養子適格

次に、養子の資格としては、次の諸点が必要とされている。

### (1)　固有の要件

① 養子となるべき子は、既に出生していなければならず、胎児の時点での養子縁組は認められない。直接の規定はないものの、試験養育期間の要件や実親の同意が子の生後 8 週以降にのみなしうるとの規定（後述本章②8(1)(c)）から間接的に導かれ[15]、また実際上も政策的にもその必要性はないとされる[16]。

② 養子となるべき子は、養子縁組成立の決定の時点において生存していなければならない（民法1753条 1 項）。子の死亡後には、養子縁組の目的である子の福祉の増進は問題とならないからである[17]。

③ さらに、未成年養子縁組に該当するためには、養子となるべき子が未成年である必要がある。その基準時は、養子縁組成立の決定の時点である[18]。

---

14) この例外については、立法論的な批判がある（MüKoBGB/*Maurer*, §1741 Rn. 25）。それによると、21歳未満の者の配偶者が単独で縁組をした場合、実際には養子はこの養親とその配偶者たる21歳未満の者の家庭で暮らすことになるところ、これは共同縁組について養親が21歳未満であってはならないとする規律が望ましくないと評価した事態に他ならず、同規律とここでの例外則との間には評価矛盾がある。

15) *Gernhuber/Coester-Waltjen*, Familienrecht, §68 Rn. 44.

16) MüKoBGB/*Maurer*, §1752 Rn. 5.

17) MüKoBGB/*Maurer*, §1753 Rn. 4. もっとも、養子となるべき子に既に子がいて、この子も養親となるべき者の家庭で生活を共にしていた場合には、養子となるべき子の死亡後に養親となるべき者がこの子を養子としようとしても、年齢差ゆえに親子関係発生の見込みの要件を充たさない可能性が高い（後述本章②5(3)(a)）。このような場合には、死亡後も養子縁組が養子となるべき子の福祉に資する場合がありうるとして、この要件に疑問を呈する見解もある（BeckOGK-BGB/*Löhnig*, §1753 Rn. 3 ; MüKoBGB/*Maurer*, §1753 Rn. 2）。

18) MüKoBGB/*Maurer*, §1752 Rn. 27.

8　第1部　ドイツ法・オーストリア法

## (2)　養親となるべき者との実親子関係の不存在

　次に、実親子関係が存在する者同士の間では、養子縁組をすることができない。明文の規定があるわけではないが、こうした養子縁組は子の法的地位に何の変更ももたらさず、無意味であることから、そのように解されている[19]。

## (3)　既に養子となっていないこと（多重縁組の禁止）

### (a)　原　　則

　さらに、「養子となった者は、養親子関係が存続する限り、養親の生存中はその配偶者以外の者の養子となることができない」（民法1742条）。読みにくい規定だが、要するに、既に養子となっている者は、原則として重ねて別の者の養子となることができないということである。すなわち、日本の現行法におけると異なり、いわゆる多重縁組[20]（Mehrfachadoption）は認められない。その趣旨としては、次のように様々なものが挙げられる[21]。

①　これを無制限に認めると、子の生活状況が安定せず、その福祉を害する恐れがある。

②　実親の同意が特定の養親につき必要とされる（後述本章②8(1)(d)）趣旨が潜脱され、いわゆる白紙同意を認めたのと同じことになりかねない。

③　上述のように、現行法は夫婦にのみ共同縁組を認めている。しかし、多重縁組を認めるならば、共同縁組をしようとする者が相次いで別途単独縁組をすることで、誰でも共同縁組とほぼ同じ結果を実現できてしまう[22]。

④　多重縁組を禁止することで、親子関係は基本的に解消できないという原則を確認するとともに、養親にその責任を自覚させることができる。

---

19)　Soergel/*Liermann*, §1741 Rn. 16; MüKoBGB/*Maurer*, §1741 Rn. 60. かつては非嫡出子を養子とすることに法律上意味があったが、1998年の改正により嫡出・非嫡出の区別が消滅してからは（後述第2章①1）、そうした意味は失われている。

20)　日本法では、一般に転縁組という概念が用いられ、これはここで言う多重縁組に概ね対応するものと思われる。もっとも、「転」縁組との用語は承継縁組を含まないようにも聞こえるため、ここではその使用を避けた。

21)　MüKoBGB/*Maurer*, §1742 Rn. 7 - 9 .

22)　もっとも、現在では、生活パートナーに関する限り、このような規制の潜脱が認められる結果になっている（前掲注13）参照）。

第1章　特別養子──ドイツ　9

（b）例　　外

先に掲げた条文からも窺えるように、多重縁組の禁止には、次の3つの例外がある。

1）　養子縁組の解消

第1に、既存の養子縁組が解消された場合である。この場合、縁組解消の効果として実親は親としての地位を回復するから、重ねて養子縁組がされる場合には、その同意が必要となる。これにより、白紙同意禁止の潜脱という事態は生じないことになる[23]。

2）　養親の死亡

第2に、養親が死亡した場合である。養親が死亡しても養子縁組は解消せず、したがって上述の第1の場合には該当しない。しかし、この場合の子は親のいない状態となっており、別の者を養親とすることにつき利益を有することから認められた例外である[24]。

ここでの養親の死亡とは、共同縁組においては双方の養親の死亡を言う。その一方のみが死亡したにとどまる場合は、他方との養子縁組が解消されない限り、さらに縁組をすることはできない[25]。

なお、養親の死亡によっても実親が親としての地位を回復するわけではないため、この場合においては実親の同意（後述本章②8(1)）を要しないというのが通説である[26]。

3）　養親の配偶者による養子縁組

第3に、上述の承継縁組、すなわち養親の配偶者が養子と重ねて養子縁組をすることは妨げられない。夫婦共同縁組の原則を補充するため[27]、また子の生活環境の変化などの弊害が生じる恐れもないことから[28]、許容されている。

---

23)　MüKoBGB/*Maurer*, §1742 Rn. 10.

24)　MüKoBGB/*Maurer*, §1742 Rn. 11.

25)　MüKoBGB/*Maurer*, §1742 Rn. 13.

26)　MüKoBGB/*Maurer*, §1742 Rn. 14. もっとも、親の基本権との関係でこれを問題視し、憲法上の要請として実親の同意の必要性を説く見解もある（BeckOGK-BGB/*Löhnig*, §1742 Rn. 12）。

27)　Soergel/*Liermann*, §1742 Rn. 8.

28)　MüKoBGB/*Maurer*, §1742 Rn. 15.

10　第1部　ドイツ法・オーストリア法

　もっとも、まさにその夫婦共同縁組の原則ゆえに、この規律が妥当する場面はそれほど多くない。想定されるのは、次のような場面である。

①　養親が単独縁組をした後に婚姻した場合。

②　共同縁組の原則の例外が認められる場合（前述本章②2(3)(b)）において、配偶者の一方が単独で養子縁組をした場合。

③　夫婦が共同縁組をした後に、その一方についての養子縁組が解消や死亡によって終了した場合。この場合において他方の配偶者が再婚したときは、その相手方たる配偶者は、①の場合と同様に子の養親となることができる。

　これらの場合において、当初の養子縁組は継続しているため、実親は子との親族関係を失ったままである。したがって、再度の養子縁組につき実親の同意は不要である[29]。


## 4　子の福祉適合性

### (1)　原　　則

　養子となるべき子の利益に関しては、第1に、養子縁組が子の福祉に適うことが必要である（民法1741条1項1文）。未成年養子縁組の制度目的を体現する中核的な要件である。


### (a)　規　　準

　その判断については、一般に、養子縁組によって養子となるべき子の生活状況ないし法的地位が著しくかつ継続的に改善するかどうかという規準が出発点とされる。すなわち、この従前の生活状況と、養親となるべき者の下で予想される生活状況とを比較した上、後者における養子となるべき子に有利な点が不

---

29)　この点については、第2の例外におけると異なり（前掲注26）参照）、憲法上の親の権利の侵害を問題視する見解は見られない。その背景には、養親の婚姻により子の生活環境が変化することは養親の自由に属する事柄であり（MüKoBGB/*Maurer*, §1742 Rn. 18）、当初の実親の同意はそうした場合の承継縁組の可能性をも踏まえた上でされたものと見るべきだ（*Gernhuber/Coester-Waltjen*, Familienrecht, §68 Rn. 17）との理解がある。

利な点を著しくかつ継続的に上回ることが必要である[30]。

### (b) 考慮要素

　以上の判断に際しては、①養子となるべき子の従前の状況および②養親となるべき者の適性に関する諸事情が総合的に考慮される。①としては、現在どこで養育されているか（実親、里親あるいは施設）、そこでの養育の継続の見込み、兄弟姉妹等との関係、さらに養子となるべき子の希望などが考慮される。②としては、財産状態、健康状態、居住環境、婚姻関係の安定性、職業、前科など、親の適性にとって意味を持つ事情が総合的に考慮されるが、その際、内面的・精神的な適性が特に重視され、財産状態や健康状態といった外面的な要素は決め手とならないとされる[31]。

### (c) 特別な場合

#### 1) 単独縁組

　前述のように、ドイツでは未成年養子についても単独縁組が認められている。もっとも、そこでは両親のそろった家庭で成長するという子の利益は実現されず、また親族が養親1人の系統に限られることが相続等の面で不利益をもたらしうることから、単独縁組においては子の福祉適合性を厳格に判断すべきものとされる。具体的には、養親となるべき者が長年にわたり子を世話している場合や、その職業上有する教育的、心理学的ないし医学的な知見がその子の養育にとって重要である場合などに、子の福祉適合性が認められる[32]。

#### 2) 連れ子縁組

　連れ子養子の場合にも、子の福祉適合性の判断は慎重に行う必要があるとされる。これは、①一方の親が別の者に入れ替わることによる子の心の葛藤、②養親となるべき者が子の福祉のためでなく、配偶者の元パートナーを排除するために養子縁組を希望しているに過ぎない場合があることによる[33]。

---

30）　BeckOGK-BGB/*Löhnig*, §1741 Rn. 5；MüKoBGB/*Maurer*, §1741 Rn. 73.

31）　Behrentin/*Braun*, Handbuch, B Rn. 270.

32）　MüKoBGB/*Maurer*, §1741 Rn. 110 ff.

33）　Behrentin/*Braun*, Handbuch, B Rn. 292-294.

12　第1部　ドイツ法・オーストリア法

## (2)　児童取引に関与した者等についての特則

　以上に対し、「違法な、または良俗に反する子の移送またはあっせんに、養子縁組をする意図をもって関与し、または第三者に対しそれを委託し、あるいは対価を支払った者」については、子の福祉の判断を厳格化する特則が置かれている。児童取引への関与を抑止する趣旨に出たものである[34]。

　以上の要件に該当する者は、原則としてその子の養親となることができない。例外的に、当該子の福祉のために不可欠な場合にのみ、その養親となることができる（民法1741条1項2文）。上述のような規定の趣旨から、「子の福祉のために不可欠な場合」は厳格に解されている。具体的には、既に養子となるべき子が当該養親となるべき者と密接な結びつきを形成しているために、子をこの者から切り離すことによってその福祉がおびやかされてしまうような場合がそれに当たると説かれる[35]。

## 5　親子関係発生の見込み

### (1)　位置づけ

　子の福祉適合性と並んで、「養親となるべき者と子との間に親と子としての関係（Eltern-Kind-Verhältnis）が発生することが見込まれる」こと（便宜上「親子関係発生の見込み」とする）が必要とされている（民法1741条1項1文）。これは、実質的には子の福祉適合性の要件の一部をなすと言われる[36]。と言うのも、そうした見込みがないならば、結局のところ養子縁組が子の福祉に適うとは認められないことに帰するからである。

---

34)　BT-Drs. 7/3421, 9 ; MüKoBGB/*Maurer*, §1741 Rn. 146.

35)　MüKoBGB/*Maurer*, §1741 Rn. 161. なお、この特則の合理性には疑問も示されている。上述の解釈による限り、養親となろうとする者は、まず子と十分な結びつきを形成してから養子縁組の申立てをすることによって容易に規制を潜脱することができるし、これを回避しようとして「子の福祉のために不可欠な場合」の解釈をより厳格化するならば、今度は児童取引抑止のために当該子の福祉が犠牲にされることになってしまうからである（BeckOGK-BGB/*Löhnig*, §1741 Rn. 47; MüKoBGB/*Maurer*, §1741 Rn. 161)。

36)　Behrentin/*Braun*, Handbuch, B Rn. 316.

## (2)　内　　容

「親と子としての関係」とは、親子の間に典型的に存在するような緊密な結びつき（「社会的親子関係（soziale Elternschaft）」）を言う。養親となるべき者の側に養子となるべき子に対する配慮、教育や扶養をする用意があり、養子となるべき子の側にそうした養親となるべき者に対しての年齢に応じた信頼があるような関係がこれに当たるとされる。これに対し、氏名の承継や相続税の節税が主たる目的とされるような場合には、この要件は認められない[37]。

## (3)　特別な場合

以上のような判断は、実際のところ、子の福祉適合性の判断と重なってくると考えられる。もっとも、各論的な議論の中には、こうした判断の枠には収まらず、むしろ親子関係の社会的な意味合いを問題としているように思われるものがある。

### (a)　過大または過小な年齢差

第1に、養親となるべき者と子との間の年齢差が、通常の親子としては不自然なほどに大きく、または小さい場合に、親子関係発生の見込みを否定する見解および裁判例がある。一般的に、年齢差の下限は15歳程度、上限は40歳程度とされるが、後者については高齢出産の増加の傾向に左右されると言われる[38]。

もっとも、これに対しては、とりわけ年齢差の上限を念頭に形式的・画一的な扱いを批判し、養親となるべき者が子の養育に耐えうるほどに健康かつ丈夫であるかどうかを重視すべきだとの見解もある[39]。問題をあくまで子の福祉適合性の枠内で捉えようとする立場と言うことができる。

---

37)　以上につき、MüKoBGB/*Maurer*, §1741 Rn. 133を参照。

38)　MüKoBGB/*Maurer*, §1741 Rn. 139-140.

39)　BeckOGK-BGB/*Löhnig*, §1743 Rn. 14.

14　第1部　ドイツ法・オーストリア法

### (b)　親族養子

　第2に、親族が養親となる場合は、既に祖父母なり甥姪なりそれぞれの親族としての関係が形成されているときに、新たに親子としての関係が成立することは通常困難であり、また子と実親との関係がその後も継続することが少なくない。したがって、実親による養育の可能性、子が養親となるべき者を親として受け入れる用意などを考慮して例外的にのみこの要件（ないし子の福祉適合性の要件）を認めるべきだとされる[40]。

## 6　試験養育期間

### (1)　趣　旨

　「養子縁組成立の決定は、通常、養親となるべき者が子を相当期間養育した後でのみすることができるものとする」（民法1744条）。既に見た子の福祉適合性および親子関係発生の見込みの要件は、いずれも将来の予測を要するものであるため、その判断のための基礎を提供するとともに、養子縁組の偽装を防止するのが目的である[41]。なお、この試験養育は、通常、後に述べる養子縁組あっせん手続中の縁組前養育に相当し、その限りで養子縁組成立手続との接点をなす要件である。

### (2)　期　間

　何が「相当の期間」かは個別具体的に判断すべきものとされるが、その際特に子の年齢が重視される。すなわち、大人との感情的な結びつきを形成する段階にない乳児についてはごく短期間で足りるのに対し、ある程度物心のついた子については、一般的に1年は必要とされる[42]。

## 7　養親となるべき者の子ないし養子となるべき子の子の利益への配慮

### (1)　趣　旨

　「養子縁組によって、養親となるべき者の子または養子となるべき子の子の

---

40)　MüKoBGB/*Maurer*, §1741 Rn. 135-137; Behrentin/*Braun*, Handbuch, B Rn. 321.

41)　MüKoBGB/*Maurer*, §1744 Rn. 1.

42)　MüKoBGB/*Maurer*, §1744 Rn. 29.

第1章　特別養子——ドイツ　15

より大きな利益が害されるとき……[43) は、養子縁組成立の決定をすることができない」（民法1745条1文）。養子縁組によって影響を受ける他の子の福祉に配慮し、養子となるべき子の福祉との間で衡量を求める規定である。

### (2)　養親となるべき者の子の利益

#### (a)　利益の主体・内容

まず、「養親となるべき者の子」については、養子、胎児の他、孫がいる場合にはこれをも含むとして、広く解されている。これらの者と養子の間に利害対立がある場合にも、養子縁組後の生活はうまくいかない恐れがあるからである[44)。そして、彼らの「利益」としては、①親の保護・教育を受ける利益、②扶養を受ける利益、③相続についての利益などが考えられるが、実際上特に意味を持つのは②であるとされる。以上に対し、単なる不安感や拒絶感等はそこに含まれない[45)。

#### (b)　利益の衡量

これらの利益と、養子縁組成立により促進されるべき子の福祉とを衡量した上で、前者が後者を上回ると認められるときは、養子縁組の成立が認められない。

その衡量におけるこれらの利益の評価に関しては、財産的利益は決め手とされるべきでない旨が明文で定められている（民法1745条2文）。相続の利益は、ここに言う財産的利益に他ならない。これに対し、扶養は安定した成長・発育の基盤としての役割を果たす点で、財産的利益に尽きるものではないとされる[46)。

保護・教育を受ける利益の衡量に際しては、養親となるべき者の態度および

---

43)　この省略箇所には、「養子となるべき子の利益が養親となるべき者の子によっておびやかされる恐れがあるとき」が挙げられている。しかし、これは子の福祉適合性の要件の中で既に考慮されるべき点であり、この部分は確認的な意味を持つに過ぎないと解されているため（MüKoBGB/*Maurer*, §1745 Rn. 31)、本文では取り上げない。

44)　BeckOGK-BGB/*Löhnig*, §1745 Rn. 8；MüKoBGB/*Maurer*, §1745 Rn. 7-9.

45)　BeckOGK-BGB/*Löhnig*, §1745 Rn. 9；MüKoBGB/*Maurer*, §1745 Rn. 13.

46)　BeckOGK-BGB/*Löhnig*, §1745 Rn. 25.

16 第1部 ドイツ法・オーストリア法

身体的・精神的能力、既存の子の数およびニーズ等を考慮すべきものとされる。扶養利益に関しては、一般的に、既存の子のための扶養費が、扶養費の算出に用いられるいわゆるデュッセルドルフ算出表（Düsseldorfer Tabelle）における一等級分低下することは期待可能である。ただし、それによって最低限度の扶養が不可能になったり、養親が生活保護を受けざるを得なくなるような場合には、既存の子の利益の方が上回るとされる。

　特に連れ子養子の場合には、養親となるべき者が新たな扶養義務を負担することで、以前の配偶者との間の実子に対する扶養を切り下げることを主たる目的に養子縁組をすることがありうる。こうした場合には、その実子の利益が優先し、養子縁組は認められない[47]。

### (3) 養子となるべき子の子の利益

　養子となるべき子の子の利益の保護は、実務上ほとんど問題とならないとされる。そもそも18歳未満である子にさらに子がいるという事態がきわめて例外的であり、またそうした場合であっても、養子となるべき子の福祉とその子の福祉とは通常一致するからである[48]。立法の段階でも、この規律は単に念のために設けられたものに過ぎなかった[49]。

## 8 関係者の同意等

　次に、養子縁組に重要な利害関係を有する者として、実親（(1)）、子（(3)）および養親となるべき者の配偶者（(4)）につき、その同意が養子縁組成立の要件とされている。その他、母と婚姻関係にない父については、特別な保護が定められている（(2)）。

### (1) 実親の同意

### (a) 趣　　旨

　このうち、実際上最も重要な意味を持つのが、実親の同意である。養子縁組

---

47) 以上につき、MüKoBGB/*Maurer*, §1745 Rn. 18-28を参照。
48) BeckOGK-BGB/*Löhnig*, §1745 Rn. 30.
49) BT-Drs. 7/3061, 34.

による親子関係の消滅は、親の基本権に対する重大な制約であることから、原則としてその同意が必要とされている。

#### (b) 同意権者

##### 1) 原則——法律上の実親

同意の主体は、法律上の実親である。

① 一方で、法律上の父または母の要件を充たした者でなければならず、血縁上の親子関係があるだけでは足りない（もっとも、この点については、すぐ後に述べるように、例外がある）。

② 他方で、同意権を有するのは実親のみであり、養親は含まれないと解されている。実親の同意は血縁を背景とした親の自然的権利の保護を目的とするものだからというのが、その理由である[50]。

③ 同じ理由から、法律上の実親が親権を有するかどうかは意味を持たない[51]。

##### 2) 例外——法律上の父が存在しない場合

以上のうち、①については例外がある。すなわち、子につき法律上の父に当たる者が存在しない場合に限り、懐胎期間（子の出産の300日前の日から181日前の日までの期間）中に子の母と性交渉を持ったことを疎明した者は、法律上の父と同様に同意権を有する（民法1747条1項2文）。子と法律上の親子関係を有しない血縁上の父にも、基本法上の親の基本権が保障されることから、以上のような条件の下で同意の機会を与えたものである[52]。なお、人工生殖はここに

---

50) MüKoBGB/*Maurer*, §1747 Rn. 6 - 7. しかし、一般に養親にも親の基本権が認められると解されていることとの関係は明らかでない。他方、多重養子の禁止を理由とする説明もあるが（Staudinger/*Frank*, §1747 Rn. 9）、それには例外が認められる以上（前述本章②3(3)(b)）、説明として十分でないと思われる。

51) MüKoBGB/*Maurer*, §1747 Rn. 16.

52) MüKoBGB/*Maurer*, §1747 Rn. 29. もっとも、以上の規律によると、子に法律上の父が存在する場合には血縁上の父の権利は保護されないことになるところ、これでは親の基本権に対する十分な保護とは言えないとの批判がある。この立場からは、血縁上の父に対し、法律上の父と並んで常に同意権を与えるべきだとの立法論が説かれている（BeckOGK-BGB/*Löhnig*, §1747 Rn. 15 ff.; MüKoBGB/*Maurer*, §1747 Rn. 24）。

18　第1部　ドイツ法・オーストリア法

言う性交渉と同視すべきものと解されている[53]。

### (c)　同意の時期

　実親の同意は、養子となるべき子の生後8週間を過ぎるまではすることができない（民法1747条2項1文）。これは、子の出生直後の（とりわけ母にとって）負担の大きな時期に、親が性急な判断をしてしまうことを防ぐためである[54]。

　以上の制限は、両親が婚姻関係になく、かつ親権を共同で行使していない場合における父については妥当しない。この場合における父は、子の出生前の時点から既に同意をすることができるとされている（民法1747条3項1号）[55]。子の出生前の時点では通常養親となるべき者が決まっていないことから、その時点での同意については例外的に白紙同意が許されるものと解されている[56]。

### (d)　同意の内容

　「同意をする者が既に確定している養親を知らなかったとしても、同意は有効である」（民法1747条2項2文）。この規定は、次の2つの意味を有するものと解されている。

① 　養親が「既に確定している」ことが前提とされていることから、同意は特定の養親による養子縁組を対象とするものでなければならず、いわゆる白紙同意は認められない。実親には、どのような者が子の養親となるかを知る権利があるからである[57]。

② 　他方で、この規定は、養親となるべき者の氏名・住所等を実親が知る必要まではないとすることで、いわゆる匿名養子縁組が認められることを明らかにしている。実親による干渉の可能性を防ぐという養親および子の利

---

53）　BeckOGK-BGB/*Löhnig*, §1747 Rn. 13; MüKoBGB/*Maurer*, §1747 Rn. 33.

54）　BeckOGK-BGB/*Löhnig*, §1747 Rn. 30; MüKoBGB/*Maurer*, §1747 Rn. 51.

55）　もっとも、この規律に対しては、子の母と婚姻関係にある父とそうでない父とを合理的理由なく差別するものであるとして、批判が強い（Staudinger/*Frank*, §1747 Rn. 25; BeckOGK-BGB/*Löhnig*, §1747 Rn. 39-40）。

56）　MüKoBGB/*Maurer*, §1747 Rn. 74.

57）　Behrentin/*Braun*, Handbuch, B Rn. 139.

益と、上述の実親の知る権利との調和を図る趣旨によるものである[58]。

　この場合、具体的には、養子縁組あっせん機関に登録された養親希望者の待機リストのうち特定の箇所に記載の者、という形で養親となるべき者を特定するのが通例である。

(e)　同意を要しない場合（民法1747条 4 項）

　以上の同意は、例外的に不要とされることがある。その際、2 つの類型が区別される。1 つは、一定の要件を充たせば法律上当然に同意が不要となる類型であり、もう 1 つは、家庭裁判所が一定の要件の下で同意に代わる決定（Ersetzung der Einwilligung）[59] をする類型である。ここでは、まず前者を取り上げる。

　実親の同意を要しない場合として掲げられているのは、同意をとりつけることが客観的に不可能と見るべき場合である。具体的には、以下の 2 つの場合である（民法1747条 4 項）。

①　長期にわたり意思表示をすることができない状態にある場合。意識不明等の場合の他、死亡の場合もこれに当たるとされる[60]。

②　長期にわたりその居所が不明である場合。捨て子の場合や自然災害による場合などの他、匿名の精子提供者が父である場合なども含まれるとされる[61]。

(f)　同意に代わる決定（民法1748条）

　他方、同意に代わる決定については、民法1748条が複雑な規定を置いている。

---

58)　Behrentin/*Braun*, Handbuch, B Rn. 139-140.

59)　直訳的に「同意の補充」などと訳されることもある。

60)　MüKoBGB/*Maurer*, §1747 Rn. 99.

61)　MüKoBGB/*Maurer*, §1747 Rn. 105. さらに、ドイツではいわゆる秘密出産が認められているところ（渡辺富久子「ドイツにおける秘密出産の制度化」外国の立法260号（2014）65頁等参照）、この秘密出産をした母の居所は不明とみなされる（民法1747条 4 項 2 文本文）。その結果、それは職権調査の対象ともならないという点にポイントがある（MüKoBGB/*Maurer*, §1747 Rn. 107-109）。

20　第1部　ドイツ法・オーストリア法

そこで要件として挙げられているのは、基本的に、㋐実親に何らかの義務違反が認められ、かつ㋑養子縁組をしなければ子に一定の不利益が生じる場合である。具体的には、以下の諸場合である。

①　㋐実親が子に対する義務に継続的かつ著しく違反し、かつ㋑養子縁組をしなければ子に不相当な不利益が生じる場合（1項1文前段）。義務の「著しい」違反とは、子の存続に関わるような身体的・精神的な需要の充足を著しく怠ることを言う。例えば、食事や衣類を与えないこと、学校に行かせないこと、虐待その他の犯罪行為、あるいは犯罪行為をさせることなどである[62]。扶養義務の不履行も、それによって子が窮状に陥るなどその福祉が害される場合には、これに当たるとされる[63]。

　　子の「不相当な不利益」の判断においては、子の福祉と実親の利益との衡量が行われる。すなわち、実親の義務違反の程度に鑑みて、養子縁組が行われないことによる子の不利益の程度が、親の自然的権利の制約を正当化するほどに重大なものかどうかが判断される。その際、親権の制約ないし喪失等（民法1666条）のよりゆるやかな手段では足りないかどうかをも考慮すべきものとされる[64]。

②　㋐実親がその行動を通じて子のことを何ら意に介していないことを示し、かつ㋑養子縁組をしなければ子に不相当な不利益が生じる場合（1項1文後段）。㋐は、具体的には、他人にこの世話を任せきりにして面接交渉をしようとしないことや、子に何も伝えずに居所を変えることなどである[65]。㋑については、①に述べたのと同様である。

　　この場合、実親に自らの態度を再考する機会を与えるため、同意に代わる決定の可能性につき青少年庁（Jugendamt）が教示し、子との家庭生活を可能にするような支援についての相談をすることとされている（2項）。

③　実親の義務違反が特に重大で、子を継続的に当該実親の保護下に置いておくことができないと見込まれる場合（1項2文）。①に言う義務違反の

---

62）　MüKoBGB/*Maurer*, § 1748 Rn. 22-23.

63）　MüKoBGB/*Maurer*, § 1748 Rn. 25.

64）　MüKoBGB/*Maurer*, § 1748 Rn. 85-86.

65）　MüKoBGB/*Maurer*, § 1748 Rn. 33-41.

継続性に代えて、違反の重大性が特に著しいことを要件とするものである。具体的には、子に対する傷害、殺人未遂等の重大な犯罪行為またはそれに準ずるような行為が想定されている。このような重大な義務違反があれば、通常「子を継続的に当該実親の保護下に置いておくことができないと見込まれる」ことから、後半部分は独立の要件とは見られていない[66]。

④　⑦実親が特に重大な精神疾患または精神障害により継続的に子の保護・教育をすることができない状態にあり、かつ①養子縁組をしなければ子が家庭の中で育つことができず、それによってその発達が著しく妨げられる場合（3項）。ここでは、親にとって帰責性のない事実が原因であることから、①の規準が①および②におけるよりも厳格なものになっている。親戚や知人の下で生活することができる場合には、①を充たさない。これが充たされるのは、要するに、養子縁組をしない限り児童施設に行く他ない場合である[67]。

⑤　以上に対する特則として、子の母と婚姻しておらず、かつ一度も親権を行使していない父については、その義務違反行為等は必要とされず、①養子縁組をしなければ子に不相当な不利益が生じるという事実だけで、裁判をもってその同意に代えることができるとされている（4項）。子の母と婚姻関係にない父は、当然に親権を取得しないものの、申立てによりいつでも、それが子の福祉に反するのでない限り、親権の全部または一部を母との共同行使とすることができる（民法1626a条1項3号、2項）。それにもかかわらずこの申立てを怠り、子についての責任を引き受けてこなかった父には、養子縁組についてそれほど強力な同意権を認める必要はないというのが、以上の規律の趣旨である[68]。

　もっとも、父が親権を取得しないことには様々な事情がありえ、それが直ちに子についての責任を引き受けていなかったことを意味するわけではないことから、4項の合憲性にはかねてから疑問が呈されてきた[69]。これ

---

66）　以上につき、MüKoBGB/*Maurer*, §1748 Rn. 81-84を参照。
67）　Behrentin/*Braun*, Handbuch, B Rn. 221.
68）　BT-Drs. 13/4899, 114.
69）　Soergel/*Liermann*, §1748 Rn. 42.

22　第1部　ドイツ法・オーストリア法

を受けた連邦通常裁判所は、この規定に憲法適合的解釈を施すに至った[70]。それによると、4項を適用するためには、子にとって不相当な不利益が生じるだけでなく、その不利益が父の親としての基本権を凌駕するほどに重大なものであることが必要である。その結果、4項の判断は、以上の①から④におけるのとそれほど大きく異なるものではなくなっているとされる[71]。

(g)　同意の方式等（民法1750条）

同意の意思表示は、公証人による公証により、家庭裁判所に対してしなければならない（民法1750条1項1文、2文）。公正証書作成の際に、公証人から当該意思表示の意味および帰結（とりわけ、次に述べる撤回可能性の排除）について教示がされる（公証法〔Beurkundungsgesetz〕17条）ことにより、実親の判断の真意性を担保する趣旨である[72]。また、同意の意思表示は、家庭裁判所に到達した時点で効力を生じる（民法1750条1項3文）。

同意の意思表示には、条件・期限を付すことができない（民法1750条2項1文）。また、一旦効力を生じた同意は、もはや撤回することができない（同項2文）。実親の翻意により子の試験養育が妨げられ、度重なる生活環境の変化によりその福祉が害されるのを防ぐ趣旨である[73]。

さらに、同意は一身専属的な行為であり、代理人による意思表示は、任意代理であると法定代理であるとを問わず、認められない（民法1750条3項1文）。同様に、同意権者が死亡した際にも、同意権は相続人に承継されないと解されている[74]。

---

70)　BGH NJW 2005, 1781.

71)　Behrentin/*Braun*, Handbuch, B Rn. 225.

72)　BeckOGK-BGB/*Löhnig*, §1750 Rn. 10

73)　この点、実親に厳しすぎるようにも見えるが、ドイツでこの点につき問題を指摘する見解は見当たらないようである。その背景には、事前の養子縁組あっせん手続の中で、実親に対しても十分な相談・助言がされているという事情があるものと思われる。

74)　MüKoBGB/*Maurer*, §1750 Rn. 41.

（h）　同意の効果（民法1751条）

実親の同意は、家庭裁判所が養子縁組成立の決定をするための要件の１つである。しかし、それ以外にも、法はこの同意自体に以下のような効果を結びつけている。なお、以下の効果は、同意に代わる決定がされた場合にも生じる[75]。

1）　親権・面接交渉権

まず、養子縁組への同意により、実親の親権が停止し[76]、面接交渉権は行使することができなくなる（民法1751条１項１文）。共同で親権を行使する両親の一方のみが同意した場合、他方が単独で親権を行使することになる。他方、もともと単独で親権を行使していた親が同意した場合、それによって他方の親が親権を回復することにはならない。以上の処理により、子につき親権を行使する者、さらには後見人が誰もいなくなる場合、青少年庁が自動的に後見人となる（同項２文）。

また、養親となるべき者は、縁組前養育の期間中、養育人（Pflegeperson）と同様に親権の一部を行使する（民法1751条１項４文）。具体的には、日常生活に関する事項の決定および代理、扶養・保険請求権等の行使ならびに子の福祉のために不可欠でかつ急を要する全ての行為である。

もっとも、以上の効果は、連れ子縁組の場合における、養親となるべき者の配偶者[77]である実親については生じない（民法1751条２項）。連れ子縁組の目的からして当然の規定である[78]。この場合における他方の実親には、上述の原則どおり親権および面接交渉権の制限が生じる。

2）　扶養義務

次に、実親の双方が養子縁組に同意した場合において、養親となるべき者が子を養子とする目的でその保護下においたときは、その時点以降、養親となる

---

75)　MüKoBGB/Maurer, §1751 Rn. 11.

76)　後述のように、同意が失効しても親権が自動的に回復するわけではないことから（本章②8(1)(i)2)）、「停止（ruhen）」という表現は適切でないと言われている（MüKoBGB/*Maurer*, §1751 Rn. 16)。

77)　生活パートナーについても同様である（パートナー９条７項２文）。

78)　Soergel/*Liermann*, §1751 Rn. 12.

24　第 1 部　ドイツ法・オーストリア法

べき者は子の扶養義務を負う。この場合、実親およびその親族の扶養義務はな
お存続するものの、養親となるべき者の扶養義務が優先する（民法1751条 4 項
1 文）。

　これに対し、連れ子縁組の場合、同様の要件の下で、養親となるべき者とそ
の配偶者[79] が子の他の親族に優先して扶養義務を負う（民法1751条 4 項 2 文）。
この場合、両者が同じ内容の扶養義務を負うことが連れ子縁組の目的に適うた
めである[80]。

### (i)　同意の失効

#### 1)　要件

　実親の同意は、養子縁組の申立てが取り下げられ、または申立てが棄却され
たときは、その効力を失う（民法1750条 4 項 1 文）。同意が別の申立てについて
流用されるならば、白紙同意を認めたのと同じことになってしまうからであ
る[81]。もっとも、実務上は、養子縁組あっせん手続における縁組前養育の開始
時点、すなわち養子縁組成立の申立てよりも前の時点で同意をとりつけること
が原則であるところ、この場合には、養親応募者が申立ての意思を有しない旨
を表示した時点でその同意は失効すると解されている[82]。

　さらに、実親の同意は、その効力発生時（すなわち、家庭裁判所への到達時）
から 3 年以内に養子縁組成立の決定がされなかった場合にも失効する（民法
1750条 4 項 2 文）。子が長期にわたり実親と養親の間で不安定な状態に置かれる
のを妨げる趣旨である[83]。

#### 2)　効果

　以上により同意が失効した場合、養子縁組成立の要件を欠くことになるのは
言うまでもない。さらに、同意それ自体に結び付けられた効果は、将来に向かっ
て当然に消滅するのが一応原則である。もっとも、以下に見るように、この原

---

79)　生活パートナーについても同様である（パートナー 9 条 7 項 2 文）。

80)　Soergel/*Liermann*, §1751 Rn. 18.

81)　MüKoBGB/*Maurer*, §1750 Rn. 35.

82)　BeckOGK-BGB/*Löhnig*, §1750 Rn. 27; MüKoBGB/*Maurer*, §1750 Rn. 37.

83)　BT-Drs. 7/3061, 40-41.

第1章　特別養子──ドイツ　25

則がそのまま妥当する場面は多くない。

①　養親となるべき者の扶養義務については、この原則がそのまま妥当する[84]。

②　実親の親権停止に関しては、特に規定が置かれている。それによると、実親の同意が失効した場合、家庭裁判所は、子の福祉に反しない限度において、その実親に親権を移転しなければならない（民法1751条3項）。この場合、実親は一旦養子縁組への同意によって子との関係を自ら放棄したか、あるいは同意に代わる決定の要件に該当するような事由が認められたのである以上、当然に親権を回復させるのは適切でないためである[85]。この親権移転は、あくまで同意失効の効果である以上、同意をする時点で当該実親が親権を行使していたのでなければならないと解されている[86]。

③　親権の全部または一部を実親に移転することが子の福祉に反すると認められ、かつ他に親権を行使する者がいない場合、家庭裁判所は、職権で後見人または保護人を選任しなければならない。これに対応して、同意の効果として法律上当然に開始した青少年庁による後見は、この選任の時点をもって終了すると解されている。親権者または後見人のいない空白期間が生じないよう、同意失効による効果消滅の時点が繰り下げられているわけである[87]。

④　面接交渉権の制限の帰趨については、争いがある。一方で、これにつき特に規定がないことから、原則どおり当然に復活すると説く見解がある[88]。他方で、親権が回復された場合はそれでよいとしても、そうでないときは個別に判断するのがよいとして、親権に関する民法1751条3項を類推する立場もある[89]。もっとも、前者の見解においても、家庭裁判所は、子の福祉のために必要な場合には面接交渉権を排除することができるため

---

84)　MüKoBGB/*Maurer*, §1751 Rn. 91.

85)　BeckOGK-BGB/*Löhnig*, §1751 Rn. 48; MüKoBGB/*Maurer*, §1751 Rn. 92.

86)　BeckOGK-BGB/*Löhnig*, §1751 Rn. 49; MüKoBGB/*Maurer*, §1751 Rn. 93.

87)　MüKoBGB/*Maurer*, §1751 Rn. 93.

88)　BeckOGK-BGB/*Löhnig*, §1751 Rn. 53.

89)　MüKoBGB/*Maurer*, §1751 Rn. 97.

26　第 1 部　ドイツ法・オーストリア法

（民法1684条 4 項 1 文）、実質的な違いはほとんど生じないとされる[90]。

### (2)　母と婚姻関係にない父の保護

　法律上の父が子の出生時に母と婚姻していなかった場合については、以上の同意の必要性に加えて特別な保護が図られている。

### (a)　前　　提

　この場合、子の親権は原則として母が単独で行使する（民法1626a 条 3 項）。しかし、父は、家庭裁判所に申立てをすることにより、それが子の福祉に反しない限り、原則として親権の全部または一部を母と共同で行使することができる（民法1626a 条 1 項 3 号、2 項）。また、以上の場合において父母が継続的な別居状態にあるときは、父は家庭裁判所に対し親権の全部または一部の移転を申し立てることができる。この申立ては、①母が同意した場合（ただし、親権移転が子の福祉に反し、または14歳に達した子が異議を述べたときを除く）、または②親権の共同行使が適切でなく、かつ父への親権の移転が子の福祉に最も適うと見込まれる場合に認容される（同1671条 2 項）。

### (b)　親権移転の申立ての優先性

　こうした申立ての機会を保障するため、父が以上の申立てをした場合には、それについての判断がされるまで養子縁組成立の決定をすることができない（民法1747条 3 項 3 号）。その限りで、実親による親権行使が養子縁組に優先すべきものと考えられているわけである[91]。

### (c)　親権移転の申立ての放棄

　もっとも、他方で、子の福祉のため、養子縁組成立の手続を迅速に進める要請もある。そこで、父は以上の申立てを、公証された意思表示によって放棄することができる（民法1747条 3 項 2 号）。放棄の意思表示は、養子縁組について

---

90）　BeckOGK-BGB/*Löhnig*, § 1751 Rn. 54.
91）　MüKoBGB/*Maurer*, § 1747 Rn. 90.

の同意と同様に撤回することができず（同号が準用する民法1750条2項2文前段）[92]、放棄にもかかわらず提起された親権移転の申立ては不適法却下される[93]。もっとも、この放棄がされた場合であっても、当該父の養子縁組に対する同意は依然として必要である[94]。

### (3) 子の同意

#### (a) 趣　旨

養子縁組には、以上に見た実親の同意だけでなく、子の同意も必要とされる（民法1746条1項1文）。判断能力のない子についてもその同意を要件とするのは、比較法的には珍しいことだが、完全養子としての未成年養子縁組により子の身分関係に重大な変更が生じることから、その自己決定権を尊重するためそうした扱いがされている[95]。

#### (b) 同意等の主体

もっとも、実際に誰が同意の意思表示をすべきかについては、子の属性に応じて異なる扱いがされている。

① 　子が14歳未満であるか、または行為無能力である——すなわち、精神上の障害により継続的に自由な意思決定をすることができない状態にある（民法104条2号）——場合には、その法定代理人のみが同意の意思表示をすることができる（民法1746条1項2文）。

② 　それ以外の場合、すなわち子が14歳以上であり、かつ行為無能力の状態にない場合には、子自身のみが同意の意思表示をすることができる。ただし、ここでは、さらにこの同意につき法定代理人が承認を与えることも必

---

92）　これについては、親の基本権の侵害に当たるのではないかとの指摘がある（BeckOGK-BGB/*Löhnig*, §1747 Rn. 45）。

93）　BeckOGK-BGB/*Löhnig*, §1747 Rn. 42; MüKoBGB/*Maurer*, §1751 Rn. 83.

94）　そのため、手続迅速化という制度目的にとって有用かどうかにつき疑問も呈されている（BeckOGK-BGB/*Löhnig*, §1747 Rn. 45）。

95）　BT-Drs. 7/3061, 34. 日本の現行法にもこの要件はないが、この相違の背景には、養子となるべき子の年齢要件の相違もあるだろう。

28　第1部　ドイツ法・オーストリア法

要である（民法1746条1項3文）。

　このいずれの場合に当たるかは、同意の意思表示がされた時点を基準に判断する。そして、子が14歳未満である時点で法定代理人が一旦同意の意思表示をしたならば、その後手続の終了までに子が14歳に達したとしても、法定代理人による同意は有効なままだとするのが通説である[96]。もっとも、後述のように、子はこの法定代理人による同意を撤回することができる。

### (c)　同意の内容

　子ないしその法定代理人による同意も、実親の同意と同様、養親となるべき特定の者を対象としなければならず、白紙同意は認められない[97]。

### (d)　同意等の方式等

　また、方式等についても、公正証書によるべきこと、条件・期限の禁止、撤回の禁止、一身専属的性質などの諸点につき、実親の同意と同じ規律が妥当する（民法1750条）。

　ただし、子による同意の撤回については別段の定めが置かれている。それによると、14歳以上でかつ行為無能力の状態にない子は、養子縁組成立の決定が効力を生じるまで、同意の意思表示をいつでも撤回することができる（民法1746条2項1文）。養子縁組が子の福祉のためのものである以上、判断能力のある子の意に反する養子縁組を成立させる意味はないからである[98]。撤回の意思表示は公証を要し（同項2文）、またその相手方は家庭裁判所である。この撤回について法定代理人の承認を得る必要はない（同項3文）。さらに、子が自らした同意だけでなく、法定代理人が（子自身に同意能力がない間に）した同意

---

96)　MüKoBGB/*Maurer*, §1746 Rn. 10. この点、同意の意思表示の一身専属的性質を強調して、14歳に達した子は改めて同意の意思表示をしなければならないとする少数説もある（Staudinger/*Frank*, §1746 Rn. 24）。しかし、これに対しては、すぐ後の本文で述べるように子は法定代理人による同意を撤回することができる以上、その自己決定権の保護に欠けるところはないとの反論がされている（BeckOGK-BGB/*Löhnig*, §1746 Rn. 10）。

97)　MüKoBGB/*Maurer*, §1746 Rn. 25.

98)　*Gernhuber/Coester-Waltjen*, Familienrecht, §68 Rn. 51.

第1章　特別養子——ドイツ　29

であっても撤回可能である[99]。

　なお、法定代理人が子の同意に対する承認の意思表示を撤回することができるかどうかについては、撤回禁止を定める1750条2項は「同意」の意思表示を対象としており、「承認」についての直接の言及はないとして承認の撤回を認める見解[100] と、双方の機能面での共通性を理由とする否定説[101] とが対立している。

### (e)　同意または承認の必要性

　子が自ら同意の意思表示をすべき場合、この意思表示は常に必要であり、また裁判所の決定をもって代えることも許されない。これも、養子縁組が子の福祉に資するべきものであることによる。

　これに対し、子の法定代理人による意思表示については、その必要性につき次のような例外が認められている。

　1)　実親による意思表示

　まず、実親が法定代理人である場合において、その双方が実親としての同意をし、またはその同意に代わる決定がされたときは、別途子の法定代理人としての同意または承諾は必要でない（民法1746条4項2文）。両者の機能の類似性に鑑み、無用の重複を避ける趣旨である[102]。

　これによると、実親が法定代理人としての同意または承諾を拒むときには、それにもかかわらず養子縁組を成立させることができるかどうかは、その実親としての同意に代わる決定ができるかどうかによることになり、その結果それと同じ要件が必要とされることになる。

　2)　後見人・保護人による意思表示

　これに対し、後見人または保護人（Pfleger）が子の法定代理人となっている場合には、親の基本権を享有する実親ほど手厚い保護が必要ないことから[103]、

---

99）　BeckOGK-BGB/*Löhnig*, §1746 Rn. 36.

100）　MüKoBGB/*Maurer*, §1746 Rn. 47.

101）　BeckOGK-BGB/*Löhnig*, §1746 Rn. 33

102）　BT-Drs. 13/4899, 112; Staudinger/*Frank*, §1746 Rn. 7.

103）　MüKoBGB/*Maurer*, §1746 Rn. 48.

30　第1部　ドイツ法・オーストリア法

より緩やかな規律が設けられている。それによると、彼らが「相当の理由な
く」同意または承認をしないときは、裁判所は同意または承認に代わる決定を
することができる（民法1746条4項1文）。

　もっとも、ここに言う「相当の理由」の判断をめぐっては、裁判例および学
説において理解が一致を見ていない。まず、子の福祉適合性等の民法1741条に
所定の要件が客観的に備わっていないと認められる場合には、常に同意または
承認を拒む「相当な理由」があるということについては、争いがない[104]。もっ
とも、この場合、いずれにせよ要件不充足により養子縁組の成立は認められな
いから、この言明に独自の意味はない。他方、子の福祉適合性等の要件が充た
されていると裁判所が判断する場合に、常に「相当の理由」が否定されるかど
うかについては、見解が分かれる。①これを肯定する立場[105]によると、結局
のところ後見人または保護人の同意等に代わる決定の判断は、子の福祉適合性
等の判断と少なくとも論理上は完全に一致することになる。②これを否定する
立場[106]は、この点を理由に、後見人または保護人には一定の合理的な範囲で
裁量が認められ、その範囲内の判断については、たとえそれが裁判所の判断と
一致しなくても、裁判所はそれを尊重しなければならないとする。もっとも、
①の見解においても、後見人または保護人による同意・承諾が全く無意味であ
るとは考えられておらず、彼らがその判断の根拠を裁判所に対し述べることが
裁判所の判断形成に寄与しうるという手続的な役割が認められている[107]。

### （f）　同意の失効

　子ないしその法定代理人による同意は、実親の同意と同様、養子縁組の申立
てが取り下げられ、または申立てが棄却されたときは、その効力を失う（民法
1750条4項1文）。

---

104)　BeckOGK-BGB/*Löhnig*, §1746 Rn. 26

105)　MüKoBGB/*Maurer*, §1746 Rn. 50.

106)　BeckOGK-BGB/*Löhnig*, §1746 Rn. 26.

107)　Soergel/*Liermann*, §1746 Rn. 11; MüKoBGB/*Maurer*, §1746 Rn. 2.

第1章　特別養子——ドイツ　31

### (4)　養親の配偶者の同意（民法1749条）

#### (a)　趣　　旨

以上の他、養親となるべき者に配偶者[108]がいる場合、その同意も必要とされている[109]。これは、子が養親の家庭になじむためにはその配偶者の了解が不可欠であり、また配偶者にとっても養子縁組により扶養や相続の面で影響が及ぶからである[110]。もっとも、養親に配偶者がある場合は前述のとおり共同縁組が原則であるところ、それに従い共同縁組がされる場合にはその同意が問題となる余地はない。したがって、その同意が必要となるのは、例外的に夫婦の一方が単独縁組をする場合、具体的には連れ子縁組の場合および他方の配偶者が養親適格を欠く場合である。

#### (b)　同意の内容・方式等

同意の内容（白紙同意の禁止）、方式や撤回可能性等の諸点については、実親の同意について述べたのと同じことがここでも妥当する。

#### (c)　同意の必要性

以上にかかわらず、養親となるべき者の配偶者が長期にわたり意思表示をすることができない状態にあり、または長期にわたりその居所が不明である場合には、その同意は不要である（民法1749条2項）。実親の同意を要しない場合に関する規定（民法1747条4項1文）に対応するものである。

また、家庭裁判所は、養親となるべき者の配偶者およびその家族の正当な利益が害されるのでない限り、その配偶者の同意に代わる決定をすることができる（民法1749条1項2文、3文）。ここに「家族」と言うのは、配偶者の一方または双方の子であって、彼らと生活を共にするものを含む趣旨である。もっとも、

---

108)　生活パートナーについても同様である（パートナー9条6項2文）。

109)　以前は、養子となるべき子に配偶者がいる場合、その配偶者の同意も必要とされていた（民法旧1749条2項）。しかし、2017年の改正により、未成年者の婚姻は例外なく禁止されることになったため、未成年養子に配偶者がいるという事態は想定されないことになった。そのため、旧2項は削除された。

110)　BeckOGK-BGB/*Löhnig*, §1749 Rn. 11.

32　第1部　ドイツ法・オーストリア法

当該子が養親となるべき者の子である場合には、その利益は既に民法1745条の下で考慮されるため（前述本章②7(2)）、上記規定の適用対象とはならない[111]。

「正当な利益」の判断に当たっては、養子となるべき子が既に養親となるべき者らと生活を共にしているかどうかが重要とされる。すなわち、そうである場合、養子縁組によって変わるのは親族関係だけであり、生活の実態や経済面には何ら変化が生じないため、それを拒む「正当な利益」は認められないのが原則である。同様に、養親となるべき者とその配偶者との間の婚姻が既に破綻し、別居生活が続いている場合にも、やはりそうした変化は見込まれないため、「正当な利益」は否定される。これに対し、その段階に至る前の時点では、そうした利益が認められる可能性がある。もっとも、家庭裁判所による決定がされる時点では、既に縁組前養育がされているはずであり、これによって共同生活が既に行われているのが通常である。したがって、結局、「正当な利益」の判断は、主として養子縁組あっせん手続における縁組前養育開始の段階で意味を持つに過ぎないと言われる[112]。

### (d)　同意の失効

養親となるべき者の配偶者の同意は、実親の同意と同様、養子縁組の申立てが取り下げられ、または申立てが棄却されたときは、その効力を失う（民法1750条4項1文）。

### 9　申立て（民法1752条1項）

養子縁組成立の決定は、養親となるべき者の家庭裁判所に対する申立てによってされる（民法1752条1項）。この申立ては、家庭裁判所に対する実体法上の意思表示であると同時に、養子縁組成立の手続を開始させる手続法的行為でもある[113]。

申立ての意思表示には条件または期限を付すことができず、また代理による

---

111)　BeckOGK-BGB/*Löhnig*, §1752 Rn. 14 ; MüKoBGB/*Maurer*, §1749 Rn. 27.

112)　以上につき、BeckOGK-BGB/*Löhnig*, §1752 Rn. 15 ; MüKoBGB/*Maurer*, §1749 Rn. 25-26 を参照。

113)　BeckOGK-BGB/*Löhnig*, §1752 Rn. 6 ; MüKoBGB/*Maurer*, §1752 Rn. 7-8.

第1章　特別養子——ドイツ　33

こともできない（民法1752条2項1文）。また、その意思表示には公証人による公証を要する（同項2文）。養親による申立てが養子縁組に対する同意としての実質をも有することに鑑み、同意と同様の扱いを定めるものである[114]。公証の際には、公証人から、養子縁組成立の帰結、特にそれが原則として解消できないものであることにつき教示がされる（公証法17条）[115]。

　なお、養親となるべき者が既に申立て書面を裁判所に提出したか、あるいはそれを公証人に委託したときは、その後に養親が死亡したとしても、養子縁組の成立を妨げない（民法1753条2項）。養親となるべき者と養子となるべき子の間に既に社会的親子関係が形成されていたときに、それを法的にも承認する趣旨である[116]。

## ③　効　　果

### 1　将来効

#### ⑴　原　　則

　以下に説明していく養子縁組の効果は将来に向かって、すなわち養子縁組成立の決定の効力発生時から生じるのが原則である[117]。

#### ⑵　例外——養親が既に死亡している場合（民法1753条3項）

　これに対し、養親が申立ての意思表示を発信してから養子縁組成立の決定までの間に死亡した場合については、特則が定められている。それによると、この場合、養子縁組は養親の死亡前に成立していたのと同じ効力を有する（民法1753条3項）。これは、とりわけ養子の相続権にとって意味を持つ。

### 2　親族関係

　養子縁組の中心的な効果として[118]、養子は養親およびその親族との親族関係

---

114)　BT-Drs. 7/3061, 41 Nr. 3, 4 ; MüKoBGB/*Maurer*, §1752 Rn. 7.

115)　MüKoBGB/*Maurer*, §1752 Rn. 19.

116)　MüKoBGB/*Maurer*, §1753 Rn. 1.

117)　BeckOGK-BGB/*Löhnig*, §1754 Rn. 4 ; MüKoBGB/*Maurer*, §1754 Rn. 6.

118)　養子縁組の効果として、国籍や滞在許可等に関しても一定の効果が生ずるが、ここでは（身分登録に関するものを除き）民法上の効果に限って概観する。

34　第1部　ドイツ法・オーストリア法

に入り、他方で実親およびその親族との親族関係から離脱する。この点が、「完全養子縁組」としての未成年養子縁組の特徴である[119]。

### (1)　養親およびその親族との関係（民法1754条）

#### (a)　親族関係の発生

養子縁組成立の決定により、養子は養親との関係で、将来に向かって、子としての法的地位を取得する（民法1754条2項）。その際、夫婦による共同縁組の場合、および配偶者[120]の一方が他方の子を養子にした場合（連れ子縁組・承継縁組）には、養子は、当該夫婦の「共通の子」としての地位を取得し（同1754条1項）、その扶養は夫婦間の扶養義務および離婚後扶養の内容に組み込まれることになる（同1360a条1項、1570条1項）。さらに、養親の親族と養子およびその子孫との間にも、それぞれの地位に対応した親族関係が生じる[121]。

#### (b)　具体的帰結

以上のような親族関係発生の帰結として、養親は親権や面会交流権をはじめとする親としての権利を取得し、また扶養および相続に関して養子は養親の子としての扱いを受けることになる。親権については、共同縁組、連れ子縁組および承継縁組の場合には夫婦の共同行使となり、その他の場合には養親となった者の単独行使となる（民法1754条3項）。

### (2)　実親およびその親族との関係

#### (a)　原則——消滅（民法1755条1項）

以上と対をなす効果として、養子およびその子孫とその従来の実親その他の親族との親族関係は消滅する。また、それに伴って、その親族関係から生じる

---

119)　もっとも、実親との関係を断つことが常に子の福祉のために最適とは限らないことから、立法論としては、日本法と同様、未成年につき完全養子縁組と並んで「弱い」養子縁組をも認めるべきだとする議論が有力である（BeckOGK-BGB/*Löhnig*, §1755 Rn. 3；MüKoBGB/*Maurer*, Vor §1741 Rn. 25-28）。

120)　生活パートナーについても同様である（パートナー9条7項2文）。

121)　MüKoBGB/*Maurer*, §1754 Rn. 11.

権利および義務も同様に消滅する（以上、民法1755条1項1文）。

　もっとも、親族関係の消滅と言っても、以下に見るように、親族関係が当初から存在しなかったのと全く同じになるわけではない。

①　近親婚の禁止（民法1307条1文）は、事実上の血縁関係を問題とする制度である以上、養子縁組成立後も引き続き妥当する（同条2文）。

②　養子縁組成立後も、実親・養子間で父子関係の確認ないし解消の訴えはなお可能である。これらは子の出自を知る権利に資するだけでなく、養子縁組が解消されたときには実親と養子との親族関係が復活することから、その必要性が認められている[122]。

　さらに、以上の原則には、以下に見るように、いくつかの重要な例外が認められている。これらによって、完全養子縁組と言ってもその「完全性」はある程度相対化されていることに留意を要する。

#### (b)　例外1──連れ子縁組・承継縁組

　配偶者[123]の一方が他方の子を養子とした場合、すなわち連れ子縁組および承継縁組の場合には、親族関係の消滅は、もう一方の実親およびその親族との間でのみ生じる（民法1755条2項）。前述のように、連れ子縁組および承継縁組の場合に養子が養親およびその配偶者の共通の子となる以上、当然のことである[124]。

#### (c)　例外2──親族養子（民法1756条1項）

#### 1)　趣旨

　「養親と子が2親等または3親等の血族または姻族関係にあるときは、子およびその子孫と親との間の親族関係ならびにそれに基づき生じる権利および義務のみが消滅する」（民法1756条1項）。養親と養子が一定の近い親族関係にある場合、実親および養親の親族の範囲は広範に重なるため、実親の親族との関

---

122)　BeckOGK-BGB/*Löhnig*, §1755 Rn. 30; MüKoBGB/*Maurer*, §1755 Rn. 30-36.

123)　生活パートナーについても同様である（パートナー9条7項2文）。

124)　BeckOGK-BGB/*Löhnig*, §1755 Rn. 9.

36　第1部　ドイツ法・オーストリア法

係を絶った上で養親の親族との親族関係を創設することに意味はなく、単に実親自身との親族関係のみを断つことで十分だと考えられたのである[125]。

　2)　要件

　子と2親等または3親等の血族または姻族関係にある養親とは、具体的には、(曽)祖父母、兄弟姉妹、叔父および叔母ならびに彼らの配偶者である。もっとも、(曽)祖父母、兄弟姉妹については、親子関係発生の見込みが認められないことが多いため、実際に問題となるのは主に叔父・叔母およびその配偶者だと言われる[126]。

　3)　効果

　これらの者を養親とする養子縁組につき、民法1756条1項は、実親およびその親族との親族関係消滅の効果(民法1755条1項1文)のみを制限しており、養親およびその親族との親族関係創設の効果(民法1754条1項、2項)には何の影響も及ぼさない。したがって、養親およびその親族のうち実親と親族関係にある者と子との間には、本来の親族関係と養子縁組により生ずる親族関係とが併存することになる。一方、養親およびその親族のうち実親と親族関係にない者との関係では、子は新たな親族関係を取得する。

　以上を具体的に示すと、次のとおりである。

①　父方の祖父母が養親となった場合、彼らは子との関係で祖父母の地位を保有しつつ、親としての地位を追加的に取得する。彼らの親族も、これに応じてそれぞれ対応する地位を取得する(例えば、父方の叔父は子の兄弟の地位を取得する)。実の父母は親としての地位を失う一方、父は兄弟としての地位を、母はその配偶者(すなわち姻族)としての地位を、それぞれ取得する。これに対し、母方の親族との関係には、変更がない。この場合、既存の親族の位置づけが変わるだけで、親族の範囲に変更はない。

---

125)　BT-Drs. 7/3061, 21-22, 44. この規定の元となった立法提案では、親族養子の場合には親だけが入れ替わるとされていたところ、それが紆余曲折を経て姿を変えたのがこの規定である。これに対しては、明確な構想なしに過度の複雑さをもたらすだけだとする批判がある(Soergel/*Liermann*, §1756 Rn. 1 ; Staudinger/*Frank*, §1756 Rn. 2)。

126)　BeckOGK-BGB/*Löhnig*, §1756 Rn. 4 ; MüKoBGB/*Maurer*, §1756 Rn. 5.

第1章　特別養分──ドイツ　37

②　兄弟姉妹およびその配偶者が養親となった場合、彼らは当初の地位に加えて親としての地位を取得する。彼らの親族も、これに応じてそれぞれ対応する地位を取得する（例えば、祖父母は曾祖父母としての地位を追加取得する）。実の父母は親としての地位を失う一方、祖父母としての地位を取得する。兄弟姉妹の配偶者の親族に関しては、親族関係の新規創設となる。

③　父方の叔父およびその配偶者が養親となった場合、彼らは当初の地位に加えて親としての地位を取得する。彼らの親族も、同様に対応する地位を取得する（例えば、その実子は、いとこの地位に加え兄弟姉妹の地位を取得する。その父母は、実父を介した祖父母の地位と叔父を介した祖父母の地位を併有するに至る）。実の父母は親としての地位を失う一方、父は叔父としての地位を、母はその配偶者としての地位を、それぞれ取得する。叔父の配偶者の親族に関しては、親族関係の新規創設となる。

相続に関しては[127]、以上の扱いによりある者が同一順位内における複数の地位を有するに至る場合には、この者はそれぞれに基づく相続分を重複して取得するとされる（民法1927条）。また、第2順位の相続人に関してのみ、養子と実親の子孫とは相互に相続資格を有しないとの定めがある（民法1925条4項）。

### (d)　例外3──死亡後の連れ子縁組（民法1756条2項）

「配偶者[128]の一方が他方の子を養子とした場合において、もう一方の親が親権を有する状態で既に死亡していたときは、この親の親族との関係では親族関係は消滅しない」（民法1756条2項）。これは、死亡した親の父母等が、子と死別したのに加えてさらに養子縁組によって孫をも失うという酷な結果を回避するための制度だとされる[129]。かつては、養親の配偶者である親と死亡した親とが婚姻していたことが要件とされていたところ、非嫡出子差別撤廃の一環とし

---

127)　ドイツの法定相続人ないし法定相続分に関する規律につき、ここで立ち入ることはできない。簡潔な概観として、浦野由紀子「第1部　ドイツ法」大村敦志監修『相続法制の比較研究』（商事法務、2020）1頁以下、6頁以下を参照。

128)　生活パートナーについても同様である（パートナー9条7項2文）。

129)　BT-Drs. 13/4899, 115.

38 第1部 ドイツ法・オーストリア法

て、1998年の親子法改正によって同要件は削除された。親権を有する状態での死亡という要件は、これに代わるものとして導入されたものである[130]。

### (e) 例外4——権利・義務の存続

さらに、親族関係から生じる権利・義務の消滅に関しても、次のような例外が認められている。すなわち、「養子縁組成立時までに発生した子の権利、とりわけ年金、遺児手当その他これに類する反復的給付は、養子縁組による影響を受けない」（民法1755条1項2文前段）。こうした給付を受給する遺児や要介護児童について、給付の打切りがその養子縁組の妨げとならないようにするためである[131]。

なお、扶養請求権については、以上の規定は適用しないものとされているため（民法1755条1項2文後段）、既発生の請求権も消滅するかのように読める。しかし、養子縁組の効力が将来に向かってのみ生じることなどから、一般的には、扶養請求権につき上記規定を適用しないというのは、将来に向かっての扶養請求権が消滅することを意味するにとどまり、既発生の扶養請求権は存続するものと解されている[132]。

### 3　氏名（民法1757条[133]）

次に、氏名に関する効果については、以下のような特則が設けられている[134]。

---

130)　もっとも、死亡時に親権があったかどうかで当該親の親族との親族関係を維持するかどうかにつき扱いを変える合理的理由はないとして、この要件は立法論としては削除すべきだとする見解が有力である（BeckOGK-BGB/*Löhnig*, §1756 Rn. 16-19; MüKoBGB/*Maurer*, §1756 Rn. 32）。

131)　BT-Drs. 7/5087, 16; MüKoBGB/*Maurer*, §1755 Rn. 39.

132)　BeckOGK-BGB/*Löhnig*, §1755 Rn. 33; MüKoBGB/*Maurer*, §1755 Rn. 25.

133)　本条には、以前は、養子が婚姻している場合に関する項が存在した（民法旧1757条3項）。しかしこれは、前掲注109）に述べた理由で、2017年に削除された。

134)　ドイツの氏名に関する規律につき、ここで立ち入ることはできない。詳しくは、富田哲『夫婦別姓の法的変遷——ドイツにおける立法化』（八朔社、1998）を参照。

第1章　特別養子——ドイツ　39

## (1)　養親の氏の取得（1項）

養子は、養親の氏を自らの出生氏として取得する（民法1757条1項1文）。共同縁組の場合において、養親夫婦が婚氏を称しているときは、養子はその婚氏を出生氏として取得する。これらの効果は、養子縁組成立により法律上当然に発生する。なお、いわゆる付随氏（Begleitname）は養子が取得すべき氏に含まれない（同項2文）。いずれも、基本的に実子の場合におけるのと同様の扱いを定めるものだが、付随氏の不承継は実子の場合の扱い（民法1617a条1項）と異なる[135]。

## (2)　養親夫婦が婚氏を有しない場合（2項）

これに対し、共同縁組、連れ子縁組または承継縁組の場合において、養親夫婦[136]が婚氏を称していないときは、彼らは養子縁組成立の決定に先立ち、家庭裁判所に対する意思表示により、子の出生氏を指定しなければならない（民法1757条2項1文前段）。その際、子の出生氏は、当該意思表示の時点で養親夫婦のいずれかが称している氏から選択する（同文後段およびその準用する民法1617条1項）。もっとも、この場合において養子が5歳以上であるときは、養子縁組成立の決定に先立って養子が家庭裁判所に対し、養親による指定を受け入れる旨の意思表示をした場合に限り、その指定は効力を生ずる（同1757条2項2文前段）。後者は、実子の場合には存在しない規律である。

養子の意思表示は、養子が7歳未満の場合、法定代理人による。7歳以上14歳未満の場合、法定代理人によることもできるし、養子自ら意思表示をすることもできるが、後者の場合法定代理人の同意が必要である。14歳以上の養子は、この後者の方式のみを用いることができる（民法1757条2項1文後段の準用する民法1617c条1項2文）。なお、この意思表示は公証を要する[137]。

---

135)　この点については、異なる扱いをする合理的理由はなく、むしろ家庭への子の統合の妨げになるとの批判がある（BeckOGK-BGB/*Löhnig*, §1757 Rn. 14; MüKoBGB/*Maurer* §1757 Rn. 18. 立法ミスである旨の指摘として、*Gernhuber/Coester-Waltjen*, Familienrecht, §16 Rn. 8)。

136)　生活パートナーについても同様である（パートナー9条7項2文）。

137)　この旨を定める民法1617c条1項3文は、同項2文と異なり準用されていないが、これは立法ミスだと言われている（BeckOGK-BGB/*Löhnig*, §1757 Rn. 20)。

40 第1部 ドイツ法・オーストリア法

### (3) 氏名の追加・変更（3項）

さらに、家庭裁判所は、養親の申立ておよび養子の同意があれば、養子縁組成立の決定と同時に、次の2つの措置をとることができる。養親の申立ては、養子縁組の申立てと併せてされるのが通例である[138]。また、養子の同意については、その養子縁組に対する同意と同じ扱いが妥当する（民法1757条3項2文）。

① 子の名を変更し、または1つまたは複数の新たな名を付加すること。ただし、それが子の福祉に適う場合に限られる（民法1757条3項1文1号）。養親自らが養子に命名することによってその間の精神的結びつきが強化され、養子の家族への統合が促進されることがその主な趣旨である。この目的が重視されたため、その要件は次の②におけるよりも軽減されている[139]。

名の変更が子の福祉に適うかどうかは、子が従来の名を称してきた期間（したがってまた、その年齢）、従来の名が外国の名であることなどにより、養子が養親の実子でないことが明らかになる可能性、養親が縁組前養育の時から固有の名を用いてきたという事情などを総合考慮して判断される[140]。

② 養子縁組により取得する新たな氏の前または後に、従来の氏を付加すること。ただし、重大な事由によりそれが子の福祉のために不可欠と認められる場合に限られる（民法1757条3項1文2号）。かつての氏を使用し続けることについての養子の利益を保護する趣旨である[141]。

「重大な事由によりそれが子の福祉のために不可欠と認められる」との要件は、その厳格な文言に反し、実際にはかなり緩やかに運用されている。すなわち、子が一定の年齢に達しており、既に社会において従来の名により認識されている場合には、それ以上に特別な事情を要することなくこの要件が認められるのが、裁判例の傾向である[142]。

---

138) MüKoBGB/*Maurer*, §1757 Rn. 70.

139) MüKoBGB/*Maurer*, §1757 Rn. 62.

140) MüKoBGB/*Maurer*, §1757 Rn. 63-64.

141) BeckOGK-BGB/*Löhnig*, §1757 Rn. 48.

142) MüKoBGB/*Maurer*, §1757 Rn. 71.

第1章　特別養子——ドイツ　41

## 4　秘密保護（民法1758条）

### (1)　原　　則

　養子縁組によって養子が実子と同じ地位を獲得したとしても、他人がその過去を自由に詮索・暴露することができるならば、養子が新しい家庭環境の下で平穏な生活を送ることはできなくなる。そこで、民法は、「養子縁組およびそれに関する事情を明らかにするのに適した事実は、養親および子の同意なくこれを公表し、または調査してはならない」と定めている（民法1758条1項1文）[143]。

　これに違反する行為に対しては、差止請求（民法1004条の類推）および損害賠償請求（民法823条2項）が可能である。これらの制裁を回避するためには、養親および養子双方の同意を得ておく必要がある。後者における法定代理人の関与については、養子縁組についての同意と同様の扱い（前述本章[2] 8 (3)参照）が妥当すると解されている[144]。

### (2)　拡　　張

　以上の保護は、基本的に養子縁組成立の決定が効力を生じた時点から妥当する。しかし、民法は、次のように一定の範囲でその効果を前倒ししている（民法1758条2項）。

①　養子縁組に対して実親の同意が与えられたときは、その時点から上述の規律が妥当する（1文）。同意に代わる決定がされた場合も、これに含まれると解されている[145]。

②　養子縁組に対する実親の同意につき、それに代わる決定の申立てがあった場合には、家庭裁判所は、職権により、以上の保護が与えられるべき旨の決定をすることができる（2文）。

### (3)　制　　限

　もっとも、養子縁組に関する事実の公表または調査は、それが「公の利益に

---

143)　MüKoBGB/*Maurer*,§1758 Rn. 1.

144)　MüKoBGB/*Maurer*,§1758 Rn. 26.

145)　BeckOGK-BGB/*Löhnig*,§1758 Rn. 8 ; MüKoBGB/*Maurer*,§1758 Rn. 12.

関する特別な事由により不可欠なとき」には、例外的に許容される（1項後段）。「公の利益」は、養親および養子の秘密保持の利益を上回るほどの「特別」なものでなければならず、かつその実現のために他の手段が存在しないことが必要である。例えば、近親婚の禁止（民法1307条）、訴訟法上の忌避事由や証言拒絶権の有無に関して実親子関係を確認する必要がある場合がこれに当たる[146]。さらに、「公の」利益との文言にもかかわらず、私人の利益もこの要件を充たしうると解されている。遺伝性の病気の検査や養子縁組の解消の要件の調査のために、養子縁組に関する情報が必要となる場合が、その例である[147]。

## 5　身分登録

養子縁組成立の決定がされると、養子の出生登録簿を管理する身分庁にその決定が送達される（身分登録法〔Personenstandsgesetz〕5条4項）。それを受けた身分庁（Standesamt）は、身分の変更および養親の氏名を子の出生記録に追加する（同27条3項1号、21条1項4号）。この出生記録の写しは、子の死亡までは、養親、養親の親、子の法定代理人および16歳に達した子のみが請求することができる（同63条1項。一般的には、本人の配偶者、尊属、卑属および法律上の利益を疎明した者が請求することができる。同62条1項）。これに対し、通常の出生証明書には、養親のみが親として表示される（同56条2項）[148]。

## 6　補論——出自を知る権利

養子縁組により、養子は養親の実子と同じ法的地位を取得し、また対外的には養子縁組についての秘密が保護される。しかし他方で、子には、人格権の一内容として、自己の出自を知る権利が認められている。そして、その効果として、養子は養親に対して自らの出自について説明を求める権利を有すると解されている。もっとも、それをいつどのような形で知らせるかは、養親の裁量に委ねられる[149]。

---

146)　MüKoBGB/*Maurer,* §1758 Rn. 33-38.

147)　MüKoBGB/*Maurer,* §1758 Rn. 27-32.

148)　以上につき、MüKoBGB/*Maurer,* §1752 Rn. 26を参照。

149)　MüKoBGB/*Maurer,* §1758 Rn. 51.

## ④ 手　続

### 1　総　論

　養子縁組成立の手続は、家事事件のうちの養子縁組関係事件として、家事・非訟事件手続法により規律される。養子縁組関係事件は、養子縁組成立の手続の他、養子縁組に対する同意に代わる決定に関する事件および養親子関係の解消に関する事件を含む（家事・非訟186条）。ここから窺われるように、同法は、養子縁組の成立に向けた手続と同意に代わる決定に向けた手続とを別個独立のものとして構成している[150]。もっとも、他方で、後者は実質的には前者の中間手続であり、その認容決定が確定してからでないと前者の決定をすることができない[151]。

　一方、養子縁組成立の手続には、連れ子縁組や親族縁組の場合を除き、通常は養子縁組あっせんの手続が先行する。これは、主に養子縁組あっせん法によって規律される。

　以下では、この養子縁組あっせん手続を含めた養子縁組成立の手続（2）と、同意に代わる決定の手続（3）につき概説する。なお、家事・非訟事件手続法は、民法と異なり未成年養子縁組と成年養子縁組とを区別せずに規定を定めている。以下の説明で、養子となるべき子が未成年であることを要件とする規定が登場することがあるのは、そのためである。

### 2　養子縁組成立の手続

#### (1)　養子縁組あっせん

#### (a)　定　義

　「養子縁組あっせん（Adoptionsvermittlung）」については、養子縁組あっせん法に定義がある。それによると、養子縁組あっせんとは、18歳未満の子と、養親となることを希望する者（養親希望者）とを、養子縁組をさせる目的で引き

---

150)　この両者の区別は、その実質において、「特別養子制度の見直しに関する中間試案」第2・3の甲案および乙案に示された2段階の審判の区別に相当するとみることができる。その中でも、別個の手続によるとされている点で、甲案に相当する。

151)　MüKoBGB/*Maurer*, §1748 Rn. 129.

合わせること、および養親縁組をする機会に関する情報を提供することを言う（あっせん1条1文、2文）。ここから明らかなように、あっせんの対象は未成年養子縁組のみである。


(b)　主　　体

　この意味での養子縁組あっせんは、青少年局および州青少年局（Landesjugendamt）の任務である（あっせん2条1項1文）。青少年局が養子縁組あっせんをするためには、養子縁組あっせん所（Adoptionsvermittlungsstelle）を設置していなければならない。一方、州青少年局は、中央養子縁組機構（zentrale Adoptionsstelle）を必ず設置しなければならない（同2条1項2文）。その他の私的機関も、中央養子縁組機構により養子縁組あっせん所として認定されれば、養子縁組あっせんをすることができる（同2条2項）。

　これら以外の者は、養子縁組あっせんをすることができない（あっせん7条1項）。もっとも、その者が養親希望者または子と3親等以内の親族関係にある場合、および継続的でなくかつ無償で養子縁組の機会につき情報提供をした場合において、その後遅滞なく養子縁組あっせん所または青少年局にその旨を知らせたときについては、例外が認められる（同7条2項）。違反に対しては、過料が課される（同14条）。

　実際に養子縁組あっせんを実施することができるのは、その人格、訓練および職業的経験に基づきそれについての適性を有する専門職員（いわゆるソーシャル・ワーカー）である（あっせん3条1項1文）。養子縁組あっせん所には、原則として2名以上のフルタイムの専門職員または勤務時間にしてそれに相当する数のパートタイムの専門職員が属していなければならない（同条2項）。


(c)　手　　続

　養子縁組あっせんは、概ね以下のようなプロセスをたどる。

1)　助言・援助

　まず、養子縁組あっせん所は、養親希望者、子およびその親に対して、それぞれの同意の下で助言および援助をしなければならない（あっせん9条1項）。助言は、養子縁組に関するあらゆる法的、心理学的ないし教育的な事項を対象

とする[152]。この助言・援助は、あっせんの段階だけでなく、養子縁組成立の手続の開始後、さらには養子縁組成立後のアフターケアにまで及ぶ[153]。

実親に対しては、専門職員は、養子縁組を含むありうる支援の可能性、養子縁組の枠内での異なる方式の可能性（匿名縁組・開放型縁組・半開放型縁組[154]）、養子縁組の手続およびその効果などについて説明する。養子縁組についての同意がされる場合には、実親の精神面への配慮や、その親族等の理解を得るについての支援もされる。同意に代わる決定の申立てがされているときは、その制度についての教示・助言をするとともに、母と婚姻関係にない父に対しては、親権移転の申立ての可能性（民法1747条3項3号）について教示・助言をする[155]。

養親希望者に対する助言・援助は、通常ごく一般的な養子縁組制度についての説明に始まり、真摯な希望を有する者に対してはその後さらに立ち入った包括的な説明がされる。そこでは、養子縁組の種類や手続の進行について説明されるとともに、子のあっせんが確実にされる保証があるわけではないことが伝えられる[156]。

### 2) 養親の適性検査

以上の助言・援助の結果、養親となることを真に希望する者につき、養子縁組あっせん所は、その養親としての適性につき調査を行う（あっせん7条1項1文）。そこでは、当該希望者の人間性、年齢、健康状態、生活状況、配偶者の有無およびそれとの関係、教育に対する姿勢、子どもの有無、社会環境、居住環境、職業、経済状態、前科、特殊なニーズのある子を受け入れる可能性といった多様な観点から包括的な評価がされる[157]。この調査は、質問事項への回

---

152) Behrentin/*Grünenwald/Nuñez*, Handbuch, A Rn. 66.

153) Behrentin/*Grünenwald/Nuñez*, Handbuch, A Rn. 68, 152.

154) 一般に、「開放型縁組（offene Adoption）」とは、実親に対し養親の身元が知らされる養子縁組の方式を言い、「半開放型縁組（halboffene Adoption）」とは、実親が養親の身元を知ることはないものの、一定の形で子の発達につき知る機会を与えられる方式を言う（MüKoBGB/*Maurer*, Vor § 1741 Rn. 73-74）。

155) 以上につき、Behrentin/*Grünenwald/Nuñez,* Handbuch, A Rn. 67-71を参照。

156) Behrentin/*Grünenwald/Nuñez*, Handbuch, A Rn. 72.

157) Behrentin/*Grünenwald/Nuñez*, Handbuch, A Rn. 93-109.

46　第1部　ドイツ法・オーストリア法

答、面接、準備セミナー、家庭訪問といった一連のプロセスを経て行われる[158]。養親希望者は、関連する必要情報を提供しなければならない（同条3項4文）。

調査の結果は、養親希望者に伝えられ、防御・訂正の機会が与えられる。それをも踏まえて、その適性が肯定される場合、養子縁組あっせん所は、いわゆる養親適性報告（Adoptionseignungsbericht）を作成する[159]。そこには、当該養親希望者の適性の判断材料として、その人間性、個人的・家庭的環境、健康状態、社会環境、養親希望の動機、適合すると見込まれる子の性質等が記載される（あっせん7条3項2文、3文）。この文書は、養親希望者の挙げた別の養子縁組あっせん所に送付される（同項6文）。そして、養親希望者は、当該養子縁組あっせん所の待機リストに記載されることになる。

　3）　マッチング

養子縁組あっせん所は、養親適性報告の内容と特定の子の情報とを照らし合わせ、子の福祉に適合すると見込まれる組み合わせを探し出す（マッチング〔Matching〕と呼ばれる）。その際、子および実親の意見も考慮されるが、最終的には専門職員がその責任において判断を下す。

その判断の規準は、後に実際に裁判所による養子縁組成立の決定に至ると見込まれるかどうかである。すなわち、専門職員は、そのための要件、とりわけ子の福祉適合性および親子関係発生の見込み（民法1741条1項1文）につき、マッチングの時点で既に純粋な将来予測の形で判断するわけである[160]。

こうしてマッチングがされると、養親希望者には当該子に関する全ての重要な情報が提供される。それをもとに、養親希望者は当該子の養育を引き受けるかどうかの判断をし、場合によってはその養育の準備をすることになる[161]。

　4）　縁組前養育

マッチングにおいて、養親希望者が当該子の養親としてふさわしいと認めら

---

158)　Behrentin/*Grünenwald/Nuñez*, Handbuch, A Rn. 79.

159)　MüKoBGB/*Maurer*, Anh. §1744 Rn. 41.

160)　以上につき、Behrentin/*Grünenwald/Nuñez*, Handbuch, A Rn. 128-130を参照。

161)　MüKoBGB/*Maurer*, Anh. §1744 Rn. 48; Behrentin/*Grünenwald/Nuñez*, Handbuch, A Rn. 76.

れたときは、子が養親希望者の保護下に置かれ、いわゆる縁組前養育（Adoptionspflege）が開始する（あっせん8条）[162]。これは、養子縁組成立の要件としての試験養育に該当し、ここから裁判上の成立手続へとつながっていく。なお、縁組前養育開始の時点でできるだけ関係者の同意がされていることが望ましいとされる[163]。

### 5) 文書の保存・開示

なお、あっせんに関する書類は、子の出生から100年間保管される（あっせん9b条1項1文）。そして、そのうち子の出自に関するものにつき、子の法定代理人および16歳に達した子は閲覧請求権を有する（同条2項1文）。ただし、それによって関係者、特に実親の優越する利益が害されるときは、この限りでない（同条2項2文）。もちろん、関係者の優越する利益とは、単なる個人情報の保護では十分でない。以上により、子の出自を知る権利が一定の限度で確保されている[164]。

### (2) 管轄裁判所

上述のように、養子縁組成立の手続は家事・非訟事件手続法に言う家事事件のうちの養子縁組関係事件に当たる。養子縁組関係事件の事物管轄は、区裁判所（Amtsgericht）の部として設けられた家庭裁判所であり（裁判所構成法〔Gerichtsverfassungsgesetz〕23b条）、土地管轄は、原則として、養親となるべき者の常居所を規準とする（家事・非訟187条1項）。

### (3) 手続の開始

上述のとおり、養子縁組成立の手続は、養親の申立てによって開始する。その際、氏名変更の申立て（民法1757条4項）等を併せてすることができる[165]。

---

162) Behrentin/*Grünenwald/Nuñez*, Handbuch, A Rn. 131-132.

163) MüKoBGB/*Maurer*, §1744 Rn. 20.

164) 以上につき、MüKoBGB/*Maurer*, Anh. §1744 Rn. 81-85; Behrentin/*Grünenwald/Nuñez*, Handbuch, A Rn. 178を参照。

165) Behrentin/*Braun*, Handbuch, B Rn. 52.

48　第 1 部　ドイツ法・オーストリア法

### ⑷　関 係 人

　家事事件の関係人（Beteiligte）には、様々な権利および義務が発生する。文書閲覧権、申立・陳述権、聴聞を受ける権利、他の関係人の審問に同席する権利、事実調査への協力義務、審問への出頭義務、手続費用の負担義務などがそれである。

　養子縁組成立の手続における関係人としては、①養親となるべき者および養子となるべき子（家事・非訟188条 1 項 1 号 a）、②養子となるべき子の実親（同号 b）ならびに③養親となるべき者の配偶者ないし生活パートナー（同号 c）が掲げられている。もっとも、②および③については、その同意を要しない場合（②につき民法1747条 4 項、③につき同1749条 2 項）は例外とされる。さらに、②については、匿名養子縁組の場合にも例外が認められている（以上、家事・非訟188条 1 項 1 号 b）。

　以上に加え、裁判所は、未成年の関係人の利益保護のために必要な限りにおいて、そのために手続補佐人（Verfahrensbeistand）を選任しなければならない（家事・非訟191条 1 文）。「未成年の関係人」とあるが、主に問題となるのは養子となるべき子である。子の利益がその法定代理人の利益と著しく相反するときは、原則として手続補佐人の選任が必要とされている（同191条 2 文が準用する同158条 2 項 1 号）。選任された手続補佐人は関係人として手続に参加する（同158条 3 項 2 文）。もっとも、養子縁組成立の手続においては通常こうした利益相反は生じない[166]。

　さらに、青少年局および州青少年局も、申立てをすれば関係人となることができる（家事・非訟188条 2 項）。

### ⑸　審　　理

#### ⒜　期日および手続の進行

　家事事件において裁判所は、事件について協議するために期日を設けることができる（家事・非訟32条 1 項 1 文）。また、事実関係の解明のために相当と認められるときは、関係人本人に期日への出頭を命じてこれを審問することがで

---

166）　MüKoFamFG/*Maurer*, §191 Rn. 13.

きる（同33条1項1文）。しかし、これらはいずれも裁判所の裁量に委ねられており、いわゆる口頭主義は妥当しない。審問をどのような形で行うかについても原則として裁判所の裁量が認められ、審問期日を開かなければならないわけではない。

協議期日は、原則として関係人全員が参加する。もっとも、匿名養子縁組が行われようとしているときは、養親の匿名性を確保するため、別々の期日を開くことができると解されている[167]。

協議および審問は非公開で行われる（口頭弁論につき裁判所構成法170条1項）[168]。もっとも、関係人に対してはそれらへの関与の機会が保障されなければならない（審問請求権〔rechtliches Gehör〕。基本法103条1項）[169]。

### (b) 裁判資料の収集
#### 1) 職権探知・関係人の協力義務・自由な証明

家事事件については、一般的に職権探知主義が妥当する（家事・非訟26条）。一方、関係人にも、事実の調査に協力するよう努め、事実の陳述を完全かつ真実に従ってする義務が課されている（家事・非訟27条）。また、証拠調べにおいては、原則としていわゆる自由な証明が許され（家事・非訟29条、30条）、手続の柔軟化が図られている。

#### 2) 専門的意見の聴取

また、養子縁組成立の手続において、裁判所は、養子縁組あっせんを行った養子縁組あっせん所に対し、子と養親の家族とが養子縁組をするに適しているかどうかにつき専門的意見を求めなければならない（家事・非訟189条1文）。既述のように、養子縁組あっせん所は養子縁組あっせんの段階から当事者と関わりを持ち、養親適性報告の作成やマッチングにおいて養親となるべき者の当該子に対する適性につき情報を収集し、検討を重ねている。その意見を求めることで、それらを通じて得られた専門的知見が裁判手続においても活かされる

---

167) MüKoFamFG/*Maurer*, Vor § 186 Rn. 62.

168) MüKoFamFG/*Ulrici*, Vor § 23 Rn. 30.

169) MüKoFamFG/*Ulrici*, Vor § 23 Rn. 25.

50　第1部　ドイツ法・オーストリア法

ことが期待されているわけである[170]。なお、養子縁組あっせんが行われなかった場合、裁判所は以上に代えて青少年局または養子縁組あっせん所の専門的意見を求めるべきものとされている（同条2文）。

　3）　審問義務

　さらに、家事・非訟事件手続法は、個別の事件類型ごとに一定の者につき裁判所の審問義務を定めている。養子縁組成立の手続においては、以下の審問義務が定められている。これらは、裁判資料の収集とともに、関係人の審問請求権を満足させることをも目的とする[171]。

①　裁判所は、養親となるべき者および子を直接に審問しなければならない（家事・非訟192条1項）。「直接（persönlich）」とは、事件を担当する裁判官が相手方と相対して口頭で審問することを言う[172]。これは、審問期日において行われるのが通常だが[173]、期日外での実施も排除されてはいない。

②　裁判所は、その他の関係人を審問するものとする（家事・非訟192条2項）。「ものとする（sollen）」というのは、必ずしも絶対的な義務ではなく、裁判資料の収集状況に応じて不要と判断されるときには行わないこともできるということを意味する。また、「直接」との指定はないため、審問をどのように実施するかは裁判所の裁量に委ねられる。

③　裁判所は、養親となるべき者および養子となるべき子それぞれの子を審問しなければならない（家事・非訟193条1文）。

④　裁判所は、養子となるべき子が未成年であるときは、青少年局を審問しなければならない。ただし、青少年局が上述の専門的意見を提出したときは、この限りでない（家事・非訟194条）。

　もっとも、以上のうち①から③については、例外が認められている。すなわち、未成年の関係人（ここでも、主として問題となるのは養子となるべき子である）に関する限り、審問によってその発達、教育または健康に不利益が及ぶ恐れがあるとき、または幼年であるため審問しても効果がないと判断されるとき

---

170)　MüKoFamFG/*Maurer*, §189 Rn. 1.

171)　Behrentin/*Braun*, Handbuch, B Rn. 555; MüKoFamFG/*Maurer*, Vor §192 Rn. 1.

172)　MüKoFamFG/*Maurer*, §192 Rn. 10-12.

173)　MüKoFamFG/*Maurer*, Vor §192 Rn. 15.

には、審問を行う必要がない（家事・非訟192条3項〔③については同193条2文で準用〕）。

### (6) 手続の中断

既に述べたように、母と婚姻関係になく、かつ親権を有しない父による親権移転の申立てがあったときは、手続が中断する（民法1747条3項3号）。さらに、血縁上の父と見込まれる者による父子関係否認の手続、またはこの者についての父子関係確認の手続が係属しているときにも、家事・非訟事件手続法の一般規定（21条1項）に基づき、同様に手続を中断すべきだと説かれている[174]。これらの手続の結果次第で、手続に参加すべき法律上の父が誰かが変わってくる可能性があるからである。

### (7) 裁判および不服申立て

家事事件における裁判は決定によりされ（家事・非訟116条1項）、原則として理由を付さねばならない（同38条3項1文）。

養子縁組の申立てを棄却する決定については、家事事件一般についての規定が概ね適用される。すなわち、それは関係人に対する告知によって効力を生ずる（家事・非訟40条1項）。これに対しては、抗告が認められる（同58条1項）。抗告をすることができるのは、申立人としての養親となるべき者（同59条2項）の他、青少年局である（同194条2項2文）。抗告期間は1ヶ月であり（同63条1項）、その起算点は、個々の関係人が書面による決定の告知を受けた時点、この告知ができない場合には決定の効力発生から5ヶ月を経過した時点である（同条3項）。

以上に対し、養子縁組の申立てを認容する決定については、特則が定められている。それによると、この決定は養親となるべき者への送達時（その死亡後は養子となるべき子への送達時）に効力を生ずる（家事・非訟197条2項）。そして、この決定に対しては不服申立て、決定変更および再審の申立てをすることができない（同条3項）。養子の法的地位を速やかに安定させるためである[175]。

---

174) Staudinger/*Frank*, §1747 Rn. 15; MüKoBGB/*Maurer,* §1747 Rn. 24.

175) BT-Drs. 7/3061, 58.

52　第1部　ドイツ法・オーストリア法

## 3　同意に代わる決定の手続

### (1)　緒　　論

　上述のように、同意に代わる決定の手続は、養子縁組成立の手続とは別個独立に行われる。そして、この手続も後者と同様に家事・非訟事件手続法上の養子縁組事件とされており（家事・非訟186条2号）、同法の同事件に関する規定の適用を受ける。したがって、その扱いは養子縁組成立の手続と共通する部分が多い。以下では、それと異なる部分を中心に概説する。

　ところで、同意に代わる決定の手続は、①養子となるべき子が14歳未満または行為無能力の場合における法定代理人の同意、②養子となるべき子が14歳以上でかつ行為無能力でない場合におけるその同意に対する法定代理人の承認、③実親の同意、④養親となるべき者の配偶者の同意のいずれかを対象とする[176]。もっとも、実務上問題となるのはもっぱら③であり、その他のものはほとんど意味を持たないとされる[177]。また、いくつかの点を除き扱いも基本的に異ならない。そこで、過度の複雑化および分量増加を避けるため、以下の記述では③のみを対象とする。

### (2)　手続開始

　同意に代わる決定の手続は、養子となるべき子の申立てによって開始する（民法1748条1項1文）。この申立てには、養子縁組成立の申立てと異なり、特別な様式は求められていない。

### (3)　関　係　人

　関係人となるのは、申立人である養子となるべき子（家事・非訟7条1項）およびその同意に代わる決定がされるべき者（同188条1項2号）、すなわち実親の同意に代わる決定の手続においてはその実親である。さらに、青少年局および州青少年局も申立てにより関係人となることができる（同条2項）点は、養子縁組成立の手続におけると同じである。

---

176)　MüKoFamFG/*Maurer*, §186 Rn. 5.

177)　Behrentin/*Braun*, Handbuch, B Rn. 382.

第1章　特別養子——ドイツ　53

　また、未成年の関係人の利益保護のために必要な限りにおいて、手続補佐人が選任される（家事・非訟191条1文）点も、一般論としては養子縁組成立の手続におけると異ならない。もっとも、ここでは、実親が養子となるべき子の法定代理人である限りにおいて、両者の間には顕著な利益相反があるため、原則として常に手続補佐人選任の要件を充たす[178]。

### (4)　裁判資料の収集

#### (a)　専門的意見の聴取

　裁判所に養子縁組あっせん所の専門的意見の聴取を義務づける家事・非訟189条は、養子縁組成立の手続のみを適用対象として掲げている。しかし、同意に代わる決定の手続においても、養子縁組あっせん所の有する専門的知見はその判断のためにほぼ不可欠である。そのため、裁判所は職権探知（家事・非訟26条）の一環としてここでも同様の専門的意見を求めるのが望ましいとされる[179]。

#### (b)　審問義務

　同意に代わる決定の手続において、裁判所は、①関係人を原則として審問するとともに（家事・非訟192条2項）、②管轄の青少年局を審問しなければならない（同194条1項1文）。前述のように、①は必ずしも義務的ではなく、一定の範囲で裁判所の裁量が認められる。しかし、実親については親としての権利に対する重大な制約が問題となっていること、養子となるべき子についてもその意向が同意に代わる決定をすべきかどうかにとって重要であることから、いずれについても裁判所の裁量の余地はきわめて限定的だと考えられている[180]。

### (5)　手続の中断

　母と婚姻関係になく、かつ親権を有しない父による親権移転の申立てがあっ

---

178)　MüKoFamFG/*Maurer*, §191 Rn. 14.

179)　MüKoFamFG/*Maurer*, §189 Rn. 5.

180)　Behrentin/*Braun*, Handbuch, B Rn. 610, 612.

54 第1部 ドイツ法・オーストリア法

たときは、養子縁組成立の手続だけでなく、同意に代わる決定の手続も中断すると解されている[181]。血縁上の父にかかる父子関係否認ないし確認の申立てについても、同様と考えられる（家事・非訟21条1項）。

### (6) 裁判および不服申立て

同意に代わる決定の申立てを棄却する決定に対しては、家事事件の一般規定に従い、申立人たる養子となるべき子が抗告をすることができる（家事・非訟58条2項）。その他の点は、養子縁組の申立てを棄却する決定についてと同様である。同意に代わる決定の申立てを認容する決定に対しても、やはり家事事件の一般規定に従い、実親が抗告をすることができる（同条1項）。

この決定は、確定して初めて効力を生ずる（家事・非訟198条1項1文）。同意に代わる決定それ自体に一定の身分法上の効果が結び付けられていることに鑑み、法律関係の安定を図る趣旨である[182]。

## 5 解 消

### 1 緒 論

### (1) 解消制度の趣旨

未成年養子縁組については、子の生活環境を安定させるために、その存続を確実なものとする要請が高い。そこで、民法は、養子縁組の解消（Aufhebung）につき規定を置き、養子縁組は原則として裁判所の決定によってのみ解消できるものとした上で、その解消事由を1760条以下に制限的に列挙している（民法1759条）。

### (2) 解消と無効

もっとも、解釈上、一定のきわめて重大な実体的ないし手続的瑕疵がある例外的な場合には、養子縁組が解消の決定を経ずして当然に無効となる余地が認められている。例えば、実子や配偶者を養子とする養子縁組、配偶者でない者

---

181) Staudinger/*Frank*, §1748 Rn. 68; MüKoBGB/*Maurer*, §1748 Rn. 145.

182) MüKoFamFG/*Maurer*, §198 Rn. 8.

らによる共同縁組、養子縁組成立の決定よりも前に養子となるべき子が死亡していた場合、養子縁組成立の決定が裁判官でない者によってされた場合などが挙げられる[183]。

　解消と異なり、無効は誰がいかなる形でも主張することができるが、家事・非訟事件手続法に基づく無効確認の訴え（家事・非訟169条1号）によって対世的に無効を確定させることもできる（同184条2項）。

### (3)　解消事由の種類

　解消事由としては、概ね、民法1760条が養子縁組の成立自体に一定の瑕疵があった場合を掲げ、同1763条が後発的な障害をカバーしている。前者は申立てにより、後者は裁判所の職権により手続が進行するが、いずれも裁判により解消の効果がもたらされる点で共通する。これに対し、民法1766条は、例外的に、法律上当然に養子縁組が解消される場合を定めている。

## 2　裁判による解消1——申立てによる解消

### (1)　解消事由

　申立てによる養子縁組の解消は、養親による養子縁組の申立て、養子縁組に対する子の同意または実親の同意（民法1747条4項により不要な場合を除く）が存在しないか、または無効である場合に限り認められる（同1760条1項）。特に重大な成立上の瑕疵に限って解消を認めるものである。

### (a)　申立て・同意

　対象となるのは、上記の申立てないし同意に限られる。その他の者の同意、すなわち養親の配偶者の同意、さらに14歳以上の子の同意に対する法定代理人の承認は、欠けていても解消事由とはならない。また、実親の範囲は同意の主体としての実親と同じであり、法律上の親の他、法律上の父がいない場合において父性の疎明をした者をも含む[184]。

---

183）　MüKoBGB/*Maurer*, §1759 Rn. 23-26.

184）　MüKoBGB/*Maurer*, §1760 Rn. 20.

56 第1部 ドイツ法・オーストリア法

### (b) 意思表示の不存在

申立てないし同意の不存在とは、何らの表示行為も存在しない場合はもちろん、意思表示が裁判所に到達しなかった場合、有効に撤回されていた場合、子の法定代理人ではない者が代理行為をした場合などをも含むと解されている[185]。申立ておよび同意は公証人による公証を要するところ、この方式への違背により意思表示が不存在となるかどうかについては、見解が分かれている[186]。

### (c) 意思表示の無効

一方、申立てないし同意の無効は、意思表示の一般規定によるのではなく、2項により、一定の重大な意思表示の瑕疵がある場合に限り認められる。具体的には、以下の場合である（民法1760条1項）。

① 表意者が、意思表示の時点で意識不明ないし一時的な意識障害のある状態にあった場合、申立人が行為無能力であった場合、または行為無能力ないし14歳未満の子が自ら同意をした場合（a号）。第1の場合は、意思無能力に関する規定（民法105条2項）と同じ規定ぶりになっている。

② 養子縁組が問題となっていることを表意者が知らず、または養子縁組の申立てないしそれへの同意をする意思を有しなかった場合、または養親が養子の、あるいは養子が養親の同一性につき錯誤に陥っていた場合（b号）。錯誤の一般規定（民法119条）とは異なり、養親ないし養子の「性状」に関する錯誤は除外されている。実際には、申立てないし同意に必要とされる公正証書の作成およびその際の公証人による教示により、こうした錯誤はほとんど生じないと言われる[187]。

③ 表意者が重要な事実に関する詐欺によって意思表示をさせられた場合（c号）。「重要な事実」の例として、一般的には、養親に関してその養育・教育の資質を左右する事情、養子に関してその健康や精神状態に関する事

---

185) BeckOGK-BGB/Löhnig, §1760 Rn. 8-11; MüKoBGB/*Maurer*, §1760 Rn. 8-10.

186) 概観として、*Muscheler*, Familienrecht, Rn. 722.

187) BeckOGK-BGB/*Löhnig*, §1760 Rn. 16.

第1章　特別養子——ドイツ　57

情が挙げられる[188]。これに対し、養親または養子の財産状態に関する詐欺は考慮されない旨が明文で定められている（4項前段）。

　詐欺の主体については、消極的な形で、申立権者でも同意権者でもなく、かつ養子縁組の仲介権者でもない者がした詐欺で、申立権者または同意権者が知らなかったものについては考慮されないと定められている（4項後段）。要するに、申立権者または同意権者が自らしたか、または知っていた詐欺であれば考慮される。

④　表意者が強迫によって違法に意思表示をさせられた場合（d号）。違法性の判断に当たっては、とりわけ親子間の援助・配慮義務（民法1618a条）が意味を持つとされる[189]。

⑤　実親の同意の意思表示が、子の出生後8週間を経過する前にされた場合（e号）。この場合、その意思表示は精神的な窮状の下でされたものと見られるためである[190]。


## (2)　障害事由

以上の解消事由が存在する場合であっても、一定の場合には養子縁組の解消が排除されている。


### (a)　瑕疵の治癒

第1に、民法1760条2項各号に掲げる無効事由が消滅した後に、表意者が改めて申立てまたは同意の意思表示をするか、またはその他の形で養子縁組が維持されるべき旨を表示したときは、養子縁組を解消することはできない（民法1760条3項1文）。また、実親の同意が1747条4項により不要であると誤認された場合にも、同様の扱いが妥当する（同条5項1文）。これらの場合、申立てないし同意の瑕疵が治癒すると考えられたことによる[191]。

改めて意思表示をしたと認められるためには、通常の申立てないし同意につ

---

188）　BeckOGK-BGB/*Löhnig*, §1760 Rn. 20.

189）　MüKoBGB/*Maurer*, §1760 Rn. 38.

190）　MüKoBGB/*Maurer*, §1760 Rn. 39.

191）　Staudinger/*Frank*, §1760 Rn. 25.

き必要とされる方式に従わなければならない。また、その他の形で養子縁組が維持されるべき旨を表示したと言えるためには、表意者が問題の瑕疵を知った上でその意思を明確にする行為をしたのでなければならない。養親が養子の養育を継続することも、場合によってはこの要件を充たしうるものの[192]、後述のように瑕疵を知ってから1年間は縁組解消の申立権が認められていることとの関係で、その判断には慎重さが求められるとの指摘もある[193]。この行為については、子についての法定代理人の役割やその他の者についての代理禁止など、養子縁組についての同意と同様の準則が妥当する（同条3項2文、5項2文）。

なお、条文上は、3項が意思表示無効の場合全般を、5項が意思表示不存在の場合の一部をカバーしている。そのため、意思表示不存在のその他の場合については、治癒は認められないかのように見える。しかし、この場合にも3項ないし5項が準用されるというのが一般的な理解である[194]。

### (b) 同意に代わる決定の要件の存在

第2に、同意が存在しないかまたは無効である場合であっても、その同意に代わる決定の要件が養子縁組成立の決定時あるいは養子縁組解消の判断の時点において存在するときは、縁組解消は排除される（民法1761条1項前段）。一旦養子縁組を解消した上で同意に代わる決定をするという無駄を回避する趣旨である[195]。

### (c) 子の福祉の著しい危殆化

第3に、縁組解消により子の福祉が著しくおびやかされるときは、養子縁組を解消することができない。ただし、それに優越する養親の利益のために解消が不可欠な場合はこの限りでない（民法1761条2項）。養子縁組存続に対する子の利益を、原則としてその他の利益に優先させるものである。

子の福祉の著しい危殆化が認められるのは、その身体的・精神的発展が縁組

---

192) 以上につき、MüKoBGB/*Maurer*, §1760 Rn. 44を参照。
193) Staudinger/*Frank*, §1760 Rn. 28.
194) Soergel/*Liermann*, §1760 Rn. 18.
195) BT-Drs. 7/3061, 48 Nr. 10.

第1章　特別養子——ドイツ　59

解消により継続的に妨げられる場合である。その判断に際しては、養子縁組の継続期間、子の年齢、精神状態、養親家族との結びつき、別の家庭に移った場合に予想される影響等が考慮される[196]。

養親の利益との関係では、利益衡量が予定されている。もっとも、実際上問題となりうるのは養子縁組の申立て不存在や養子の同一性に関する錯誤の場合であるところ、こうした場合に養親が養子の養育を拒む場合には、それを事実上強制することは性質上できない以上、縁組解消による子の福祉の著しい危殆化という要件が既に否定されることが多い。そのため、主に問題となるのは、ある程度の年齢に達した養子の扶養に関する財産的利益だと言われる[197]。

これに対し、実親の利益との衡量は、条文上は想定されていない。しかし、親の基本権の要請上、子の福祉の著しい危殆化の判断においてこの点の衡量をも行うべきだとの理解が一般的である[198]。

### (3)　申　立　て

#### (a)　申立権者

民法1760条に基づく縁組解消は、申立てを要件とする。申立権者は、同条により解消事由とされる不存在または無効の申立てまたは同意の主体に限られる（民法1762条1項1文）。共同縁組の場合であっても、その申立てが不存在または無効であった配偶者のみが申立権を有し、養子縁組はこの配偶者に関する限りで一部解消されることになる[199]。

申立ての代理については、次のように定められている。行為無能力または14歳未満の子および行為無能力の養親については、法定代理人が申立てをするこ

---

196)　BeckOGK-BGB/*Löhnig*, §1761 Rn. 13. 目安として、養親の下で既に1年以上生活している場合にはそうした危殆化が推定されるとの見解がある（MüKoBGB/*Maurer*, §1761 Rn. 21）。

197)　Staudinger/*Frank*, §1761 Rn. 13; MüKoBGB/*Maurer*, §1761 Rn. 24-25.

198)　Staudinger/*Frank*, §1761 Rn. 12; BeckOGK-BGB/*Löhnig*, §1761 Rn. 14.

199)　MüKoBGB/*Maurer*, §1762 Rn. 8. もっとも、その結果、一方の配偶者のみを養親とする養子縁組が子の福祉に反するものとなり、次に見る職権による縁組解消の対象となることはありうる（MüKoBGB/*Maurer*, §1762 Rn. 9）。

60　第1部　ドイツ法・オーストリア法

とができる（民法1762条1項2文）。以上の他、申立ては代理人によることができない（同項3文）。制限行為能力者である申立権者は、法定代理人の同意を要しない（同項4文）。養親が行為無能力者である場合が想定されている他は、養子縁組に対する同意についての規律と同様である。

#### (b)　方　　式

この申立ては、養子縁組の申立てやそれについての同意と同様、公証人による公証を要する（民法1762条3項）[200]。

#### (c)　期間制限（民法1762条2項）

申立てをなしうる期間については、やはり養子縁組の安定性確保のため、以下のような二重の制限が定められている（民法1762条2項）。

1)　絶対的制限

第1に、養子縁組の時点から3年以内でなければならない（1文）。養子縁組の時点とは、その効力発生時、すなわち養子縁組成立の決定が養親に送達された時点である。

2)　相対的制限

第2に、申立てないし同意の瑕疵が発覚ないし消滅した時点から1年以内でなければならない（1文）。具体的な起算点は、瑕疵の種類に応じて、以下のように定められている（2文）。

① 民法1760条2項a号（意識不明・行為無能力等）の場合、表意者が少なくとも制限行為能力を取得した時点、または行為無能力の養親あるいは行為無能力ないし14歳未満の養子につき、その法定代理人が当該意思表示を知った時点（a号）。

② 民法1760条2項b号（錯誤）およびc号（詐欺）の場合、表意者が錯誤または詐欺に気づいた時点（b号）。

③ 民法1760条2項d号（強迫）の場合、窮状が止んだ時点（c号）。

---

200)　次に述べる厳格な期間制限ゆえに、立法論的な批判もある（Staudinger/*Frank*, §1762 Rn. 11）。

第1章　特別養子——ドイツ　61

④　民法1760条2項e号（実親による子の生後8週間以内の同意）の場合、子の出生から8週間が経過した時点（d号）。

⑤　民法1760条5項（実親の同意の不要性の誤認）の場合、当該実親が、自らの同意なしに養子縁組が成立したことを知った時点（e号）。

　2文各号の条文上は、民法1760条1項（同意・申立ての不存在）の場合が、上記⑤の場合を除き規定されていない。しかし、この場合も解釈上e号が準用されると解されている[201]。また、民法1760条2項a号の定めるもののうち、意識不明等の場合についても、上記①には対応する時点の定めがないが、この場合も意思表示が存在しないものと見て、e号の準用を認めるのが一般的である[202]。

　3）　進行停止・完成停止

　以上の期間制限については、消滅時効の進行停止に関する民法206条（不可抗力）および完成停止に関する同210条（法定代理人の不在）が準用される（3文）。もっとも、この規定が3年の絶対的期間にも及ぶかどうかは、2項の規定ぶりからは明らかでない。その趣旨が縁組存続に対する子の利益保護のために縁組解消の最長期間を画すことにあるとの理由で、この点を否定する見解が一般的である[203]。

## 3　裁判による解消2——職権による解消（民法1763条）

### (1)　趣　　旨

　養子縁組の成立に瑕疵がない場合でも、その解消が「重大な事由により、子の福祉のために不可欠」な場合には、家庭裁判所は職権によりそれを解消することができる（民法1763条1項）。これと同じことは実親子関係の場合には認められないが、それが養親子関係において認められるのは、多重縁組が認められていないことによる。すなわち、上記規定による解消は、多重縁組禁止を維持しつつ、新たな養親の下で再度養子縁組を可能とする機能を有するわけである[204]。

---

201）　BeckOGK-BGB/*Löhnig*, §1762 Rn. 11.

202）　BeckOGK-BGB/*Löhnig*, §1762 Rn. 11; MüKoBGB/*Maurer*, §1762 Rn. 24.

203）　BeckOGK-BGB/*Löhnig*, §1762 Rn. 14.

204）　MüKoBGB/*Maurer*, §1763 Rn. 2.

62　第1部　ドイツ法・オーストリア法

## (2)　要　件

### (a)　養子の年齢

　職権による解消は、養子が未成年の間にのみすることができる（1項）。養親子関係への国家の介入を、特に養子の要保護性が高い場合に限定する趣旨である。その基準時は、縁組解消の決定時と解されている[205]。

### (b)　子の福祉に関わる重大な事由

　上述のとおり、職権による解消の中心的な要件は、それが「重大な事由により、子の福祉のために不可欠」であることである。職権による解消は養親が有する親の基本権に対する重大な介入であるため、それが「不可欠」である必要があり、他のより緩やかな手段がある場合にはそれが優先されなければならない。そうした手段として、とりわけ親権の全部または一部の喪失等の民法1666条に定める措置が考えられる[206]。

　何が「重大な事由」に当たるかについては、特に養親が解消を望んでいない場合につき、実親の同意に代わる決定の要件を定める民法1748条と同様に考えるべきだとする見解が有力である[207]。養子縁組の職権による解消と実親の同意に代わる決定とは、養親ないし実親の意に反してその親としての地位を剥奪するという点で、その機能を同じくするからである。

　これに対し、養親が解消を望んでいる場合については、一方で、実親の同意に関する1747条とパラレルに捉え、「重大な事由」要件を原則として認める見解がある[208]。他方で、実親の解消に対する利益は申立てによる解消（民法1760条）の枠内でのみ保護されるとして、実親の希望それ自体は重要でないとしつつ、それを諸要素の1つとして考慮することは否定されないとする立場もある[209]。

---

205)　BeckOGK-BGB/*Löhnig*, §1763 Rn. 3 ; MüKoBGB/*Maurer*, §1759 Rn. 7.

206)　MüKoBGB/*Maurer*, §1763 Rn. 8.

207)　Staudinger/*Frank*, §1763 Rn. 3 ; MüKoBGB/*Maurer*, §1763 Rn. 6.

208)　Staudinger/*Frank*, §1763 Rn. 3.

209)　MüKoBGB/*Maurer*, §1763 Rn. 7.

(c) 子の養育の見込み

民法1763条 3 項は、以上に加え、縁組解消後に子を養育する親の存在ないし出現が見込まれることを要件としている。親のいない子の発生を防ぐ趣旨であり、とりわけ再度の養子縁組を可能にするという上述の同条の趣旨を反映したものである。

具体的には、次の 3 つのいずれかが必要とされる。

① 共同縁組をした養親の一方との関係でのみ養子縁組が解消されるべき場合において、他方の養親に子の保護・教育をする意思および可能性があること。ただし、当該他方の養親による親権の行使が子の福祉に反しない場合に限る（a号 1 肢）。この場合は、再度の養子縁組を可能にするという上述の制度趣旨に必ずしも収まるものではなく、またこれらが否定される場合にはそもそも上述の子の福祉に関する重大な事由が否定されるはずだから、本来なくてもよい規定だと言われている[210]。

② 実親に子の保護・教育をする意思および可能性があること。ただし、①と同様、当該実親による親権の行使が子の福祉に反しない場合に限る（a号 2 肢）。この場合、法形式としては縁組解消により実親との親族関係が復活することになるが（後述）、実質的には実親との間での再度の養子縁組と見ることができると説明される[211]。なお、連れ子縁組の場合において、養親の配偶者たる実親にこの意思・可能性がある場合も、ここに含まれると解されている[212]。

③ 養子縁組の解消により再度の養子縁組が可能となると見込まれること（b号）。民法1763条が想定する典型的な場面である。再度の養子縁組は、その成立につきほぼ疑問の余地がない程度に準備が進んでいるのでなければならないが、縁組前養育が開始している必要まではないとされる[213]。

---

210) Staudinger/*Frank*, § 1763 Rn. 15; MüKoBGB/*Maurer*, § 1763 Rn. 33.

211) Staudinger/*Frank*, § 1763 Rn. 1; *Maurer*, § 1763 Rn. 5.

212) BeckOGK-BGB/*Löhnig*, § 1763 Rn. 18.

213) Staudinger/*Frank*, § 1763 Rn. 21; MüKoBGB/*Maurer*, § 1763 Rn. 35.

64 第1部 ドイツ法・オーストリア法

## 4 裁判による解消3──効果

### (1) 将来効

養子縁組解消の効果は、将来に向かってのみ生じる（民法1764条1項1文）。したがって、養子は、縁組解消の決定が効力を生じるまで引き続き養親の扶養を受ける権利を有する。

もっとも、これに対する例外として、縁組解消の申立てをした養親または養子の死亡後に養子縁組解消の決定がされたときは、その死亡前に当該決定がされたのと同じ効果が生ずる（民法1764条1項2文）。申立人たる養親または養子が、申立てにより、養子縁組を維持する意思がないことを示したことに着目して、その後の決定と相続開始の先後という偶然の事情によって相続の結果に違いが生ずることを回避する趣旨であり[214]、申立てに関する規律（前述本章②9）とパラレルなものである。

### (2) 親族関係の復活

養子縁組の解消によって、養子縁組により発生した子およびその子孫と従来の親族との間の親族関係およびそれに基づき生じる権利・義務は消滅する（民法1764条2項）。同時に、子およびその子孫と実方の親族との間の親族関係およびそれに基づき生じる権利・義務（親権を除く）が復活する（同条3項）。以上により、養親の親権は消滅するが、実親がそれを当然に回復するわけではない。これについては、すぐ後で述べる。

以上の例外として、夫婦が養親となっている場合（共同縁組ないし承継縁組の場合）において、その一方との関係でのみ養子縁組が解消されたときは、養親子間の親族関係消滅の効果は子およびその子孫とその配偶者との間でのみ生じる（民法1764条5項前段）。そして、養子縁組の効果が完全に消滅したわけではない以上、実親との関係での親族関係復活の効果は生じない（同項後段）。これに対し、連れ子縁組の解消においては、養親たる配偶者の一方との養子縁組が完全に終了する以上、5項の適用対象とはならず、原則どおり3項の親族関

---

214) MüKoBGB/*Maurer*, §1764 Rn. 7.

係復活効が発生すると解されている[215]。

### (3) 親 権

　裁判所は、子の福祉に反しない場合に、その限度でのみ実親に親権を移転し、そうしない場合は後見人または保護人を選任する（民法1764条4項）。そもそも養子縁組がされるに至った原因や、一定期間実親と子が生活を共にしていなかったことなどから、実親に親権を行使させることが適切とは限らないからである。他方で、親としての権利を尊重する見地から、原則として後見人ではなく実親に親権を移転すべきものとされている[216]。

　もっとも、親権の移転が子の福祉に反しないと認められるためには、実親が子を養育する意思および可能性を有しているのでなければならないところ、これはむしろ例外的である。これは特に、同意に代わる決定があったときには、実親の子に対する態度に根本的な変化があったような場合にのみ認められる[217]。

### (4) 氏（民法1765条）

　養子の氏については、ここでも特則が設けられている。

### (a) 原 則

　養子縁組の解消により、養子は養親の氏を出生氏として称する権利を失う（民法1765条1項1文）。それに代えて、養子縁組成立前に称していた氏を再取得する。もっとも、養子縁組継続中に実親の氏に変更があり、または実親が婚氏を定めた場合において、養子縁組がなかったとしたらその変更等が子の氏に関する一般規定（民法1617c条）に従い子の氏に変更をもたらしていたであろうときは、子が再取得するのはその変更を受けた後の氏だと解されている。具体的には、実親の氏の変更または婚氏指定の時点において子が5歳未満の場合は、子の氏は当然にそれに即した変更を受ける。子が5歳以上の場合には、子

---

215)　BeckOGK–BGB/*Löhnig*, §1764 Rn. 30; MüKoBGB/*Maurer*, §1764 Rn. 43.

216)　BeckOGK–BGB/*Löhnig*, §1764 Rn. 20; MüKoBGB/*Maurer*, §1764 Rn. 31.

217)　BeckOGK–BGB/*Löhnig*, §1764 Rn. 22; MüKoBGB/*Maurer*, §1764 Rn. 37.

66 第1部 ドイツ法・オーストリア法

がその変更を受け入れる旨の意思表示を戸籍役場に対して行うことによって氏の変更が生ずる。

　(b) 例　外
以上の原則には、いくつかの例外がある。
① 民法1754条1項の場合（すなわち、共同縁組、連れ子縁組ないし承継縁組の場合）において、子が養親夫婦の婚氏を取得した後に、その一方のみとの間で養子縁組が解消されたときは、子はその取得した氏を保持し続ける（民法1765条1項2文）。この場合、養子縁組は配偶者の一方との間でのみ解消される（同1764条5項）ことに対応する例外である。
② 子が婚姻し、その養子縁組により取得した出生氏が婚氏とされたときは、養子縁組解消にもかかわらず、子およびその配偶者はその婚氏を保持する（民法1765条1項3文）。養子縁組の当事者でない子の配偶者の利益に配慮した例外である[218]。
③ 子が養子縁組により取得した氏を称するにつき正当な利益を有すると認められるときは、裁判所は、子の申立てにより、養子縁組の解消と同時に、子にその氏を保持させることができる（民法1765条2項1文）。氏の継続性に対する子の利益を一定の限度で保護するものである。なお、申立てにおける子の代理については、養子縁組についての子の同意と同じ扱いが妥当する（同項2文）。
　　ここに言う「正当な利益」は、一般論としては、氏の継続に対する子の利益が氏の変更に対する養親の利益を上回る場合に認められ、その際には縁組解消に至った原因も考慮される。具体的には、養子が長期にわたり養親の氏を称してきたために社会においてその氏で認識されている場合、養子がその氏で経済的に成功を収め著名になった場合、学校等において氏の変更が子に不利益をもたらす場合、近い将来に再度養子縁組をし、それによって再び氏の変更が予想される場合などが挙げられる[219]。

---

218)　Soergel/*Liermann*, §1765 Rn. 10.
219)　以上につき、MüKoBGB/*Maurer*, §1765 Rn. 23-24を参照。

第1章　特別養子──ドイツ　67

## 5　裁判による解消4 ──手続

### (1)　緒　　論

　養子縁組解消の手続も、養子縁組成立の手続および同意に代わる決定の手続と同様、養子縁組事件として家事・非訟事件手続法の規律を受ける。したがって、それらについて述べたのと同じことが基本的にここでも妥当する。以下、この手続に特殊な点を中心に説明する。

### (2)　開　　始

　既述のとおり、民法1760条による解消の手続は申立権者の申立てによって開始するのに対し、同1763条によるそれは家庭裁判所の職権により開始する。

### (3)　関 係 人

　手続に参加すべき関係人は、申立人（家事・非訟7条1項）の他、養親、養子および実親が明文で掲げられている（家事・非訟188条1項3号）。さらに、「手続によりその権利が直接の影響を受ける者」（家事・非訟7条2項1号）として、養子縁組への同意権を有する養親の配偶者や、実親が既に死亡している場合において、縁組が解消された場合には子の扶養義務を負うことになる可能性のある実方の親族などが挙げられる[220]。

　さらに、同意に代わる決定の手続におけると同様、養親が養子の法定代理人である限り、両者の間には顕著な利益相反があるため、手続補佐人が選任され（家事・非訟191条1文）、関係人となる（同158条3項2文）。

### (4)　審　　理

#### (a)　期日および手続の進行

　前述のとおり、家事事件において協議期日の開催は原則として裁判所の裁量に委ねられている（家事・非訟32条1項）。しかし、養子縁組解消の手続においては、全ての関係人にとって重大な影響があることから、これを原則として開

---

220)　以上につき、MüKoFamFG/*Maurer*, §188 Rn. 40-41を参照。

68　第 1 部　ドイツ法・オーストリア法

く必要があると言われている[221]。

### (b)　裁判資料の収集

同意に代わる決定の手続におけると同様、養子縁組あっせん所の専門的意見の聴取は義務的とはされていないものの、職権探知（家事・非訟26条）の一環としてそうするのが望ましいとされる[222]。

また、裁判所は、養親または養子を直接審問しなければならず（家事・非訟192条 1 項）、実親を原則として審問すべきものとされている（同条 2 項）。

### (5)　裁判および不服申立て

裁判および不服申立てについては、同意に代わる決定の手続におけると同様である。

## 6　法律上当然の解消（民法1766条）

### (1)　趣　　旨

法律上当然の養子縁組解消として、民法は次の 1 条のみを設ける。「養親が、婚姻に関する規定に反し養子またはその子孫と婚姻したときは、養子縁組により両者の間に成立した法律関係は、婚姻をもって解消される」（民法1766条 1 文）。

直系親族間では婚姻をすることができず、これはその親族関係が養子縁組によって成立した場合であっても異ならない（民法1308条 1 項 1 文）。しかし、それにもかかわらず実際に婚姻してしまえば、それは無効でないばかりか、解消事由ともされていない[223]。以上の規定は、これに対応して、むしろ婚姻当事者間での養子縁組による親族関係の方を消滅させる。婚姻の方が将来の当事者の意思に適い、一方養子縁組に基づく親族関係は婚姻により著しく害されるに至っていることから、婚姻を優先させる趣旨である。もっとも、その実際上の

---

221)　MüKoFamFG/*Maurer*, Vor § 186 Rn. 64-65.

222)　MüKoFamFG/*Maurer*, § 189 Rn. 5.

223)　婚姻の解消事由を定める民法1314条 1 項は、実方の親族関係における婚姻禁止を定める民法1307条への違反のみが掲げられており、民法1308条は排除されているためである。

第1章　特別養子──ドイツ　69

意義はきわめて小さいと言われる[224]。

## (2)　要件・効果

　養親と養子またはその子孫とが婚姻した場合[225]、養子縁組によりその当事者間に成立した親族関係が、法律上当然に解消される。これに対し、婚姻の当事者でない親族との関係では、解消の効果は生じない。この場合、「解消（aufheben）」との文言が用いられているものの、裁判による解消の効果を定める民法1764条・1765条の適用は排除されている（民法1766条2文）。これとは別に、婚姻による姻族関係が生じ、従来の養子縁組による親族関係と併存することになる[226]。

## ⑥　運用状況

　2017年の連邦統計庁による統計によると、未成年養子の総成立件数は3,888件であり、そのうち親族養子が153件、連れ子養子が2,373件、その他のものが1,362件である[227]。成立件数は年々減少しつつあるものの、人口比率で日本よりはるかに多いことに変わりはない。その背景には、やはり充実した養子縁組あっせん制度の存在があるものと思われる。

---

224）　*Gernhuber/Coester-Waltjen*, Familienrecht, Rn. 137.
225）　これに対し、養子縁組に基づく兄弟姉妹同士での婚姻は、民法1308条1項1文により禁止されるものの、民法1766条の適用対象には含まれない。この場合、婚姻禁止の解除の制度が用意されており（民法1308条2項）、それによることが予定されている（Soergel/*Liermann*, §1766 Rn. 4）。
226）　具体的には、次のようになる。
　　①　養親と養子の婚姻においては、両者の関係は親子から配偶者に変わる。養親の親は、養子の祖父母であると同時にその義父母となる。当該養親の元配偶者は、養子の親であると同時に、自分にとっての元配偶者の義父または義母となる。
　　②　養親と養子の子が婚姻した場合、両者の関係は祖父母から配偶者に変わる。養子は養親の子であると同時にその義父または義母となる。
227）　*Statistisches Bundesamt*, Statistiken der Kinder- und Jugendhilfe. Adoptionen 2017 (2018) S. 5 (https://www.destatis.de/DE/Publikationen/Thematisch/Soziales/KinderJugendhilfe/HeimerziehungBetreuteWohnform5225113167004.pdf?_blob=publicationFile).

70　第1部　ドイツ法・オーストリア法

# 第2章　嫡出推定（父子関係）──ドイツ

## ① 緒　　論

### 1　沿　　革

　嫡出推定に関するドイツ民法の規律は、非嫡出子ないし婚外子の差別の撤廃に向けた段階的な展開を経て、1998年の改正によって抜本的に変更された。すなわち、同改正以前は、日本の現行法と同様に、父子関係に関して嫡出子と非嫡出子とが区別され、それぞれにつき嫡出否認と認知否認という異なる制度が用意されていた。これに対し、同改正は、嫡出子・非嫡出子というカテゴリー自体を廃止して問題を父子関係の発生という角度から一元的に捉え、同時にそれを争うための手段も父子関係の否認として一本化したのである。

### 2　父子関係の発生態様（民法1592条）

　この改正の結果、父子関係の発生態様としては、次の3つが等価なものとして並立している（民法1592条）。

　①　子の出生の時点においてその母と婚姻関係にあったこと。

　②　子を認知したこと。

　③　父子関係が裁判により認定されたこと。

### 3　本章の説明の対象

　本章に課せられた課題は、ドイツ法における嫡出推定制度の概要を説明することだが、上述のように、現行のドイツ法には嫡出推定という制度そのものはもはや存在しない。そこで、以下では、対象を「婚姻による父子関係の発生とその排除」と設定した上で、これに直接または間接にかかわる諸規律について概説することにする。これに関する規律は様々な形で父子関係法全体にわたっているため、論述の外縁としてはほぼ同法全体を扱うことになるが、その程度は上記対象との関連の度合いに応じて調整する。

## ② 婚姻による父子関係発生

### 1 緒論——1998年改正前の規律

#### (1) 嫡出推定

婚姻による父子関係の発生は、1998年改正の大きなポイントの1つだった。そこで、何がどう変わったのかを示すため、まずは旧法下での規定を確認しておく。

そこでは、婚姻後に出生した子について、母が婚姻前または婚姻中に懐胎し、かつその夫がその懐胎期間中（出生日の302日前から180日前〔民法旧1592条1項〕）に子の母と性交渉をした場合には、母が夫によりその子を懐胎したものと推定された（同旧1591条1項）。そして、このうち懐胎期間中の性交渉については、さらに、懐胎期間中に夫が子の母と性交渉をしたことが推定される（同条2項）。この二重の推定が、嫡出推定と呼ばれていた。

#### (2) 推定が重複する場合——後婚の優先

以上の規律により前婚と後婚の間で嫡出推定が重複することを避けるため、10ヶ月の待婚期間が設けられていた（旧婚姻法〔Ehegesetz〕8条1項）。もっとも、待婚期間が遵守されず、または免除（同条2項）された場合には、なおそうした重複が生じうるところ、この場合には子は後婚の夫の嫡出子となるとされていた（民法旧1600条1項）。

### 2 原則（民法1592条1号）

#### (1) 規 準

以上に対し、現行法によると、子の出生時にその母と婚姻関係にあった者が法律上当然に父となる（民法1592条1号）。そのような者は容易に特定できる他、実際にも子の血縁上の父である蓋然性が高いと考えられるためである[228]。

---

228) MüKoBGB/*Wellenhofer*, §1592 Rn. 3, 6. なお、この趣旨との関係で、母の同性婚配偶者に民法1592条1号を類推適用できるかどうかが新たな解釈問題となっている（BeckOGK-BGB/*Haßfurter*, §1591 Rn. 124-124.1）。後述本章⑥Ⅲ⑸も参照。

72　第1部　ドイツ法・オーストリア法

## (2) 旧法との相違

旧法との違いは、次の2点にある。

① 　民法1592条1号は、推定という法技術を用いていない。むしろ、子の出生時に母と婚姻関係にあった者をもって父と定義している。したがって、この意味での父に該当するかどうかの判断においては、母が夫の子を懐胎したかどうかとか、懐胎期間中に性交渉があったかどうかといったことは意味を持たない[229]。

② 　より実際的な相違として、婚姻終了後に出生した子について、婚姻による父子関係発生の余地が否定されている。旧法が婚姻期間中の懐胎を規準としていたのに対し、現行法は婚姻中の出生のみに着目する。その結果、婚姻の解消後に生まれた子については、懐胎期間が婚姻期間と重なる場合であっても、母の夫は当然に父とはならないことになったわけである（ただし、次に述べるように、例外がある）。これについては、離婚等による婚姻解消の場合、実際はそれ以前から既に婚姻関係が破綻しているのが通常であり、したがってその時点での夫を父とすることは実態にそぐわないと説明される[230]。

## 3　拡張――夫死亡後の出生（民法1593条1文、2文）

　婚姻が母の夫の死亡によって解消した場合において、その解消後300日以内に子が出生したときは、民法1592条1号が準用され、死亡した夫が当然に父となる（民法1593条1文）。婚姻終了後の出生につき、この場面に限って旧法と同様の扱いを定めるものである。この場合には、離婚の場合と異なり、その懐胎期間（出生日の300日前から181日前〔同1600d条3項1文〕）が婚姻期間と重なる子については、死亡した夫が血縁上の父である蓋然性が高いというのが、その趣旨である[231]。さらに、子が300日よりも前に懐胎したと認められるときは、その期間が基準となる（同1593条2文）。

---

229)　MüKoBGB/*Wellenhofer*, § 1592 Rn. 13.

230)　MüKoBGB/*Wellenhofer*, § 1592 Rn. 10.

231)　BT-Drs. 13/4899, 83.

第2章　嫡出推定（父子関係）——ドイツ　73

　このように、上記規定は、婚姻が父の死亡によって解消した場合を念頭に置いている。もっとも、子の出生直前に母が死亡するという事態も生じうるところ、この場合にも同規定が類推適用されると解されている[232]。

## 4　父子関係競合への対処

### (1)　後婚の優先（民法1593条3文）

　以上のように婚姻による父子関係の発生が婚姻後の出生にまで拡張されると、複数の父子関係が競合する場面が出てくる。すなわち、母の夫の死亡後300日以内に子が出生したが、それよりも前に母が再婚したという場面である。この場合、新たな夫のみが父となるとされている（民法1593条3文）。母が以前の夫の死亡後すぐに再婚した場合、死亡した夫との婚姻関係は通常破綻していたと考えられるためである[233]。

　この場合、すなわち母の夫の死亡後に子が出生した場合を除けば、重婚が禁止されている以上（民法1306条）、婚姻による父子関係の競合は通常は起こりえない。このことから、かつての待婚期間は廃止されるに至った。もっとも、例外的に重婚が生じ、その結果双方の夫が民法1591条1文に該当するに至った場合には、同1599条3文の類推により、後に開始した婚姻の夫のみが父になると解されている[234]。

### (2)　前婚の復活（民法1593条4文）

　このように、父子関係競合の場合は後婚が優先するものとされているが、これは前婚に何の効力もないということではない。すなわち、父子関係が否認され、後婚の夫が子の父でないことが既判力をもって確認されたときは、前婚の夫が当然にその子の父となるとされている（民法1593条4文）。前婚も本来父子関係発生の要件を備えていたことに着目し、その限りで子の父がいなくなるという事態を回避する趣旨である[235]。

---

232)　MüKoBGB/*Wellenhofer*, §1593 Rn. 5.
233)　MüKoBGB/*Wellenhofer*, §1593 Rn. 14.
234)　MüKoBGB/*Wellenhofer*, §1593 Rn. 16.
235)　BeckOGK-BGB/*Balzer*, §1593 Rn. 6.

74 第1部 ドイツ法・オーストリア法

## ③ 認知による父子関係発生

### 1 通常の認知

### (1) 要 件

認知により父子関係が発生するためには、子に父がいない場合において、認知の意思表示および母等の同意を要する。さらに、一定の濫用的な認知は禁止される。

#### (a) 認知の意思表示

認知の意思表示は、子の出生前であってもすることができる（民法1594条4項）。父子関係の早期確定は特に母にとって利益になるからである[236]。一方、それにつき公証を受けなければならず（同1597条1項）、また条件・期限を付すことができない（同1594条3項）。法定代理については一定の定めがあるが（同1596条1項）、任意代理によることはできない（同4項）。

認知の意思表示が公証を受けてから1年が経過してもそれが効力を生じないときは、表意者はこれを撤回することができる（民法1597条3項1文）。撤回の意思表示は、同意の意思表示と同様の方式による（同項2文）。

#### (b) 父の不存在

認知は、子に既に父がいるのでない場合に限り有効である（民法1594条2項）。複数の父の存在は法律上想定されていないためである[237]。

#### (c) 母等の同意

さらに、認知には、母の同意が必要とされている（民法1595条1項）。これは、誰が子の父であるかにつき母も固有の利害関係を有すること、子の父が誰かは通常母が最もよく知っていることに加え、子に同意権を与えたとしても、親権

---

236) BT-Drs. 5/2370, 27; MüKoBGB/*Wellenhofer*, §1594 Rn. 41. 一方、懐胎前の認知は認められていない。これに対しては、第三者提供精子による人工授精の妨げとなっているとして、改正を求める見解がある（BeckOGK-BGB/*Balzer*, §1594 Rn. 89-90.3）。

237) *Gernhuber/Coester-Waltjen*, Familienrecht, §52 Rn. 5.

を有する母が結局法定代理人としてそれを行使することになるため、初めから母に同意権を与えておけば足りると考えられたためである[238]。こうした趣旨から、父子関係に関して母が親権を有しない場合には、さらに子の同意も必要とされる（同条2項）。例えば、子が成年に達している場合や、母が親権を喪失している場合などである。

　同意の意思表示の方式等は、認知の意思表示と同様だが、撤回はすることができない。母ないし子がこの同意を拒んだ場合、法律上の父となろうとする者は、後述の裁判による父子関係確認による他ない[239]。

### (d) 意思表示の有効性（民法1598条）

　身分関係の安定のため、認知、その撤回または同意の意思表示は、次に見る濫用的認知等の無効の他は、以上に見た方式等の規定に違反する場合にのみ効力を有しないものとされる（民法1598条1項）。さらに、認知の意思表示については、身分登録簿に記録されてから5年が経過した後は、それらの方式規定への違反があっても有効である（同条2項）。

### (e) 濫用的認知等の禁止（民法1597a条）

　さらに、2018年の改正によって、一定の濫用的な認知を禁止する民法1597a条が追加された。それによると、子、本人または母の適法な入国または滞在の要件を充たすこと、または子にドイツ国籍を取得させることによってその適法な入国または滞在の要件を充たすことをもっぱらの目的として認知をすることはできない（同条1項）。こうした濫用的な認知を疑わせる事実として同条2項各号に掲げるものが存在するときは、認知の意思表示を公証しようとする者は、その旨を外国人局に通報するとともに公証を中断しなければならない（同条2項1文）。そして、それを受けて外国人局が認知の濫用性を認定し、その

---

238）　BT-Drs. 13/4899, 54; MüKoBGB/*Wellenhofer*, §1595 Rn. 2. もっとも、これに対しては、子の自己決定権を侵害するものであるとして批判が強い。養子縁組等におけると同様、14歳以上の子には独自の同意権を認めるべきだとする見解が有力である（MüKoBGB/*Wellenhofer*, §1595 Rn. 3-4；後述本章[6] I 1.⑿、⒀）。

239）　MüKoBGB/*Wellenhofer*, §1595 Rn. 10.

76 第1部 ドイツ法・オーストリア法

判断が確定したときは、公証は確定的に拒絶される（同条2項4文）。この場合、それにもかかわらず認知の公証がされたとしても、それは無効である（同条3項）。母の同意についても、以上と同じ扱いが妥当する（同条4項）。もっとも、認知をする者が子の血縁上の父であるときは、その認知は濫用的ではありえないとされる（同条5項）。

### (2) 効　果

認知により、その表意者は子の出生時にさかのぼってその法律上の父となる。もっとも、その効力を主張することができるのは、原則として、認知が効力を生じてからである（民法1594条1項）。

さらに、前記(1)(b)の要件を欠く場合、すなわち既に父がいるのに認知をした場合には、認知の意思表示は浮動的に無効であるにとどまり、既存の父子関係が否認等により消滅した場合には法律上当然に有効となると解されている[240]。

## 2　離婚手続に際しての認知（民法1599条2項）

### (1) 概要・趣旨

以上によると、子の出生時に母が婚姻関係にある場合、通常の認知は婚姻による父子関係に劣後する。しかし、一定の場合にはその例外が認められており、これは婚姻による父子関係の排除にとって重要である。

すなわち、夫婦の離婚の申立てが係属した後に子が出生した場合において、この申立てを認容する決定が確定してから遅くとも1年以内に第三者がその子を認知したときは、婚姻による父子関係（民法1592条1号、1593条）は発生しない（同1599条2項1文）。この場合、母ないし子の同意に加えて、子の出生時に母と婚姻関係にあった夫の同意をも要する（同項2文前段）。その趣旨としては、次のようなことが言われている[241]。

① 離婚の申立ての後に子が出生し、それを第三者が認知し、さらにそれにつき母もその夫も同意しているという状況の下では、この夫がその子の血

---

240）　BT-Drs. 13/4899, 84; MüKoBGB/*Wellenhofer*, §1594 Rn. 30.

241）　BT-Drs. 13/4899, 53; MüKoBGB/*Wellenhofer*, §1599 Rn. 67-68.

第 2 章　嫡出推定（父子関係）──ドイツ　77

縁上の父である可能性はきわめて低い。

②　この規定がなかったとしたら、民法1592条 1 号（あるいは同1593条）に基づき母の夫が一旦父となった上で父子関係否認の手続によりその父子関係を解消することになるが、関係者全員にとって子の父が第三者であることが明らかな場合、そうした迂遠な手続は無駄である。

③　第三者による認知が必要とされる以上、子の父がいなくなるという事態は生じ得ない。

以上のような趣旨により、婚姻による父子関係の発生を、父子関係否認の手続によらずに当事者間の合意限りで排除することが例外的に認められているわけである[242]。

## (2)　要　　件

要件とされるのは、①離婚の申立ての係属後に子が出生したこと、②離婚の決定の確定、③②の時点から 1 年以内に第三者による認知がされること、および④元夫の同意である。③の認知については、既に述べた通常の認知の要件が充たされる必要がある。④の同意も、母ないし子の同意と同様の方式等に従う必要がある（民法1599条 2 項 2 文後段）。なお、同項 1 文が同1593条をも対象としているところ、同条の場合には、上記②に代えて②′夫の死亡が要件

---

242)　もっとも、これに対しては、次のような立法論的批判および再反論がある（Staudinger/*Rauscher*, §1599 Rn. 5-7；MüKoBGB/*Wellenhofer*, §1599 Rn. 69)。

　　①　子の出生から認知（離婚の決定の確定時から 1 年間可能）までの期間につき子の地位が不安定になり、扶養等に関して問題を生ずるおそれがある。もっとも、これに対しては、本文で後に述べるように、解釈により一定の解決が図られるに至っている。

　　②　母がこの制度を利用するためには、夫に子の父が誰かを明かさざるを得なくなってしまう。これに対しては、婚姻関係にある以上原則として夫が子の父となるのが現行法の帰結であり、その父子関係の否認のために一定の負担が生じるのは当然のことだとの反論がある。

　　③　子の福祉を擁護する公的機関の関与なしに、当事者が子の身分を私的自治により処分できることになってしまう。これに対しては、離婚の申立て後の出生という客観的事情により民法1592条 1 号が前提とする推定の根拠が失われるだけであり、身分関係が私的自治に委ねられているわけではないとの反論がある。

　　なお、後述6 I 1.(16)～(18)では、合意の可能性の拡張が提案されている。

78　第 1 部　ドイツ法・オーストリア法

となる[243]。

### (3)　効　　果

#### (a)　父子関係の発生

以上の要件が備わると、民法1592条 1 号（あるいは同1593条）による父子関係は発生せず、それに代えて認知をした者が子の出生時にさかのぼって法律上の父となる。もっとも、この効果は、離婚の申立てを容容する決定が確定した時点よりも前には生じない（同1599条 2 項 3 文）。この時点までは婚姻が有効であり、したがって民法1592条 1 号（あるいは同1593条）が妥当するところ、これに基づく父子関係との競合を避けるためである[244]。

#### (b)　効力発生までの期間の処理

以上によると、早くとも離婚の決定が確定するまでは、子と認知をした第三者との父子関係を主張できないことになる。もっとも、解釈上、一定の限度でその効果を前倒しすることが認められている。

まず、既に認知をした第三者と母とが共同で親権を行使する旨の意思表示（民法1626a 条 1 項 1 号）をしたときは、その効力はなお存在する夫との婚姻によって妨げられず、離婚の決定の確定をもって効力を生ずるというのが判例である[245]。

扶養については判例がなく、学説が分かれている。まず、効力発生時までに元夫が実際にした扶養についての求償請求は、効力発生まで認められないという点に異論はない。問題は、その時点までに誰が子の扶養請求の相手方となるかであり、効力発生前には民法1592条 1 号（あるいは同1593条）が妥当する以上母の夫だとする見解[246]と、いずれ父でなくなることが確実な夫への扶養請求と、既に認知の意思表示をした第三者が扶養を拒むことは、いずれも権利濫

---

243)　MüKoBGB/*Wellenhofer*, § 1599 Rn. 78.

244)　Staudinger/*Rauscher*, 2011, Rn. 102; BeckOGK-BGB/*Reuß*, § 1599 Rn. 163.

245)　BGHZ 158, 74.

246)　Staudinger/*Rauscher*, § 1599 Rn. 113.

第 2 章　嫡出推定（父子関係）──ドイツ　79

用であるとして、第三者を相手方とすべきだとの見解[247]がある。

### (c)　父子関係否認の帰結

民法1599条 2 項による認知が父子関係否認の手続により効力を失ったときは、通常の認知におけると同様、子の父は存在しないことになる。民法1592条 1 号（あるいは同1593条）による父子関係が復活することにはならない[248]。これは、子にとって不利益なことではあるが、元夫の身分関係確定についての利益をも保護すべきこと、元夫が実際に血縁上の父なのであれば、子は別途裁判による父子関係確認を求めることができることから、以上の点を別異に解すべき理由とはならないというのが通説である[249]。

## 4　裁判による父子関係確認

### 1　緒　　論

婚姻と認知のいずれによる父子関係も存在しない場合には、裁判所が父子関係を確認する（民法1600d 条 1 項）。そして、父子関係に基づく法律効果は、この確認がされる時点までは主張することができない（同条 4 項）。身分関係の明確化を図るためである[250]。

### 2　事件の種類

裁判による父子関係確認の手続は、家事・非訟事件手続法上の親子関係事件

---

247)　MüKoBGB/*Wellenhofer*, § 1599 Rn. 81.

248)　BGH NJW-RR 2012, 449.

249)　MüKoBGB/*Wellenhofer*, § 1599 Rn. 82; BeckOGK-BGB/*Reuß*, § 1599 Rn. 179.

250)　BeckOGK-BGB/*Reuß*, § 1600d Rn. 11. もっとも、身分関係に直接関係のない事項については、この例外が認められる可能性がある。典型的なのは、否認権を行使した元法律上の夫が、血縁上の父に対して子の扶養に要した費用を求償する場面である。この場合、元法律上の夫には、後述のように、血縁上の父につき父子関係確認の申立てをすることができない。このとき、①血縁上の父と子の間の父子関係に争いがなく、②近い将来父子関係確認の手続が行われる見込みがなく、かつ③その父子関係を前提問題として扱うことにより子の利益が害されるのでない場合には、民法1600d 条 4 項にもかかわらず、前提問題としての父子関係の主張を認めるのが判例である（BGHZ 176, 327）。

80　第1部　ドイツ法・オーストリア法

として、同法の適用を受ける（家事・非訟169条1号）。同法の総則規定の他、当該事件については、家事・非訟事件手続法169条以下に各則的な規定がある。総則規定が適用される限りにおいて、養子縁組関係事件に関して上述したことの多くがここでも当てはまる。

### 3　管　　轄

否認手続の管轄は、子の常居所がある区の家庭裁判所である（家事・非訟170条1項）。

### 4　手続開始——申立て

親子関係事件一般につき、手続は申立てにより開始する（家事・非訟171条1項）。父子関係確認の手続の申立権者については、規定が存在しないが、解釈上、子、母および父であると主張する者に申立権が認められている。この申立権も、後述の否認権と同様に一身専属的な権利であり、代理によることは原則としてできないと解されている[251]。

父子関係確認の申立ては、父子関係がまだ存在しない場合に限り認められる。既に父子関係が存在するにもかかわらずされた申立ては、不適法却下される。この場合、まずはこれを後述する父子関係否認により排除しなければならない[252]。

この申立てに期間の制限はない。申立ての際には、父として挙げられた者と子との父子関係をうかがわせる事実を主張しなければならないとするのが判例である。特に子が申立人である場合に、父の情報自己決定権への無用の侵害を防ぐためである[253]。

---

251)　以上につき、MüKoBGB/*Wellenhofer*, §1600d Rn. 13; BeckOGK-BGB/*Reuß*, §1600d Rn. 45を参照。

252)　MüKoBGB/*Wellenhofer*, §1600d Rn. 30; BeckOGK-BGB/*Reuß*, §1600d Rn. 49-51.

253)　BGH NJW 2014, 3786.

第 2 章　嫡出推定（父子関係）——ドイツ　81

## 5　関 係 人

### (1)　範　　囲

　関係人の範囲も、申立権者の範囲と同じだが（家事・非訟172条 1 項）、他に
父である可能性がある者がいる場合、裁判所はこれをも関係人に加えることが
できる（同 7 条 2 項 1 号）。

### (2)　代　　理

　親子関係事件については、弁護士による代理は法律上必要とされていない
（家事・非訟10条 1 項）。この場合、事実関係および法状況が難解であるために
弁護士による代理が必要と認められる場合に限り、裁判所は申立てをした関係
人に弁護士を付さなければならないとされている（同78条 2 項）。しかし、親子
関係事件においては、その複雑さゆえに、原則として全ての関係人につきこの
要件が認められるというのが判例である[254]。

### (3)　死　　亡

　関係人の 1 人が終局決定の確定前に死亡したときは、裁判所はその他の関係
人に対し、そのうちの少なくとも 1 人が 1 ヶ月以内に裁判所に対し手続の継続
を請求した場合に限り手続が継続する旨を告げなければならない（家事・非訟
181条 1 文）。その期間内に請求をする関係人がいなければ、手続は終了する（同
条 2 文）。親子関係事件においては、当事者の死亡により関係人が手続を続行
する利益を失うことがありうるためである[255]。

## 6　実体的要件

### (1)　原　　則

　父子関係確認のための実体的要件は、既存の父子関係の不存在に加え、ある
男性が子の血縁上の父であることである。どのようにして父となったかは意味
を持たず、その提供した精子によって人工授精がされた場合であっても、その

---

254)　BGH NJW 2016, 959.

255)　MüKoFamFG/*Coester-Waltjen/Lugani*, §181 Rn. 2.

82　第 1 部　ドイツ法・オーストリア法

男性が血縁上の父であることに変わりはない[256]。

### (2)　**適格精子提供者**についての例外（民法1600d 条 4 項）

　もっとも、2018年の改正により、以上の点に例外が認められるに至った[257]。それによると、①臓器移植法に定める医療支援機関において、②医師が行う人工授精であって③精子提供者登録法に定める採取施設に対し精子提供者が提供した精子を用いたものにより子が生まれたときは、その精子提供者は子の父であると確認されることはない（民法1600d 条 4 項）。従来、精子提供者は自ら否認権を有しないにもかかわらず裁判による父子関係確認により法律上の父とされる可能性はあるという一方的に不利な立場に立たされてきたところ、その状況を一定の限度で改善する趣旨である[258]。採取施設では精子の情報が登録され（精子提供者登録法 5 条 2 項）、自分が第三者提供精子により生まれたのではないかと思料する者は、その開示を請求することができる（同10条）。精子提供者には、精子提供時にその旨が説明される（同 2 条 1 項 1 号）。このようにして、子の出自を知る権利を保障しつつ、同時に精子提供者が十分に理解した上で親としての地位を放棄することが確保されているわけである[259]。

　もっとも、この改正によっても、人工授精に同意した母の夫ないしパートナーを父とするルールは導入されていないことに注意を要する。見たところ、この制度は母の夫ないしパートナーが子の法律上の父となることを何ら担保していないようであり、仮にそうだとすれば、法律上の父となりうる者がいない子が出現する可能性が生じてしまっているのではないかという疑問がある。

### (3)　推　　定

　なお、民法1600d 条 2 項によると、父子関係確認の手続においては、子の懐胎期間（出生日の300日前から181日前〔同条 3 項 1 文〕）に母と性交渉を持った男性が父と推定される。もっとも、これにつき重大な疑いが存在するときはこの

---

256)　以上につき、BeckOGK-BGB/*Reuß*, § 1600d Rn. 54を参照。
257)　BeckOGK-BGB/*Reuß*, § 1600d Rn. 55-55. 4．後述⑥Ⅱ 1. ⑷に対応するものである。
258)　BeckOGK-BGB/*Reuß*, § 1600d Rn. 19.
259)　BT-Drs. 18/11291, 35-36.

第 2 章　嫡出推定（父子関係）――ドイツ　83

限りでない。嫡出推定と同様の推定が、裁判による父子関係確認についてのみ維持されているわけである。人工授精はここで言う性交渉と同視される[260]。もっとも、DNA 鑑定によるほぼ確実な事実認定が可能となった現在、この推定規定が機能することは稀だと言われている[261]。

## 7　審　理
### (1)　手続の進行
　前章で特別養子に即して述べたように、家事事件においては口頭弁論を開くかどうかは原則として裁判所の裁量に委ねられている。しかし、父子関係確認の手続を含む親子関係事件においては、事案解明および関係人の審問請求権保障のために[262]、裁判所は証拠調べに先立って協議期日を開き、手続能力のある関係人に自ら出頭することを命ずるものとする旨の規定がある（家事・非訟175条1項）。この期日もまた非公開で行われる（裁判所構成法170条1項）。

### (2)　裁判資料の収集
　裁判資料の収集に関しては、他の家事事件と同様、ここでも職権探知主義が妥当する（家事・非訟26条）。これに対して、自由な証明は排除される。すなわち、父子関係確認手続を含む親子関係事件においては、家事事件一般におけるのと異なり、証拠調べは原則として民事訴訟法に定められた方式に従わなければならない（家事・非訟177条2項1文）。身分関係の真実性をより強く確保するためである[263]。もっとも、父子関係確認の手続において決め手となるのは通常DNA鑑定であるところ、関係人らが合意の上で取得した親子関係についての鑑定は、裁判所がそれによる事実認定の正確性・完全性に疑いを抱かず、かつ関係人全員が同意する場合には、裁判所による鑑定に代えることができるとされている（同項2文）。
　さらに、裁判所が鑑定を行う場合に関して、それへの協力義務を定める規定

---

260)　MüKoBGB/*Wellenhofer*, §1600d Rn. 85.

261)　MüKoBGB/*Wellenhofer*, §1600d Rn. 82.

262)　MüKoFamFG/*Coester-Waltjen/Lugani*, §175 Rn. 2.

263)　MüKoFamFG/*Coester-Waltjen/Lugani*, §177 Rn. 9.

84　第1部　ドイツ法・オーストリア法

がある。それによると、親子関係の確認に必要な限りにおいて、なんぴとも血液採取等の検査を受忍しなければならない。もっとも、その検査が対象者に期待できないものであるときはこの限りでない（家事・非訟178条1項）。義務の主体は、親子関係の確定にとって検査が意味を持つと考えられる全ての者であり、手続の関係人に限定されていない[264]。「期待できない」とは、検査により対象者の健康に影響が生じることを言い、DNA鑑定のための皮膚細胞採取等はこれに当たらない[265]。この受忍義務を理由なく拒む場合、秩序金（Ordnungsgeld）および秩序拘禁（Ordnungshaft）が科され、さらに拒絶が繰り返される場合には、直接強制によることもできる（同条2項）。

### 8　裁判および不服申立て

　他の家事事件と同様、父子関係確認の手続の裁判は決定による（家事・非訟38条1項）。これに対しては、抗告をすることができる。父子関係確認の手続を含む親子関係事件においては、不服の有無にかかわらず全ての関係人、さらに関係人となるべきであった者に抗告権が認められている（同184条3項）。不服申立ての可能性がなくなった時点で、決定は確定する（同45条）。

　親子関係事件にかかる決定は、確定した時点で効力を生じ、そのうちの親子関係に関する判断は対世効を有する（家事・非訟184条2項）。父子関係確認の決定が確定すると、子の出生時にさかのぼって父子関係が発生する[266]。

　親子関係事件にかかる決定については、決定変更の申立ては認められない（家事・非訟184条1項2文）。再審の申立てについては、他の家事事件と同様に民事訴訟法上の再審の訴えによることができる他、親子関係事件についての特則が設けられている。それによると、関係人が当該親子関係に関する新たな鑑定を提出する場合において、それが単独または以前の手続に現れた証拠と結びついて異なる判断をもたらすと見込まれるときに、再審の申立てが認められる（同185条1項）。この申立ては、以前の決定に対する不服の有無にかかわらずす

---

264)　MüKoFamFG/*Coester-Waltjen/Lugani*, §178 Rn. 7.

265)　MüKoBGB/*Wellenhofer*, §1600d Rn. 56; MüKoFamFG/*Coester-Waltjen/Lugani*, §178 Rn. 8.

266)　MüKoBGB/*Wellenhofer*, §1600d Rn. 97.

ることができ（同185条2項）、また通常の再審の申立てに妥当する期間制限も適用されない（同185条4項）。身分関係の重要性に鑑み、真実主義を通常よりも強く妥当させるものである[267]。

## 5 父子関係の否認

### 1 緒 論

　婚姻または認知に基づく父子関係は、父子関係否認の手続によって、その男性が子の父ではないことが既判力をもって認められた場合にのみ否定される（民法1599条1項）[268]。身分関係を安定させ、もって子の福祉のために家庭生活の平穏を守るためであり、日本の現行法における嫡出否認の訴えと趣旨を同じくする。もっとも、1998年改正により父子関係が統一的に規律されるに至った結果、婚姻だけでなく認知による父子関係もその対象となっている点が重要な相違である。これに対し、裁判による父子関係確認によって生じた父子関係は、既に既判力をもって確定されたものであり、これを争うには再審の申立てによらなければならない。

### 2 要 件

　父子関係否認の要件は、否認権者（(1)）が法定の期間内（(2)）に否認の意思表示をすること（(3)）に加えて、否認事由の存在（(4)）である。なお、否認事由についての推定規定が置かれている（(5)）。

### (1) 否認権者（民法1600条）

　民法上、否認権者として認められているのは、以下の者である[269]。

---

267)　MüKoFamFG/*Coester-Waltjen/Lugani*, §185 Rn. 3.

268)　もっとも、ここでも、身分関係に直接関わりのない事項が争いの対照である場合には、例外的に父子関係の不存在を前提問題として主張する可能性が認められている（MüKoBGB/*Wellenhofer*, §1599 Rn. 8-19）。

269)　2017年の改正までは、以下の者に加えて、認知による父子関係についてのみ、所轄官庁が挙げられていた（民法旧1600条1項5号）。これは、子のドイツ国籍取得およびそれに伴う母のドイツ滞在許可を目的とした濫用的な認知が増えているという実態を背景に、

86　第1部　ドイツ法・オーストリア法

## (a)　子および法律上の父母（1項1号、3号、4号）

### 1)　原則

　まず、無条件に否認権を有するのは、子（民法1600条1項4号）およびその法律上の父母（同項1号、3号）である。1998年改正前は母に否認権は認められていなかったが、平等原則違反との批判が強く、同改正で加えられた。逆に、同改正まで存在した、法律上の父の死亡後におけるその親の否認権は、同改正によって削除された。

　以上の三者には当然に否認権が認められ、父母についての親権の有無などは問題とならない。血縁上の父でないと知りつつあえて認知をした父であっても、同様に解されている。父子関係の否認においては客観的な事実だけが重要だからである[270]。

### 2)　制限（4項）

### a)　趣旨

　もっとも、このうち法律上の父母については、その否認権に一定の制限が設けられている。それによると、母が子を第三者提供精子による人工生殖によって懐胎した場合において、父母の双方がそれに同意していたときは、当該父母は否認権を有しない（民法1600条4項）。この場合、精子が第三者の提供によるものである以上、父は子の血縁上の父ではない。しかし、そのことを理解した上でそれによる人工生殖に同意した父母が、それにもかかわらず後から否認権を行使するのは禁反言に反し許されるべきでないというのが、上記規定の趣旨である[271]。

### b)　要件

　この規定が適用されるためには、第三者提供精子による人工生殖につき父母双方の同意がなければならない。同意の意思表示の相手方は、父母のうちそれ

---

　　2008年に導入されたものだった。しかしこれは、2013年の連邦憲法裁判所判決によって、国籍剥奪を禁止する基本法16条1項2文への違反等を理由に違憲と判断され（BVerfGE 135, 48）、2017年の改正（BGBl. 2017 I 2780）によって削除された。

270)　BT-Drs. 5/2370, 31; MüKoBGB/*Wellenhofer*, §1600 Rn. 3. もっとも、後述⑥ I 2.⒇参照。

271)　BT-Drs. 14/2096, 7 ; BeckOGK-BGB/*Reuß*, §1600 Rn. 15.

第 2 章　嫡出推定（父子関係）――ドイツ　87

それ他方の者だとするのが判例である[272]。特別な方式は法律上必要とされていないが、実際には、連邦医師会の指針により書面が作成され、説明にあたった医師が署名をする[273]。また、人工生殖の実施まで同意はいつでも撤回できる[274]。

　さらに、当該人工生殖によって子が懐胎したのでなければならない。したがって、子が当該人工生殖以外の原因によって懐胎したことを理由とする否認権の行使は排除されない[275]。

　これに対し、人工生殖が適法に行われたかどうかや、第三者の精子がどのように提供されたかといったことは意味を持たない。父母が婚姻していることも必要でない。もっとも、両者が婚姻関係にない場合には、認知により父子関係が発生していることが上記規定の適用の前提となる[276]。

　c）　効果

　以上の要件の下で、父母の否認権が否定されるというのが、この制度の中心的な効果である。

　これに対し、子は原則どおり否認権を行使することができる。もっとも、これが実際に問題となるのは、子が成年に達してからだと言われている。と言うのも、子が未成年の間は否認権の行使は法定代理人によらねばならず、その法定代理人はそれが子の福祉に適う場合にのみ否認権を行使できるとされているところ（後述本章[5] 2(2)(b)③）、別の者が父となることなく現在の父との父子関係が単に否定されるというのは、通常は子の福祉に適うと言えないからである[277]。

　なお、前述したように、精子提供者は、一定の要件を充たすことにより、将来父子関係確認の裁判の対象とされる可能性を排除することができる（民法

---

272)　BGH NJW 2015, 3434.

273)　MüKoBGB/*Wellenhofer*, §1600 Rn. 62. なお、同所では、公証人による公証を必要とすべきだとの立法論が説かれている。これに対しては、方式の不遵守を理由に親としての責任から逃れることができるという帰結に疑問も示されている（BeckOGK-BGB/*Reuß*, §1600 Rn. 109）。

274)　BGH NJW 1995, 2028.

275)　BT-Drs. 14/8131, 7-8.

276)　BeckOGK-BGB/*Reuß*, §1600 Rn. 98.

277)　MüKoBGB/*Wellenhofer*, §1600 Rn. 67.

88 第 1 部　ドイツ法・オーストリア法

1600d 条 4 項）。

### (b)　血縁上の父と見込まれる者

　次に、一定の条件の下で否認権を認められているのが、「子の懐胎期間中にその母と性交渉を持った旨を宣誓した男性」、つまり血縁上の父と見込まれる者である（民法1600条 1 項 2 号）。従来は血縁上の父が既存の父子関係を否認する可能性は認められていなかったところ、連邦憲法裁判所はこれが親としての基本権の侵害に当たると判示した[278]。上記規定は、これを受けた2004年の改正によって付加されたものである。

　懐胎期間中の母との性交渉につき宣誓することが必要とされているのは、根拠のない否認権行使を排除するためである[279]。精子提供についても、民法1600条 1 項 2 号が適用ないし類推適用されるとの見解が有力である[280]。

### (c)　放棄可能性

　否認権を放棄することができるかどうかについては、ドイツの現在の法状況は明確でない。すなわち、一般論としては、否認権は一身専属的な権利であって、放棄することはできないと言われている[281]。しかし、精子バンクに精子を提供した者について、判例は、否認権の放棄を理由にその行使を否定した[282]。これを受けて、学説上も、一定の条件の下で放棄の有効性を認めるものが現れている。

　もっとも、民法1600条 4 項の場合における精子提供者については、否認権が認められるべきでないという結論においては一致を見ており[283]、法改正による

---

278)　BVerfG NJW 2003, 2151.

279)　BT-Drs. 15/2253, 10. もっとも、これによると、血縁上の父が当該期間中の性交渉につき完全な自信を持てない場合でも、権利行使のためには刑罰を覚悟して（刑法156条）宣誓をせざるを得ないため、批判もある（MüKoBGB/*Wellenhofer*, §1600 Rn. 16）。

280)　MüKoBGB/*Wellenhofer*, §1600 Rn. 19. 判例は、宣誓要件をあまり重視しないことで同様の実質を目指すもののようである（BGHZ 197, 242）。

281)　BGH NJW 1995, 2921; MüKoBGB/*Wellenhofer*, §1600 Rn. 49.

282)　BGHZ 197, 242.

283)　BeckOGK-BGB/*Reuß*, §1600 Rn. 72.

第 2 章　嫡出推定（父子関係）──ドイツ　89

対処の必要性が説かれている[284]。


## (2)　否認の意思表示（民法1600a 条）

### (a)　任意代理・相続の可能性

否認権は、一身専属的な形成権であって、本人の真意を尊重するため、任意代理により行使することはできない（民法1600a 条 1 項）[285]。同じ趣旨から、否認権の相続も否定される[286]。


### (b)　法定代理の可能性・必要性

他方、法定代理については、次のように定められている。

①　子以外の否認権者についても、やはり否認権の一身専属性ないし真意尊重の要請から、原則として自ら否認権を行使しなければならない（民法1600a 条 2 項 1 文）[287]。制限行為能力者についても同様であり、これについて法定代理人の同意は必要でない（同項 2 文）。これに対し、これらの否認権者が行為無能力者であるときは、法定代理人のみが否認権を行使することができる（同項 3 文）。

②　子については、①と異なり、制限行為能力者である場合にも法定代理人のみが否認権を行使することができるとされている（民法1600a 条 3 項）。子の福祉を保護するため、①におけるよりも子本人の自律的判断の余地を限定するものである[288]。これにより、未成年である子は否認権行使の自由を有しないことになる[289]。

③　以上の準則により法定代理人が否認権を行使すべき場合、その権利行使

---

284)　MüKoBGB/*Wellenhofer*, §1600 Rn. 15. 後述⑥Ⅱ1.(47)も参照。

285)　BT-Drs. 13/4899, 87; MüKoBGB/*Wellenhofer*, §1600a Rn. 1.

286)　MüKoBGB/*Wellenhofer*, §1600a Rn. 1.

287)　BT-Drs. 13/4899, 87; MüKoBGB/*Wellenhofer*, §1600a Rn. 3.

288)　MüKoBGB/*Wellenhofer*, §1600a Rn. 6.

289)　この点については立法論的批判が強く、一定年齢（例えば14歳）以上の子には単独または共同での否認権行使を認めるべきだとする見解が有力である（MüKoBGB/*Wellenhofer*, §1600a Rn. 7 ; BeckOGK-BGB/*Reuß*, §1600a Rn. 9）。これに対し、後述⑥Ⅰ2.(27)および(28)ではさらなる制限が提案されている。

90 第1部 ドイツ法・オーストリア法

は、それが本人の福祉に適う場合にのみ認められる（民法1600a条4項）。父子関係の否認が当事者にとって重大な帰結をもたらすことから、その判断を法定代理人の裁量のみに委ねるのではなく、裁判所の審査に服させる趣旨である[290]。この規定は、子以外の否認権者の法定代理人についても適用されるが、典型的な適用場面は子を本人とする場面である[291]。そこでの否認権が子の福祉に適うかどうかの判断は、子の出自を知る利益、代わりに血縁上の父が法律上の父となる見込み、否認権行使による母との関係への影響など、それが子にもたらすあらゆる利益と不利益を衡量して個別具体的に行われる[292]。

### (3) 期間制限（民法1600b条）

一方で身分関係を早期に確定して法的安定性を確保し、他方で否認権者に一定の熟慮期間を保障するため[293]、否認権行使には以下の期間制限が設けられている。

#### (a) 期　　間

期間の長さは2年間である（民法1600b条1項1文）。この期間内に、家庭裁判所に対する申立てがされる必要がある[294]。

#### (b) 起算点

#### 1) 原則

その起算点は、原則として、否認権者が父子関係を疑わせる事実を知った時である（民法1600b条1項2文）。もっとも、この期間は、子の出生前または認知の効力発生前には進行せず、また、民法1593条4文の場合、すなわち後婚に

---

290) MüKoBGB/*Wellenhofer*, § 1600a Rn. 16.

291) MüKoBGB/*Wellenhofer*, § 1600a Rn. 16; BeckOGK-BGB/*Reuß*, § 1600a Rn. 9.

292) MüKoBGB/*Wellenhofer*, § 1600a Rn. 18-19; BeckOGK-BGB/*Reuß*, § 1600a Rn. 32-32.2.

293) この趣旨から、期間終了前の否認権放棄は無効と解されている（MüKoBGB/*Wellenhofer*, § 1600b Rn. 6; BeckOGK-BGB/*Reuß*, § 1600b Rn. 5)。

294) MüKoBGB/*Wellenhofer*, § 1600b Rn. 8.

よる父子関係が否認により排除され、前婚による父子関係が復活する場面では、否認の申立ての認容決定が確定するまで進行しない（同1600b条2項）。いずれも、要するに父子関係が有効に成立する時点までは否認権の行使期間も進行しないとするものである[295]。

「父子関係を疑わせる事実を知った」とは、合理人の客観的評価によれば父子関係に実質的な疑いを生じさせるような事実につき、確実な認識を得ることを言う[296]。そうした事実に当たるのは、例えば、母と別の男性との性関係、母の自認、父の生殖能力欠如、懐胎期間における性交渉の不存在などである。これに対し、別の男性との性関係についての単なるうわさ、子が父と似ていないこと、母が父子関係の鑑定を拒否したことなどの事実では十分でない。

2) 特則

以上に対する特則として、次のものがある。

① 未成年の子の法定代理人が制限期間内に権利行使をしなかった場合、子は成年に達した後に自ら否認権を行使することができる。この場合、権利行使期間は、成年到達時と子が父子関係を疑わせる事実を知った時のいずれか遅い時から進行する（民法1600b条3項）。成年に達した子に改めて自律的判断の機会を保障するものである[297]。

② ①と同様に、行為無能力者の法定代理人が制限期間内に権利行使をしなかった場合、本人は行為無能力の原因が消滅した後に自ら否認権を行使することができる。この場合、権利行使期間は、原因消滅時と子が父子関係を疑わせる事実を知った時のいずれか遅い時から進行する（民法1600b条4項）。

③ 子については、さらに判断の機会を確保する規定がある。すなわち、父子関係のもたらす帰結を子にとって耐え難いものとする事情を子が知るに至ったときは、その時点から再度2年の権利行使期間が進行する。そうした事情の有無は個別具体的に判断する必要があるが、1つの典型的な適用場面は、子が父母の婚姻関係を妨げないためだけに否認権の行使をしない

---

295) BeckOGK-BGB/*Reuß*, §1600b Rn. 7.

296) MüKoBGB/*Wellenhofer*, §1600b Rn. 12.

297) BeckOGK-BGB/*Reuß*, §1600b Rn. 4.

92 第1部 ドイツ法・オーストリア法

でいたところ、その父母が離婚してしまったという場合である。他にも、法律上の父の死亡、父母の離婚、母と血縁上の父との婚姻、法律上の父の堕落や犯罪行為等が例として挙げられる[298]。

(c) 進行停止・完成猶予

以上の期間制限については、次のような完成停止・進行停止事由が定められている。

① 子の出自を知ることについての子自身および父母の利益を実現するため、2008年の改正により、民法1598a条が追加された。同条1項は、この三者の間で、親子関係の鑑定に同意し、検査に必要な遺伝子検体の採取を受忍することを請求できると定め、この同意がされない場合には、同条2項により、この請求をする者は、家庭裁判所に対し、裁判をもってこの同意に代え、検体採取の受忍を命じることを申し立てることができる。そして、この申立てがあったときは、否認権の行使期間は進行を停止し、家庭裁判所の決定が確定してから6ヶ月後に再度進行を開始する（民法1600b条5項1文、同204条2項）。鑑定の結果を踏まえた上で否認権行使につき実質的な熟慮の機会を保障する趣旨である[299]。

② 否認権者が違法な強迫により権利行使を妨げられている間にも、期間の進行は停止する（民法1600b条5項2文）。この場合、強迫の終了とともに期間の進行が再開する。

③ 他にも、消滅時効に関する規定のうち、進行停止および完成猶予に関する若干の規定が準用されている（民法1600b条5項3文）[300]。

---

298) 以上につき、MüKoBGB/*Wellenhofer*, §1600b Rn. 50を参照。

299) MüKoBGB/*Wellenhofer*, §1600b Rn. 42.

300) 紛争解決手続利用の申立て（民法204条1項4号）、合意による鑑定手続等の開始（同204条1項8号）、管轄裁判所を指定すべき上級裁判所への申立ての提出（同204条1項13号）、最初の訴訟救助の申立ての通知（同204条1項14号）および期間終了前6ヶ月以内の不可抗力（同206条）による進行停止、行為無能力者ないし制限行為能力者に法定代理人がいない場合における6ヶ月の完成猶予（同210条）。

第2章　嫡出推定（父子関係）──ドイツ　93

## (4)　否認事由

### (a)　原　　則

以上の要件を充たす否認権行使に加えて、実体的な否認事由として求められるのは、原則として、法律上の父が血縁上の父ではないという事実だけである[301]。

### (b)　血縁上の父と見込まれる者についての追加的要件

もっとも、血縁上の父と見込まれる者が否認権を行使する場合には、追加的に次の2つの実体的要件が必要とされる。

①　第1に、子と法律上の父との間に社会的家族関係（sozial-familiäre Beziehung）が存在しないか、父の死亡時に存在しなかったことが必要である（民法1600条2項）。ここに言う社会的家族関係は、法律上の父が子についての責任を現実に果たしている場合に認められる（同条3項1文）。このような社会的意味での家族も、基本法6条1項に言う「家族」に当たるため、その保護を血縁上の父の親としての権利の保護に優先させる趣旨である[302]。

父が子についての責任を現実に果たしていると言えるかどうかは、子の年齢を考慮しつつ個別具体的に判断される。一般的には、同居や定期的な交流があればそれが認められる。新生児については、父が出生後すぐに子についての責任を引き受け、それが長期間継続すると見込まれることで足りる。これに対し、単に養育費を負担しているだけでは通常十分でない[303]。

---

301)　BT-Drs. 5/2370, 31; BeckOGK-BGB/*Reuß*, §1599 Rn. 102.

302)　もっとも、この両者の間で一律に前者を優先させるという判断には、批判が強い。対案として、事案ごとに比較衡量を行う、子が一定の年齢（例えば1歳）に達するまで血縁上の父の権利行使を認める、端的にその権利行使の制約を排除する、などの提案がされている（MüKoBGB/*Wellenhofer*, §1600 Rn. 14-15; BeckOGK-BGB/*Reuß*, §1600 Rn. 25）。後述6 I 2.(29)および(30)も参照。

303)　以上につき、MüKoBGB/*Wellenhofer*, §1600 Rn. 23; BeckOGK-BGB/*Reuß*, §1600 Rn. 89-89. 2を参照。

94 第1部 ドイツ法・オーストリア法

父が子についての責任を引き受けたことについては、推定規定が置かれている。それによると、そうした推定がはたらくのは、父が子の母と婚姻している場合、および長期間にわたり子と同一世帯で生活している場合である（民法1600条3項2文）。後者に言う「長期間」とは、具体的判断によるが、概ね1年程度と言われている[304]。もっとも、これらによって推定されるのは、父がその責任を一旦引き受けたということだけであり、それが現在に至るまで継続しているかどうかは、血縁上の父が自ら証明しなければならない[305]。

② 第2に、否認権者が実際に子の血縁上の父でなければならない（民法1600条2項）。子の身分関係への外部からの介入は親としての権利を有する血縁上の父にのみ認められるべきであり、また、この点が否認手続で認定されることにより子の父がいなくなるという事態が避けられるからである[306]。

#### (5) 推定（民法1600c条）

① 父子関係否認の手続においては、婚姻または認知に基づき法律上の父となっている者と子との間に父子関係が存在することが推定される（民法1600c条1項）。婚姻による父子関係と認知によるそれのいずれも実際の血縁関係を反映している蓋然性が高いことを前提に、既存の父子関係の存続を保護するものであり[307]、従来の嫡出推定と機能的に一部重なる。

② 子を認知した者が否認権を行使する場合において、その認知の意思表示が錯誤、詐欺または強迫によるものであったときは、①の推定に代えて、父子関係存在確認におけると同様、懐胎期間中に母と性交渉を持った者が父と推定される（民法1600c条2項）。認知の意思表示の瑕疵を理由に、推定に関する限りでその効力を失わせるものである。

もっとも、以上のいずれについても、DNA鑑定が一般化した現在、その意

---

304) MüKoBGB/*Wellenhofer*, §1600 Rn. 28; BeckOGK-BGB/*Reuß*, §1600 Rn. 94.

305) MüKoBGB/*Wellenhofer*, §1600 Rn. 27, 29; BeckOGK-BGB/*Reuß*, §1600 Rn. 91.

306) MüKoBGB/*Wellenhofer*, §1600 Rn. 31.

307) MüKoBGB/*Wellenhofer*, §1600c Rn. 1.

第 2 章　嫡出推定（父子関係）――ドイツ　95

義は小さいと言われている[308]。

## 3　効　　果

### (1)　父子関係の消滅

　父子関係否認の決定が効力を生ずると、それまで存在していた父子関係が遡及的に消滅する[309]。その結果、子の父はいないことになるのが原則である。もっとも、次の例外がある。

① 　婚姻による父子関係が競合する場合、民法1593条 3 文により後婚による父子関係が優先する。しかし、この後婚が否認されたときは、前婚による父子関係が復活する（同条 4 文。前述本章②4(2)）。

② 　元法律上の父以外の男性により既に認知がされていたときは、否認によりその認知が効力を生じ、その男性が父となる（前述本章③1(2)）。

③ 　血縁上の父と見込まれる者による否認は、前述のように、その者が血縁上の父である場合にのみ認められる。そして、このことは、その申立てを認容する決定の中で確認される（家事・非訟182条 1 項 1 文。後述本章⑤4(6)）。その結果、元法律上の父に代えてこの者が父となる。

　以上の結果、扶養請求権や相続権等、かつての父との父子関係に依拠していた権利義務は全て遡及的に消滅する。

### (2)　扶養給付の処理

　元法律上の父が子に対して既にした扶養については、それに対応する限りで、新たな法律上の父に対する子の請求権が元法律上の父に移転する（民法1607条 3 項 2 文）。もっとも、これは、新たな法律上の父との父子関係が認知または裁判による父子関係確認によって有効に成立していることを前提とする[310]。そうでない場合、母に対する不当利得返還請求ないし不法行為損害賠償（民法826条）が考えられる。

---

308)　MüKoBGB/*Wellenhofer*, §1600c Rn. 2.

309)　BGHZ 57, 229.

310)　MüKoBGB/*Wellenhofer*, §1599 Rn. 60; BeckOGK-BGB/*Reuß*, §1599 Rn. 137.

96 第1部 ドイツ法・オーストリア法

### (3) 代理行為の効果

　以上の他、元法律上の父が親権に基づき行った子のための代理行為の効果が
どうなるかという問題もある。否認の結果、通常は遡及的に母が単独親権者と
なるため、母が関与していた代理行為については、その有効性に問題はない。
問題は、父が単独親権者として行った行為の効力についてである。これについ
ては、概ね、権利外観法理を援用してその効力を認める見解と、新たな親権者
の追認（民法177条）を要するとする見解とが対立している[311]。

## 4　手　　続

### (1)　事件の種類

　父子関係の否認は、家事・非訟事件手続法上の親子関係事件として、同法の
適用を受ける（家事・非訟169条4号）。養子縁組関係事件および父子関係確認
の手続に関して上述したことの多くがここでも当てはまる。

### (2)　管　　轄

　否認手続の管轄は、子の常居所がある区の家庭裁判所である（家事・非訟170
条1項）。

### (3)　手続開始——申立て

　否認手続の申立権を有するのは、上述の否認権者である。申立てにおいては、
手続の対象、それに関係する当事者の他、否認手続においてはさらに、父子関
係を疑わせる事実およびそれを知った時を明らかにしなければならない（家
事・非訟170条2項）。「父子関係を疑わせる事実」は、2年の権利行使期間の起
算点に関するそれとほぼ同じに解されている[312]。

　なお、申立ての段階で従来特に問題となっていたのは、母および子の同意な
く秘密裡に行われた鑑定の結果を用いることが許されるかどうかである。連邦

---

311)　以上につき、MüKoBGB/*Wellenhofer*, §1599 Rn. 65; BeckOGK-BGB/*Reuß*, §1599
　　　Rn. 124.1-124.2を参照。

312)　MüKoBGB/*Wellenhofer*, §1599 Rn. 39.

憲法裁判所は、こうした鑑定は子の情報自己決定権の侵害に当たると判示した[313]。もっとも、現在では、こうした鑑定は遺伝子診断法で明確に秩序違反（ordnungswidrig）とされ（同17条、26条）、他方で鑑定への協力を求めるために民法1598a条が設けられるに至った。そのため、この点は今後それほど問題とならないだろうと言われている[314]。

### (4) 関 係 人

否認手続には、申立人の他、法律上の父、母および子が関係人として参加する（家事・非訟172条1項）。未成年の子は否認権を単独で行使できないため、法定代理人を要する（同9条2項）。もっとも、父とは利益相反の関係にあり、母が父と婚姻関係にある場合は、母も同様である。この場合、特別代理人（民法1909条1項）の選任が必要となる[315]。

さらに、未成年の関係人には手続補佐人が選任され（同174条）、この手続補佐人も関係人となる（同158条3項2文）。弁護士による代理および関係人の死亡の扱いについては、父子関係確認の手続におけると同様である（前述本章 ④ 5(2)、(3)参照）。

### (5) 審　理

#### (a) 手続の進行

裁判所が原則として協議期日を開くべきものとされている点は、父子関係確認と同様である（家事・非訟175条1項）。特に父子関係否認の手続においては、否認権の行使期間の徒過や社会的意味における家族関係の有無を判断するために、協議期日が重要となる[316]。

---

313) BVerfG NJW 2007, 753.

314) MüKoBGB/*Wellenhofer*, §1599 Rn. 44, 46.

315) MüKoBGB/*Wellenhofer*, §1599 Rn. 48; MüKoFamFG/*Coester-Waltjen/Lugani*, §172 Rn. 33, 35.

316) MüKoFamFG/*Coester-Waltjen/Lugani*, §175 Rn. 5.

98　第1部　ドイツ法・オーストリア法

### (b)　裁判資料の収集

　家事事件に関する原則である職権探知主義（家事・非訟26条）は、父子関係否認の手続においても原則として妥当する。しかし、ここでは一定の制限が設けられている。すなわち、関係人が提出したのでない事実は、それが父子関係を存続させる意味を持つか、否認手続の申立人がそれを考慮することにつき異議を述べなかった場合に限り裁判資料とすることができる（同177条1項）。父子関係の排除は通常公益に関わるとは言えないからである[317]。さらに、父子関係確認の手続におけると同様、自由な証明も原則として認められないが、関係人らが合意により取得した鑑定は、それによる事実認定の正確性・完全性に疑いを抱かず、かつ関係人全員が同意する場合には、裁判所による鑑定に代えることができる（同条2項）。

### (c)　審理の順序

　前述のように、血縁上の父と見込まれる者が申立人である場合には、実体的要件として、法律上の父と子の間に社会的意味における家族関係が存在しないことおよび申立人が子の血縁上の父であることが追加的に要求される（本章⑤2(4)(b)）。このとき、明文の規定はないものの、まず①社会的意味における家族関係の存否を判断し、その不存在が認められたときに、②申立人が子の父であるかどうかの鑑定を行うべきものとされている。法律上の父との親子関係の存否は子の情報自己決定権に属する事項であることから、可能な限り不要な鑑定を排除するためである。そして、②により申立人が血縁上の父であることが判明すれば、本来の実体要件である、法律上の父と子の間の血縁関係の不存在も同時に証明されたことになる[318]。

### (6)　裁判および不服申立て

　裁判は、他の家事事件と同様、決定による（家事・非訟38条1項）。この決定の内容については、特則がある。すなわち、血縁上の父による否認の申立てを

---

317)　BGH NJW 1980, 1335; MüKoFamFG/*Coester-Waltjen/Lugani*, §177 Rn. 1.

318)　以上につき、MüKoBGB/*Wellenhofer*, §1600 Rn. 31-32を参照。

認容する決定においては、元法律上の父との父子関係の不存在に加えて、申立人が子の血縁上の父である旨を主文で確認する（同182条1項1文）。これにより、子の父がいなくなる事態を回避するとともに、別途矛盾する決定がされることを防止しているわけである。

決定に対しては、父子関係確認の手続におけると同様、不服の有無にかかわらず、全ての関係人および関係人になるべきであった者に抗告権が認められる（家事・非訟184条3項）。そして、確定した決定における親子関係についての判断は、対世効を有する（同184条2項）。再審の申立てに関する特則についても、父子関係確認の手続について述べたことが妥当する。

## 6 立 法 論

ドイツにおける父子関係法の領域では、同性婚や人工生殖等の法的処遇をめぐり、数年前からきわめて活発な立法論的議論が続いている。そうした中、連邦司法省が2015年2月に組織した親子関係法ワーキング・グループが、2017年7月に報告書を公表し、親子関係法全般にわたる多数の改正を提案している[319]。今後、これを受けた法改正もありうることから[320]、その提案内容のうち父子関係に関するテーゼとして掲げられたもの[321]を、資料として以下に訳出しておく。

---

Ⅰ　自然生殖における父子関係
1．一次的親子関係設定
テーゼ7、8　一次的親子関係設定に関する原則
(7)　父と子の間における法的な一次的親子関係設定を定立するに際しては、推定ないし証明された遺伝上の父性、将来または現在の社会的意味における家族関

---

319)　*Bundesministerium der Justiz und für Verbraucherschutz*（Hrsg.）, Arbeitskreis Abstammungsrecht Abschlussbericht. Empfehlungen für eine Reform des Abstammungsrechts（2018）.

320)　現政権の連立協定において、同ワーキング・グループの提案を勘案して親子関係法の改正を検討することが予定されている。

321)　A.a.O（Fn. 319）S. 90-97.

100　第1部　ドイツ法・オーストリア法

係および意思的要素を組み合わせるべきである。

⑻　同意に基づく意思表示は、一次的親子関係設定において、一定の要件の下で、その他の親子関係設定要件に優先する地位を与えられるべきである。

テーゼ9　現状維持——母の夫の父性

⑼　子の出生時に母が婚姻していたときは、原則として母の夫が子の父とされるべきである。

テーゼ10、11　父性の認知に関する一般原則

⑽　夫についての親子関係設定と並んで、父性の認知は引き続き存続すべきである。

⑾　父子関係の認知は、今後も遺伝上の父性の証明を要しないものとすべきである。

テーゼ12〜14　父性の認知の要件

⑿　父性認知が（第2の親の地位が空いている場合において）有効にされるためには、今後は母の同意に代えて子の同意を必要とすべきである。

⒀　その際、段階分けをすべきである。すなわち、未成年の子については、その法定代理人が同意の意思表示をすべきである。14歳に達した子は自ら同意をしなければならず、かつこれにつき法定代理人の同意を必要とすべきである。成年に達して以降は、子による同意の意思表示だけで十分である。

⒁　子またはその法定代理人が父性認知に対する同意を拒むときは、未成年の子については、職権で父子関係確認の手続を開始し、そこで認知者の父性につき判断すべきである。

テーゼ15　濫用的な父性認知についての規律の不要性

⒂　濫用的に（例えば、もっぱら滞在許可に関する利益を得るため）された父性認知を妨げるために、官庁が父性認知に異議を唱えることができるとする規律は、必要でない。

テーゼ16〜18　母が婚姻している場合の父性の認知（三者間合意）

⒃　既に別の者が第2の親の地位にある場合において父性の認知をする可能性は、従来いわゆる「離婚に際しての認知」として民法1599条2項に基づいてのみ認められてきたけれども、これを拡充すべきである。

⒄　母となる予定の女性が婚姻しているときは、第三者にも、当該女性およびその夫の同意を得た上で子の出生前に認知をし、これにより婚姻の存在にもかかわらず子の出生をもって当該第三者がその子の法律上の父となることを認めるべきである。

第2章　嫡出推定（父子関係）――ドイツ　101

⒅　子の出生時に母が婚姻しているときは、第三者は、母およびその夫の同意が
　あれば、子の出生後8週間以内に認知をすることもできるものとすべきである。

テーゼ19、20　離婚に際しての認知に関する規律の維持

⒆　上述の規律（テーゼ17および18）と並んで、民法1599条2項による離婚に際
　しての認知は、基本的にこれを維持すべきである。

⒇　その際、離婚決定の確定を要件から削除し、規定ぶりを改めるべきである。

テーゼ21　法的父子関係の裁判による確認に関する改正の不要性

㉑　法的父子関係の裁判による確認については、改正の必要は認められない。


２．二次的親子関係設定のレベルにおける変更可能性

テーゼ22～25　法律上の父による否認

㉒　法律上の父子関係が母との婚姻に基づくときは、父には現行法と同様、自分
　がその子の遺伝上の父ではないとの理由で当該父子関係を否認することが認め
　られるべきである。

㉓　否認は、遺伝上の父子関係を疑わしめる事情を知ってから1年以内に限り認
　められるべきである。この期間は、従前と同様、子の出生までは進行を開始し
　ないものとすべきである。

㉔　法律上の父が、遺伝上の父子関係が存在しないことを知りつつ認知をしたと
　きは、当該法律上の父による否認は原則として認められるべきでない。

㉕　法律上の父が父性の認知の際に、自らが遺伝上の父であることを疑わしめる
　事情を知っていたにとどまる場合にも、否認は認められるべきでない。

テーゼ26　母による否認

㉖　母の否認権は、法律上の父のそれと同様に扱うべきである。したがって、母
　は、婚姻または認知により発生した父子関係を否認することができるものとす
　べきであるが、母が認知に対し子の法定代理人として同意していたときは、そ
　の例外とすべきである。

テーゼ27、28　子の否認権の制限

㉗　子が父子関係を否認する可能性は、現行法におけると比べてこれを制限すべ
　きである。

㉘　法律上の父との間に遺伝上の親子関係が存在しないことを理由とする子の否
　認権は、一定の要件の下でのみこれを認めるべきである。その要件として考え
　られるのは、例えば次のようなものである。

１．父が死亡したこと。

102 第1部 ドイツ法・オーストリア法

２．父が子に対し著しく不当な行為をしたこと。

３．父の同意があること。

４．父との間に社会的家族関係が確立していないこと。

テーゼ29、30 遺伝上の父による否認

⑵⑼ 遺伝上の父による否認は、現行法と同様、主観的起算点から一定の期間内においてこれを認めるべきである。

否認を認めるかどうかの判断に当たっては、子と法律上の父の間の社会的家族関係の他、子と遺伝上の父の間のそれをも考慮・評価すべきである。

かつて存在した法律上の父との間の社会的家族関係は、これを考慮すべきでない。

⑶⑴ 子の出生から一定の短期間内においては、法律上の父との間の社会的家族関係を考慮することなく遺伝上の父による否認が認められるべきである。

テーゼ31、32 否認における一応の疑いの主張

⑶⑴ 遺伝上の父が否認をするに当たっては、一応の疑いの主張を必要とすべきである。

⑶⑵ これに対し、法律上の父、母および子が否認をするに当たっては、一応の疑いの主張を要しないものとすべきである。

テーゼ33 否認期間

⑶⑶ 否認権が存在する場合における主観的な否認期間は、現行の２年に代えて１年とすべきである。


Ⅱ 第三者提供精子を利用した人工生殖における父子関係

１．公的な提供精子を利用して医師により行われる人工生殖における父子関係

基本構想

テーゼ34、35 公的な提供精子を利用して医師により行われる人工生殖における
親子関係設定の基本構想

⑶⑷ 精子バンクが提供する第三者提供精子を用いて医師が人工授精を行う場合、母および父となる予定の者の同意ならびに精子提供者の親としての役割の放棄は、法的な親子関係設定に関して、自然生殖行為と同等に扱うべきである。

⑶⑸ 医師により行われる人工授精に同意することにより、この者はそれによって生まれる子についての責任を引き受けるのであり、これを放棄することは原則として認められるべきでない。

テーゼ36、37 同意ないし放棄の意思表示の方式

第2章　嫡出推定（父子関係）——ドイツ　103

(36)　母および父となる予定の者の同意は、公証を受けなければならない。

(37)　精子提供者による法的父子関係の放棄は、採取施設における提供精子の引渡しによって（黙示的に）される。

テーゼ38　第三者提供精子ないし受精卵が母体に移植されるまでの同意の撤回可能性

(38)　同意の存在についての基準時は、第三者提供精子または受精卵あるいは胎芽を母体に移植する時点とすべきである。この時点までは、いかなる同意も撤回できるものとすべきである。

テーゼ39　既存体系への組込みによる基本構想の実現

(39)　同意に関する構想は、民法1592条による既存の規律体系に組み込むことによってこれを実現すべきである。

一次的親子関係設定

テーゼ40　婚姻または父性の認知との結びつけ

(40)　一次的親子関係設定においては、公的な精子提供による第三者提供精子を用いて医師が人工授精を行う場合であっても、子の出生時に母と婚姻関係にあった者、父性を認知した者または裁判により父として確認された者が法律上の父とされるべきである。

テーゼ41　父となる予定の者を法律上の父として確認する裁判

(41)　父となる予定の者が母と婚姻関係になく、かつ認知をしないときは、その医師による人工授精についての同意に基づき、その者を裁判により子の法律上の父として確認する可能性が開かれるべきである。

テーゼ42　精子提供者を法律上の父として確認する可能性の排除

(42)　精子提供者については、子の法律上の父として確認される可能性が認められるべきではない。

二次的親子関係設定のレベルにおける変更可能性

テーゼ43、44　法律上の父および母による否認

(43)　法律上の父は、医師により行われる人工授精に有効に同意したときは、遺伝上の父ではないとの理由で父子関係を否認することはできないものとすべきである。法律上の父が否認することができるのは、医師により行われる人工授精に同意していないこと、または子が医師により行われた人工授精によって生まれたものではないこと（実際には、他の男性との自然生殖によって生まれたものであること）を理由とする場合に限られるべきである。

(44)　母についても、医師により行われる人工授精に同意していたときは、父とな

104 第1部 ドイツ法・オーストリア法

る予定の者の父性を否認することができないものとすべきである。

テーゼ45 子による否認

(45) テーゼ28のとおり制限された否認権は、公的な精子提供によって生まれた子についても認められるべきである。したがって、子には、（父となる予定の者の）法律上の父子関係についても、以下の場合に、遺伝上の親子関係が存在しないことを理由に否認することが認められるべきである。

1. 父が死亡したこと。
2. 父が子に対し著しく不当な行為をしたこと。
3. 父の同意があること。
4. 父との間に社会的家族関係が確立していないこと。

テーゼ46 父となる予定の者による否認

(46) 父となる予定であったけれども法律上の父でない者は、他の男性の法律上の父性を、自然生殖の場合における法律上の父でない遺伝上の父と同じ要件の下で否認することができるものとすべきである。

テーゼ47 遺伝上の父（精子提供者）による否認

(47) 公的な精子提供の場合、精子提供者には否認権を認めるべきでない。


2. 私的に提供された精子を用いて医師が行う人工生殖における父子関係

テーゼ48 医師が人工生殖を行う場合において私的な精子提供と公的な精子提供とを同一に扱うための要件

(48) 私的な精子提供を利用した場合であっても、以下に掲げる要件をいずれも充たすときには、医師が人工授精を行った場合における親子関係設定は、公的な精子提供を利用した場合と同じ規律によるべきである。

1. 両親となる予定の者が同意したこと。
2. 精子提供者が法律上の親子関係につき書面で放棄したこと。
3. 精子提供者が自らの情報を提供者登録簿に記録することにつき同意の意思表示をし、それによって医師が情報を提供者登録簿に提供することができること。


Ⅲ 共同母子関係

テーゼ50～52 医師が行う人工生殖により生まれた子についての父子関係と共同母子関係の同一取扱い

(50) 医師が人工生殖を行う場合、一次的親子関係設定における法律上の父子関係と共同母子関係とは、次の点において同じに扱われるべきである。

第2章　嫡出推定（父子関係）——ドイツ　105

1．子の出生時に母の生活パートナーであった女性は、子の出生時に母と婚姻していた男性と同様に第2の親の地位を取得する（民法1592条1号の拡張）。

2．女性は共同母子関係を認知することができる（民法1592条2号の拡張）。

(51)　医師により人工生殖が行われた場合における、共同母となる予定の者についての法律上の親子関係の確認は、父となる予定の者におけると同じ要件の下で認められるべきである。

(52)　二次的親子関係設定における変更の可能性についても、法律上の父子関係と母子関係とは同じに扱われるべきである。

テーゼ53、54　私的な人工授精および自然生殖における父子関係と共同母子関係の同一取扱い

(53)　私的な人工授精および自然生殖の場合にも、一次的親子関係設定における法律上の父子関係と母子関係とは、次の点において同じに扱われるべきである。

1．子の出生時に母の生活パートナーであった女性は、子の出生時に母と婚姻していた男性と同様に第2の親の地位を取得する（民法1592条1号の拡張）。

2．女性は第2の親として共同母子関係を認知することができる（民法1592条2号の拡張）。

(54)　その他の点でも、法律上の親子関係の確定と二次的親子関係設定のレベルにおける変更については、子の自然生殖における法的親子関係設定につき一般的に妥当する規定に従うべきである。


Ⅳ　第2の親の地位に関する総括的提案

(55)　第2の親の地位を法律または認知により一次的に割り当てるに当たっては、父子関係と共同母子関係とで区別をすべきでない。

(56)　次のいずれかの者が、母と並ぶもう1人の親（父または共同母）とされるべきである。

1．子の出生時に母と婚姻しており、または生活パートナーであった者（民法1592条1号の拡張）

2．親子関係を認知した者（民法1592条2号の拡張）

3．裁判によって親として確定された者

(57)　裁判においては、原則として遺伝上の親が法律上の親として確定されるべきである。医師による人工生殖が行われた場合には、それに同意していた者が（テーゼ34以下、41および42に見たようなその他の要件の下で）母と並ぶ第2の親として確定されるべきである（民法1592条3号の拡張）。

106 第1部 ドイツ法・オーストリア法

⒅ 二次的親子関係設定のレベルにおける変更に関しても、共同母子関係と父子
関係とを区別すべきでない。ここでも、私的な人工授精と医師により行われる
人工生殖とで扱いを異にすべきである。

# 第3章　補論——オーストリア[322]

## 1　緒　　論

　オーストリアの家族法は、歴史的に、ドイツ家族法と深い関わりを持つ。ナチス時代に婚姻法がオーストリアにも導入され、——もちろん、国家社会主義的色彩を除去した上で——今日もなお現行法として妥当していることは象徴的である。その他にも、ナチス時代に、家族法の多くの領域においてドイツとの平準化がされ、それが戦後の展開の礎となった。もっとも、特に1970年代以降、多くの活発な法改正によってオーストリア家族法はドイツ家族法と異なる道を歩んできている。

　このように、かつてドイツ家族法と立ち位置を概ね共有していたオーストリア家族法が、その後どのような道をたどったのかを知ることは、ドイツ法の立ち位置を相対化してよりよく理解することにつながると思われる。そこで、本章では、補論としてオーストリアの養子法および父子関係法を紹介する。

---

[322]　以下でオーストリア法に関し略語で引用する文献は、以下のものである。
- *Beck*, Kindschaftsrecht; Susanne Beck, Kindschaftsrecht, 2. Aufl.（2013）
- Deixler-Hübner/（著者名）, Handbuch; Astrid Deixler-Hübner（Hrsg.）, Handbuch Familienrecht（2015）
- *Hinteregger*, Familienrecht; Monika Hinteregger, Familienrecht, 8. Aufl.（2017）
- *Kerschner/Sagerer-Forić*, Familienrecht; Ferdinand Kerschner/Katharina Sagerer-Forić, Familienrecht, 6. Aufl.（2017）
- Klang/（著者名）; Attila Fenyves/Ferdinand Kerschner/Andreas Vonkilch（Hrsg.）, Klang Kommentar zum ABGB §§ 137-267（2008）
- Koziol/Bydlinski/Bollenberger/（著者名）, ABGB; Helmut Koziol/Peter Bydlinski/Raimund Bollenberger（Hrsg.）, Kurzkommentar zum ABGB, 5. Aufl.（2017）
- Rechberger/（著者名）, AußStrG; Walter H. Rechberger（Hrsg.）, Kommentar zum Außerstreitgesetz（2006）
- Schwimann/Kodek/（著者名）, ABGB; Michael Schwimann/Georg Kodek（Hrsg.）, ABGB Praxiskommentar Band 1 §§ 1 -284, 4. Aufl.（2012）

## 2 特別養子

### 1 緒　論
#### (1) 沿　革

オーストリアの養子法も、ドイツ法と同様、養親のための養子縁組から養子のための養子縁組へと徐々に転換してきた。1960年の改正により、完全養子縁組が（後述のように不完全な形ながら）導入され、その後も多くの改正を経て現在に至っている[323]。

#### (2) 法　源

養子縁組に関する実体的規定は、そのほとんどが民法（Allgemeines Bürgerliches Gesetzbuch; ABGB; 条数引用の際は「民法」とする）の191条以下に置かれている他、登録パートナーが当事者となる場合については、登録パートナーシップ法（Eingetragene Partnerschaft-Gesetz; EPG; 条数引用の際は「登録パートナー」とする）にもわずかに規定がある。

養子縁組の手続は、非訟事件手続とされており、非訟事件手続法（Außerstreitgesetz; AußStrG; 条数引用の際は「非訟」とする）に関連する規定がある。もっとも、同法には、実体面に関する規定もいくつか置かれている。さらに、養子縁組あっせんについては連邦子ども・青少年支援法（Bundes-Kinder- und Jugendhilfegesetz; B-KJHG; 条数引用の際は「青少年支援」とする）がその骨子を定める。

#### (3) 特　徴

ここでも、まずは概観を兼ねて、日本法およびドイツ法と比較した際の特徴をいくつか挙げておく。

① オーストリアの養子法は、ドイツ法と異なり、未成年養子と成年養子とを基本的に区別せずに一元的に規定している。もっとも、実際上の扱いには一定の相違があることは言うまでもない。また、普通養子と特別養子と

---

323)　Deixler-Hübner/*Neuwirth*, Handbuch S. 24-25.

第 3 章　補論——オーストリア　109

いった区分も存在しない。

② 　オーストリア法では、養親となるべき者と養子となるべき子との契約に
よって養子縁組が成立するものとされている。この点で、日本の普通養子
縁組に近い。もっとも、契約によって直ちに縁組が成立するのではなく、
それについての裁判所の承認が必要とされている。そのため、この点に関
する限り、ドイツ法のような国家宣言主義と実質的な違いはないと言って
よい。

③ 　ドイツ法および日本法との比較においてより重要な点として、実親およ
びその親族との関係が完全に消滅するものとはされていない。この点にお
いて、オーストリアの養子法は、せいぜい「弱い完全養子縁組」とでも呼
ぶべきものである。

## 2　要　件

養子縁組の成立要件としては、養親・養子のそれぞれにつき若干の適格が必
要である（(1)、(2)）他、その中心をなすのは、上述のように養子縁組契約（(3)）
と裁判所によるその承認（(4)）である。裁判所の承認については、さらにその
要件が規定されており、これも実質的に養子縁組の成立要件と言うことができ
る。なお、これらの要件の判断基準時は、原則として第一審裁判所の決定時と
されている[324]。

### (1)　養親適格

### (a)　判断能力（民法191条 1 項）

養親となるためには、判断能力を有しなければならない（民法191条 1 項）。
「判断能力（Entscheidungsfähigkeit)」とは、2018年改正で新たに導入された民
法上の一般概念であって、「それぞれの場面における自らの行為の意味および
帰結を理解し、それを踏まえて意思を形成し、それに即して行動する能力」を
言う（同24条 2 項 1 文）。この能力は、養子縁組に関する事項に関しては[325]、14

---

324)　4 Ob 148/11k; Koziol/Bydlinski/Bollenberger/*Hopf*, ABGB, §192 Rn. 1.

325)　一般的には、成年につき判断能力が推定される（民法24条 2 項 2 文）。

110　第 1 部　ドイツ法・オーストリア法

歳以上の子について推定される（民法192条 2 項 2 文）。

#### (b)　年齢（民法193条）

また、養親となるべき者は、25歳以上でなければならない（民法193条 1 項）。この年齢制限については、ドイツ法および日本法と異なり、例外は認められていない。

さらに、養親は養子よりも年長でなければならない（民法193条 2 項）[326]。日本民法793条に相当する規定であり、未成年養子と成年養子を一元的に規律しているために必要となるものである。

#### (c)　共同縁組の可能性・必要性（民法191条 2 項）

#### 1)　原則——単独縁組原則の廃止

共同縁組の可能性につき、以前はドイツ法と同様の規律が妥当していた。すなわち、共同縁組は夫婦のみがすることができるとされており（民法旧191条 2 項 1 文）、登録パートナーによる共同縁組は明文の規定をもって否定されていた（旧登録パートナー 8 条 4 項[327]）。しかし、これらの規定については、性的指向を理由に共同縁組の可否について異なる扱いをするものであって、違憲であるとの判断が憲法裁判所により下された[328]。その結果、両規定は2016年 1 月 1 日をもって失効するに至った。

その結果、この点に関する現在の法状況は不透明になっている[329]。上記憲法裁判所判決の趣旨から、登録パートナーであっても共同縁組をすることができることは明らかであり、さらに内縁関係の当事者についても、民法197条 4 項

---

326)　かつては、養親・養子間の年齢差が16歳以上でなければならないものとされていたが、個別の事案における具体的な子の福祉を軽視するものとして違憲とされ（VfGH G 119-120/2014-12）、2016年 1 月 1 日より上述の規律が妥当している。

327)　同項は、登録パートナーにつき、共同縁組だけでなく承継縁組をも禁止していた。これを認めると結局共同縁組を認めたのと同じことになるからである。

328)　VfGH G 119-120/2014-12.

329)　*Kerschner/Sagerer-Forić*, Familienrecht, Rn. 6/2.

第3章　補論——オーストリア　111

との関係上（後述本章②3(2)(b)③）、同様と解される[330]。しかし、それを超えて、単なる友人同士等もまた共同縁組をすることも、少なくとも条文上は排除されていないように見える。実際にどこまで共同縁組が認められるのかについては、今後の立法および裁判例の展開に俟つ他ない。

　2)　夫婦の場合

　以上に対し、夫婦は原則として共同でのみ養親となることができる（民法191条2項1文）[331]。その例外として認められているのは、以下の場合である（同項2文）。

　①　他方の配偶者の子を養子とする場合（いわゆる連れ子縁組）。

　②　配偶者の一方が、判断能力または年齢に関する法律上の要件を充たしていないために養親となることができない場合。

　③　配偶者の一方の居所が1年以上知れない場合。

　④　夫婦が3年以上共同の婚姻生活を送っていない場合。

　⑤　以上に類する特に重大な事由により、夫婦の一方のみによる養子縁組が正当と認められる場合。例えば、既に離婚手続が開始している場合や、他方配偶者の実子の利益が害されるために共同では養子縁組をすることができない場合（民法194条2項。後述本章②2(4)(e)）などがこれに当たる。一方、他方配偶者が養子縁組を拒絶しているというだけでは足りないとされる[332]。

　③、④および⑤の一般条項は、ドイツ法に存在しないものである。総じて、ドイツ法よりも柔軟に共同縁組の原則の例外を認めていると言うことができる。


(d)　養子となるべき子との関係（民法191条3項）

　裁判所の処分により養子となるべき子の財産管理を委託された者は、その職

---

330)　Koziol/Bydlinski/Bollenberger/*Hopf*, ABGB, §191 Rn.2.

331)　登録パートナーにつき同趣旨の規定は置かれていない。その結果、夫婦は共同縁組によらなければならないのに対し、登録パートナーは共同縁組によることもできるという、かつて法が予定していたのとは逆のアンバランスが生じている（*Kerschner/Sagerer-Forić*, Familienrecht, Rn. 6/2）。

332)　以上につき、Deixler-Hübner/*Rudolf*, Handbuch, S. 322を参照。

務にある間はその養親となることができない（民法191条3項）。養子縁組成立の結果、財産管理の当否がうやむやにされてしまうことを防ぐ趣旨である[333]。

### (2) 養子適格

養子となるべき子については、民法に特にこれを制限する規定がない。もっとも、解釈上、一定の制限が認められている。いずれも、ドイツ法におけると同じである。

① 既に養子となっている者を再度養子とすること（連鎖養子）はできない[334]。

② 実子を養子とすることは、法律関係に何ら変更を生じさせず、意味がないことから、できないと解されている[335]。

③ 養子となるべき子は、裁判所の承認の時点で生存していなければならない[336]。

### (3) 養子縁組契約

#### (a) 契約の必要性・方式

上述のとおり、オーストリア法では養親となるべき者と養子となるべき子との契約が養子縁組の成立要件とされている。この契約は、書面でしなければならない（民法192条1項1文）。また、この契約の内容は法律上定められたところに従わなければならず、その効果につき内容形成の自由はない。さらに、条件・期限を付すこともできない[337]。

#### (b) 意思表示の主体

養子縁組契約をするに際して、養親となるべき者は、自ら意思表示をしなければならず、代理によることはできない（民法191条1項2文）。ドイツ法にお

---

333) Schwimann/Kodek/*Höllwerth*, ABGB, §179 Rn. 20.

334) Schwimann/Kodek/*Höllwerth*, ABGB, §179 Rn. 6.

335) 5 Ob 139/03g.

336) Schwimann/Kodek/*Höllwerth*, ABGB, §179a Rn. 20.

337) Klang/*Barth/Neumayr*, §179a Rn. 7.

いて、養親縁組の申立てが代理によることができないことに対応する。

　一方、養子となるべき子は、判断能力を有する場合には、自ら意思表示をしなければならない（民法192条2項1文）。これに対し、養子となるべき子が判断能力を有しないときは、その法定代理人が意思表示をすることができる（同192条3項1文）。法定代理人が養子縁組契約締結の意思表示をせず、または子がした意思表示を追認しないときは[338]、裁判所が、養親となるべき者または養子となるべき子の申立てにより、これらに代わる決定をする。ただし、その拒絶に正当な理由がないと認められることが必要である（同192条3項2文）。

#### (c)　法定代理人の任務等（民法192条4項）

　法定代理人は、本人たる子の福祉を行動の指針としなければならない（民法192条4項1文）。また、養子縁組に関する事項については、その法定代理につき裁判所の許可を要しない（同項2文）。

#### (4)　裁判所の承認

#### (a)　契約当事者の申立て

　以上の養子縁組契約が効力を生ずるためには、裁判所の承認を要する。この承認は、契約当事者の一方または双方の申立てを要する他（民法192条1項1文）、未成年養子縁組については、以下の要件を必要とする。

#### (b)　子の福祉（民法194条1項1文）

　第1に、養子縁組がその福祉に適うのでなければならない（民法194条1項1文）。そのためには、養子となるべき子が、安定しバランスの取れた、親の愛情、配慮や保護に満ちた家庭で暮らし、その身体的および精神的な福祉が促進されることが必要とされる。また、養子縁組以前の状態よりもましだというだけでは足りず、子の発達の顕著な改善が見込まれる必要がある[339]。

---

338)　条文には単に「同意（Einwilligung）をしないとき」とあるが、これは本文に挙げた両者を含むものと解されている（Klang/*Barth*/*Neumayr*, §179a Rn. 23）。

339)　以上につき、Klang/*Barth*/*Neumayr*, §180a Rn. 7; Deixler-Hübner/*Rudolf*, Handbuch, S. 326-327を参照。

114　第 1 部　ドイツ法・オーストリア法

## (c)　実親子関係と同様の関係の存在ないし見込み（民法194条 1 項 1 文）

第 2 に、実親と子の間の関係に相当する関係が存在し、または発生すると見込まれることが必要である（民法194条 1 項 1 文）。そうした関係とは、社会的に典型的な場所的・人的近接性の他、親子関係に比肩する感情的結びつきや教育上の指導的役割をも含むとされる[340]。

## (d)　関係者の同意（民法195条）

第 3 に、一定の関係者の同意が裁判所の承認の要件とされている。

### 1)　同意権者

同意を要する者として掲げられているのは、次の者である（民法195条 1 項）。

① 養子となるべき子の実親（ただし、養子となるべき子が未成年である場合に限る）（ 1 号）。当該実親が親権（Obsorge）を有するかどうかは問わない[341]。もっとも、その者が法律上の実親としての地位にある必要がある。すなわち、子の出生時にその母と婚姻関係になかった（血縁上の）父については、第一審裁判所の決定の時点において、認知または父子関係確認の手続により法律上の父としての地位を取得していなければならない。この点、ドイツ法におけるような血縁上の父に対する保護は図られていない。

② 養親となるべき子の配偶者または登録パートナー（ 2 号）。夫婦については共同縁組が原則であるため、この同意はその例外に当たる場合にのみ問題となる。第一審裁判所の決定の時点において婚姻関係ないし登録パートナーシップが有効に成立していれば足り、同居の有無等は問わない[342]。

③ 養子となるべき子の配偶者または登録パートナー（ 3 号）。②と同様、同居の有無等は問題とならない。

④ 養子となるべき子（ただし、判断能力を欠き、かつ成年の場合に限る）（ 4

---

340)　Schwimann/Kodek/*Höllwerth*, ABGB, §180a Rn. 4; *Beck*, Kindschaftsrecht, Rn. 171.

341)　もっとも、民法181条 1 項 2 文によると、子の福祉がおびやかされる場合には、親権だけでなく法律上予定された同意権をも喪失させることができるところ、これにより実親が養子縁組についての同意権を喪失しているときには、その同意を要しない。この点を含め、以上につき、Koziol/Bydlinski/Bollenberger/*Hopf*, ABGB, §195 Rn. 1を参照。

342)　Schwimann/Kodek/*Höllwerth*, ABGB, §181 Rn. 6.

第3章　補論——オーストリア　115

号)。これに対し、判断能力を欠く未成年子については、ドイツ法におけると異なり、同意が必要とされていない。なお、養子となるべき子に判断能力がある場合にその同意が必要でないのは、この場合養子となるべき子は自ら契約を締結するからである (前述本章②2(3)(b))。

⑤　養子となるべき子が未成年の場合におけるその法定代理人 (5号)。これが実親である場合、①と重なるため独自の意義を持たない。さらに、後述のように (5))、これが実際に問題となる場面は限られている。

2)　方式

同意の意思表示は、同意権者が裁判所に対して自らするのが原則である (非訟86条1項1文)。もっとも、それが不相当な負担ないし費用を伴う場合、または手続開始前においては、公文書または公証を受けた書面によることができる (同条1項2文)。さらに、同様の書面により、使者による意思表示伝達も可能である (同条2項)。

3)　内容

同意は、養親となるべき者および養子となるべき子を特定してしなければならないのが原則である (非訟86条3項1文)。したがって、いわゆる白紙養子縁組は認められない。ただし、養子縁組契約の当事者は、後述のように、いわゆる匿名養子縁組の方式をとるべき旨の申立てをすることができるところ、この場合には養親となるべき者の特定は不要である (同項2文)。

4)　撤回可能性

同意の意思表示は、第一審裁判所の決定まで、いつでも撤回できるものとされている。撤回の意思表示は、書面によってするか、裁判所に対してする (非訟87条1項)。ドイツ法と大きく異なる点であり、この点でオーストリア法は実親の権利により重きを置いていると言える。もっとも、いずれも後述のとおり、特に実親による撤回には重要な制限があることに加え、同意に代わる決定はおそらくドイツ法におけるよりも若干緩やかに認められているようである。そのため、帰結においてはドイツ法と概ね釣り合いがとれていると見ることもできる。

なお、同意の意思表示は、撤回されるまで有効のまま存続し、養子縁組の当事者を同じくする限り、別の手続においても妥当する (非訟87条3項)。

116　第 1 部　ドイツ法・オーストリア法

5)　同意を要しない場合

民法は、同意権者の同意が例外的に必要でない場合として、次のものを列挙している（民法195条 2 項）。

①　養子となるべき子の法定代理人として養子縁組契約を締結した場合（ 1 肢）。この場合、契約締結行為の中に養子縁組についての同意が黙示的に含まれているとみられるためである。もっとも、そうすると、その黙示的な同意につき撤回が問題となりうるが、それは契約の一部としてされたもので、単なる単独行為ではない以上、撤回することはできないと解されている[343]。その限りで、（通常養子となるべき子の法定代理人であるところの）実親の同意の撤回には、重要な制限がかかることになる。

　以上の場合に法定代理人の同意が不要とされる結果、それが意味を持つのは、判断能力を有する養子となるべき子が民法192条 2 項に基づき自ら養子縁組契約を締結した場合に限られることになる[344]。

②　養子となるべき子の法定代理人以外の同意権者につき、その意思を表明する能力を継続的に欠いている場合（ 2 肢）。もっとも、法定代理人は除かれている。法定代理人についてはそうした事態が想定できないためだろう。

③　養子となるべき子およびその法定代理人以外の者につき、その居所が 6 ヶ月以上知れない場合（ 3 肢）。いわゆる赤ちゃんポスト（Babyklappe）に届けられた子や、匿名出産による子については、本肢の適用が想定されている[345]。

6)　同意に代わる決定

同意権者が同意を与えるのを拒む場合において、それを拒むことにつき正当な理由がないと認められるときは、裁判所は、養子縁組契約の当事者の申立てにより、その同意に代わる決定をすることができる（民法195条 3 項）。ドイツの対応する複雑な規定が同意権者ごとに要件を書き分けているのに対し、ここ

---

343)　6 Ob 179/05z; Rechberger/*Deixler-Hübner*, AußStrG, §87 Rn. 1.

344)　ErläutRV 1461 BlgNR 25. GP 12.

345)　Deixler-Hübner/*Rudolf*, Handbuch, S. 331. もっとも、ドイツにおける秘密出産のような制度化はされていない。

では一元的かつ簡潔な規定ぶりとなっている。

実際に問題となるのは通常実親の同意であるところ、親としての権利を尊重する見地から、そこでの正当な理由の有無は厳格に判断すべきであり、限られた場合にのみ例外的に認められるとされる[346]。その際の1つの規準として、親権喪失等の原因としての子の福祉の危殆化（民法181条1文）が援用されることもある[347]。

より具体的には、概ね次の2つの場合に正当な理由が認められるとされる。1つは、養子縁組についての子の利益が同意権者の利益を明らかに上回る場合である。この場合、単に子の福祉が改善するだけでは足りず[348]、また経済面の向上だけでも十分でない。もう1つは、同意拒絶が道徳的観点から正当化できない場合であり、実親が一貫して家庭を顧みようとしない場合や、その子に対する法律上の義務の履行を有責かつ著しく怠り、それによって子の発達がおびやかされたか、第三者の介入がなければおびやかされていたであろう場合が想定されている[349]。

以上の2つの場合が並列的に認められることにより、常に実親の義務違反（あるいは重大な精神疾患等）の要素を必要とするドイツ法よりも、同意に代わる決定が若干緩やかに認められると言えそうである。

### (e) 養親となるべき者の実子の利益（民法194条2項）

以上の要件の他、養親となるべき者の実子のより大きな利害が養子縁組によって害されるときは、裁判所は養子縁組契約を承認することができない（民法194条2項前段）。ドイツ民法1745条に対応する趣旨の規定である。

保護される利益の主体は、養親となるべき者の実子の他、孫を含むとする見解が有力である[350]。孫も扶養請求権を有することがありうるためである。

---

346)　8 Ob 525/92; Schwimann/Kodek/*Höllwerth*, ABGB, §181 Rn. 16.

347)　Klang/*Barth*/*Neumayr*, §181 Rn. 19.

348)　1 Ob 733/79.

349)　以上につき、Klang/*Barth*/*Neumayr*, §181 Rn. 20-22; Koziol/Bydlinski/Bollenberger/*Hopf*, ABGB, §195 Rn. 2を参照。

350)　Klang/*Barth*/*Neumayr*, §180a Rn. 14. もっとも、判例は反対（5 Ob 163/67）。

118 第1部 ドイツ法・オーストリア法

上記要件の判断に際しては、養子縁組成立についての養子となるべき子の利益と、その不成立についての養親となるべき者の実子の利益とを衡量しなければならない。その際の具体的規準として、実子の扶養や教育がおびやかされる場合が例示されている（民法194条2項前段）。これには、子の数の増加に伴う扶養・教育の単なる希薄化は含まれないが、既に実子の扶養が通常の水準を下回っている場合には、実子の利益の優越が認められる[351]。

以上の他、経済的な利害は原則として考慮されない。しかし、養親となるべき者がもっぱら、または主として実子の利益を害する意図で行動する場合はこの限りでない（民法194条2項後段）。

## 3 効 果
### (1) 遡及効等

養子縁組契約に対し裁判所の承認がされたときは、養子縁組は契約締結時にさかのぼって効力を生ずる（民法192条1項2文）。その効力とは、以下のものである。なお、これらの効果に関する規定は強行法規であり、養子縁組契約で別段の定めをすることはできない[352]。

### (2) 親族関係の変動（民法197条）

最も中心的な効果は、もちろん親族関係の変動だが、これについてはドイツ法におけると比べて顕著な相違が見られる。

### (a) 養親およびその子孫との親族関係

まず、養親およびその子孫と、養子およびその子孫（養子縁組の効力発生時＝契約締結時に未成年であった者に限る）との間に、出生によって生じるのと同じ権利が発生する（民法197条1項）。これに対し、その他の者、例えば養親の尊属や傍系親族[353]、養子の子孫であって養子縁組時点で成年に達していた者等については、親族関係は発生しない。これらの者にまで養子縁組契約の効果を

---

351) 2 Ob 536/94.

352) 2 Ob 517/82; Schwimann/Kodek/*Höllwerth*, ABGB, §179a Rn. 14.

353) 2 Ob 556/93.

及ぼすのは、その私的自治を害すると考えられたためである[354]。

### (b) 実親およびその親族との親族関係

これに対応して、実親およびその親族との親族関係が消滅する[355]。もっとも、具体的にどの範囲の親族関係が消滅するのかは、場合ごとに区別して規定されている。

① 夫婦による共同縁組の場合、実親およびその「親族」（「子孫」ではない）と養子およびその子孫（養子縁組時点で未成年であった者に限る）との間の家族法上の法律関係（財産的性質のものを除く。後述(3)）が消滅する（民法197条2項）。

② 単独縁組の場合、①の要領で、実親のうち養親と性別を異にする者およびその親族との法律関係のみが消滅する（民法197条3項1文）。これに対し、他方の実親およびその親族との法律関係は残存する。親権は、この実親が既に親権を喪失しているのでない限り、養親とこの実親が共同で行使することになる[356]。このようにして、単独縁組の場合にも引き続き養子が父母を持つことが原則とされているのであり[357]、これはドイツ法との大きな違いの1つである。

もっとも、この場合において、他方の実親が同意するのであれば、裁判所はこの者についても同様に法律関係の消滅を言い渡すことができる（民法197条3項2文）。この消滅の効果は、同意の意思表示の時点と養子縁組契約の締結時のうち早い方の時点から生ずる（同項3文）。この同意は、養子縁組契約においてすることもできるが、一義的でなければならず、単に養子縁組についての同意があるだけでは足りない[358]。また、当該実親が

---

354) ErläutRV 107 BlgNR 9. GP 20.

355) もっとも、近親婚の禁止（婚姻法6条、25条）は引き続き妥当する（Koziol/Bydlinski/Bollenberger/*Hopf*, ABGB, §197 Rn. 1）。

356) 6 Ob 95/74.

357) もっとも、2019年1月1日をもって同性婚が可能となった際には（後掲注389）参照）、養親と同性の親が排除されるとのルールを維持することは難しくなるだろう。

358) Schwimann/Kodek/*Höllwerth*, ABGB, §182 Rn. 10.

120 第1部 ドイツ法・オーストリア法

この同意を拒む場合、民法195条3項の類推により、養子縁組についての同意と同様に裁判所の決定をもってその同意に代えることができると解されている[359]。もっとも、これは実際上ほとんど問題とならないだろうと言われている[360]。

③ 配偶者、登録パートナーまたは内縁関係の一方当事者が他方の子を養子とする場合、①の要領で、当該子の他方の親およびその親族との法律関係のみが消滅する（民法197条4項）。「子」とは養子を含むと解されている[361]。したがって、同項はいわゆる連れ子縁組ないし承継縁組について、共同縁組と同様の効果を定めた規定ということになる。これは、ドイツ民法1755条2項に相当するものだが、登録パートナーに加えて内縁関係の当事者をも対象とする点に特色がある。

### (3) 財産的法律関係の存続

以上にかかわらず、法定の財産的法律関係、すなわち扶養および相続については、概ね、実方の親族関係と養子縁組による親族関係とが並立しつつ後者が原則として優先するという扱いがされる。その趣旨は、養子縁組による親族関係の発生が上述のように限定的なものである以上、実方の親族関係につき、少なくとも財産的法律関係の限度でこれを存続させておかないと養子に不利益が生じてしまうという点に求められるようである[362]。これにより、オーストリアの未成年養子縁組は「完全養子」とは言い難いものとなっている。

#### (a) 扶養（民法198条）

まず扶養については、「実親およびその親族」の、「養子およびその子孫（養

---

359) Schwimann/Kodek/*Höllwerth*, ABGB, §182 Rn. 10; Koziol/Bydlinski/Bollenberger/*Hopf*, ABGB, §197 Rn. 2.

360) Schwimann/Kodek/*Höllwerth*, ABGB, §182 Rn. 10.

361) Deixler-Hübner/*Rudolf*, AußStrG, S. 336; Koziol/Bydlinski/Bollenberger/*Hopf*, ABGB, §197 Rn. 3.

362) VfGH G 175, 176/92（扶養義務に関して）. もっとも、立法当初は、国民感情とか血縁関係による結びつきの強さといったやや情緒的な理由のみが挙げられていた（ErläutRV 107 BlgNR 9. GP 20）。

子縁組の効力発生時＝契約締結時に未成年であった者に限る）」に対する扶養義務は、養子縁組契約の効力発生後も存続する（民法198条1項）。「養子」の「実親」に対する扶養義務についても同様だが、実親が養子縁組以前に、当該子が14歳に達しない間におけるこれに対する扶養義務を著しく怠っていた場合はこの限りでない（同条2項）。ここでも、当事者の範囲に微妙な相違がある。

　もっとも、以上により残存する扶養義務は、養子縁組により成立した親族関係に基づく扶養義務のうち対応するものに、順位において劣後する（民法198条3項）。

#### (b)　相続（民法199条）

　相続についても、同様に、実親およびその親族と、養子およびその子孫（養子縁組の効力発生時＝契約締結時に未成年であった者に限る）との間の相続権は残存する（民法199条1項）。これによると、養子が死亡した場合におい第1順位相続人たるその子孫がいないときは、第2順位の相続人として実親およびその子孫と養親およびその子孫とが競合するところ、この場合には後者が前者に優先する（同条2項）。ただし、単独縁組の場合には、養親およびその子孫と、その養親と性別を異にする方の実親およびその子孫とが対等に相続人となる。これは、その実親と子の法律関係につき消滅の言渡しがされていた場合（前述本章②3(2)(b)）であっても異ならない（同条3項）。ここで消滅するのは、あくまで財産的性質のものでない親族関係に限られるからである。

#### (4)　氏

　氏については、養子縁組の場面に関する特別な規定はなく、一般規定による。それによると、特に養子縁組におけるように実親の変更があった場合、改めて氏を定めることができる（民法157条2項2文）。その際の定め方は、子の出生時におけると同様である。具体的には、次のとおりである（同155条）。

① 　婚氏の定めがあるときは、その婚氏またはそれに一方配偶者の従来の氏を付加した複合氏（Doppelname）（1項）。

② 　婚氏の定めがないときは、親の氏のいずれか。この場合において複合氏を選択したときは、その全部または一部を使用できる。さらに、親の氏双

122　第1部　ドイツ法・オーストリア法

方を組み合わせた複合氏を選択することもできるが、3つ以上の構成部分を含むことはできない。複合氏は、個々の構成部分をハイフンで結ぶ（2項）。

以上の範囲内で指定を行うことができるのは、養子に判断能力がある場合には養子本人である。ここでも、14歳以上の者には判断能力があることが推定される（民法156条2項）。その他の場合には、親権者たる養親が指定する（同条1項）。

### (5)　身分登録・子の出自を知る権利

以上の他、養子縁組によって、養子の出生証明書の親の欄に、実親に代えて養親の情報が記載されることになる[363]。もっとも、その発行の元となる中央身分登録簿における養子の身分情報には実親の情報も残される。そして、14歳に達した養子は、この情報の開示を身分庁に対して請求することができる（身分登録法〔Personenstandsgesetz〕52条1項、2項）。これにより、子の出自を知る権利の保護が図られている[364]。

## 4　手　　続
### (1)　養子縁組あっせん
#### (a)　目　　的

オーストリア法においても、ドイツ法におけると同様、養子縁組あっせんの制度が整備されている。その目的は、子ども・青少年（18歳未満の者を言い〔青少年支援4条1号〕、民法上の未成年者に相当する）のために最適な養親を探し出すことである（同31条1項1文）。その際、子ども・青少年の利益が何よりも尊重されなければならない（同項3文）。

#### (b)　主　　体

養子縁組あっせんに関する活動は、公的機関と民間機関とに分担されてい

---

363)　身分庁には、養子縁組に関する情報が裁判所から直接提供される（身分登録法7条1項5号）。

364)　Deixler-Hübner/*Rudolf*, Handbuch, S. 334.

る。すなわち、養子縁組あっせん自体および養親の適性審査は、子ども・青少年支援機構（Kinder- und Jugendhilfeträger; KJHT）のみがすることができる（青少年支援31条2項1文）。子ども・青少年支援機構とは各州の機関であり、その組織は各州法によって定められる（同10条1項、2項）。以上に対し、養親希望者に対する助言、教育および専門的援助ならびに各種報告の作成は、民間の子ども・青少年支援機関に委託することができる（同31条2項2文）。この民間機関は、物的・人的設備において上記活動に適していなければならず（同10条3項）、その適性は子ども・青少年支援機構によって判断される（同11条1項）。いずれについても、実際の活動は、原則として、そのための訓練を受け、かつそれに適した人間性を有する専門職員（いわゆるソーシャル・ワーカー）が行うものとされている（同12条2項1文）。

### (c) 手 続

実際の手続としては、養親希望者は、専門職員による相談・面接の後、民間機関の提供する準備講座を受講する。その結果を受けて、子ども・青少年支援機構による適性審査がされ、これに合格した養親希望者は、同機構の待機リストに登録される。その後、その具体的なニーズに照らして当該養親希望者に適すると認められる子が現れた場合には、子ども・青少年支援機構によるあっせんがされる。その後、通常は約6ヶ月の試験養育を経て[365]、家族生活がうまくいくようであれば、養子縁組契約の締結に至る。

### (2) 事件の種類

養子縁組契約承認の手続は、非訟事件として、非訟事件手続法により規律される。

承認の手続自体と同意に代わる決定は、申立てが別個にされる以上、手続も別個に行われる[366]。もっとも、承認決定の中で同時に同意に代わる決定をする

---

365) これは、子ども・青少年支援機構の通常の運用であるにとどまり、ドイツ法におけるように法律上の要件とされているわけではない。

366) 8 Ob 525/92; Rechberger/*Deixler-Hübner*, AußStrG, § 88 Rn. 2.

124 第1部 ドイツ法・オーストリア法

こともできるとするのが判例である[367]。両者の手続準則に特に違いはないため、以下では承認の手続についてのみ述べる。

### (3) 管轄裁判所

養子縁組にかかる手続は、養子となるべき子が未成年の場合、その常居所を管轄する保護裁判所（Pflegschaftsgericht; 区裁判所に設けられた部）が管轄する（管轄規則〔Jurisdiktionsnorm〕113a条1項、109条1項）。

### (4) 手続開始——申立て

#### (a) 申立権者

養子縁組契約の承認の申立ては、当該契約の当事者の一方または双方がすることができる（民法192条1項1文）。

#### (b) 匿名養子縁組の申立て（非訟88条）

その際、併せて匿名縁組の申立てをすることもできる。すなわち、契約当事者は、双方の一致した申立てにより、未成年養子縁組の承認を、同意権者および審問を受ける権利を有する者の全部または一部（子ども・青少年支援機構を除く）が養親となるべき者の氏名および住所の通知ならびに承認決定の送達を放棄するという条件にかからしめることができる（非訟88条1項）。この場合、この条件が成就しなければ、申立ては棄却されることになる（同条4項）。

そうすると、この放棄の意思表示を、養子縁組に対する同意と同様に決定をもって代えることができるかどうかが重要な問題となるが、この点については見解が分かれている[368]。仮にこれが否定されるのであれば、ここでもドイツ法

---

367) 7 Ob 141/03s; Klang/*Barth/Neumayr*, §181 Rn. 23.

368) かつて、非訟事件手続法改正前の判例は、養子縁組についての同意に代わる決定の規定（現行の民法195条3項）を類推することにより、この点を肯定していた（8 Ob 525/92）。現在でもこれを維持する見解がある（Klang/*Barth/Neumayr*, §181 Rn. 26; Koziol/Bydlinski/Bollenberger/*Hopf*, ABGB, §197 Rn. 3）。もっとも、非訟事件手続法改正により、同88条4項が、放棄がされない場合申立ては棄却されるべき旨を定めるに至った。そのため、反対の見解は、これによって従来の判例を変更する立法者の決定がされたと見る（Rechberger/

第3章　補論──オーストリア　125

に比べ実親の権利が重視されているということになる。

### (5)　当　事　者

　非訟事件における当事者は、非訟2条1項によって一般的な形で定められている。それによると、当事者となるのは、①申立人、②申立人が相手方ないし当事者として挙げた者および③その法律上保護された地位が当該事件の裁判によって直接に影響を受けるであろう全ての者である。養子縁組事件については、養子縁組契約の当事者たる養親となるべき者および養子となるべき子が①ないし②に当たる。③には、民法上の同意権者ないし審問を受ける権利を有する者全ての他、養親の実子（後述本章②4(6)(b)2)a)参照）が該当すると解されている[369]。

### (6)　審　　理

#### (a)　期日および手続の進行

　非訟事件の手続は原則として裁判所の職権により進められ、当事者はこれに協力する義務を負う（非訟13条1項）。口頭弁論を開くかどうかは裁判所の裁量に委ねられる（同18条）。口頭弁論が開かれる場合、それは原則として公開だが（同19条1項）、広範な例外が定められており（同条2～4項）、実質的には非公開が原則となっていると言われる。特に匿名縁組の申立てがあった場合には、原則として非公開とされる[370]。もっとも、いずれにせよ、当事者の審問請求権は保障される（同条5項、20条1項）。

#### (b)　裁判資料の収集

#### 1)　職権探知・当事者の義務・自由な証明

　裁判資料の収集は、原則として裁判所の職権により、当事者には真実義務が課される（非訟16条）。また、証明の方式に制限はない（非訟31条1項）。

---

　*Deixler-Hübner*, AußStrG, §88 Rn. 2; *Beck*, Kindschaftsrecht, Rn. 239; Deixler-Hübner/
*Rudolf*, Handbuch, S. 333〔この見解が「多数説」だとする〕）。
369)　Koziol/Bydlinski/Bollenberger/*Hopf*, ABGB, §196 Rn. 1.
370)　Deixler-Hübner/*Rudolf*, Handbuch, S. 333.

126　第1部　ドイツ法・オーストリア法

　養子縁組契約承認の手続については、特に裁判所の調査義務を定める規定が置かれている。それによると、裁判所は、養子縁組が未成年である子の福祉に適うかどうかを、適切な方法により調査しなければならない。そのために、養親となるべき者、さらに場合によってはその密接な家庭環境にいる者につき、その犯罪記録による情報を調達しなければならない（非訟90条3項）。

　2)　審問

　a)　審問を受ける権利

　民法には、養子縁組への同意に続いて、審問を受ける権利についての定めがある。ここでは、この権利は養子縁組への同意権と連続的に位置づけられている[371]。すなわち、同意権者には及ばないものの一定の利害関係を養子縁組につき有する者に審問を受ける権利が与えられるという発想がとられている。

　具体的には、審問を受ける権利を有する者として、以下の者が挙げられている（民法196条1項）。

　①　養子となるべき子が判断能力を欠き、かつ未成年である場合におけるその子（1号）。この場合、子は同意権を有しないが、その意思を考慮するために少なくとも審問請求権だけは認められているわけである。

　②　養子となるべき子が成年である場合におけるその実親（2号）。

　③　養子となるべき子の里親または当該子が生活している施設の長（3号）。

　④　子ども・青少年支援機関（4号）。

　⑤　以上の他、民法に規定はないものの、養親となるべき者の子（その範囲については前述本章②2(4)(e)）も、養子縁組により影響を受ける以上、審問を受ける権利を有すると解されている[372]。

　b)　審問を要しない場合

　もっとも、以上の者に対する審問は、以下の場合には不要とされている（民法196条2項）。

　①　養子となるべき子については、当該子が継続的に意思表明をできない状態にあり、または審問によってその福祉がおびやかされる場合（1文）。

---

371)　Schwimann/Kodek/*Höllwerth*, ABGB, §181a Rn. 1.

372)　1 Ob 7/05v.

② その他の者については、ⓐその者が養子となるべき子の法定代理人として養子縁組契約を締結した場合（2文1肢）、およびⓑその審問が不可能または不相当な負担を伴う場合（同文2肢）。

### (7) 裁判および不服申立て

非訟事件手続の裁判は、決定の形式による（非訟36条1項1文）。養子縁組契約承認の手続においては、裁判所は契約全体につきその承認を認容し、または棄却することができるにとどまり、一部承認や内容の変更・補充等をすることはできない[373]。

承認の決定の内容については特則がある（非訟89条）。特に重要なのは、養子と実親の一方との間の法律関係の消滅につき同意がある場合（前述本章②3(2)(b)②）におけるその消滅およびそれが効力を生ずる時点の言渡し（同条2号）、および養子縁組が効力を生ずる日（同条4号）である。

決定に対して不服を有する者は、決定の送達から14日以内に抗告（Rekurs）をすることができる（非訟46条1項）。この点、認容決定に対する不服申立てを排除しているドイツ法とは異なる。不服申立ての可能性がなくなった時点で、決定は既判力を生じ（同42条）、同時に効力を生ずる（同43条1項）。なお、養子縁組にかかる手続においては、通常であれば認められる決定変更の申立て（同73条以下）が排除される（同90条2項）。民法が養子縁組の撤回ないし解消を一定の場合に限定している（次述）趣旨を尊重したものである[374]。

## 5 承認撤回および解消

### (1) 緒 論

民法は、一旦成立した養子縁組の効力を失わせる手段として、承認撤回（Widerruf der Bewilligung）と解消（Aufhebung）を区別して規定している。両者の効果面での相違は、遡及効の有無にある。したがって、遡及効を有する前者は、概念としては日本法における普通養子縁組の無効に概ね対応することになる。

---

373) 7 Ob 102/02d.

374) Rechberger/*Deixler-Hübner*, AußStrG, §90 Rn. 5.

128　第1部　ドイツ法・オーストリア法

　承認撤回および解消は、いずれも裁判所の決定によってされる。また、民法
に掲げる以外の事由による承認撤回ないし解消は認められず、当事者の合意に
よる契約解消も認められない（民法203条）。これに対し、瑕疵がきわめて重大
な場合には、例外的に養子縁組が不存在ゆえに当然無効と認められる余地もあ
る。そうした場合として、養子縁組契約または裁判所によるその承認決定が存
在しない場合が挙げられる[375]。

## (2)　承認撤回（民法200条）

### (a)　要　　件

承認撤回の要件として掲げられているのは、以下のものである（民法200条1
項）。

①　養子縁組契約の締結時に養親となるべき者に判断能力がなかったこと。
　ただし、この者が判断能力を有するに至った後に養子縁組を継続する意思
　を示したときはこの限りでない（1号）。

②　養子となるべき子が、判断能力を欠くにもかかわらず自ら養子縁組契約
　を締結したこと。ただし、後に法定代理人または判断能力有するに至った
　本人がこれに同意し、あるいは法定代理人の同意に代わる決定（民法192
　条3項）がされたときはこの限りでない（2号）。

③　2人以上の者が養親となったこと。ただし、承認決定時にこれらの者が
　婚姻関係にあった場合はこの限りでない（3号）。後半の例外規定は、共
　同縁組を夫婦のみに認めていた民法旧191条2項1文に対応する規定だが、
　これは前述のとおり憲法裁判所の判決により失効するに至っている。その
　ため、本号もそれに合わせて改正する必要があるが、今のところそうした
　改正はされていない。ありうべき改正の内容は、共同縁組をどの範囲まで
　認めるかに依存するが、少なくとも登録パートナーについては共同縁組が
　認められることが明らかである以上、現行法の解釈としても、これについ
　ては本号の例外が類推適用される（さらに、内縁関係にある者についてもお

---

375)　*Beck*, Kindschaftsrecht, S. 153; Schwimann/Kodek/*Höllwerth*, ABGB, §184 Rn. 2.

そらく同様）と考えられる[376]。

④　養子縁組契約が、もっぱらまたは主として、養子に養親のいずれかの氏を得させ、または違法な性的関係を隠蔽するために養子縁組の概観を作り出すために締結されたこと（4号）。虚偽表示に当たる場合の一部を定めるものである。

⑤　養子縁組契約が書面により締結されておらず、かつ承認決定の既判力発生時から5年を経過していないこと（5号）。これは、当事者の一方の署名が欠けていたような場合をも含む[377]。

以上の事由に基づく承認の撤回は、原則として契約当事者の一方の申立てまたは裁判所の職権によりされる。もっとも、⑤については、契約当事者の申立てのみによる。

### (b)　効　　果

承認撤回の効果として、養子縁組は初めから成立しなかったことになる（民法200条1項柱書）。その結果、親族関係の変動が生じなかったことになるのはもちろん、養親によりされた扶養は不当利得として返還すべきことになる[378]。

もっとも、この遡及効については、次の例外が認められている。

①　養子縁組契約の当事者の一方が契約締結時に承認撤回事由を知らなかったときは、当該当事者が請求する限りにおいて、他方当事者との関係では契約は将来に向かってのみ効力を失う（民法200条2項）。もっとも、上記④の場合は、当事者のいずれかが撤回事由につき善意ということがありえないため、除外されている。

②　第三者が養子縁組の有効性を信じて承認撤回よりも前に権利を取得したときは、この第三者に対して、承認が撤回されたとの主張をすることができない。また、契約締結時に承認撤回事由を知らなかった契約当事者に対

---

376)　*Hinteregger*, Familienrecht, S. 201は、登録パートナーの場合をも例外の対象として掲げる。

377)　Schwimann/Kodek/*Höllwerth*, ABGB, §184 Rn. 11.

378)　Schwimann/Kodek/*Höllwerth*, ABGB, §184 Rn. 13.

130 第1部 ドイツ法・オーストリア法

して、第三者は承認撤回の効力を主張することができない（民法200条3項）。

### (3) 解　消

### (a) 要件（民法201条）

解消の要件として掲げられているのは、以下のものである（民法201条1項）。

① 契約当事者の一方ないし同意権者の意思表示が、欺罔または不当かつ理由のある恐怖によりされた場合において、その表意者が詐欺に気づき、または窮状が解消してから1年以内に解消の申立てをしたこと（1号）。意思表示に瑕疵があった場合の一部を定めるものであり、短期の期間制限が課されている。これらに対し、錯誤等は解消事由とされていない。

② 養子縁組を継続させることが、未成年または判断能力を欠く養子の福祉を著しくおびやかすと認められること（2号）。この場合の解消は、裁判所の職権によると定められているが、当事者の申立権も認められるというのが判例である[379]。「著しくおびやかす」とは、親権喪失等の事由がある場合を含むが、それよりも広いものと解されている[380]。

③ ⓐ養親夫婦または養親と実親の一方の間の婚姻につき解消または無効宣告がされた後、ⓑ実親と養親の間の登録パートナーシップにつき解消または無効宣告がされた後、またはⓒ養親の一方の死亡後において、養子縁組を解消することが養子の福祉に適うと認められ、かつそれが解消の対象となる養親（既に死亡している場合を含む）の正当な利益を害しないこと（3号）。この場合の解消は、養子の申立てによる。養親夫婦間の婚姻が離婚等により解消した場合、それぞれの養親は新たな婚姻関係に入ることが多いところ、この場合にその養親の配偶者と養子との間で新たに養子縁組契約を締結することを可能にする趣旨である[381]。一方、養親の正当な利益としては、文献上、これまでの養育の苦労を無駄にしたくないとか、養子による介護、家ないし氏の存続といったものが挙げられており[382]、養親のた

---

379) 6 Ob 157/61.

380) Schwimann/Kodek/*Höllwerth*, ABGB, §184a Rn. 7-8.

381) ErläutRV 107 BlgNR 9. GP 27. これは、多重養子の禁止と関連する。

めの養子縁組というかつての発想の残滓を感じさせる。

④　養親の一方と養子が解消の申立てをしたこと（４号）。この申立てには、理由を付すことを要しない[383]。

もっとも、以上のいずれの事由による場合であっても、共同縁組の場合には、原則として双方の養親との関係でのみ養子縁組を解消することができる。その一方との関係でのみ解消が認められるのは、養親間の婚姻につき解消または無効宣告がされた場合に限る（民法201条２項）。これも、夫婦のみが共同縁組をすることができるとのルールを前提とした規定であり、いずれ改正が見込まれる。

#### (b)　効果（民法202条）

裁判所による養子縁組解消の決定が既判力を生じた時点で、養子縁組により発生した養親およびその子孫と養子およびその子孫との間の法律関係が消滅し（民法202条１項）、それにより消滅した実親およびその親族と養子およびその子孫との間の法律関係が復活する（同条２項）。これに対し、氏の変更は、ここでも一般規定による（前述本章②3(4)）。

### (4)　手　　続

承認撤回および解消の手続は、非訟事件として、非訟事件手続法による。具体的には、審問に関する扱いを除き、概ね養子縁組契約承認の手続と同じことが妥当する。

### 6　運用状況

2017年の子ども・青少年保護機構の統計によると、未成年養子縁組の総成立件数は124件である[384]。

---

382)　Klang/*Barth/Neumayr*, §184a Rn. 8.

383)　Schwimann/Kodek/*Höllwerth*, ABGB, §184a Rn. 12.

384)　*Bundeskanzleramt*, Kinder-und Jugendhilfestatistik 2017（2018）51（https://www.frauen-familien-jugend.bka.gv.at/dam/jcr:2ed5a418-7c85-40b8-af71-16eb29920d9c/Kinder-%20und%20Jugendhilfestatistik%202017%20barrierefrei_1110.pdf）.

132　第1部　ドイツ法・オーストリア法

## ③　嫡出推定（父子関係）

### 1　緒　　論
#### (1)　沿革および叙述の対象

オーストリアでも、非嫡出子ないし婚外子に対する不利益な扱いは徐々に廃止されていき、ドイツに遅れること15年、2013年の改正でようやく嫡出・非嫡出という概念の区別が民法典から排除された。それに先立ち、嫡出性の「推定」という構成も放棄されている。その結果、現行法では、婚姻、認知および裁判による父子関係確認の3つが父子関係の発生要件として対等に並立している（民法144条1項）。

このように、オーストリアの父子関係法は、ドイツのそれと基本枠組を共有している。もっとも、その具体的な制度設計には、ドイツ法と大きく異なる発想による部分が少なくない。そこで、本節でも、前章と同様「婚姻による父子関係発生とその排除」に関する規律を中心に、ドイツ法との比較において、オーストリア法の規律を概観することにする。

#### (2)　法　　源

父子関係を含む親子関係に関する実体規定は、民法140条以下に定められている。手続に関する規定は、民法に一部置かれている他、非訟事件手続法の総則規定および81条以下がこれを定める。

#### (3)　特　　徴

ドイツ法と比べたときのオーストリアの父子関係法の特徴は、以下の点に見出すことができる。

①　後述の父子関係覆滅認知に見られるように、当事者の私的自治によって親族関係を形成する可能性がドイツ法におけるよりも広範に認められている。

②　後述の「父交換手続」の永久性に見られるように、身分関係安定の要請は必ずしも重視されていない。

③　父子関係の否認のために多様な手段が存在する。ドイツ法では父子関係

第3章　補論——オーストリア　133

否認の手続に一元化されているのと対照的である。

④　血縁上の父の保護は、ドイツにおけるよりも弱い。

⑤　第三者提供精子による人工授精に関する規律が充実している。その延長線上にある事柄として、オーストリア法では、2015年の改正により、女性同士のカップルの一方が他方の生んだ子の（母ではなく）「親（Elternteil）」となることが認められている（一般に「共同母（Co-Mutter）」と呼ばれる）。これについては、若干の特則が設けられている他[385]、基本的に父子関係に関する規律が準用される（民法144条3項）。もっとも、これに関する規律は本節の主たる関心ではないことから、以下では注で触れるにとどめる。

## 2　親子関係に関する行為能力

ところで、親子関係の確定や変動に関する行為を自ら行うための要件については、ドイツ法と異なり、通則的な規定が設けられている。説明の繰り返しを避けるため、個々の父子関係発生原因に立ち入る前に、まずこれに言及しておく。

①　自らの関わる親子関係に関して、判断能力を有する者は自ら行為をすることができる。14歳以上の者には、判断能力が推定される（民法141条1項）。

②　本人が未成年の場合には、その行為には法定代理人の同意を要する。逆に、法定代理人の行為については本人の同意を要する（民法141条2項）。

③　本人が判断能力を有しないときは、法定代理人が行為をすることができる。このとき、成年である本人が反対の意思を示したときは、法定代理人は原則としてその行為をすることができない。もっとも、このルールは認知には妥当しない（民法141条3項）。法定代理人は、本人の福祉に従って行動せねばならず、親子関係に関する行為については裁判所の許可を要しない（同条4項）。

④　本人の死亡後には、親子関係の存否の確認またはその変動に関する行為

---

385)　もっとも、同性婚が可能となれば（後掲注389)参照）、これらの特則はおそらく意味を失うと考えられる。

134 第1部　ドイツ法・オーストリア法

は、その包括承継人がすることができる（民法142条）。

　最後の④は、相続に関する帰結の是正を重視するものであり[386]、認知や否認についてその一身専属的な性質を強調するドイツ法との相違が際立つ。

　なお、民法の規定中に、母につき「判断能力を有し、かつ生存している限りにおいて」という条件が何度か登場する。この奇妙な言い回しは、以上の諸準則を前提としたものである。すなわち、この前半により上記③の適用が、後半により④の適用がそれぞれ排除される結果、この場合の母は自ら権利を行使することしかできないということが示されているわけである。

### 3　婚姻による父子関係発生

#### (1)　発生要件

　子の出生時に母と婚姻関係にあった者、または母の夫として子の出生前300日以内に死亡した者は、その子の父となる（民法144条1項1号）[387]。複数の男性がこの要件を充たすときは、子の母と最後に婚姻をした者がその父となる（同条4項）。この者についての父子関係が、次に述べる父子関係不存在確認によって否定されたときには、明文はないものの、先行する婚姻の夫が父となると解されている[388]。総じて、ドイツ法の規律と同内容と言うことができる[389]。

#### (2)　排除──父子関係不存在の確認

　以上の婚姻による父子関係発生を争うための手段として、父子関係不存在確認の制度が設けられている。ドイツ法における父子関係の否認に対応するが、

---

386)　Klang/*Stefula*, §138a Rn. 18.

387)　母が子の出生前300日から180日の間に医師による人工授精を受けていた場合、その母の登録パートナーは、同じ要件の下で「共同母」となる（民法144条2項）。

388)　Koziol/Bydlinski/Bollenberger/*Hopf*, ABGB, §144 Rn. 6.

389)　なお、憲法裁判所は、2017年12月4日の判決で、婚姻と登録パートナーとで異なる扱いをすることを違憲と判断した（VfGH G 258-259/2017-9）。これにより、2019年1月1日をもって、婚姻についての異性間との条件（民法44条2文）および登録パートナーについての同性間との条件（登録パートナー1条、2条、5条1項1号）は、いずれも無効となる。これにより、ドイツにおけると同じような新たな解釈問題（前掲注228）参照）が生じることが予想される。

対象となる父子関係が婚姻によるものに限られている点に違いがある。この点では、むしろ日本法における嫡出否認の訴えと共通する。

### (a) 事件の種類

この手続をはじめ、親子関係に関する全ての手続は非訟事件とされ、非訟事件手続法により規律される（非訟81条以下）[390]。もっとも、先に述べた、同じく同法により規律される養子縁組契約承認の手続とは、多くの点で扱いを異にする。

### (b) 管　　轄

親子関係に関する手続の管轄は、子が未成年の場合はその常居所を管轄する保護裁判所、その他の場合は子の常居所を管轄する区裁判所である（管轄規則108条1項、104a条）。

### (c) 申　立　て

一般に親子関係に関する手続は、申立てによってのみ開始される（非訟82条1項）。

1) 申立権者

この手続の申立ては、子が法律上の父に対し、または法律上の父が子に対してすることができる（民法151条2項）。

これに対し、母には申立権がない。もっとも、後述のように、一旦申立てがされれば、当事者として手続に参加することになる。さらに、血縁上の父であると主張する者も申立権を有しない。この者が子の法律上の父となるためには、後述する父子関係覆滅認知によるしかない[391]。

2) 人工生殖の場合の特則

もっとも、第三者提供精子を用いた人工授精により生まれた子については、特則がある。それによると、その人工授精が医師によって行われ、かつ父がそ

---

390) Rechberger/*Deixler-Hübner*, AußStrG, Vor § 81 Rn. 2.

391) Koziol/Bydlinski/Bollenberger/*Hopf*, ABGB, § 151-153 Rn. 3.

136 第1部 ドイツ法・オーストリア法

れにつき公正証書により同意をしていた場合には、それによって生まれた子が
自らの血縁上の子ではない旨の確認を求めることができない（民法152条）[392]。
もっとも、その子が当該人工授精によって生まれたのではないとの主張をする
ことはできる[393]。

#### (d) 当　事　者

　親子関係に関する手続の当事者については、非訟82条2項に特則がある。そ
れによると、子、その親としての地位が手続の対象となっている者および他方
の親は必ず当事者とされる。これにより、父子関係不存在確認の手続において
は、子、父および母が当事者となる。もっとも、他方の親、すなわち通常母は、
判断能力を有し、かつ生存している場合にのみ当事者とされる。

#### (e) 実体要件

1)　父子関係の不存在

　以上の申立てが認容されるための実体要件の中心は、子と法律上の父の間に
血縁上の親子関係が存在しないことである。

2)　期間制限

　さらに、申立てが以下の期間制限を遵守していることも必要とされている。

a)　期間および起算点

　すなわち、申立ては、父子関係の不存在を疑わせる事実を知った時から2年
以内に限りすることができる（民法153条1項1文）。ただし、子の出生までは
この期間は進行せず、また親子関係の変動があった場合には、その変動が効力
を生ずるまでについても同様である（同項2文）。親子関係の変動とは、父子
関係競合の場合における前婚の夫の父子関係復活や、後述する親子関係覆滅認
知がされた場合などを指す[394]。さらに、別に法律上の父がいる場合にもこの期

---

392)　これは、共同母についても準用される（民法144条3項）。共同母については父子関係
　　　という実体要件を充たすことがありえない以上、この規定による申立権の排除が認めら
　　　れるかどうかだけが問題となる。

393)　Koziol/Bydlinski/Bollenberger/*Hopf*, ABGB, §151-153 Rn. 4.

394)　Koziol/Bydlinski/Bollenberger/*Hopf*, ABGB, §151-153 Rn. 6.

間は進行しない（同項3文）。いずれも、父子関係が有効に成立しない限りその不存在確認をすることもできないことによる。

b)　進行停止

以上の期間は、申立権者が未成年であり、または判断能力を欠く場合、あるいは期間満了前1年以内に予見または回避のできない事象により申立てを妨げられた場合には、進行を停止する（民法153条2項）。

c)　上限

以上にかかわらず、法律上の父については、子の出生または親子関係の変動から30年が上限とされている（民法153条3項）。これに対し、子の申立てはその後も認められる。


(f)　**審　　理**

1)　期日および手続の進行

養子縁組契約承認の手続に即して述べたように、非訟事件において口頭弁論を開くかどうかは原則として裁判所の裁量に委ねられる。しかし、親子関係に関する手続については、口頭弁論が必要的とされている（非訟83条1項）。これは、2003年の非訟事件手続法の改正前に同手続が訴訟手続とされていたため、それからの大きな変更を避ける趣旨だったとされる[395]。もっとも、口頭弁論外での証拠調べは排除されない（同31条）。

2)　裁判資料の収集

裁判資料の収集については、非訟事件の一般原則どおり、職権探知および自由な証明の原則が妥当する（非訟16条1項、31条1項）。他方、証拠調べへの協力義務については、親子関係確定の子の利益および公益にとっての重要性に鑑み[396]、それを一般原則よりも大幅に厳格化する規定が置かれている。それによると、当事者だけでなく、事案解明に協力できる立場にある全ての者は、親子関係の確定に必要な限りにおいて、鑑定に際し、とりわけ生体組織、体液および血液の採取について協力しなければならない（同85条1項）。その例外は、そ

---

395)　Rechberger/*Deixler-Hübner*, AußStrG, §83 Rn. 1.

396)　Rechberger/*Deixler-Hübner*, AußStrG, §85 Rn. 1.

138 第1部 ドイツ法・オーストリア法

れによって身体または健康に重大かつ継続的な危険がもたらされる場合にのみ
認められる（同条2項1文）。この協力義務につき、必要な場合裁判所は直接強
制をすることができる（同条3項）。さらに、以上により十分な証拠が得られ
ない場合、裁判所は既に死亡した者の生体組織等の提出をその保有者に対し求
めることができる（同条4項）。

(g) 決定および不服申立て

裁判は、非訟事件の一般原則どおり、決定の形式による（非訟36条1項1文）。
もっとも、必ず理由を付さなければならない（同83条5項2文）。決定に対して
不服を有する者は、決定の送達から14日以内に抗告をすることができる（非訟
46条1項）。不服申立ての可能性がなくなった時点で、決定は既判力を生じ（同
42条）、同時に効力を生ずる（同43条1項）。決定変更の申立ては可能であり、
かつ原則的な上限期間が通常の10年から30年に延長されている（同83条5項1
文）。

父子関係の不存在を確認する決定が確定すると、子は出生時にさかのぼって
元法律上の父の子ではなかったものとして扱われる[397]。

## 4 認 知
ドイツ法におけると同様、認知には2つの種類がある。

### (1) 原則——通常の認知
### (a) 要 件

通常の認知は、父となる者本人が、公文書または公の認証を受けた書面に
よってする。法定代理を含め、代理によることはできない。本人が未成年であ
るときは、さらに法定代理人の同意が必要である（民法141条2項。前述本章③2
②）。

また、ドイツ法との重要な相違として、本人の死亡後は、その承継人がする
ことができる（民法142条。前述本章③2④）[398]。

---

397) 2 Ob 174/08i.

第 3 章　補論──オーストリア　139

### (b)　効　　果

　認知の効力は、認知にかかる書面またはその認証された写しが身分庁に到達することにより、子の出生時にさかのぼって生じる（民法145条 1 項 3 文）。このとき、認知の時点で既に別の男性につき父子関係が存在するときは、その男性が子の父でないことが対世効をもって確認された時点から認知の効力が生ずる（同147条 1 項）。それまでは、認知は浮動的無効である[399]。

### (c)　異議の申立て

　以上のように、オーストリア法では、ドイツ法と異なり、認知に対する母ないし子の同意が必要とされていない。もっとも、それに代えて、彼らには認知に対し異議を唱える権利が認められている。

　すなわち、子または判断能力を有しかつ生存している母は、認知の有効性を知ってから 2 年以内に、裁判所に対し異議の申立てをすることができる（民法146条 1 項）。この期間は、異議権者が判断能力を欠き、または期間満了前 1 年以内に予見または回避のできない事象により申立てを妨げられた場合には、進行を停止する（同条 2 項）。

　この申立てがされると、後述の認知の無効宣言の手続が開始することになる。

### (2)　特則──父子関係覆滅認知

### (a)　緒　　論

　上述のように、通常の認知は既存の父子関係に劣後する。これに対し、一定の付加的要件を充たした認知（父子関係覆滅認知〔vaterschaftsdurchbrechendes Anerkenntnis〕と呼ばれる）については、この例外が認められている。これは、方向性においてドイツ法における離婚手続に際しての認知に類似するが、それよりもはるかに強力な効力を有する。

---

398)　以上の規律は、共同母についても基本的に妥当する。もっとも、この場合、さらに、母について医師による人工授精が行われたことを証明する書類を添付しなければならない（民法145条 1 項 2 文）。

399)　Koziol/Bydlinski/Bollenberger/*Hopf*, ABGB, §147 Rn. 1.

140 第1部　ドイツ法・オーストリア法

(b) 趣　　旨

　この制度は、簡単に言うと、認知者、子、場合によっては母の合意のみによって、既存の父子関係を消滅させて認知者と子の間に新たな父子関係を発生させるものである。その趣旨は、関係当事者にとって法律上の父が血縁上の父でないことが明らかな場合に、不要な裁判手続によることなく父子関係を訂正する簡便な手段を実現するという点にあるとされる[400]。

(c) 要　　件

　その要件は、通常の認知の要件に加えて、①子がそれに対し公文書または公の認証を受けた書面によって同意することである。さらに、子が未成年であるときは、②判断能力を有する母が自ら同様の方式により、認知者が子の父である旨の陳述をしなければならない（以上、民法147条2項）。また、③未成年の子の同意については、子ども・青少年支援機構が法定代理人として関与する（同条4項）[401]。

(d) 効　　果

　以上の要件が充たされ、関連書類が身分庁に到達することにより、認知はその意思表示の時点から効力を生ずる。そして、その反射として、既存の父子関係は、その発生原因にかかわらず消滅する。既判力をもって確認された父子関係ですら例外ではない[402]。

(e) 異議の申立て

　以上の過程に、法律上の父は登場しない。しかし、これはもちろん法律上の

---

400)　ErläutRZ 296 BlgNR 21. GP 42, 61; Deixler-Hübner/*Pierer*, Handbuch, S. 252.

401)　以上によると、血縁上の父が子の同意を得られない場合、この制度を利用する余地はない。既に父子関係が存在する場合、血縁上の父が用いうるのはこの制度のみであることから、これに対しては批判もある。この点、最高裁判所は、ドイツ法を援用しつつ、子の同意を要するのは既存の社会的家族関係を保護するためであって、実親の基本権の侵害には当たらないとしている（1 Ob 98/07d）。

402)　もっとも、合意により既判力を排除できることに対しては立法論的批判もある。この点を含め、以上につき、Schwimann/Kodek/*Bernat*, ABGB, §163e Rn. 5-6 を参照。

父になす術がないということではなく、裁判所に対して異議の申立てをすることが認められている。さらに、子が成年である——したがって、上記(c)②の陳述をしていない——場合における、判断能力を有しかつ生存している母にも、同じく異議申立てが認められている（以上、民法147条3項）。これらの申立ての機会を保障するため、認知に係る書類を受理した身分庁は、その旨をこれらの者に通知すべきものとされている（身分登録法68条5項）。

この申立てがされると、通常の認知に対する異議と同様、認知の無効宣言の手続が開始する。

### (3) 排除——認知の無効宣言

#### (a) 緒　　論

認知が最低限必要とされる内容を備えている限り、それは一応有効なものとなる。その効力を排除することは、認知の無効宣言の手続により、法定の要件の下でのみ認められる[403]。

この認知の無効宣言は、一定の限度において、父子関係のいかんにかかわらず、認知の意思表示それ自体の効力を失わせるものである。この点、ドイツ法においては、一定の方式違反等がある場合を除き、原則として認知の効力を争うことは認められず、父子関係否認の手続による以外にないことと対照的である。

#### (b) 要　　件

この手続には、裁判所の職権により開始する場合、認知に対する異議によって開始する場合および認知者本人の申立てによって開始する場合の3つがある。そして、その実体要件は、この開始態様ごとに定められている。具体的には、以下のとおりである（民法154条）。

1) 職権により開始する場合

次の①②のいずれかを充たす必要がある。

① 認知、または父子関係覆滅認知における子あるいは母の同意がその方式

---

403) Deixler-Hübner/*Pierer*, Handbuch, S. 255.

142　第1部　ドイツ法・オーストリア法

を備えていないこと（1項1号a）。

②　認知、または父子関係覆滅認知における子あるいは母が判断能力を欠いていたか、子の法定代理人の同意が存在しなかったこと。ただし、法定代理の瑕疵が事後的に消滅し、または認知者が判断能力を有するに至った後に認知を追認したときは、この限りでない（1項1号b）。

2）　異議の申立てにより開始する場合

この場合、次の③④のいずれかが証明されない限り、申立ては認容される（2項）。

③　認知者が子の血縁上の父であること。

④　子が医師の行う第三者提供精子を用いた人工授精によって生まれた場合において、認知者がそのことにつき公正証書によって同意していたこと。

もっとも、異議の申立てには期間制限があるため、その遵守も要件となる。すなわち、異議は、認知の有効性を知ってから2年以内にしなければならない（民法146条1項）。この期間は、異議権者が判断能力を欠き、または期間満了前1年以内に予見または回避のできない事象により申立てを妨げられた場合には、進行を停止する（同条2項）。

3）　認知者の申立てにより開始する場合

申立人は、次の⑤⑥のいずれかを証明する必要がある。

⑤　欺罔、不当かつ理由のある恐怖または上記③ないし④についての錯誤によって認知をしたこと（1項3号a）。

⑥　子との間に血縁上の父子関係がなく、かつそれを疑わせる事情を後から知るに至ったこと（1項3号b）。

もっとも、この場合の申立ても、欺罔、錯誤または父子関係を疑わせる事情を知り、あるいは窮状が解消した時から2年以内にしなければならない（2項1文）。この期間は、この出生までは進行せず（同項2文）、申立権者が未成年であり、または判断能力を欠く場合、あるいは期間満了前1年以内に予見または回避のできない事象により申立てを妨げられた場合には、進行を停止する（民法153条2項類推[404]）。また、遅くとも子の出生から30年以内でなければなら

---

404）　Schwimann/Kodek/*Bernat*, ABGB, §164 Rn. 16.

第 3 章　補論——オーストリア　143

ない（民法153条 3 項類推[405]）。

### (c)　手　　続

　上述のとおり、手続の開始は裁判所の職権による場合と申立てによる場合とがある。その他の手続に関する扱いは、父子関係不存在の確認に即して述べたのと同じであるため、繰り返さない。

### (d)　効　　果

　認知の無効宣言の申立てを認容する決定が確定すると、認知の効力が遡及的に消滅する。父子関係消滅認知の場合、これに伴い、それによって消滅した父子関係が遡及的に復活する[406]。

## 5　裁判所による父子関係確認

　裁判所による父子関係確認にも、認知と同様、通常のものと強化版の 2 つが存在する。なお、ここでも、手続に関しては基本的に父子関係不存在確認に即して述べたことがそのまま妥当するため、以下では実体面を中心に述べる。

### (1)　原則——通常の手続
### (a)　手続開始

　通常の父子関係確認の手続もまた、親子関係に関する手続の 1 つとして、申立てによってのみ開始する（非訟82条 1 項）。この申立ては、子が父と見込まれる者に対し、または父と見込まれる者が子に対してすることができる。

### (b)　実体的要件
### 1)　原則——血縁上の父子関係の存在

　父子関係確認の実体的要件は、父と見込まれる者と子との間に血縁上の父子関係が存在することである（民法148条 1 項）。

---

405)　1 Ob 106/08g.

406)　以上につき、Deixler-Hübner/*Pierer*, Handbuch, S. 255を参照。

144 第1部 ドイツ法・オーストリア法

### 2) 例外——第三者提供精子による人工授精

もっとも、これに対しては、第三者提供精子による人工授精がされた場合に関し、次の2つの表裏をなす例外がある。①は、ドイツ法には存在しないルールである。

① 子の出生前300日から180日までの間に、医師により行われる、第三者の提供する精子を用いた人工授精が母に対して行われたときは、これについて公正証書により同意していた男性が父とされる。ただし、子が当該人工授精によって生まれたのではないことをこの男性が証明したときは、この限りでない（民法148条3項）。

② 精子提供者の提供した精子が医師による人工授精に用いられた場合において、この提供者が医師により行われる人工授精の許可を受けた医療施設に対し、その精子を用いて生まれた子の父とされない意思をもって精子を提供していたときは、この提供者は人工授精により生まれた子の父とはされない（民法148条4項）。

### (c) 証明責任

### 1) 原則——父子関係の積極的証明

この手続においては、子と父と見込まれる者との間に血縁上の父子関係が存在することを、申立人が証明しなければならないのが原則である。

### 2) 子の証明責任の転換

### a) 規律

もっとも、子が申立人である場合に限り、証明責任の転換による証明の容易化が図られている。すなわち、申立人である子は、父子関係の存在に代えて、次のいずれかの事実を証明することができる（民法148条2項1文）。

① その出生の日から300日前の日から180日前の日の間に、父とされる者と子の母との間で性交渉があったこと。

② 同じ期間内に、母に対し、父と見込まれる者の精子を用いた人工授精が行われたこと。

子がこのいずれかの証明に成功した場合、父とされる者は、父子関係の不存在につき証明責任を負うことになる。

第 3 章　補論——オーストリア　145

b)　制限

以上の証明責任の転換は、父と見込まれる者の死亡から 2 年が経過した後は認められない（民法148条 2 項 2 文）。したがって、それ以降は、子は原則どおり父子関係を積極的に証明する必要がある。

ただし、これにはさらに例外があり、この証明が父と見込まれる者の側の事由によりできないということを子が証明したときは、なお証明責任の転換が認められる（民法148条 2 項 2 文）。「父と見込まれる者の側の事由」とは、その者自身が非協力的だったなどの事情の他、その相続人がその者の DNA が残った物を全て処分してしまったといった事情をも含み、過失の有無を問わない。このように、この例外要件はかなり広く解されているが、その背景として、父とされる者の死亡後 2 年以内に子が父子関係存在確認の申立てをすることが容易でないこともありえ、そうした場合にまで子に父子関係の積極的証明を求めるのは合理的でないということが指摘されている[407]。もっとも、いずれにせよ今日では DNA 鑑定が一般化しているため、以上の証明責任に関する規律もその限りで意味を失っている[408]。

(d)　効　　果

父子関係確認の申立てを認容する決定が確定すると、子の出生日にさかのぼって父子関係が発生する[409]。

(2)　特則——父子関係が既に存在する場合における父子関係確認（民法150条）

通常の父子関係確認の手続とは別に、子についてのみ特別な手続が設けられている。すなわち、子は、他の男性との父子関係が存在する場合であっても、父子関係の確認の申立てをすることができる（民法150条 1 文）。このとき、裁判所がこの新たな父子関係を確認するときは、同時に決定主文において既存の父子関係の不存在を確認する（同条 2 文）。これによって、子がまず従来の父につ

---

407)　以上につき、Schwimann/Kodek/*Bernat*, ABGB, §163 Rn. 5を参照。

408)　Deixler-Hübner/*Pierer*, Handbuch, S. 266.

409)　2Ob 174/08i; Deixler-Hübner/*Pierer*, Handbuch, S. 266.

146 第1部 ドイツ法・オーストリア法

いての父子関係を排除した上で新たな父子関係を確定するという手間を省くことが目指されている[410]。この手続は、一般に「父交換手続（Vätertauschverfahren）」という俗な呼び方をされている[411]。

重要なのは、この制度が父子関係確認の特則として定められている結果、子の申立てに期間制限が存在しないという点である[412]。これにより、子は、血縁上の父を探し出すことができる限り、法律上の父との父子関係をいつまでも排除することができることになる。これは、父子関係不存在確認や認知に対する異議のための期間が徒過してしまった場合に意味を持つ[413]。

## 6　補論——父子関係否認の諸相

ドイツ法において父子関係否認制度が一元化されているのと対照的に、オーストリア法では、既に述べたような様々な制度により父子関係の排除ができるようになっている。改めてまとめると、婚姻による父子関係については父子関係不存在確認、認知によるそれについては認知の無効宣言の制度が用意されている。また、発生原因にかかわらず、すでに存在する父子関係を排除して新たな父子関係を発生させる手段として、父子関係覆滅認知および父子関係が既に存在する場合における父子関係確認（「父交換手続」）があるが、前者に対してはさらに認知の無効宣言がありうる。ドイツ法よりも柔軟な面がある一方で、その複雑さは否めない。

---

410)　ErläutRV 471 BlgNR 22. GP 23; Deixler-Hübner/*Pierer*, Handbuch, S. 269.

411)　この制度は、その文言上、消滅すべき父子関係の発生原因を限定していない。そのため、裁判による父子関係確認によって既判力をもって確定された父子関係であってもその対象となり、その結果その既判力が否定されることになる。この点については、立法論として批判がある（Schwimann/Kodek/*Bernat*, ABGB, §163b Rn. 2; Koziol/Bydlinski/Bollenberger/*Hopf*, ABGB, §150 Rn. 2）。

412)　ErläutRV 471 BlgNR 22. GP 7.

413)　Deixler-Hübner/*Pierer*, Handbuch, S. 269.

## 【後記】

(1) 本稿では、生殖補助医療が関係する場面における親子関係の発生については正面から取り上げていない。これについては、商事法務研究会「諸外国の生殖補助医療により生まれた子の親子法制に関する調査研究業務報告書」(2021年)第1章(ドイツ)・第5章(オーストリア)において、2020年ごろまでの状況を紹介しているため、併せ参照されたい。

(2) 本稿脱稿後、ドイツでは、親子関係法ワーキング・グループの報告書を踏まえつつ、2019年3月13日に連邦司法・消費者保護省が「親子法改正法草案(Entwurf eines Gesetzes zur Reform des Abstammungsrechts)」(いわゆる討議部分草案〔Diskussionsteilentwurf〕)を公表している。これについては、上掲の報告書でも一部扱っているが、包括的な紹介としては、渡邉泰彦「ドイツ実子法改正の動向——ワーキンググループ実子法から討議部分草案まで」「ドイツ実子法改正討議部分草案条文対象表」産大法学54巻2号325頁、479頁(2020年)を参照。

さらに、2024年1月16日には、連邦司法省により、「実親子法(Abstammungsrecht)改正に向けた連邦司法省の指針(Eckpunkte)」および「親子関係法(Kindschaftsrecht)改正に向けた連邦司法省の指針」と題する2つの文書が公表された。

前者では、主に①異性カップルと同性カップルの平等取扱い(後者においても、前者におけると同じ要件の下で親子関係を発生させること)、②事前の合意による精子提供者の法的安定性の向上、③血縁上の父の法的地位の向上(具体的には、父子関係確認の訴えの継続中における他の男性による認知の排除、法律上の父と子の間に社会的家族関係が存在する場合にも父子関係否認の余地を認めること、母の配偶者の同意による認知(現行民法1599条2項に対応)を離婚手続と切り離して認めること)、④子の出自を知る権利の強化(具体的には、父子関係確認手続と切り離して特定の者との父子関係の存在を確認できる制度の創設)、⑤精子提供者登録簿の拡充(精子バンクからの精子提供者だけでなく、私的な精子提供者や胚提供者をも登録の対象とすること)が掲げられている。基本的に討議部分草案と大きく異ならないが、⑤のように新たな提案も含まれている。

148　第1部　ドイツ法・オーストリア法

　後者は、主に親権や面会交流権を対象とするものだが、本稿に関わるものとして、養子法の自由化という方針が掲げられている。具体的には、婚姻している配偶者以外のカップルにも共同縁組を認めることが提案されている。

(3)　オーストリアでは、本稿脱稿後、2023年実親子法改正法（Abstammungsrechts-Anpassungsgesetz 2023〔AbAG 2023と略称される〕）が成立し、2024年1月1日から施行されている。この改正は、それまでのいくつかの憲法裁判所判決を反映するものである。

　その中心は、改正前においては「共同母」が子の親となるためには医師による人工授精が行われていなければならなかったところ（改正前民法144条2項柱書）、「医師による」との限定が――それを違憲とする憲法裁判所判決（VfGH 30.6.2022, G 230/2021）を受けて――外された点にある。その結果、規定ぶりとしては、父とその他の「親（Elternteil）」とで完全にパラレルな定め方がされるようになった（改正後民法144条1項・2項）。これに合わせて、その他の規定においても、医師による人工授精とその他の人工授精を対等に扱うように改められた。その際、医師による人工授精に関して配偶者の公正証書による同意が要件とされている場面につき、その他の人工授精に関しては単なる同意で足りるものとされている。以上の他、いわゆる「第三の性」を認める憲法裁判所判決（VfGH 15.6.2018, G 77/2018）を反映した文言の修正がされている（民法144条2項：「他方の親〔anderer Elternteil〕となるのは、次に定める女性またはその他の者〔andere Person〕である」）。

# 第２部　フランス法

石綿　はる美

## 【前注】

　詳細は、【後記】で言及するが、フランスにおいては、本稿のもとになった報告書の執筆後、いくつかの法改正があった。本稿は、原則として、報告書提出当時の原稿に誤字等の修正をしたにとどまるが、次のような方針で、改正の内容について反映している。

・条文番号の形式的な改正などの場合は、→で新たな条文番号を示すなどした。
・変更が少ない点については、【追記】という形で、本文に記載した部分もある。
・内容が大幅に変更になっている場合は、変更部分に下線を付し、改正内容を【後記】で補足した。

# 第１章　養子法制[1)]

## [1]　養子制度概要

### 1　２つの制度の存在

　フランスには、完全養子縁組（adoption plénière）と単純養子縁組（adoption simple）という２種類の養子制度が存在する。

　完全養子縁組は、養子と実親を含むその家族（以下、「実方」という。）の親子関係が原則として切断される養子縁組であり、日本の特別養子縁組と類似する制度といえよう。養子となることができる者も、原則として15歳未満の者で

ある。一方、単純養子縁組は、養子と実方の関係は維持される養子縁組であり、日本の普通養子縁組と類似する制度である。単純養子縁組においては、未成年者及び成年者の双方を養子とすることができ、養子の年齢に上限はない。なお、フランスにおいて、成年年齢は18歳である（388条1項[2]）。また、単純養子縁組から完全養子縁組への転換養子は認められている。その場合、単純養子縁組は、ある種の「お試しの」養子縁組であるともいえる[3]。なお、養子の実方父母に対する義務のみが消滅し、権利は存続するという制度は、フランスの養子縁組においては存在しない。

1966年7月11日の法律第500号（loi nº 66-500 du 11 juillet 1966）により、現在のフランスの養子法の大枠が確立した。その後、改正が繰り返され、直近では、子どもの保護に関する2016年3月14日の法律第297号（loi nº 2016-297 du 14 mars 2016 relative à la protection de l'enfant）（以下、「2016年改正」という。）により、養子縁組に関する規定もいくつか改正されている。2022年の諸改正については、【後記】を参照されたい。

本稿は、現行制度を紹介することを目的とする。養子縁組の規定は、民法典第1編「人」第8章「養親子関係」（343条〜370条の5）に置かれている。第1節が「完全養子縁組」（343〜359条）、第2節が「単純養子縁組」（360〜370条の

---

1) フランスの養子制度について詳細に紹介する論文として、金子敬明「養子制度」大村敦志他編『比較家族法研究』（商事法務、2012）179頁以下、栗林佳代「フランスの養子縁組制度」佐賀大学経済論集47巻6号（2015）1頁以下、田中通裕「注釈・フランス家族法⒀、⒁」法と政治65巻2号（2014）511頁以下、65巻3号（2014）869頁以下、中川高男「第4章フランスの養子法」養子と里親を考える会編『養子と里親』（日本加除出版、2001）197頁以下がある。また、フランス民法典の条文訳は、基本的に、前掲の栗林論文・田中論文に基づく。

　また、フランス語文献は Bonnet, Droit de la famille, 7ᵉéd, Paradigme, 2018, Hilt et Granet-Lambrechts, Droit de la famille, 6ᵉéd, PUG, 2018, Malaurie et Fulchiron, Droit de la famille, 6ᵉéd, Dalloz, 2018を主に参照した。

　また、本稿において参照している URL の最終閲覧日は、2024年9月1日である。

2) 以下、本稿においては、フランス民法典（Code Civil）の条文は、法典名を記載せずに掲載する。

3) Juris-Clauser Civil Code. Art.343 à 370-2: Fasc. 26（2016）par Bosse-Platière, n.27, p.6.

第 1 章　養子法制　151

2 ）、第 3 節が「養親子関係に関する法律の抵触及び外国で言い渡された養子
縁組のフランスでの効果」（370条の 3 ～370条の 5 ）となっている。また、養子
縁組に関しては、家族・社会扶助法典（Code de l'action sociale et des familles、以下、
「CASF」という。）にも規定が置かれている。

## 2　養子縁組に関連する組織

　説明の便宜のために、養子縁組に関連する組織について、ここで紹介をする。
養子縁組の裁判を行うのは、大審裁判所（tribunal de grande instance）[4] である。
養子縁組に関与する機関としては、主に、児童社会援助機関（ASE, Service de
l'aide sociale à l'enfance）と認可された養子縁組斡旋団体（OAA, Organisme autorisé
pour l'adoption）[5] がある。前者は、県会議長のもとに置かれた児童福祉担当の
行政機関であり、後者は、養子縁組の斡旋を行う活動をする団体であり、県会
議長からその認可を受けている法人である。

## ② 完全養子縁組

　完全養子縁組は、養子を生物学上の子と同視する制度であり、成功を確実な
ものにするため、様々な要件が要求されている。具体的に想定されている利用
例は、夫婦が幼い子を受け入れ、彼らの子として育てたいと思う場合、配偶者
が、相手方配偶者の子との間に親子関係の確立を望む場合等である。かつては
前者の方法のみが認められていた[6]。

### 第 1 節　養親の要件

　完全養子縁組は、夫婦によって行われることが一般的である。また、夫婦の
一方が亡くなった後に、既に養育している子を、残された配偶者が完全養子縁

---

4 )　フランスにおいて最も代表的な第一審の裁判所である。詳細は、滝沢正『フランス法
　〔第 5 版〕』（三省堂、2018）184-185頁。

5 )　菊池緑「フランスの養子縁組斡旋制度とその実態」新しい家族50号（2007）64頁以下
　に詳しい。パリにおいて活動を行っている認可された養子縁組斡旋団体へのインタ
　ビュー調査の内容を紹介するものとして、栗林・前掲注 1 ）20頁以下。

6 )　Malaurie et Fulchiron, *supra note* 1, n.1410, p.654.

152　第 2 部　フランス法

組をする場合、祖父母によって行われる場合[7]、あるいはごくまれに独身者に
よって行われる場合もある[8]。

## 1　すべての者に共通な要件——養子と養親の年齢差

原則として、養親と養子の年齢差が15歳以上である必要がある（344条 1 項
→347条 1 項）。この年齢差は、父子関係あるいは母子関係ができるだけ「自然
に見えるように」という理由から要求されている[9]。ただし、配偶者の子を完
全養子にする場合は、その年齢差は10歳以上ということに緩和される（344条
1 項→370条の 1 の 1 第 1 項）。

また、裁判所は、正当な理由があれば、上記の年齢差を下回っても、養子縁
組を宣言することができる（344条 2 項→347条 2 項・370条の 1 の 1 の第 2 項）[10]。

## 2　養親の類型ごとに要求される要件——年齢等

### ⑴　夫婦で完全養子縁組をする場合

夫婦双方で、完全養子縁組を行う場合には、婚姻が 2 年以上継続しているこ
と、又は夫婦の双方が28歳以上であること、そして、夫婦が別居していないこ
とが必要である（343条）。これは、立法者が、子の利益のための夫婦関係の安
定性（stabilité）と夫婦の妊娠困難性・不妊性（stérilité）として十分であるとみ
なしているからであると説明される[11]。もっとも、後者の不妊性という視点は、
現在、夫婦に嫡出卑属が存在しないことが、養子縁組の要件ではなくなったこ
とから[12]、要件の正当化根拠としての機能を失っているとも言われる[13]。

また、28歳という年齢については、初産の平均年齢を参照したこと、普通の

---

7)　家族間での完全養子縁組は禁止されていない。もっとも、夫婦間の養子縁組は認めら
　　れず、また、内縁配偶者との養子縁組も認められない（Hilt et Granet-Lambrechts, *supra*
　　*note* 1, n.357, p.175）。この点について、金子・前掲注 1 ）226頁以下。

8)　Malaurie et Fulchiron, *supra note* 1, n.1414, p.655.

9)　Juris-Clauser Civil Code. Art.343 à 370-2: Fasc. 20（2012）par Bosse-Platière, n.18, p.5.

10)　例えば、13歳年長の姉が、弟と養子縁組をすることが認められた例がある（Paris, 10
　　fév. 1998, JCP 1998. Ⅱ. 10130, note Philippe）。

11)　Bonnet, *supra note* 1, n.160, p.109, Malaurie et Fulchiron, *supra note* 1, n.1414, p.655.

夫婦が子を持つことを決断する年齢であること、養子を得るのに数年を要することを勘案したといわれる[14]。ただし、現行法においては、婚姻が2年以上継続していれば、養親の年齢は問われないことになる。

なお、フランスにおいては、2013年に同性婚が認められたが、「夫婦」には、異性カップルのみならず、同性カップルも含まれる[15]。したがって、同性カップルが完全養子縁組を行って子を持つことが可能となっているのである。

### (2) 単独で完全養子縁組をする場合

夫婦の双方で完全養子縁組を行うのでなければ、複数の者による養子縁組は認められていない（346条→345条の2第1項）。したがって、夫婦で完全養子縁組を行わない場合、単独で完全養子縁組をすることになる[16]。

単独で完全養子縁組を行う場合は、養親は、28歳以上であることが必要となる（343条の1第1項）。ただし、完全養子縁組を申し立てる者が婚姻をしていて、別居していない場合には、意思表示ができないときを除き、配偶者の同意が必要となる（343条の1第2項）。この同意は、撤回できない[17]。

---

12) もっとも、養親に卑属が存在する場合には、「家族生活を損なう性質がないか」ということが、養子縁組の裁判の際に、考慮される（353条3項→353条の1第3項）。

13) Juris-Clauser, *supra note* 9, n.11, p.4.

14) 中川・前掲注1）204頁。

15) フランスにおいては、「同性のカップルに婚姻を開放する2013年5月17日の法律」により、同性婚が認められた。この改正は同性カップルに婚姻を認めるだけでなく、婚姻に関するその他の扱いを、同性カップルと異性カップルで平等にしていくという方針であった。6条の1は、「夫婦又は両親が異なる性であれ、同一の性であれ、婚姻及び養子縁組は、本法典第1編第7章に定められるもの（注：親子関係→第1編第7章第1節から第4節）を除いて、法律によって認められる同一の効果、権利及び義務をもたらす」と規定する。そのため、同性婚カップルも養子縁組を行うことができる。なお、同性婚の容認と養子法との関係を検討するものとして、田中通裕「フランスの（同性婚を承認する）2013年5月17日の法律について」法と政治67巻1号（2016）26頁以下。

16) なお、個人縁組は、全体の10%程度であるとも指摘される（田中・前掲注1）65巻2号515頁）。

17) Malaurie et Fulchiron, *supra note* 1, n.1414, p.656. Cass. 1re civ., 2 déc. 1997, Bull. civ. Ⅰ, n°333, JCP G 1998. Ⅱ.10028.

154 第2部　フランス法

### (3)　配偶者の子と完全養子縁組する場合

配偶者の子と完全養子縁組する場合は、家庭により容易になじむことができると考えられることから[18]、要件は緩和される[19]。まず、養親となる者の年齢についての要件は削除され、養親となる年齢の下限がなくなる（343条の2→370条の1）。次に、養子と養親の年齢差も10歳以上であればよく（344条1項→370条の1の1第1項）、大審裁判所により、正当な理由があれば、10歳未満の年齢差であっても養子縁組をすることができる（344条2項→370条の1の1第2項）。

### (4)　養親となる者が死亡した場合

完全養子縁組をするために子を適法に引き取った後に、養親候補者が死亡した場合には、完全養子縁組の申請（requête）は、その生存配偶者又は相続人の一人の名において行うことができる（353条4項→353条の1第4項）[20]。これは、養親候補者が死亡したことにより子が家庭を奪われるという不利益を防ぐためである。

## 第2節　養子の要件

養子に関しては、その年齢要件（1）、完全養子縁組の申立て前に養親の家庭に受け入れられていること（2）、完全養子縁組への同意（3）、どのような子が養子となることができるか（4）、という4点について検討を行う。実親の同意については、養子となることができる子（4）の項目で検討を行うことにする。

---

18)　Malaurie et Fulchiron, *supra note* 1, n.1415, p.656.

19)　なお、養子となることができる者については、他の親子関係が確立していないことなどが要求される。また、2歳未満の子を養子縁組にする場合に、子が児童社会援助機関又は認可された養子縁組斡旋団体に、引き渡されている必要があるという要件も、要求されない（348条の5→348条の4）。効果の面でも、実方との関係が切断されないといった違いがある。

20)　なお、既に養親が養子縁組の申立てをした後に死亡した場合は、手続は引き続き行われ、裁判所は養子縁組の諾否について判断をすることができる（Malaurie et Fulchiron, *supra note* 1, n.1416, p.657 note 87, Cass. 1re civ., 11 juillet 2006, Bull. civ. Ⅰ, no384）。

第1章　養子法制　155

## 1　養子の年齢

　完全養子縁組において、養子となることができる者は、原則として、15歳未満の者である（345条1項）。かつては、5歳未満の者であったのだが、1966年の改正によって、15歳まで引き上げられた。現行法においても、15歳未満という年齢要件については、新しい家庭に同化できるために要求される要件であると説明されている[21]。なお、年齢は、申立ての日が基準となる[22]。

　15歳以上であっても、完全養子縁組が認められる例外は、以下の2つの場合である。一つは、15歳より前から養子縁組をするための法定要件を満たしていなかった者によって受け入れられていた場合である（345条2項→345条2項1号）。もう一つは、既に15歳より前に単純養子縁組が行われており、完全養子縁組を行う要件を満たす場合である（345条2項→345条2項2号）。これらの場合には、子が未成年である間、あるいは成年に達してから2年以内に、申立てをすることができる（345条2項）。つまり、養子の年齢が15歳から20歳の間でも、完全養子縁組が認められる場合があるのである。

　なお、養親の年齢の際にも言及したが、養親と養親の年齢差は、原則15歳以上（例外として、配偶者の子を養子にする場合には、10歳以上。第1節2(3)参照）である必要がある（344条1項→347条）。

## 2　養親の家庭における受け入れ

　養子となることができる者は、15歳未満であるということに加えて、養親の家庭で、6か月以上受け入れられていることが必要である（345条1項）。この要件は、子の将来の家族への順応を確認するものである。完全養子縁組は撤回できない（359条）ことから、非常に重要な要件であるとされる[23]。

## 3　養子の同意

　養子が13歳以上である場合には、子は、完全養子縁組に自ら同意しなくては

---

21)　Malaurie et Fulchiron, *supra note* 1,n.1418, p.659, Juris-Clauser Civil Code. Art.343 à 370-2 : Fasc. 21 (2013) par Bosse-Platière et Mullot-Thiébaud, n.80, p.23.

22)　田中・前掲注1）65巻2号518頁。

23)　Hilt et Granet-Lambrechts, *supra note* 1,n.374, p.181.

156 第2部 フランス法

いけない（345条3項第1文→349条1項。同意ができない場合について、350条（【後記】第1章②第2節3参照））。この同意は、養子縁組の宣告まで、いつでも撤回することが可能である（345条3項第3文→349条3項）。同意の手続は、348条の3第1項で定められた、実親の養子縁組への同意と同様である（本節4⑴⒝参照）。

　子が13歳未満である場合でも、完全に手続から排除されるわけではない。後述する完全養子縁組裁判の中で、事理弁識能力を有する未成年者は、裁判所に指名された者によって、養子縁組を望んでいるかを意見聴取されうる。その手続は、養子の年齢や成長に応じたものである必要がある。子が、意見陳述を拒否することもできる。また、子は一人で意見陳述することも、あるいは弁護士その他子が選んだ者とともに陳述をすることもできる。同席者の選択が子の利益に反する場合は、裁判所は異なる者を指名することができる（以上、353条2項→353条の1第2項）[24]。同項は、2016年改正で新設されたものである。

　また、国の被後見子（本節4⑵）で、事理弁識能力のある未成年者は、完全養子縁組及び単純養子縁組の養子の提案に関して、後見人、代理人、家族会、

---

24)　未成年者の意見聴取は、既に388条の1によって規定されており、養子縁組の手続でも利用されていた。353条2項（→353条の1第2項）は、養子縁組の手続に関して明確に規定したものであるといえよう。なお、338条の1は、以下のような内容である（条文訳は、田中通裕「注釈・フランス家族法⒂」法と政治65巻4号（2015）1374頁を参考にした。）。

　「388条の1第1項　事理弁識能力を有する未成年者は、この者に関するすべての訴訟において、その関与又は同意を定める規定に違反しない限り、裁判官によって、又は子の利益が命じるときには、裁判官が子のために指名する者によって、意見を聴取される。

　2項　未成年者がそれを要求するときは、聴取はその者の当然の権利である。未成年者が意見聴取を拒否するときには、裁判官はその拒否性を評価する。未成年者は、一人で、又は弁護士あるいはその選択による者とともに聴取され得る。その選択が未成年者の利益に反するときには、裁判官は他の者を指名して手続を進めることができる。

　3項　未成年者の意見聴取は、未成年者に、訴訟における当事者としての資格を付与するものではない。

　4項　裁判官は、未成年者が、意見聴取及び弁護士により付き添われる権利を伝えられたことを確認しなくてはいけない。」

あるいは家族会に指名された家族会のメンバーなどに事前に意見を聴取される（CASF L.225条の1第2項→ CASF L.225条の1第3項）。

### 4　養子となることができる子

　子が放棄され、もはや家庭を有していないことが、養子となることができる子になる要件であるともいわれるが[25]、民法典では、以下の3つのカテゴリーに分類をしている（347条→344条）。①父母又は家族会が養子縁組に有効に同意をした子（同条1号）、②国の被後見子（同条2号）、③381条の1及び381条の2に定められる要件において放任されたと宣言された子（同条3号）である。また、配偶者の子と完全養子縁組を行う場合についても、子について特別の要件があるので、ここで言及をする。なお、完全養子縁組を行うことについての実親による同意は、この項目において、適宜説明することとする。

### (1)　家族の同意により養子縁組ができる子

#### (a)　同意をする者

　子の親子関係が父及び母の双方に対して確立している場合、父母双方が養子縁組に同意しなくてはならない（348条1項）。原則として、父母双方の同意が必要である。両者の意見に対立がある場合には、同意にならない[26]。ただし、どちらか一方が死亡している場合、又は意思表示をすることができない場合、親権を失っている場合は、一方の同意のみで可能である（同条2項）。

　子の親子関係が、親の一方に対してのみしか確立していない場合、その親のみが養子縁組に同意を与えればよい（348条の1）。

　父母が死亡している場合、意思表示をすることができない状況である場合、あるいは親権を完全に取り上げられている場合は、現実に、子の世話をする者の意見を聞いた後、家族会が同意を与える（348条の2第1項）。子に親子関係が確立した親がいない場合も同様である（348条の2第2項）。

　なお、養子縁組の効果の重大性から、養子縁組への同意の権限は、父母にの

---

25)　Malaurie et Fulchiron, *supra note* 1, n.1418, p.659.
26)　婚姻に関しては、父母の意見に不一致があったとしても同意があったと同一の効果が生じるのとは、異なる扱いである（田中・前掲注1）65巻2号522頁）。

158　第 2 部　フランス法

み帰属し、委譲（délégation）をすることはできない（377条の 3 ）。

(b)　同意の方式

　完全養子縁組への同意は、フランス又は外国の公証人の面前で、あるいは、フランスの外交官又は領事官の面前で行われる[27]。子が、児童社会援助機関に引き渡されたときは、その機関により受領される（348条の 3 第 1 項→348条の 3 第 2 項）。また、同意がなされる際には、撤回の可能性と方法についての情報が与えられなければならず（民事訴訟法典（Code de procédure civile ） 1165条 1 項）、同意の記録にはそれらの情報が与えられたことも記載されなければいけない（同条 2 項）。

　児童社会援助機関に子が引き渡される場合には、調書（proces-verbal de recueil）を作成する必要があるが、父母の同意に関しては、ここに記載される同意でたりる。つまり、国の被後見子となる子（後掲(2)①〜④）に関しては、養子縁組同意権者（親子関係が確立している親）による引渡しの場合には、将来の養子縁組への同意が付記される。児童社会援助機関は、父母の同意、及び、父母に要件並びに撤回の期限を通知したことを記載する（以上、CASF L.224条の 5 ）[28]。

(c)　同意の撤回

　同意の撤回の期限は、 2 か月であり、養子縁組への同意を受け取った者又は機関に宛てた、配達証明書付書留郵便によってなされなくてはいけない。口頭の申立てに基づくものであっても、父母への引渡しは、撤回の証明の効果を生じる（以上348条の 3 第 2 項→348条の 5 第 1 項）。特に、幼児の養子を容易にするために、血縁関係のある者、とりわけ母の変心を心配することなく、手続を進

---

27)　この場合、同意は、公署証書（acte authentique）によって行われることになる。公署証書とは、公証人らにより作成され、裁判上の虚偽記載の立証がなされない限り、証拠力を失わない文書である（山口俊夫編『フランス法辞典』（東京大学出版会、2002） 46 頁）。

28)　この点については、齋藤哲志「国の被後見子たる資格を承認するアレテに関する2013年 7 月26日の法律第673号」日仏法学28号（2015）166頁、金子・前掲注 1 ）190頁。

第 1 章　養子法制　159

めていくために、同意の撤回の期限は短く設定されている[29]。

　撤回が可能な期間である 2 か月を経過すると、子は、養子縁組のために託置（placement）されうる（351条。詳細は本章第 3 節 1 ）。 2 か月を経過しても、託置がない場合、父母は、子の引渡しを要求することができる。その場合、子を引き取った者が返還を拒否するのであれば、父母は子の返還を裁判所に申し立てることができる。裁判所は子の利益を考慮して、返還を命じるか否かを判断する[30]。子の返還は、養子縁組への同意を失効させる（以上、348条の 3 第 3 項→348条の 5 第 2 項）。


### (d)　同意の対象・養親の選択

　同意に関して、父母が養親を知った上で、完全養子縁組について同意をすることは必ずしも必要はない。なぜならば、348条の 4 （→348条の 6 ）は、「父母又は家族会が、児童社会援助機関又は認可された養子縁組幹旋団体に子を引き渡し、子の養子縁組に同意するときは、養親の選択は、国の被後見子の家族会又は認可された養子縁組幹旋団体の主導で組織される後見家族会の同意のもとに、後見人に委ねられる」と定めている（下線部分は2022年10月 5 日のオルドナンスにより削除）。つまり、この場合、養親の選択は、後見人に委ねられ、父母は養親を選択することはできない。同意内容に関して言えば、父母は、子を完全養子縁組の対象とするかのみに同意をすればよいのであり[31]、養親が誰であるかという点については、同意をしていないことになる。

　もっとも、子が 2 歳以上である場合及び家族内での養子縁組の場合は、父母は養親を選択することができるとされる[32]（ 2 歳未満の子の例外については、次項参照）。その場合、父母の完全養子縁組への同意は、特定の養親を念頭においたものになる。

---

29)　Malaurie et Fulchiron, *supra note* 1, n.,1419, p.660.

30)　Hilt et Granet-Lambrechts, *supra note* 1, n.365, p.178.

31)　完全養子縁組への同意であることが明示されない場合は、単純養子縁組を行うことへの同意しかされなかったものとして扱われるようであるとの指摘もある（金子・前掲注 1 ）186頁）。

32)　Bonnet, *supra note* 1,n.170, p.114.

160 第2部 フランス法

(e) 2歳未満の子の場合の例外

　家族内での養子縁組の場合（具体的には、養親と養子の間に6親等以内の血族又は姻族の関係が存在する場合）を除いて、子が2歳未満である場合、児童社会援助機関又は認可された養子縁組斡旋機関（→2022年10月5日のオルドナンスにより下線部削除）に、子を引き渡されたのでない限り、血縁上の父母の同意は有効ではない（348条の5→348条の4）。また、養親を選択することができない。つまり、子が2歳未満である場合、直接に養親と養子縁組することができない。これは、子どもの売買、闇取引を禁止する目的であると説明される[33]。ただし、子の利益になると考えられる、家族内での養子縁組の場合と、配偶者の子を養子にする場合には、本条の適用はない。

(f) 同意が不要な場合

　養子の実親や家族会による同意がなくても、裁判所が養子縁組を宣告することができる場合がある（348条の6→348条の7第1項）。父母が、子の健康又は精神を危うくするにもかかわらず子に無関心であるときに、同意の拒否をしたことが、濫用と判断される場合である。また、国の被後見子については、父母が同意しなかった場合は、被後見子の家族会によって同意を与えられる（349条→344条2号。2022年10月5日のオルドナンスにより下線部削除）。

(2) 国の被後見子[34]

　国の被後見子とはどのようなものだろうか。これについては、CASFL.224条の4により以下のように定義づけられている。

①親子関係が確立していないか又は不明であり、児童社会援助機関に引き取られ、2か月が経過した子（1号）

②親子関係が確立しているか又は既知であり、養子縁組に同意する資格のある者により、国の被後見子とするために、児童社会援助機関に引き渡され、2か月が経過した子（2号）

---

33) Malaurie et Fulchiron, *supra note* 1, n.1419, p.660.

34) 国の被後見子については、齋藤・前掲注28）165頁以下、栗林・前掲注1）8頁。

第 1 章　養子法制　161

③親子関係が確立しているか又は既知であり、父又は母により、国の被後見
　子とするために、児童社会援助機関に引き渡され、6 か月が経過し、かつ、
　この期間、他方の親が機関に対して子への負担を引き受ける意図を知らせ
　なかった子（3 号）

④父母をなくしたが後見が開始されず、児童社会援助機関に引き取られてか
　ら 2 か月が経過した子（4 号）

⑤父母が親権の取り上げを受けた親（378条〜381条）の子で、児童社会援助
　機関に引き取られた子（5 号）

⑥裁判上の放任の宣言（déclaration de délaissement、本項(3)参照）の対象と
　なった子で、児童社会援助機関に引き取られた子（6 号）

　多くは、①に該当する、匿名出産により生まれた子であるなどとも説明され
るが[35]、現在は、⑥に該当する子も多くなっている[36]。国の被後見子は、児童
社会援助機関によって引き取られ、国による特別の後見制度のもとに置かれて
いる子である。

　国の被後見子については、家族会の同意を得て、後見人が子の人生計画
（projet de vie）を定めることになる。子の利益になるのであれば、養子縁組も
人生計画の一つになりうる（CASF L.225条の 1 第 1 項）[37]。2016 年改正以前は、
すべての子には家庭を持つ権利があるとの考えから、国の被後見子は可能な限
り、早期に養子縁組の対象としなくてはいけないとされていたことと比べる
と、大きな変化である[38]。改正の趣旨は、子の状況や成長に応じて、適切な環
境を提供することを目指すということである。

　国の被後見子については、父母が同意をしなかった場合は、被後見子の家

---

35)　Malaurie et Fulchiron, *supra note* 1, n.1420, p.661.

36)　2016年12月の段階の統計で、1 号に該当する子は33%、6 号に該当する子が40％となっ
　ている（Synthése du Rapport sur la situation des pupilles de l'État au 31 Décembre 2016
　（Juin 2018）p.2）。なお、国の被後見子の数は、2626人である。

37)　養子縁組が提案される場合、養親の選択は家族会の同意を得て後見人が行う。また、
　事理弁識能力のある子は、後見人、家族会、そのメンバー等によって事前に意見を聴取
　される（CASF L.225条の 1 第 2 項）。

38)　白須真理子「子どもの保護に関する2016年 3 月14日の法律第297号」日仏法学29号
　（2017）182頁。

162　第2部　フランス法

族会が同意を与える（349条→344条2号。2022年10月5日のオルドナンスにより下線部削除）。また、人生計画が、完全養子縁組あるいは単純養子縁組の提案だった場合、養親の選択は家族会の同意を得て後見人が行う（348条の4→348条の6参照）。

### (3)　判決により放任が宣言された子[39]

　従来は、裁判上の遺棄の宣言（déclaration d'abandon、350条）[40]であったが、「遺棄」の概念が不明確である等の理由から、2016年改正により、裁判上の放任の宣言（déclaration de délaissement、381条の1、381条の2）[41]へと制度が変更された[42]。従来よりも、より客観的に判断ができるような基準となることが目指された。

　381条の1は「父母が、申請に先立つ1年間に、子とその育成又は発育に必要な関係を維持しなかった場合は、子は放任されたとみなされる。ただし、父母は、いかなる原因によっても妨害されてはならない。」と規定する。つまり、父母が少なくとも1年間にわたって、子を保護したり、育成したりする義務を果たさなかった場合には、親は子を放任したとみなされることになるのである。

　また、「個人、機関、児童社会援助機関に引き取られている子が、親の放任宣言の申立てに先立つ1年の間に、381条の1に記載された状況にある場合には、大審裁判所は、放任を宣言する（2019年9月18日のオルドナンスにより下線部は司法裁判所に変更）」。ただし、申立ては、「父母に適した支援の方法が提案された後」でなくてはいけない（以上、381条の2第1項）。放任の宣言がされ

---

39)　本項は、条文の訳など多くを、白須・前掲注38) 182頁以下によっている。放任の宣言についての詳細は、同論文を参照されたい。

40)　従前の遺棄の宣言については、栗林・前掲注1) 9頁、田中・前掲注1) 65巻2号528頁以下。

41)　放任の宣言の条文は親権の項目に置かれている。

42)　なお、347条3号（→344条3号）は、「381条の1及び381条の2により規定された要件において遺棄が宣言された子」と規定しているが、概念の混乱を避けるため、ここでは、「放任」で統一する。

　　【追記】改正後の344条3号は、「381条の1及び381条の2により規定された要件において裁判上放任が宣言された子」と規定をしている。

るときは、裁判所は、同じ決定の中で、子を引き取った個人、機関、児童社会援助機関、あるいは子を預けられた者に、親権を委譲する（381条の2第5項）。なお、未成年者の養子縁組に関する権利は委譲されない（377条の3）ので、父母は、依然として、養子縁組に同意をする権限は有する[43]。

### (4) 配偶者の子の完全養子縁組

配偶者の子と完全養子縁組をできるのは、以下の4つの場合に限定される（345条の1→370条の1の3）。

①子が配偶者に対してしか適法に確立された親子関係を有しないとき（1号）

②子が配偶者のみによる完全養子縁組の対象となり、かつその者に対してしか確立された親子関係を有しないとき（1号の2→2号）[44]

③配偶者とは別の親が、親権を全面的に取り上げられているとき（2号→3号）

④配偶者とは別の親が死亡し、かつ一親等の直系尊属を残さなかったとき、又はそれらの者が明白に子に無関心であるとき（3号→4号）

立法者は、子の新しい家庭における統合を目指すと同時に、実方との関係、特にその祖父母との関係についても考慮する[45]。そのため、配偶者以外の者と親子関係が存在しないことのみならず、直系尊属の不存在や無関心も考慮されているのである。

## 第3節 養子縁組の手続

完全養子縁組の手続は2段階である。まず、一定の期間の託置が行われ、その後、最終的な審査である裁判が行われる。完全養子縁組の成立には、①血縁上の父母の無関心の確実さと、②養親の適性が必要であるとされるが[46]、この

---

43) Bonnet, *supra note* 1, n.178, p.117.

44) これは、2013年に同性婚が容認された際に追加された項目である。同性カップルの一方と既に完全養子縁組という形で親子関係が確立している子と、カップルの他方が養子縁組を行うことができるために追加された。

45) Hilt et Granet-Lambrechts, *supra note* 1, n.358, p.176.

46) Malaurie et Fulchiron, *supra note* 1, n.1421, p.664.

164　第2部　フランス法

2段階の手続は、それを確認するためのものである。

## 1　完全養子縁組のための託置

託置は、1966年の法律により導入された制度で、フランス法の独創的な制度であり、養子縁組の準備となるものである[47]。託置が行われた後は、子は実方へ返還されない。託置は、完全養子縁組の要件であると同時に、手続において不可欠な段階なのである[48]。なお、託置は、345条で要求されている、養親の家庭で6か月間の受け入れとは異なる[49]。

まず、第2節4で検討した養子になりうる子を、「将来の養親」に実際へ引き渡すことで、託置は実現される（351条1項→2項）。具体的には、養子になりうる者が、児童社会援助機関や認可された養子縁組斡旋団体等によって、将来の養親に正式に引き渡されることである。

逆に言えば、実親から直接、将来の養親に子が引き渡されることが認められている場合には、託置は必要ない[50]。このようなことが認められるのは、養子となる子が2歳以上で、実親が養子縁組に同意したときである（348条の5→348条の4の反対解釈）[51]。

なお、託置が開始されるのは、①実親が、養子縁組に同意をしている場合は、2か月間の期間が経過をして、同意が撤回できなくなった後、②子の親子関係が確立されていない場合は、子の引き取りから2か月を経過した後（351条2項→352条2項）、③国の被後見子、あるいは判決により放任が宣言された子は子を引き取っている公的機関が同意した後、である。

託置が行われると、子の実親への返還が妨げられる。また、親子関係のあら

---

47)　Malaurie et Fulchiron, *supra note* 1, n.1421, p.664.

48)　Bonnet, *supra note* 1, n.194, p.128.

49)　実務上、同時に生じるものであったとしても、概念としては区別しなくてはいけないとされる（Bonnet, *supra note* 1, n.194, p.129）。もっとも、託置の開始と将来の養親への受け入れが同時に生じることはあり、その場合、託置と受け入れの開始をそれぞれいつと認定するかが問題となる。

50)　Bonnet, *supra note* 1, n.195, p.129.

51)　田中・前掲注1）65巻2号532頁、栗林・前掲注1）10頁注20。

第1章　養子法制　165

ゆる宣言及び認知もすることができない（352条1項→352条の2第1項）[52]。このように実方への返還を妨げることで、将来の養親に必要な法的安定性を保障するといわれている[53]。ただし、あくまで実方への返還が妨げられるだけで、実方との法的関係が切断されるわけでない。実方との法的関係が切断されるのは、完全養子縁組が宣言されてからである。

　託置が消滅する場合、又は裁判所が養子縁組を宣言することを拒絶する場合は、託置の効果は、遡及的に解消される（352条2項→352条の2第2項）。託置が行われても養子縁組が認められない場合というのは、存在するのである。

### 2　完全養子縁組裁判[54]

#### (1)　申　立　て

　養子縁組は、大審裁判所の宣告により成立する。完全養子縁組の申立権者は、養親のみである（353条1項→353条の1第1項）。なお、養親は、既判事項の確定力（force de chose jugée）[55]を有するまでは、申立てを取り下げることができる。

#### (2)　審　　理

　大審裁判所は、提起から6か月の期間内に、法律の要件を満たしているか否か（合法性の確認）、養子縁組が子の利益に合致するかを審査する（353条1項→353条の1第1項）。

　なお、手続の過程で、事理弁識能力のある未成年者は、その意見を聴取され

---

52)　親権を取り上げられた親権者の親権回復請求は、その申立ての提出前に、子が養子縁組のために託置されていたときには、受理されない（381条2項）。同条文については、田中通裕「注釈・フランス家族法（16・完）」法と政治66巻3号（2015）612頁。

53)　田中・前掲注1）65巻2号533頁。

54)　裁判手続については、金子・前掲注1）216頁以下が詳しい。記述は、成年者の単純養子縁組を念頭においたものだが、手続は、完全養子縁組と単純養子縁組で共通である。また、垣内秀介「調査報告書　フランスにおける非訟事件と非訟事件手続」も参考になる。養子縁組裁判について、特に20頁以下。

55)　判決は、判決言い渡し直後に、「既判事項の権威・既判力（autorité de la chose jugée）」を有するが、通常の不服申立が尽きた時点で、既判事項の確定力を有する。これにより、執行を停止する不服申立が許されなくなる（山口・前掲注27）238頁）。

166　第 2 部　フランス法

得る（353条 2 項→353条の 1 第 2 項、第 2 節 3 参照）。

　裁判所は、①完全養子縁組を認めること、②完全養子縁組を拒絶すること、さらに③申請者の同意を得て単純養子縁組を宣告すること（民事訴訟法典1173条）ができる。ただし、養子縁組を拒絶する判決には、理由をつけなくてはいけない（353条 6 項→353条の 1 第 7 項の反対解釈）。

### (3)　合法性の確認

#### (a)　養親の認定

　完全養子縁組を行うために、養親が認定（agrément）を得ている必要がある場合があり、裁判所は、養親候補者の認定の有無を審査する必要がある。

　①国の被後見子、②認可された養子縁組斡旋機関に引き渡された子、③養親の配偶者の子ではない外国籍の子と養子縁組する場合は、裁判所は、養子縁組を言い渡す前に、申請者が、養子縁組をするための認定を得ているか、免除されているかを審査する（353条の 1 第 1 項→353条 1 項。②は2022年10月 5 日のオルドナンスにより削除）。なお、子が直接養親に引き渡される場合には、養親は認定を得ている必要はない[56]。

　ただし、①～③の子を養子にする場合でも、養親の認定が常に必要なわけではなく、認定が拒否された場合、あるいは法定期間の 6 か月以内に公布されなかった場合でも、裁判所は、申請者である養親候補者が子を受け入れることに適し、かつ養子縁組が子の利益に合致すると評価する場合には、養子縁組を宣告することができる（353条の 1 第 2 項→353条 2 項）。

　認定の方法は、CASF L.225条の 1 以下及び、R.225条の 1 以下に定められている[57]。

　認定は、県会議長（président du conseil départemental）が行うが、調査は県の養子縁組課に委ねられている。認定は、事前に、申請者により提供される家庭

---

56)　Bonnet, *supra note* 1, n.191, p.127.
57)　Bonnet, *supra note* 1, n,191 et s., pp.126 et s. 日本語文献では、菊池・前掲注 5 ）63頁以下、栗林・前掲注 1 ）11頁以下が詳しい。また、田中・前掲注 1 ）65巻 2 号536頁以下。なお、いくつかの条文について、2015年及び2016年に改正が行われているが、具体的な手続に大きな変更はなく、これらの先行研究は依然として、大変参考になる。

環境、教育状況等が、養子の必要性及び利益に一致するものかを判断するものである（CASF R.225条の 4 ）。認可は 9 か月以内に行われ、有効期間は 5 年間である（CASF L.225条の 2 第 2 項→同第 4 項）。また、養親候補者は、県による情報提供の集会に参加することもできる（CASF L.225条の 3 第 2 項→ L.225条の 2 第 6 項）。なお、認定を得た養親候補者が異なる県に移転した場合、一定の要件のもとその認定は移転先の県においても有効になる（CASF L.225条の 6 ）。

　認定及びその拒絶は、具体的な理由に基づいて行われなくてはいけない。候補者が子を育てる資質があるか、経済的・衛生的な状況等を判断すべきであり、申請者の宗教や性的志向（同性愛者であることなど）のみを理由として拒絶されてはならない。しかしながら、申請者が独身である場合に、機械的に拒絶をされているのではないかと思われることもあるという[58]。

### (b)　その他の確認事項

　その他、養親に関する要件（年齢や配偶者の同意など）、養子に関する要件（年齢や事前の養親家庭への受け入れ）、実親の同意、養子の同意等を確認する。また、養親に卑属が存在する場合には、「家族生活を損なう性質がないか」ということも判断する（353条 3 項→353条の 1 第 3 項）。

### (4)　子の利益

　裁判所は、養子縁組が「子の利益に合致するか」否かも審査する（353条 1 項→353条の 1 第 1 項）。「子の利益」は、親に子を与えるというだけではなく、子に親を与えるということから、必要とされる要件であり、養子縁組において、もっとも重要な考慮要素であるという[59]。裁判所は、現在及び将来の状況を考慮した上で、金銭面、資産面のみならず、精神的な側面にも基づいて子の利益を判断する[60]。

---

58)　Bonnet, *supra note* 1, n.193, p.127.

59)　Malaurie et Fulchiron, *supra note* 1, n.1417, p.658.

60)　Aillaud, Droit des personnes et de la famille, 9$^e$éd, Paradigme, 2018, n.544, p.305. 子の利益が認められないのは、親族間での完全養子縁組のことが多いようである。例えば、母の兄弟による養子縁組、父母の死後の祖父母による養子縁組などである。→【後記】第 1 章②第 1 節も参照。

168　第2部　フランス法

### (5)　判決への不服申立ての方法

養子縁組の判決に対して、控訴・上告は可能である。ただし、同意の欠缺を理由とするものであっても、養子縁組無効の訴えは認められない[61]。また、養子縁組の判決に対する第三者異議は、養親又はその配偶者（→改正により、配偶者及びパクス・内縁のパートナー）の詐欺又は欺罔の場合にしか受理されない（353条の2第1項）。養親と実親との紛争を防止するためである。

## 3　身分登録（出生証書等の扱い）

### (1)　出生証書について

完全養子縁組を言い渡す判決は、既判事項の確定力を生じる日から15日以内に、養子の出生地の身分登録簿に転記（tanscription）される（354条1項→民事訴訟法典1175条の1第1項1号も参照）[62]。記載事項は、出生日時、場所、子の性別、養子縁組判決の結果生じる氏及び名、養親の氏名、出生地、職業、住所である。実親子関係については、いかなる記載もしない（同条3項）。この転記が、養子にとっては、出生証書の代わりとなる（同条4項→2項）。なお、元の出生証明書は、検察官の請求により、「養子縁組」の記載がなされたうえで、無効とみなされる（同条5項→民事訴訟法典1175条の1第3項）。

### (2)　出自を知る権利[63]

養子は新たな出生証書における記載では、実親について知ることはできない。出生証書の抄本（extrait）における記載は、実親子関係を有する子と同様であり、それを見ただけではその者が完全養子縁組の対象になったか否かはわからない[64]。もっとも、完全な出生証書には、養子縁組の判決についての言及があり、場合によっては、実親についての記載があることがある[65]。自分が養子であるということ知った場合、裁判記録を確認することが、理論上は、可能

---

61)　栗林・前掲注1）13頁。

62)　養子が外国で出生したときには、外務省の身分本局の登録簿に騰記される（354条2項→民事訴訟法典1175条の1第2項）。

63)　Bonnet, *supra note* 1, E19, pp.132 et s.

第1章　養子法制　169

である[66]。また行政文書に関しては、児童社会援助機関に保管されていることもあるので、関係する全書類の写しを求めることも考えられる。

　子が自らの出自について知りたいと考えた場合には、2002年の法律により設立された、出自についての個人情報に関する全国評議会（Conseil national pour l'accès aux origines personnelles（CNAOP））[67]という機関へ、出自についての情報を求めることもできる[68]。実親の生存中は、実親が身元を特定できる情報の秘匿を求めない場合（開示に同意をする、身元秘匿要求撤回の明白な意思表示があるなど）は、子は出自についての情報にアクセスすることができる。実親が、生前に明確な拒絶の意思表示をせずに死亡した場合、情報は子に伝えられる（CASF L.147条の6）。ただし、制度が整備されたものの、実親が拒絶の意思表示をしていた場合は、子は、親の生存中・死亡後を問わず、身元を特定する情報を得ることができない。

## 第4節　養子縁組の効果

　完全養子縁組は、子の元の親子関係に、新しい親子関係を撤回できない形で、置き換えるという制度である（356条）。断絶型養子縁組ともいわれるように、実方との関係は切断される。

　養子は血縁関係により確立される親子関係と完全に同一の権利及び義務を取

---

64)　配偶者の子と完全養子縁組をした場合の判決の転記に関して、2013年5月29日の民事身分に関する通達（Circulaire relative à l'état civil du 29 mai 2013）がある。これは、文章型（forme littéraire）の出生証書に、「〇〇より生まれる」ではなく、「〇〇の息子／娘」と記載するようにと指示がされた。それに対して項目型（rubrique）の出生証書もある。それぞれのモデルも通達に掲載されている（http://www.textes.justice.gouv.fr/art_pix/JUSC1312445C.pdf）。

65)　このことが問題になった近時の破毀院判決として、Cass. 1re civ., 31 mars 2016, no 15-13147, AJ fam., 2016, p.257, note Salvage-Gerest.

66)　民事訴訟法典29条によると、第三者（子は含まれると考えられる）は、正当な利益があれば、事件記録を閲覧したり、その写しを受領することができるとする。事件記録の閲覧については、垣内・前掲注54）29頁以下。

67)　CNAOPへの訪問調査をしたものとして、栗林・前掲注1）30頁以下。

68)　2002年の法律について、西希代子「養子及び国の被後見人の出自へのアクセスに関する2002年1月22日の法律第93号」日仏法学23号（2004）288頁以下。

170 第2部 フランス法

得し（358条→条文削除）、実方との関係は切断される。以下、それにより生じる効果を確認する。なお、養子縁組の効力が生じるのは、「養子縁組の申請（requête）の提出の日」からであることには注意が必要である（355条→同条2項）。

## 1 財産以外の効果

完全養子縁組が成立した場合、養子は、161条から164条に規定される近親婚の禁止を除いて[69]、血縁による家族との法律上の関係がすべて切断される（356条1項→356条）。実方との関係が切断されることになるので、実親は親権を行使しない。ただし、実方の祖父母の面会交流権を認めた裁判例が存在する[70]。

一方で、養子は養親の家族との間に、実親子関係により確立されるのと同一の権利義務を有することになる（358条→356条参照）。夫婦で養子縁組をした場合には夫婦が共同して親権を行使することになる。

氏名については、養子は、養親の氏という新しい氏を取得する（357条1項）[71]。また、養親の申立てに基づいて、大審裁判所は、養子の名を変更することもできる（同条7項。一部改正有。【後記】第1章②第4節参照）。

## 2 財産関係の効果

扶養義務は、実方との間では生じず、養方との間でのみ生じる。具体的には、養子と養親とその直系尊属の間に生じる。相続に関しても、実方との相続権は消滅し、養方との間で相続権が発生する。

---

69) 直系血族間及び直系姻族間（161条）、傍系について、兄弟姉妹間（162条）、叔父と甥・姪間、叔母と甥・姪間（163条）の婚姻の禁止を定める。164条は一定の場合に、婚姻の禁止が解除されることを規定する。

70) Cass. 1re civ., 5 mai 1986, Bull. civ. Ⅰ, no 112 ; D. 1986.496.

71) その他、357条には、親の一方の氏にするか双方の氏にするか等、氏に関しての詳細な規定が置かれている。357条に続く357条の1（→358条）は、フランスにおいて完全養子縁組の効果を有する外国で適法に言い渡された養子縁組の対象となった子の氏について規定をする。いずれも栗林・前掲注1）14頁及び46頁以下参照。

【追記】配偶者又はパートナーの子を完全養子縁組する場合の氏に関する規定については、370条の1の5参照。

第1章　養子法制　171

## 3　配偶者の子を完全養子縁組する場合の特則

　配偶者の子を完全養子縁組した場合は、「配偶者の家族及びその家族に関しては、元の親子関係が存続する。それ以外の点については、夫婦双方による完全養子縁組の効果が生じる」（356条2項→370条の1の4）。配偶者の子と完全養子縁組をする場合には、子の実方との関係も考慮されるのである。これは、しばしば、配偶者の死亡後に、配偶者の子と養子縁組がされる場合があるが、その場合、実方の祖父母と孫の関係性が切断されるべきではないとの考えに基づくものであるともされる[72]。

## 第5節　離　　縁

### 1　撤回不可能の原則

　完全養子縁組は、撤回できない（359条）。養子によっても、養親によっても、完全養子縁組の宣告が既判事項の確定力を有した後は、撤回することができない[73]。つまり、離縁をすることはできないのである。撤回不可能性の原則の趣旨は、養子と養親の間に、実親子関係と同様の関係を成立させることにある。

　しかしながら、完全養子縁組の撤回不可能性は、必ずしも「子の利益」に適うものではない。特に、養子縁組が失敗した場合には困難な問題を生じさせる。養親が子と一緒に生活できないなどとして、子を放棄するような場合である。このようなことは、外国で生まれた子との間に完全養子縁組を行う国際養子縁組において多く見られるという[74]。

　完全養子縁組において、その親子関係を、血縁上の親子関係と同視するということから、養親の親権行使に問題がある場合には、実親子関係において親権者の親権行使に問題がある場合と同様に扱われる。つまり、判決による放任の宣言（第2節第4項3）、育成扶助（assistance éducative）（375～375条の9）[75]、親

---

72)　Malaurie et Fulchiron, *supra note* 1, n.1415, p.656.

73)　Cass. 1re civ., 7 mars 1989, Bull. civ. Ⅰ, no 111.

74)　Bonnet, *supra note* 1, n.206, p.135.

75)　子が危険な状態にある場合に、児童裁判官が子を保護する措置をとることを可能にする制度である（栗林佳代「フランス」床谷文雄・本山敦編『親権法の比較研究』（日本評論社、2014）193頁以下）。その他、田中・前掲注52）585頁以下等。

172 第2部 フランス法

権の取り上げ（retrait de l'autorité parentale）（378条～381条）[76] で対応することになる[77]。

### 2 例外——再度の養子縁組の可能性

もっとも、例外的ではあるが、再度の養子縁組の可能性はある。

第一は、養親が死亡した場合である。①養親又は養親双方が死亡した場合あるいは、②養親双方のうち一方が死亡した後、生存している養親の新しい配偶者により申立てがされる場合には、新たな養子縁組が宣告されうる（346条2項→①について345条の2第2項、②について370条の1の2）。

第二に、1996年の改正により、「重大な理由」がある場合には、完全養子縁組の養子と単純養子縁組をすることが認められるようになった（360条2項→345条の2第2項）[78]。ただし、この場合、完全養子縁組が終了するわけではなく、完全養子縁組と単純養子縁組が並立して存在するとされている[79]。

## ③ 単純養子縁組

単純養子縁組（adoption simple）においては、完全養子縁組と異なり、実方との関係が切断されない。そのため、単純養子縁組の成立のための要件は、完全養子縁組の場合よりも、緩和される。特に、養子の年齢制限がないこと、託置が不要であること、撤回が可能であることなどの違いがある。

単純養子縁組は、完全養子縁組よりも、数としては多く利用されている[80]。

---

76) 子に対する虐待等が存在する場合に、子の保護のために親権を取り上げる制度である。栗林・前掲注75）195頁以下、田中・前掲注52）606頁以下等。

77) Bonnet, *supra note* 1, n.206, p.135.

78) 重大な理由が認められなかった例として、田中・前掲注1）65巻3号876頁。

79) Bonnet, *supra note* 1, n.207, p.136. なお、360条2項（→370条の1の6）の条文は多義的であり、完全養子縁組と単純養子縁組が並立して存在するのか、あるいは単純養子縁組が完全養子縁組の代わりに成立するか不明確であるという指摘もある（Malaurie et Fulchiron, *supra note* 1, n.1423, p.667）。

80) 例えば、2016年の大審裁判所への新規係属の事件数は、単純養子縁組が7744件（72%）、完全養子縁組が3024件（28%）であり、認容数は、前者が7072件（72%）、後者が2802件（28%）である（データは、Références Statistiques Justice, Année 2016より。詳細な統計については、④参照）。

第1章　養子法制　173

成年者と養子縁組するために頻繁に利用されてきていたが、今日では、配偶者の子と単純養子縁組をする場面で利用されることも増加しているという[81]。特に、子の年齢が、完全養子縁組が可能である年齢（原則として15歳未満）を超えている場合や、民法典で定められている配偶者の子と完全養子縁組をする要件（345条の1→370条の1の3、②第2節4(4)参照）を満たさない場合などである。

単純養子縁組においては、361条で、完全養子縁組の条文を準用するものについて列挙しており[82]、要件や手続はかなり重複しているため、本項では、単純養子縁組に特有の要件を中心に説明を行う。

## 第1節　養親の要件

養親となることができる者の要件は、完全養子縁組と同様である（343条〜344条・361条→343条、343条の1）。

また、国の被後見子や放任が宣言された子等を養子とする場合には、養親について、公的機関による認定が必要である点も、完全養子縁組と共通である（353条の1・361条→353条）。

## 第2節　養子の要件

### 1　養子の年齢

単純養子縁組においては、養子の年齢に制限はない（360条1項→345条の1）。つまり、完全養子縁組を行うことができない15歳以上の子も養子となることができる。また、成年者も養子となることができる。

### 2　養親家庭における受け入れ

完全養子縁組において要求されている判決の前に6か月間養親の家庭に受け入れられてきたこと（345条1項）は不要である。単純養子縁組に関しては撤回が可能であるからである[83]。

---

81)　Bonnet, *supra note* 1, n.208, p.136.

82)　361条において、単純養子縁組で特別養子縁組の規定を準用するとされている条文は、343条から344条、345条3項、346条から350条、353条、353条の1、353条の2、355条、357条7項である。

174 第2部 フランス法

### 3 養子の同意

単純養子縁組においても、養子は、13歳以上である場合は、自ら養子縁組に同意をしなくてはいけない（360条4項→349条1項）。養子の同意の手続や手続の過程での13歳未満の子も含めた事理弁識能力のある子の意見聴取についても、完全養子縁組と同様である。

なお、被後見人である成年者については、養子縁組についての個人的な性質から、後見人が代わりに同意をすることはできず（458条）、また被後見人自身も自らの養子縁組について同意をすることができない[84]。

### 4 養子となることができる者

子が未成年者である場合は、養子になることができる者の要件も完全養子縁組と同じである。実親の同意の必要性も同様である。ただし、成年者に関しては、親の同意は不要である。

### 第3節 養子縁組の手続

単純養子縁組においては、成年者も養子となることができる。手続に関しては、養子が未成年者か否かにより、区別されていない。

単純養子縁組には、完全養子縁組と異なり、託置は必要ない。

したがって、託置を経ずに、大審裁判所による裁判が行われる[85]。裁判手続は、完全養子縁組と同じであり、合法性と子の利益が判断されることになる（353条1項・361条→353条の1第1項）。養子が成年者であっても、養子の利益を判断するとされている[86]。

養子縁組を認める判決は、既判事項の確定力を生じる日から15日以内に、身

---

83) Bonnet, *supra note* 1, n.210, p.138. もっとも、2016年改正により、単純養子縁組の撤回は、従来よりも制限されることになった（第5節参照）。

84) Cass. 1re. civ., 8 oct. 2008, no07-16094, Dr. fami., 2008, no 173.

85) 成立手続の詳細については、金子・前掲注1) 216-219頁。

86) Cass. 1re.civ., 6 mars 2013, no12-17183 et 12-16401, Dr. fami., 2013, comm. no 67, note C. Neirinck. 例えば、祖母が孫（全部で7人いるうちの6人）と単純養子縁組を行おうとした際に、単なる相続上の目的のみであるとして、単純養子縁組を認めなかった破毀院判決がある（Cass. 1re civ., 16 oct. 2001, Bull. Civ., Ⅰ, no256; D.2002, p.1097.）。

分登録簿に記載又は転記される（362条→354条。民事訴訟法典1175条の1第1項2号も参照）。なお、完全養子縁組と異なり、元の出生証書は効力を失わない。

### 第4節　養子縁組の効果

### 1　財産以外の効果

#### (1)　親族関係

完全養子縁組と異なり、単純養子縁組においては、血縁による家族、つまり実方との親族関係は維持される（364条1項→360条1項）。また、近親婚の禁止（161条～164条）[87]も、養子と実方との間で適用される（364条2項→360条2項）。

また、養子と養親には血族関係の紐帯（lien de parenté）が生じ、養子の子にも及ぶ（366条1項→361条1項）。また、養子と養方の間で、婚姻が禁止される場合がある。具体的には、養親と養子及びその直系卑属、養子と養親の配偶者、養親と養子の配偶者、同一の者の養子同士、養子と養親の子の間（366条2項～4項→361条2項～4項）が禁止される。近親婚の禁止と比較すると、禁止の範囲が限定的である。例えば、養子と養親の孫、養子と養親の直系尊属、養子と養親の兄弟姉妹の間の婚姻は禁止されていない。

なお、養子縁組の成立後に、認知、身分占有、裁判などにより、実親子関係の確立があったとしても、養子縁組の効果は維持される（369条→367条）。

#### (2)　氏　　名

氏については、養子の氏に、養親の氏が追加されるのが原則である。養子が成年者である場合には、養子の同意が必要である（363条1項）。また、養親からの申立てがある場合には、大審裁判所は、養親の氏のみ有すること（氏の置換）、又は配偶者の子の養子縁組の場合には、元の氏を保持することを決定することもできる。そして、養子が13歳以上である場合は、氏の置換について、同意することが必要である（363条4項。370条の1の7の追加）[88]。

また、養親の申立てがある場合には、裁判所は養子の名を変更することもで

---

87)　前掲注69）参照。

88)　その他、氏に関しての詳細な規定については、栗林・前掲注1）16頁及び48頁以下。

176　第 2 部　フランス法

きる（357条 7 項・361条→363条 5 項）。

#### (3)　親　　権

　親権については、養親のみが有することになる。ただし、養親が養子の父又は母の配偶者である場合には、養親とその配偶者が共同して親権を有することになるが、原則として行使は養親でない配偶者が行う。共同の申述により、共同行使とすることもできる（365条 1 項→362条・370条の 1 の 8 ）。

　また、実方の父母は親権を失い、復活することはないので、養親が死亡した場合には、後見が開始することになる（365条 3 項→362条 3 項）。

### 2　財産関係の効果

#### (1)　扶養義務

　養子と養親は、相互に扶養義務を負う（367条→364条）。学説においては、養子の卑属と養親の間にも扶養義務が生じるとされている。ただし、養子及びその卑属と、養親の尊属の間では、扶養義務は発生しない[89]。また、養子の実親に対する扶養義務は、子が国の被後見子になった場合等に消滅する。もっとも、単純養子縁組が家族内で利用されることが多いことを考えると、養子の実親からの扶養義務は残ることが多いといえよう。実親は、養子が養親から扶養されない場合にのみ、扶養義務を負う（367条→364条）。

#### (2)　相　　続

　養子は、実方との関係は切断されず、実方との間の相続権は維持する（364条 1 項→360条 1 項）。養子及びその直系卑属は、養方との間で、実親子と同一の相続権を有する（368条 1 項→365条 1 項）。ただし、養子及びその直系卑属は養親の直系尊属に関しては、遺留分権利者とはならない（368条 2 項→365条 2 項）。

　また、養子が、直系卑属及び生存配偶者を残さないで死亡した場合に関しては、養子の財産の帰属についての特別の規則も置かれている（368条の 1 →366条 1 項）。第一に、民法典は、法定復帰（retour légal ）の制度を創設する。具

---

89)　Bonnet, *supra note* 1, n.216, p.140.

第1章　養子法制　177

体的には、養子が、養親あるいは実方の両親からの遺贈・贈与（libéralité）又は相続により受領した財産は、それぞれの家族（養親又はその直系尊属、あるいは実親又はその直系尊属）に返還される[90]。実方由来の財産が、養親の家族に移転しないようにする制度である（その逆も同様である）。第二に、その他の養子の財産は、実方と養方において折半される。それぞれの家族の中での分配は、相続法の一般原則に従う[91]。

### 第5節　離　　縁

　完全養子縁組と異なり、単純養子縁組は、撤回可能である（370条→368条）。本項の冒頭でも言及したように、単純養子縁組と完全養子縁組の大きな違いの一つである。

　ただし、単純養子縁組を撤回できる場合は、2016年改正により、養子の親子関係の安定性のために、従前より制限されることになった[92]。法案の提出の際には、単純養子縁組の利用を妨げている要因として、実方との関係維持に加えて、撤回可能性が挙げられていた。

　具体的には、養子の年齢に応じて、申立権者が異なる。重大な理由で正当化される場合は、養子が成年であれば、養子又は養親からの申立てに基づき、養子縁組は撤回されうる（370条1項→368条1項）。養子が未成年である場合は、検察官のみが申し立てることができる（同条2項→368条2項）。したがって、単純養子縁組の離縁を申し立てることができる者は、養親、養子、検察官のみであり、養子の血縁上の父母やその他の実方の家族の構成員は、撤回の申立てをできない。

　「重大な理由」は厳格に判断されている。単純養子縁組の離縁はあくまでも

---

90)　尊属の復帰権（738条の2）との適用関係について指摘するものとして、Juris-Clauser, *supra note* 3, n.65, p.12。

91)　Bonnet, *supra note* 1, n.217, p.141.

92)　改正前は、「重大な理由により正当化される場合」には、養親、養子、又は養子が未成年者であるときは検察官の申立てに基づき、撤回できた（旧370条1項）。ただし、養親による撤回は、子が15歳以上である場合に制限されていた（同条2項）。また、養子が未成年者である場合には、血縁上の父母、父母がいない場合はいとこを含む親等までの家族の構成員が、撤回を申し立てることができた（同条3項）。

178　第2部　フランス法

例外的な手段であることから、重大な理由も単なる不和等では認められるべきではないという[93]。具体的には、以下のような事案が紹介されている[94]。重大な理由があり離縁が認められた例としては、離婚後、養親が養子に対する面会交流権を行使しなかった場合、養子による暴力や非行等があった場合がある。それに対して、重大な理由があると認められなかった例としては、母と養父の離婚、養子から養親への郵便により立証される不和といった理由が挙げられる。

　養子縁組を撤回する判決は、その理由を示さなくてはならない（370条の1第1項→369条1項）。また、養子縁組を撤回する判決は、362条が定める条件（既判事項の確定力を生じる日から15日以内）に従って、出生証書又は養子縁組判決の転記の余白に記載される（370条の1第2項→369条2項及び民事訴訟法典1177条の1第1項）。

　養子縁組の撤回は、名の変更を除き、単純養子縁組のすべての効果を消滅させるが、将来に向かってのみ消滅させる（370条の2→369条の1）。撤回までの間に、養子が既に受領した利益（養方からの贈与・遺贈や相続など）を返還する必要はない[95]。なお、養子縁組の撤回の効力発生日は、判決の日ではなく、申立ての日である[96]。

　また、撤回の他に、単純養子縁組が終了するものとして、普通養子縁組の完全養子縁組への転換を挙げることができる（345条2項→345条2項2号、2第2節1参照）。

## 4 　統 計 等[97]

### 1 　統 　計[98]

　**図表1**において、1992年から2016年の完全養子縁組、単純養子縁組、国際養子縁組の成立件数の推移を示す。国際養子縁組は、完全養子縁組・単純養子縁

---

93)　Bonnet, *supra note* 1, n.219, p.142. Cass. 1re civ., 11 oct. 2017, no16-19057, Dr, fami., 2017, comm. no241, note Fulchiron.

94)　Juris-Clauser *supra note* 3, n.31 et s., pp.7 et s., Malaurie et Fulchiron, *supra note* 1, n.1428, p.673, note 189 et 190.

95)　Bonnet, *supra note* 1, n.220, p.142.

96)　Cass. 1re civ., 21 juin 1989, Bull. civ., Ⅰ, no 249; D. 1990.182.

### 図表1　養子縁組成立件数の推移

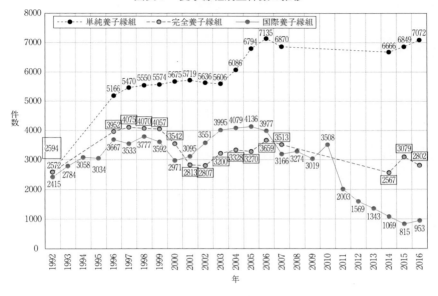

97)　フランスの養子縁組についての利用実態を紹介・分析するものとして、金子敬明「養子制度の利用実態」千葉大学法学論集25巻4号（2011）162頁、本山敦「フランス：国際養子の増加と国内養子の減少」民商法雑誌138巻4・5号（2008）496頁がある。それらの検討も参照されたい。

98)　図表1のデータについては、完全養子縁組、単純養子縁組の成立件数については、
　　Référence Statistiques Justice, Année 2014（http://www.justice.gouv.fr/art_pix/Stat_Annuaire_ministere-justice_interactif.pdf）, Référence Statistiques Justice, Année 2015（http://www.justice.gouv.fr/art_pix/Stat_Annuaire_ministere-justice_2015_chapitre1.pdf）, Référence Statistiques Justice, Année 2016（http://www.justice.gouv.fr/art_pix/Stat_Annuaire_ministere-justice_2016_chapitre1.pdf）及び、Zakia Belmokhtar, 'L'adoption simple et plénière en 2007: des projet différents'. Infostat Justice 106（http://www.justice.gouv.fr/art_pix/1_stat_infostat106_adoption_20091021.pdf）を、国際養子縁組の成立件数については、国際養子縁組についての詳細な情報が掲載されている以下のヨーロッパ・外務省のHPから、各年度の成立件数を抽出した。https://www.diplomatie.gouv.fr/fr/adopter-a-l-etranger/la-mission-de-l-adoption-internationale/les-statistiques-de-l-adoption-internationale/article/statistiques-annuelles
　　なお、2008年から2013年の単純養子縁組、完全養子縁組の成立件数については、データを見つけることができなかった。

180 第2部 フランス法

**図表2　2016年の養子縁組に関する訴えについての統計**

| | 新規受件数 | 既済件数 | 認容 | 却下 | 取下げ | その他 | 平均期間（月） |
|---|---|---|---|---|---|---|---|
| 養子縁組総数 | 11,154 | 10,967 | 10,195 | 254 | 124 | 394 | 4.9 |
| 遺棄の宣言の申立て | 299 | 343 | 283 | 26 | 14 | 20 | 7.3 |
| 単純養子縁組の申立て | 7,744 | 7,594 | 7,072 | 154 | 89 | 279 | 5 |
| 完全養子縁組の申立て | 3,024 | 2,952 | 2,802 | 49 | 19 | 82 | 4.3 |
| 養子縁組に関するその他の申立て | 87 | 78 | 38 | 25 | 2 | 13 | 11.1 |

※単純養子縁組は93%、完全養子縁組は95%の認容率である。

（出典：Référence Statistiques Justice, Année 2016）

組の双方を含む。また、**図表2**において、2016年の養子に関する訴えについての統計を示す。

## 2　評　　価

　単純養子縁組は2004年頃から増加傾向にあるが、完全養子縁組は、ピーク時の1990年代後半に比べると減少傾向にあるということもできるであろう。いずれにしても、フランスの人口が日本の半分程度であることを考えると、フランスにおける完全養子縁組、単純養子縁組の成立件数は多く、制度利用が進んでいると評価することもできよう。その背景には、児童社会援助機関などの行政機関の関与等の制度の整備が進んでいることがある。

　もっとも、養親になることを望み、県による認定を受けている夫婦は、20,000組を超えると言われ、完全養子縁組・単純養子縁組の成立件数と比較すると、養子縁組をすることを望んでいても、その望みがかなえられない者が多くいることがわかる。

　また、完全養子縁組のかなりの部分を国際養子縁組が占めているともいわれる。具体的には、2007年のデータ[99]で完全養子縁組における国際養子縁組の割

---

99)　以下、Belmokhtar, *supra note* 98による。

合が、71.2％である（他方、単純養子縁組における国際養子縁組の割合は、1.7％である。）。国内の子との完全養子縁組は、2007年で完全養子縁組の22.3％、件数にして882件である（それに対して、単純養子縁組は、2007年において実に約95％が家庭内での利用である。）。**図表 1** からは、完全養子縁組の成立件数の推移が、国際養子縁組の成立件数と一定程度、連動しているようにも見える。

　これらのデータからは、フランス国内の家庭のない子に、養子縁組で新たな家庭を与えようという目的は、必ずしも達成できていないと評価することができるのかもしれない。養子になりうる子のうち、遺棄（注：現行制度では放任に該当する）を宣言された子の数は**図表 2** からわかるようにそれほど多くないが、国の被後見子は2016年12月の段階で、2,626人いる[100]。また、親権が委譲された子など、保護が必要な子も多くいるという。

　養親希望者、養子になることが望ましいと思われる子は現在の養子縁組の成立件数よりも多いと考えられ、より養子縁組を増やしていくために、フランスが何等かの対応をしていくのかということは興味深い点である。

---

100)　詳細は、Synthése du Rapport sur la situation des pupilles de l'État au 31 Décembre 2016 （Juin 2018）（https://onpe.france-enfance-protegee.fr/wp-content/uploads/2023/12/synthese_enquete_pupilles_31dec2016_2018.pdf）参照。

182 第 2 部 フランス法

# 第 2 章　父子関係の推定[101]

## 1　親子関係の確立の概要

### 1　序

　フランス民法典の親子関係の規定は、1972年[102]及び2005年に大きく改正された。2005年 7 月 4 日のオルドナンス第759号（以下、「2005年法」という）により、婚内子・婚外子概念が撤廃され、両者の親子関係の確立を共通のものにしようとする改正が行われた[103]。2005年法の柱は、平等（égalité）・真実（vérité）・安定（stabilité）であるといわれる[104]。また、2009年には、2005年法を追認する法律が成立し、いくつかの重要な修正が付け加えられた[105]。

　本稿は、2009年の改正以降の現行制度を紹介することを目的とする[106]。現在、

---

101)　フランス法の条文訳は、基本的に田中通裕「注釈・フランス家族法(10)〜(12)」法と政治
　　　64巻 2 号（2014）101頁以下、 3 号（2014）401頁以下、 4 号（2014）279頁以下に依拠を
　　　する。その他、本稿で扱った問題については、西希代子「比較法的検討−フランス」家族
　　　＜社会と法＞28号（2014）67頁以下が非常に参考になる。フランス語文献は、Bonnet, Droit
　　　de la famille, 7eéd, Paradigme, 2018, Hilt et Granet-Lambrechts, Droit de la famille, 6eéd,
　　　PUG, 2018, Malaurie et Fulchiron, Droit de la famille, 6eéd, Dalloz, 2018を主に参照した。
　　　　なお、フランスの親子関係については多くの先行研究が存在するところである。ここ
　　　ではそれらの紹介を割愛するが、田中・前掲64巻 4 号297-298頁に詳細にまとめられて
　　　いる。
102)　1972年 1 月 3 日の法律第 3 号については、稲本洋之助「第 3 章　親子関係法」『フラ
　　　ンスの家族法』（東京大学出版会、1985）67頁以下。
103)　2005年法については、羽生香織「親子関係の改正に関する2005年 7 月 4 日のオルドナ
　　　ンス第759号」日仏法学24号（2007）119頁。
104)　Malaurie et Fulchiron, *supra note*101, n.924, p.437, n.941, p.443.
105)　2009年の改正については、齋藤哲志「親子関係制度改正に関する2005年 7 月 4 日のオ
　　　ルドナンス第759号を追認し親子関係に関する諸規定を改廃する2009年 1 月16日の法律
　　　第61号」日仏法学26号（2011）157頁。
106)　改正前の制度を端的に紹介するものとして、稲本・前掲注102）57頁以下、西・前掲
　　　注101）67-70頁など。

第 2 章　父子関係の推定　183

実親子関係については、第 1 編「人」第 7 章「親子関係」に規定されている（310条〜342条の 8 →342条の13[107）] [108) 109)]。構成は第 1 節「一般規定」（310条〜311条の24の 1 →311条の24の 2 ）、第 2 節「親子関係の確立」（311条の25〜317条）、第 3 節「親子関係に関する訴え」（318〜337条→341条の 1 ）、第 4 節「援助金を目的とする訴え[110)]」（342条〜342条の 8 ）となっている（【追記】2021年に第 5 節の新設。【後記】第 2 章[1] 1・2 参照）。

---

107)　以下、本章においては、フランス民法典（Code Civil）の条文は、法典名を記載せずに掲載する。

108)　フランスにおいては、「同性のカップルに婚姻を開放する2013年 5 月17日の法律」により、同性婚が認められた。この改正は同性カップルに婚姻を認めるだけでなく、婚姻に関するその他の扱いを、同性カップルと異性カップルで平等にしていくという方針であるが、実親子関係に関する規定は、同性カップルには適用されない（ 6 条の 1 「夫婦又は両親が異なる性であれ、同一の性であれ、婚姻及び養子縁組は、本法典第 1 編第 7 章（注：親子関係→第 1 編第 7 章第 1 節〜第 4 節）に定められるものを除いて、法律によって認められる同一の効果、権利及び義務をもたらす。」）。

109)　フランスにおいては、生殖補助医療を利用して生まれた子についての親子関係の確立に関しては、特別な規定は置かれていない。ドナーは匿名が原則であり、提供者と子の間には、親子関係は確立しない（311条の19第 1 項）。
　　ただし、生殖補助医療を利用するカップルは、事前に同意をする必要がある（311条の20）。同意は、秘密が保障された状況で、裁判官か公証人の前で、行わなくてはいけない。裁判官・公証人は、カップルに生まれてくる子との親子関係について説明する。カップルのそれぞれは、生殖補助医療を施術する医師のもとで医療行為による生殖が実現しない限り、書面により同意を撤回することができる。同意は、生殖補助医療による生殖の実現前に、夫婦の一方が死亡した場合、離婚あるいは別居の申請を提出した場合、あるいは共同生活の消滅の場合も、効力を失う（311条の20第 3 項）。
　　なお、同意が撤回されず、効力を失わない限り、生殖補助医療を利用するカップルは、子との間の親子関係の確立を争うことが禁止される。具体的には、①子が生殖補助医療によって生まれたのではないということ（母が夫以外の者と性的関係を持ったことで生まれた子であることを証明しなくてはいけない）、②同意が効力を失ったことのいずれかが主張される場合を除いて、親子関係の確立を目的とする訴え（[1] 2(4)参照）、あるいは確立した親子関係を争う訴え（本章[3]参照）は禁止される（311条の20第 2 項）。

110)　法律上の親子関係を確立する訴えではなく、法定懐胎期間内に母と関係を有し、子の父である可能性を有する者に、援助金の支払いを求める訴えである。

184　第2部　フランス法

## 2　親子関係の確立方法

現行法において、親子関係の確立方法は、母子関係、父子関係ともに以下の4種類である（310条の1。改正有）。①法律の効果による確立、②認知（316条）、③公知証書（acte de notoriété）[111] により確認される身分占有（possession d'etat）[112]（317条）、④裁判による親子関係の確立（325条以下）である。以下、簡単に説明をする。

### (1)　法律の効果による確立

母子関係については、子の出生証書における母の表示によって確立される（311条の25）。父子関係は、父性推定により確立する（312条、2参照）。父性推定は、母が婚姻している（又は婚姻していた）場合にのみ適用される。

### (2)　認　　知

(1)の方法により親子関係が確立されないときには、出生の前又は後に、認知によって、母子関係及び父子関係を確立する（316条1項）。出生証書や、身分吏によって受理される証書、公署証書（acte authentique）[113] によって行われる（同条3項）。認知は完全な自由意思であり、母や子（子が成年の場合も含む）の同意や協力は必要ではない[114]。

### (3)　公知証書により確認される身分占有

身分占有を認定することで親子関係を確立する方法である（身分占有については、2第3節1参照）。それぞれの親又は子は、身分占有を証明する公知証書

---

111)　判事や公証人などによって作成される周知の事実についての複数の証言を集めた文書（山口俊夫編『フランス法辞典』（東京大学出版会、2002）11頁）。

112)　定義をするのが難しい概念であるといわれるが、子がある者から生まれたと思わせる明確な社会的事実から子とその者の間の親子関係を推定する制度である（田中・前掲注101）64巻2号111頁）。フランスの身分占有については、羽生香織「実親子関係確定における真実主義の限界」一橋法学7巻3号（2008）1013頁以下が詳しい。

113)　公証人らにより作成され、裁判上の虚偽記載の立証がなされない限り、証拠力を失わない文書（山口・前掲注111）46頁）。

114)　Malaurie et Fulchiron, *supra note* 101, n.1192. p.566.

の交付を裁判官【追記：2019年3月23日の法律により、公証人に変更】に請求をする（317条1項）。公知証書によって認定される身分占有によって確立される親子関係は、子の出生証書の余白に記載される（同条4項）。なお、公知証書の交付は、主張される身分占有の終了又は親と主張される者の死亡から5年以内にしか請求できない（同条3項）。

### (4) 裁判による親子関係の確立

裁判により親子関係を確立する方法として、母子関係捜索の訴え（325条）、婚姻外の父子関係の捜索の訴え（327条）、父性推定の回復の訴え（329条、②第3節参照）、身分占有確認の訴え（330条）の4種類がある。

各制度の紹介に入る前に、親子関係の確立のための訴え、親子関係を争う訴えに共通しているいくつかの規定を説明する[115]。裁判の管轄は、大審裁判所（tribunal de grande instance）[116] のみが有する（318条の1）。【追記：2019年9月18日の法律により、司法裁判所（tribunal judiciaire、従前の大審裁判所と小審判裁判所（tribunal d'instance）を統合したもの）のみが、管轄を有する（318条の1）。】訴えは、原則としてその者が請求する身分を奪われた日（多くの場合は出生の日）、又はその者について争われている身分を享有し始めた日から10年で時効となる。また、子が未成年の間は、この期間は停止し、子は成人してから10年間訴えを提起できることになる（321条）。

### (a) 母子関係捜索の訴え

フランスにおいては、匿名出産が認められている（326条）。母子関係捜索の訴えは、子のみが提起することができ、子は、自分の母であると主張する者が子を出産したこと、その子と自らが同一人物であるということを主張しなくてはいけない（325条2項）。時効は、原則通り身分を奪われた日（出生の日）から10年である（321条）。

---

115) 詳細については、田中・前掲注101）64巻3号417-422頁。

116) フランスにおいて最も代表的な第一審の裁判所である。詳細は、滝沢正『フランス法〔第5版〕』（三省堂、2018）184-185頁。

186　第2部　フランス法

(b)　父子関係捜索の訴え

　婚姻外で生まれた子が提起する訴えである。訴えを提起することができるのは、子のみであるが（327条2項）、子が未成年の間は、子と親子関係が確立している者（母）のみが子の名において訴えを提起することができる（328条1項）[117]。被告は、父であると主張される者又はその相続人である（328条3項）。

　時効は、原則通り、身分を奪われた日（出生の日）から10年である（321条）。証明すべきことは、被告が父であることである。なお、この訴えについては、第三者異議の訴えは認められていない（324条1項）。

(c)　身分占有確認の訴え

　身分占有を公知証書により確認するのではなく（前記(3)参照）、訴えにより、身分占有を認定する方法である。公知証書を請求できる期間が経過した等の理由で、公知証書が公布されなかった場合に用いられる[118]。すべての利害関係人が訴えを提起することができる。時効は、身分占有の終了、又は親と主張される者の死亡から10年である（以上330条）。

### 3　親子関係を争う方法

　フランスの現行法においては、父性推定により確立した父子関係についての夫の否認の訴えという訴訟類型はなく、親子関係を争う方法は、より一般的な訴えによることになる。具体的には、①母子関係を争う訴え（332条1項）[119]、②父子関係を争う訴え（332条2項）、③身分占有により確立された親子関係を争う訴え（335条）の3種類である。②、③の訴えについては、③で紹介する。

## ②　父子関係の推定制度

　①で簡単に紹介したように、フランス法において、父子関係が確立する方法

---

117)　子に親子関係が確立されている親がいない、法律上の親が死亡している、あるいは意思表示ができない場合は、家族会によって認可された後見人によって提起される（328条2項）。

118)　田中・前掲注101）64巻4号286頁。

119)　具体的には、母がその子を出産しなかったことを証明して争われる。

は、全部で4種類である。その中で、父子関係の推定制度は、婚姻と親子関係の確立を結びつける規定であるとされる。以下では、父性推定の原則を検討したうえで（第1節）、父性推定が排除される場合（第2節）を紹介し、最後に、父性推定が回復され夫が父となる場合（第3節）を紹介する。

## 第1節　父性推定の原則

　312条は、「婚姻中に懐胎され、又は出生した子は夫を父とする。」と規定する。これは *"pater is est quem nuptiae demonstrant"*（父は婚姻が指示する者なり）という考え方に基づくものであり、推定規定である。これは、夫婦の婚姻による義務（貞操義務、同居義務）及び妻の夫は子の生物学上の父である可能性が高いという経験則に基づくものである[120]。なお、婚姻前に懐胎し、婚姻解消後に出生した子にも、本条が適用されるという[121]。また、婚姻が無効とされた場合にも、父性推定は及ぶ。無効とされた婚姻は、子に対してはその効果を生じるとされているからである（202条1項）。

　懐胎時期については、推定規定が存在し、「法律は、子が出生の日の前300日目から180日目に及ぶ、その日を含めての期間中に懐胎されたものと推定する。」（311条1項）とされる。この期間は、法定懐胎期間と呼ばれる。また、311条2項は「懐胎は、子の利益のために請求されるところに従い、この期間のいかなる時にでも生じたものと推定される。」と規定する。たとえ生物学的な真実に反していても、子の利益のために、懐胎日を、311条1項が定める法定懐胎期間の121日の中で自由に設定することができることになる。また、311条1項、2項の推定を覆すために、反対の証明をすることもできる（同条3項）。

## 第2節　父性推定の排除

　312条に規定された父性推定の原則は、以下の2つの場合に排除される（313条）。

---

120)　Bonnet, *supra note* 101, n.49, p.46.

121)　Malaurie et Fulchiron, *supra note* 101, n.1147, p.546. Dewalle 事件（Cass. Civ., 2 juillet 1936, DP1936.1.118）が例として挙げられている。

188 第2部 フランス法

## 1 出生証書が父の資格で夫を表示しない場合

父性推定は、子の出生証書が父の資格で夫を表示しないときには排除される（313条第1文）。具体的には、出生届の子の氏の部分に、妻の氏しか記載していない場合が該当する。このようなことが行われるのは、多くの場合、夫婦が事実上の別居をしている間に、子が懐胎され、父が夫ではない男性と思われる場合である[122]。

かつては、夫が子の出生証書に父として記載されていないということに加えて、夫が子に関して身分占有を有しないことが要件とされていたが、夫が子の出生証書に父として記載されていないというだけで、父性推定を排除するには十分であるとして、2009年の改正により現在の形になった。

もっとも、この方法が認められることによって、母の意思により、簡単に父性推定を排除することができ、母による濫用のおそれがある[123]。そのため、母が父性推定を及ぼすか否かを選択できるこのような「権利」との均衡を取るために、夫が子を認知することが認められている（315条）[124]。

## 2 離婚や別居の手続中である場合

離婚又は別居の請求が行われている場合に、①離婚の効果を定める約定の認可された日（232条）、認可が拒否された場合に仮の措置が認可された日（250条の2）、あるいは和解不調（non-conciliation）の命令の日から300日より後に、子が出生したとき、②請求の終局的な棄却又は和睦の180日より前に出生したとき、父性推定は排除される（313条第2文）。【追記：2019年9月18日の法律により、①については、「離婚及び別居の開始の請求又は離婚の結果のすべてについて定める合意が公証人に提出されてから300日より後に、子が出生したとき」と改正されている。】

父性推定の根拠は、夫婦の共同生活や貞操義務、経験則等に基づくものであるが、離婚や別居の手続が行われている場合には、妻の子が夫の子である可能

---

122) Malaurie et Fulchiron, *supra note* 101, n.1150. p.547.

123) Malaurie et Fulchiron, *supra note* 101, n.1150, p.547.

124) Malaurie et Fulchiron, *supra note* 101, n.1160, p.552. この点を、「武器対等化の方策」と評する論者もいる（齋藤・前掲注105）159頁）。

性は低いということから、父性推定が排除される。事実上の別居の場合に適用されるのが、上記1の方法であるのに対して、この方法は、法律上の別離（別居・離婚）に対して用いられる。

## 第3節　父性推定の回復

313条により排除された父性推定は、以下の2つの方法により回復することができる。ただし、夫は、妻の子と第三者の間に父子関係が確立していないのであれば、子を認知することが認められており（315条）、認知を利用する方が、手続としては容易である（認知については、①2(2)参照）。そのため、特に、判決による父性推定の回復（2）は、その役割を失い、子の利益のためにある制度であるとも指摘されている[125]。

## 1　身分占有による回復

314条は「父性推定は、民法典313条の適用により排除されるときでも、子が夫に関して身分占有を有し、かつ子が第三者に関して既に確立された父子関係を有しない場合は、当然に回復する。」と規定する。つまり、第2節で紹介したいずれの場合（1、2）も、父性推定の回復の対象となる。身分占有による回復の方法が利用される場面としては、父性推定が排除されるような事情があった後に、夫婦の関係が改善するような場合が想定されている。

父性推定が回復するためには、以下の2つの要件が必要となる。

### (1)　子が夫に関して身分占有を有すること

「身分占有は、ある者とその者が属するとされる家族との間の親子関係及び血族関係を示す事実の十分な集合によって確立される」（311条の1第1項）。より具体的には、「処遇・世評・氏」により構成されるという[126]。また、「継続し、平穏、公然かつ明瞭」である必要がある（311条の2）[127]。

---

125)　Hilt et Granet-Lambrechts, *supra note*101, n.275, p.132, n.308, p.140.

190 第2部 フランス法

### (2) 子が第三者に関して既に確立された父子関係を有しないこと

この要件は、父子関係の重複を予防するためのものである。したがって、第三者が既に子を認知していたような場合は、親子関係を争う訴え（③参照）において、既に確立した父子関係を否定した後でないと、父性推定は回復しない。

これらの要件を満たす場合、父子関係は裁判によらず回復される。この場合、夫、妻又は子は、身分占有を確認する公知証書の交付を求めることができる（317条1項、①2(3)参照）。その後、子の出生証書の余白に、その旨が記載される。ただし、公知証書の交付は、主張される身分占有の終了又は親と主張される者の死亡から5年以内に制限されている（317条3項）。

### 2 判決による回復

父性推定を回復するもう一つの方法として、父性推定の回復を求める訴え（329条）がある（315条）。ただし、既に第三者が父となっている場合は、まず既に確立した父子関係を争う訴えを提起し（③参照）、その父子関係を否定したうえで、父性推定の回復を求める訴えを提起しなくてはいけない。

この訴えは、夫、妻、子が提起をすることができる。ただし、夫婦が訴えを提起することができるのは、子が未成年の間のみであり、子が成年に達すると、子のみが訴えを提起することができる。子に関しては、子が未成年の間は、子の代理人として、親子関係が確立している親（母である妻）のみが、訴えを提

---

126) 条文は以下のようなものである。

「311条の1第2項　これらの事実〔筆者注：311条の1第1項で言及される事実〕の主要なものは、以下の通りである。

一　その者がそれから生じたとされる者によって、それらの者の子として取り扱われ、かつその者自身がそれらの者をその親として取り扱ったこと。

二　それらの者が、親の資格で、その育成、養育及び自立に資したこと。

三　その者が、社会においてかつ家族によって、それらの者の子として認められていること。

四　その者が公権力によってそのような者とみなされていること。

五　その者がそれらから生じたとされる者の氏を称していること。」

127) 身分占有の継続性と、父性推定の排除の関係について、詳細に検討するものとして、齋藤・前掲注105）163頁注3）。

起することができる。

　被告は、もし夫婦の一方により訴えが提起される場合には、夫婦の他方である。成人した子が訴えを提起する場合は、夫婦の双方である[128]。

　立証すべきことは、母の夫と子の間の生物学的な父子関係であり、証明の方法には制限がない。

　時効は、原則通り、その者が請求する身分を奪われた日（多くの場合、子の出生日）から10年である（321条）。子は、成年に達してから10年間、訴えを提起することができる（329条）。なお、この訴えに対しては第三者異議の訴えは認められない（324条1項）。

## 第4節　父子関係の重複の可能性[129]

### 1　父性推定の重複の可能性

　婚姻している夫については、「婚姻中に懐胎され、又は出生した子」の父と推定され（312条）、懐胎時期については、「子が出生の日の前300日目から180日目に及ぶ、その日を含めての期間中に懐胎されたものと推定」される（311条1項）。これらの規定に従った場合、前婚の婚姻中に懐胎をし、再婚後に子が出生した場合、前婚の夫と後婚の夫の双方が父と推定されることになる。再婚禁止期間が廃止された現在[130]、父性推定の重複のリスクは一定程度存在する。

　まず、重複を回避するために用いられる条文は、311条2項である（②第1節）。この条文に基づいて、懐胎の日を、前婚の解消後に定めることができれば、推定の重複を排除することができる[131]。もっとも、完全に父性推定の重複を排

---

128)　Hilt et Granet-Lambrechts, *supra note*101, p.157.

129)　本節については、特に Bonnet, *supra note*101, n.22 et s., pp.35 et s., Juris-Clauser Civil Code. Art.310-3 à 311-2: Fasc. 12（2014）par Granet-Lambrechts, n.30, p.8, Juris-Clauser Civil Code. Art.318 à 324: Fasc. 28（2015）par Granet-Lambrechts, n.16 et s., pp.10 et s. なお、この問題について、より詳細に検討するものとして、Dionisi-Peyrusse, La sécurisation de la filiation paternelle par l'ordonnance n⁰ 2005-759 du 4 juillet 2005, Dalloz 2006, p.612.

130)　フランスでは、2004年5月26日の法律により、再婚禁止期間について定めた228条が削除された。改正前は、妻は、原則として、前婚の解消から300日後でなければ再婚できなかった。

131)　羽生・前掲注112）1076頁。

除できるわけではなく、法定懐胎期間の121日間においては、前婚の夫と、現在の夫の間の父性推定の重複の問題は残るのである。この問題に対応をするために、日本法の父を定めることを目的とする訴え（民法773条）のような規定は存在しない（→令和4年改正により、日本法では、後婚の夫と推定されることとなった（民法772条3項））。

## 2　父子関係の重複の可能性

　フランスでは、父性推定の重複の問題は、むしろ父子関係の重複の問題の中に包含されて論じられる。

　例えば、父性推定の重複の有無にかかわらず、前の夫など他の男性が子を認知し、現在の夫との間の父子関係の衝突が生じるなどの紛争が生じる可能性は十分にある。その場合に適用されることになると考えられる条文は、320条と336条の1である。

　第一が、親子関係の衝突を回避するための規定であるとも説明される320条である。320条は、「適法に確立される親子関係は、裁判でそれが争われない限り、相容れない他の親子関係の確立を妨げる」と規定する。これは、時系列の原則（principe chronologique）と呼ばれ、先に確立された親子関係が優先され、それが裁判で争われない限り、維持されることになる。

　先後の判断の基準になるのは、親子関係が確立された日付となる。つまり、出生証書、認知証書、あるいは身分占有が確認される公知証書の日付の先後で決まる。例えば、前婚の夫と現在の夫の父性推定が重複する可能性がある場合、多くの場合は、妻は現在の夫を父とすることを望むと考えられる。そうすると、具体的には、妻の夫による父性推定に基づく現在の夫の氏を記載した出生証書と、前婚の夫による認知証書の日付の先後が問題になろう。前婚の夫は認知により子と父子関係を確立させること考えられるが、既に出生証書が存在する場合、親子関係を争う訴え（③参照）を提起し、現在の夫との父子関係が否定された後でないと、新たな父子関係を確立させることはできないということになる。

　もっとも、論理的には、同じ日に2つの父子関係が確立される可能性はある。これを避ける確実な方法は明らかではないが、子の出生前に認知することが一つの方法として挙げられる（316条、認知については、①2(2)参照）[132]。もっとも、

子を出生前に認知することは、妻の夫以外の男性も行うことができる。なぜならば、子の出生の前の段階では、妻が出生届に夫の名を記載するかわからず、推定を排除する可能性もあるからである。仮に夫以外の者の認知が出生前に行われた場合、父性推定による父子関係の確立は排除され、夫は認知者である父の父子関係を訴えにより否定した上で、判決により父性推定を回復し、父子関係を確立しなくてはいけない（②第3節2参照）[133]。

　第二に、2009年法により新設された336条の1も、この問題の解決に一定程度役に立つものと考えられている。同条は、出生前の父の認知証書における父の情報と、出生届の届出人が伝える父の情報が異なる場合に、身分吏は、出生届の情報を考慮して出生証書を作成する旨を規定する。そのうえで、身分吏は、遅滞なくその旨を共和国検事に通知し、共和国検事は、336条に基づき父子関係の争いを提起する[134]。336条は、証書から導き出される徴憑（indices）が、親子関係を不確実なものと思わせる場合又は強行規定の回避（fraude à la loi）の場合、検察官によって親子関係が争われることを認めている。

　なお、親子関係の重複が生じた場合の解決について定めた311条の12[135]が2005年法において削除されていることから、立法者はこのような父子関係の重複のリスクがなくなったと考えていたのではないかとも指摘されている[136]。

---

132）　この方法は、2006年6月30日の司法省通達（CIV 2006-13 C1/30-06-2006, BO du Ministère de la Justice, no103）Ⅱ.2.1.1.a においては否定されている。父子関係は、法律の効果により自動的に確立するというのがその理由である。

133）　Dionisi-Peyrusse, *supra note* 129, pp.613-614、齋藤・前掲注105）158頁。

134）　ただし、336条の1は、夫の名を記載した出生届が提出された場合には機能しうるが、母が父の資格で夫を表示しない形での出生の届出をした場合には（313条、②第2節1参照）、問題が発覚せず、適用されない（齋藤・前掲注105）158頁以下）。

135）　旧311条の12「1項　裁判所は、それについて法律が、他の原則を定めていない親子関係の抵触〔筆者注：重複〕を、すべての証拠方法によって最も確実と思われる親子関係を決定して、解決する。

　　　2項　裁判所は、心証に十分な資料がない場合には、身分占有を考慮する。」（条文の訳は、法曹会『フランス民法典―家族・相続関係』（法曹会、1978）113頁による）

　　　これは、原則として親子関係の蓋然性を優先させ、補足的に子の身分占有を考慮する基準であると説明される（羽生・前掲注112）1051頁）。

136）　Bonnet, *supra note* 101, n.23, p.36.

194　第2部　フランス法

### ③　父子関係を争う訴え

　②で紹介した父性推定により確立した父子関係を始め①2で紹介した方法により確立した父子関係は、訴えによってのみ否定することができる。以下で紹介する3つの方法は、父子関係のみならず、母子関係の否定のためにも利用することができる。ただ、説明の便宜のため、以下では、争われる親子関係が父子関係である、という前提で説明をする。

　利用することができる訴えの方法は、父子関係がどのような形により確立しているかにより異なる。父性推定や認知により確立した父子関係を否定する方法（1、2）と公知証書によって確認された身分占有により確立された父子関係を否定する方法（3）がある。

　前二者の訴えで、立証すべき内容は、「夫又は認知を行った者が父でないこと」（332条1項）である。ただし、父が記載されている証書と身分占有（父子関係の社会的事実）が一致しているか否かにより、提訴権者と時効が異なる。これは、親子関係の安定性の要請から、社会的事実が生物学的事実に優越することが要求されるからであるという[137]。

　なお、子の出生証書に夫が父としての資格で表示されない場合に父性推定が排除されるという制度（313条、②第2節1参照）は、そのような形の出生証書を作成し提出するのが一般的には母である妻であることを考えると、妻に、訴え以外の方法で、夫と子の父子関係を否定する方法を認めていると整理することもできよう。

### 1　証書と身分占有が合致する場合

　この場合、親子関係の安定性が求められるため、提訴権者と時効が厳格化されている。

　まず、証書と一致した身分占有が、子の出生時、又は認知時から5年間継続している場合は、検察官を除いて、親子関係を争うことはできない（333条2項）。なお、この場合、時効は、原則通り、10年であるとされる（321条）[138]。

---

137)　羽生・前掲注103）122頁。

身分占有が 5 年未満である場合は、子、父、母、あるいは真実の親と主張する者が訴えを提起することができる。時効は、身分占有が終了した日から 5 年、又は争われる親子関係を有する親が死亡した日から 5 年である（以上、333条 1 項）。

主張・立証すべきことは、夫又は認知を行った者が父でないことである。証拠は自由であり、血液鑑定や DNA 鑑定を証拠として用いて、生物学的な証明を行うことも可能であるとされている。

### 2　証書と身分占有が合致しない場合

証書に合致する身分占有が存在しない場合、提訴権者は、 1 の場合よりも拡大され、すべての利害関係人が訴えを提起することができる。時効については、その者について争われている身分を享有し始めた日（子の出生あるいは認知の日）から10年という原則通りであり（334条、321条）、子は成年に達してから10年間行使することができる。

主張・立証すべきことは、 1 の場合と同じである。

### 3　公知証書によって確認された身分占有により確立された父子関係を争う場合

公知証書によって確認された身分占有により確立された父子関係（[1] 2(3)、[2]第 3 節 1 参照）を争う場合は、すべての利害関係人が、訴えを提起することができる。時効は、公知証書の交付から10年である（335条）。

主張・立証することは、身分占有の事実がないということ、親子関係の効力を奪う身分証書の法的瑕疵である。真実の親子関係がないということを生物学的な証拠により立証することも可能である。

## [4]　終わりに——父性推定への評価・改正の動き

父性推定の制度のみに対する批判ではないが、2004年に、300日とされていた女性の再婚禁止期間（旧228条）が廃止されたことから、女性がすぐに再婚

---

138)　Aillaud, Droit des personnes et de la famille, 9ᵉéd, Paradigme, 2018, n.526, p.293.

196　第2部　フランス法

した場合には、父性推定の重複が生じるのではないか、という問題は指摘されている[139]。もっとも、具体的な紛争事案については見つけることができなかった。

父性推定について改正の可能性に言及されることがある。もっとも、父性推定の制度内在的な問題によるものではなく、理論的な視点からの改正の提案である。第一は、平等の考えからの改正の提案である。2005年法により婚内子と婚外子の区別がなくなったにもかかわらず、父性推定が婚姻しているカップルにのみ適用されるということに着目し、親子関係の確立における差別をなくすべきだという考え方である。第二は、2013年に同性婚が容認されたことにより、父性推定が根拠とする婚姻のあり方が変化をしたことから、父性推定についても再検討が必要ではないかという考え方である。その際に提案される方法としては、父性推定を廃止して父子関係は認知により確立するとする方法、あるいは父性推定を維持したうえで、同棲カップル等の婚姻外で生まれた子にも父性推定の原則を適用する方法である[140]。なお、2014年に、政府の要請のもと、Irène Théry をトップとするワーキンググループが養子制度や出自を知る権利等も含めた親子法制についての改正提案も含む報告書を提出したが、その中には、父性推定に関しての具体的な改正提案はない[141]。

なお、親子関係に関しては、同性婚の容認以降、実親関係のみならず養親子

---

139)　Bonnet, *supra note* 101, n.22 et s., pp.35 et s., n.398, p.230.

140)　Bonnet, *supra note* 101, E.6, pp.45 et s. は、この2つの可能性を提示する。より詳細には、Bonnet, Réflexions sur la présomption de paternité du XXI$^e$ siècle dans ses rapports avec le mariage, Dalloz 2013, p.107.

141)　政府の要求に応じて、親子関係や出自について検討をしたワーキンググループの報告書が存在する（Théry et Leroyer, Filiation, origines, parentalité : Le droit face aux nouvelles valeurs de responsabilité générationnelle, Rapport du groupe de travail Filiation, origines, parentalité, 2014.）。報告書の中には、父性推定についての項目もある。父性推定により、妻の夫が子の生物学上の父であるかを探求する必要がなく、「家庭の平和」が保護されると説明される。父性推定の原則を削除する必要はないが、平等の観点から、同棲をしているカップルや PACS（パクス、民事連帯契約）のカップルにも拡張することは将来的には考えられるとも示唆されているが、具体的な改正提案はない（Théry et Leroyer, pp.81 et s.）。

第2章　父子関係の推定　197

**【参考】　2016年の実親子関係に関する訴えについての統計**

| | 新規<br>受件数 | 既済数 | 認容 | 却下 | 取下げ | その他 | 平均期間<br>（月） |
|---|---|---|---|---|---|---|---|
| ①親子関係の確立を求める訴え<br>（①−1、①−2、①−3合計） | 3,120 | 3,049 | 2,403 | 133 | 88 | 425 | 8.1 |
| ①−1　父子関係の捜索の訴え | 1,074 | 1,073 | 663 | 119 | 76 | 215 | 19.7 |
| ①−2　生殖補助医療への同意に<br>関する申立て | 1,915 | 1,856 | 1,666 | 1 | 3 | 186 | 0.8 |
| ①−3　その他の親子関係確立の<br>申立て | 131 | 120 | 74 | 13 | 9 | 24 | 16.9 |
| ②親子関係を争う訴え<br>（②−1、②−2、②−3合計） | 2,137 | 1,931 | 1,217 | 257 | 111 | 346 | 19.5 |
| ②−1　父子関係を争う訴え | 1,937 | 1,714 | 1,031 | 243 | 106 | 334 | 20.2 |
| ②−2　母子関係を争う訴え | 38 | 29 | 24 | 1 | 1 | 3 | 20.4 |
| ②−3　親子関係を争うその他の<br>訴え | 162 | 188 | 162 | 13 | 4 | 9 | 13.2 |
| ③その他の親子関係の申立て | 203 | 132 | 75 | 38 | 2 | 17 | 10.9 |
| 実親子関係合計（①、②、③合計） | 5,460 | 5,112 | 3,695 | 428 | 201 | 788 | 12.5 |

（出典：Référence Statistiques Justice, Année 2016）

関係についても再検討の必要性が指摘されているところでもある[142]。

　本稿との関係では、以下の点を指摘することができよう。父性推定の判決による回復が含まれると考えられる、①−3その他の親子関係確立の申立ての件数は、年間131件と少数である。既に確立した父子関係を争う訴え（②−1）が、年間約1,900件であり、親子関係を争う訴えの約90%を占めている。また、生殖補助医療を実施することへの同意に関する申立て（①−2）以外は、平均して、審理に1年以上かかっている。

---

142)　Bonnet, *supra note*101, p.25 et ss., Malaurie et Fulchiron, *supra note* 101, n.966 et s., pp.544 et s.. 前掲注141）の報告書も、そのような視点からの改正提案を行っている。

198　第2部　フランス法

## 【後記】

　本稿は、本稿のもととなった報告書の原文（2018年12月執筆）を、基本的にはそのまま収録したものである。その後の判例・学説の動向は一切反映させていない。もっとも、 本稿提出後、フランスにおいては、養子法制及び生殖補助医療により生まれた子の親子関係について民法典の改正があったことから、【前注】に記載した方針により追記をした部分もある。

　以下では、上記改正に関して、本文の目次に添って、改正点について、簡単に言及する。

## 第1章　養子法制

　養子法制は、2022年2月21日の法律及び2022年10月5日のオルドナンスにより改正が行われている[143]。改正の内容は、①子の利益のために行う養子縁組の容易化と安定化、②国の被後見子の地位の強化及び家族会の機能の改善、③子の地位に関するその他の規定の改良に分けられる。

　改正の大きな特徴の一つは、従前は、複数の者が共同して子を養子とすることができるのは、養親が夫婦である場合に限定されていたのに対して、パクス・内縁（concubinage）カップルのパートナー同士の2人を養親とする養子縁組も認められるようになった点である。養子縁組において、パクス・内縁カップルが婚姻カップルと同様に扱われるようになったといえよう。

　また、養子縁組の容易化のために、養親の要件も緩和されている（⇒②第1節参照）。

## ①　養子制度概要

### 1　2つの制度の存在

　改正により、民法典の構成は、完全養子縁組について定めた後に、単純養子

---

143)　これらについて、足立公志朗「養子法の改正——養子の改革を目的とする2022年2月21日の法律第219号」日仏法学32号（2023）176頁、同「養子法の改正——養子の改革を目的とする2022年2月21日の法律第219号第18条の適用に関する2022年10月5日のオルドナンス第1292号」日仏法学32号（2023）179頁。本稿は、これらの論稿によるところが大きい。

縁組について定めるというものから、次のようなものに変更になった。

第1節「養子縁組の要件」(343条〜350条)、第2節「養子縁組の手続及び判決」(351条〜354条)、第3節「養子縁組の効果」(355条〜369条の1)、第4節「カップルの他のメンバーの子の養子縁組」(370条〜370条の1の8)、第5節「国際養子縁組、法律の抵触及び外国で言い渡された養子縁組のフランスでの効果」(370条の2〜370条の5)。

## 2　養子縁組に関連する組織

2019年9月18日の法律による裁判所の改正により、養子縁組の裁判を行うのは、司法裁判所(tribunal judiciaire)となった。司法裁判所とは、従前の大審裁判所と小審裁判所を統合したものである。

## ② 完全養子縁組
### 第1節　養親の要件

改正前は、完全養子縁組は、夫婦による共同縁組か、単身の縁組であった。これに対して、改正後は、婚姻している夫婦のみならず、パクスのカップル・内縁カップルも、カップルで共同縁組を行うことが可能になった。また、養子縁組の容易化のために養親になる要件も緩和されている。

さらに、直系尊属卑属間及び兄弟姉妹間の養子縁組は原則として禁止された(346条1項)。ただし、裁判所が養子の利益に関する重大な理由があると認めるときは、養子縁組を認めることができる(346条2項)。

## 2　養親の類型ごとに要求される要件——年齢等
### (1)　夫婦・カップルで完全養子縁組をする場合

共同生活の期間・養親となることができる年齢の要件が、緩和されている。具体的には、夫婦・カップルの双方が完全養子縁組を行う場合には、少なくとも1年以上の共同生活の証拠をもたらすことができる状態にあるか、又は、双方が26歳以上であることが必要である(343条2項)。婚姻している夫婦の場合は、改正前同様、別居していないことが必要である(343条1項)。

200　第2部　フランス法

### (2)　単独で完全養子縁組をする場合

　夫婦の双方、パクスのカップルあるいは内縁カップルのパートナーの双方が、養子縁組をするのでなければ、複数の者による完全養子縁組は認められない（345条の2第1項）。したがって、夫婦・パートナーの双方で完全養子縁組を行わない場合は、単独で完全養子縁組をすることになる。

　単独で完全養子縁組をする場合、養親は26歳以上であることが必要となる（343条の1第1項）。また、養親が、別居をせず婚姻している場合又はパクスを締結している場合は、意思表示ができないときを除き、配偶者又はパートナーの同意が必要となる（343条の1第2項）。

### (3)　配偶者・パートナーの子と完全養子縁組する場合

　配偶者・パートナーの子と完全養子縁組する場合の要件の緩和の内容は、改正前と同様である。

### (4)　養親となる者が死亡した場合

　完全養子縁組が、婚姻夫婦のみならず、パクス及び内縁のカップルにも認められるようになったことに伴う改正がある。具体的には、生存配偶者、パクス及び内縁カップルの生存パートナー又は相続人の一人の名において、完全養子縁組を行うことができる（353条の1第4項）。

## 第2節　養子の要件

　養子の要件については、養子の年齢（1）、養子の同意（3）及び養子となることができる子（4）について改正がある。

## 1　養子の年齢

　15歳以上であっても、完全養子縁組が認められる例外は、4つの場合になる。本文に記載がある、①15歳より前から養子縁組をするための法定要件を満たしていなかった者によって受け入れられていた場合（345条2項1号）、②既に15歳より前に単純養子縁組が行われており、完全養子縁組を行う要件を満たす場合（345条2項2号）に加え、③344条2号・3号に該当する場合（＝国の被後見子で、家族会が養子縁組に同意している場合、裁判上放任が宣言された子である場合）（345条2項3号）、④370条の1の3に該当する場合（＝配偶者・パクス及び

内縁カップルのパートナーの子であり、一定の要件を満たす場合）（345条2項4号）
にも認められる。

　これらの場合には、子が未成年である間、あるいは成年に達してから3年以
内に、申立てをすることができる（345条2項）。つまり、養子の年齢が15歳か
ら21歳の間でも、完全養子縁組が認められる場合がある。


## 3　養子の同意

　養子が同意できない場合についての規定が新設された。養子が13歳以上の未
成年者又は被保護成年者であり、自ら同意することができない場合、養子の利
益にかなうときは、特別管財人（administrateur ad hoc）又はその者に関する代
理権を有し法的に保護する責務を有する者の意見を得たうえで、養子縁組を宣
告することができる（350条）。


## 4　養子となることができる子

　民法典では、以下の4つのカテゴリーに分類をしている（344条）。具体的に
は、①父母又は家族会が養子縁組に有効に同意をした未成年者（同条1号）、
②家族会が養子縁組に同意をした国の被後見子（同条2号）、③381条の1及び
381条の2に定められる要件において放任されたと宣言された子（同条3号）、
④民法345条で規定される成年者（同条4号→上記1参照）である。

### (1)　家族の同意により養子縁組ができる子

　養子縁組の同意については、一つの章が設けられ（第4節養子縁組の同意（348
条〜350条））、従前の規定をもとに改正が行われている。詳細は、民法典の条
文等を確認していただきたいが、いくつかの点について指摘する。

　まず、養子縁組の同意は自由になされなければならないこと、子どもの出生
後、いかなる対価を得ることなくなされなければならないことが規定される。
また、養子縁組の結果について、特に完全養子縁組の場合には、既存の親子関
係が完全にまた撤回できず断絶することについて知らされる必要があるとされ
る（以上、348条の3第1項）。

　また、児童社会援助機関に子が引き渡される場合、従前は、父母は養子縁組
についての同意もしなくてはいけないとされていたが（CASF旧L.224条の5第

3項）、父母は子が国の被後見子になることに同意を表明することが必要とな
る（CASF L.224条の5第3項）。子を、養子縁組の可能性を伴う国の被後見子と
することへの同意は、調書に記載される（CASF L.224条の5第5項）。なお、同
意に際しては、国の被後見子となることの結果について、説明されなければな
らない（CASF L.224条の5第4項）。

(2)　国の被後見子

　(1)でも言及したように、父母が子を国の被後見子とすることに同意を表明す
る必要はあるが、養子縁組についての同意は必要ではない。国の被後見子は、
被後見子の家族会の同意があれば養子となることができる（344条2号）。

　改正前同様、未成年者の養子縁組に関する権利は委譲されず（377条の3）、
父母は依然として、養子縁組に同意する権限を有しているが、国の被後見子は、
家族会の同意があれば養子となることができるということになる。

(3)　判決により放任が宣言された子

　この点については、実質的な変更はないものと考えられる。

(4)　配偶者等の子の完全養子縁組

　配偶者やパートナーの子と完全養子縁組をできる場合については、その実質
の変更はなく、配偶者の子のみならず、パクス及び内縁カップルのパートナー
の子と完全養子縁組ができるとされている（370条の1の3各号）。

## 第3節　養子縁組の手続

　養子縁組の手続に関しては、託置後から養子縁組宣告までの間、養子の親権
行使に関する日常的な行為に関して、将来の養親が行使をすることが新たに定
められた（352条の1）。

## 第4節　養子縁組の効果

　養子縁組の効果については、大きな改正はなく、婚姻カップルのみならず、
パクス及び内縁カップルが共同縁組できることになったことによる条文の文言
の修正がなされた。

　その他の改正点として、例えば、次のようなものがある。

　養子は血縁関係により確立される親子関係と完全に同一の権利義務を取得す

ることを定めていた、民法典358条が削除された。しかし、効果の実質に変更はない。

　また、養親の申立てに基づいて養子の名を変更することもできるという規定に、養子が13歳以上の場合については、その同意が要求されるという点が追加された（357条7項）。

## 第5節　離縁
　離縁については大きな改正はない。

## ③　単純養子縁組
　改正前は、完全養子縁組についてその要件及び効果を定める規定が置かれた後、民法典361条で、単純養子縁組について完全養子縁組の条文を準用するものが列挙されていたが、改正により、民法典の構成が変更され、両者について相違がある場合に個別に条文が置かれるという条文構造になっている。

　単純養子縁組については、大きな変更点はないが、以下、変更点について簡単に言及する。

## 第4節　養子縁組の効果
### 1　財産以外の効果
#### (1)　親族関係
　婚姻について、養子と養親の配偶者間、養親と養子の配偶者間のみならず、養子と養親のパクスのパートナー、養親と養子のパクスのパートナー間についても禁止される（361条2項2号）。
#### (2)　氏名
　養子の氏に、養親の氏が追加されるのが原則であることは、従前と同様である。養子の同意が必要な場合が、子が成年者である場合から13歳以上の場合に変更された（363条1項）。

　また、養親の申立てがある場合には、裁判所は、養子の名を変更することもできる（363条5項）。この場合も、養子が13歳以上の場合は、その同意が必要となる。

204 第2部 フランス法

## 第2章 父子関係の推定
### 1 親子関係の確立の概要
#### 1 序

2021年8月2日の法律により、生命倫理に関する改正がなされ[144]、女性カップル及び単身女性による第三者提供精子を用いた生殖補助が認められることとなった。同法により民法典第1編第7章「親子関係」に、第5節「第三者のドナーを伴う生殖補助医療」（342条の9～342条の13）が新設された。

その結果、注109の内容は次のように一部変更された[145]。

まず、提供者と子の間には、親子関係は確立しない（342条の9）。

ただし、第三者ドナーの関与を必要とする生殖補助医療を利用するカップルは、事前に、公証人の前で、同意をする必要がある。公証人は、親子関係に関する行為の結果と、子が成年に達したときに、本人が希望する場合に、第三者ドナーの非特定情報及び身元情報にアクセスできる条件を通知する（以上、342条の10第1項）。カップルのそれぞれは、生殖補助医療を施術する医師のもとで医療行為による生殖が実現しない限り、書面により同意を撤回することができる。また、同意は、生殖補助医療による生殖の実現前に、夫婦の一方が死亡した場合、離婚あるいは別居の申請を提出した場合、あるいは共同生活の消滅の場合も、効力を失う（342条の10第3項）。

なお、同意が撤回されず、効力を失わない限り、生殖補助医療を利用するカップルは、子との間の親子関係の確立を争うことが禁止される。具体的には、①

---

144) 同法については、齋藤哲志「生殖補助・親子関係—生命倫理に関する2021年8月2日の法律第1017号」日仏法学32号（2023）171頁、奈良詩織「フランスの生命倫理に関する法律の改正」外国の立法291号（2022）51頁、樋口惟月「生命倫理法改正—生命倫理に関する2021年8月2日の法律第1017号」日仏法学32号（2023）123頁、前澤貴子「フランスの『出自を知る権利』の創設」調査と情報1247号（2023）1頁等。また、幡野弘樹「フランス」『諸外国の生殖補助医療により生まれた子の親子法制に関する研究業務』（商事法務研究会、2021）17頁以下、同「家族法—現代フランスにおける生殖補助医療と法—」岩村正彦ほか編『現代フランス法の論点』（東京大学出版会、2021）79頁以下、柳迫周平「実親子法における意思的要素の意義とその構造—法律上の親子関係の構造解明に向けた序論的考察」神戸法學雑誌71巻3号（2021）97頁以下も参照。

145) 条文の日本語訳は、奈良・前掲注144）80頁以下。

子が生殖補助医療によって生まれたのではないということ、②同意が効力を失ったことのいずれかが主張される場合を除いて、親子関係の証明又は係争を目的とするあらゆる行為が禁止される（342条の10第 2 項）。

## 2　親子関係の確立方法

　親子関係の確立方法は、母子関係、父子関係双方については、①法律の効果による確立、②認知（316条）、③公知証書により確認される身分占有（317条）、④裁判による親子関係の確立（325条以下）、母子関係については、①～④に加えて⑤第三者提供精子を用いた生殖補助医療における、カップルによる共同認知（第 5 節、342条の11参照）の 5 種類である（310条の 1 ）。2021年 8 月 2 日の法律により⑤の方法が追記された。

　⑤の概要は次のようなものである。女性カップルは、生殖補助医療への同意（342条の10参照）が受理されるときに、子を共同して認知する（342条の11第 1 項）。子を出生した女性と子の母子関係については、出生証書に母として記載されることで成立し、他方の女性と子の母子関係については、共同認知により成立する（342条の 1 第 2 項）[146]。

---

146)　詳細は、齋藤・前掲注144) 171頁以下。

# 第3部　イングランド法

金子　敬明

---

## 第1章　イングランド法における養子制度[1]

---

### ①　養子制度全般

#### 1　概　　要

　イングランド法では、養子制度としては、未成年者[2]を対象とするものだけが用意されており、成年養子は一切存在しない。養子命令（adoption order）という裁判所の裁判によってのみ成立する。養子命令により、法的には子は別の家族へと完全に移植され（total legal transplant モデル）、子は養親から生まれた

---

1)　本稿の執筆者は、イングランド法の養子制度について何度か調査結果を公表したことがある（「養子制度の利用実態」千葉大学法学論集25巻4号（2011）155-180頁；「養子制度」大村敦志ほか編『比較家族法研究』（商事法務、2012）179-233頁；「Freeing order をめぐるイングランド養子法の経験」河上正二＝大澤彩編『人間の尊厳と法の役割（廣瀬久和先生古稀記念）』（信山社、2018）289-320頁）、本章にも、それらの記述の一部を、特に断りなく再掲した箇所がある。

　　なお、本章において、ACA2002は Adoption and Children Act 2002を、AAR2005は Adoption Agencies Regulations 2005（SI 2005/389）を、それぞれ示す。

2)　イングランド法では、1969年に、成年年齢が21歳から18歳に引き下げられた。もっとも、18歳未満であっても、一定の年齢（16歳という年齢であることが少なくない）に達すると、一定の行為や決定について成年者と同じ法的能力を有すると扱われることがある。Andrew Bainham/Stephen Gilmore, *Children: the Modern Law*（4th ed., 2013, Jordan), p.3, note 4.

208　第3部　イングランド法

かのように扱われる、断絶型の制度が採用されている。

　養子制度についての制定法は、Adoption and Children Act 1926を嚆矢とするが、この頃に想定されていたのは、未婚の母が子を出産し、子のない夫婦にもらい受けられるというタイプの、新生児養子であった。しかし、この第1のタイプは、避妊や中絶の普及と、嫡出でないことに対する社会的なスティグマの減退の結果、今日では件数的に衰えている。その後、離婚法改革とそれに伴う離婚率の増大を背景にして、配偶者の一方が、他方の前婚の子を養子に取るというタイプもみられるようになった。しかし、今日では、養子に取らなくても継親が子について親責任（parental responsibility）を取得することが可能となっていることもあり、この第2のタイプも衰えている[3]。

　今日、養子が用いられる場合の多くは、子どもに対する保護の一環として、育成児童[4]（looked-after children）に永続的な（permanent）養育環境を与える手段として、養子を用いるというタイプに属する。この第3のタイプの養子は、子どもに対する公的保護の手段には里親養育（foster care）をはじめとしてさまざまなものがある中で、実親との親子関係の切断を伴うという点で最もドラスティックな手段として、位置づけられる。


## 2　統　　計

　上記の第3のタイプについて、イングランドでの統計[5]をみてみると、育成児童の人数はここ20年ほど一貫して増加傾向にあるのに対し（2018年3月31日現在で75,420人）、育成児童から養子に取られた子の人数には、年度によって波がある。2000年に、Bliar政権のもとで、育成児童から養子に取られる人数を、

---

3)　以上について、拙稿・前掲注1）利用実態177頁も参照。

4)　地方当局（local authority）がその子について裁判所のケア命令（care order）を得て親責任を取得している子、および地方当局から24時間以上継続的に世話（accomodation）を受けている子をまとめて、このようにいう（Children Act 1989, s.22(1)）。

5)　Department for Education, *Children looked-after in England（including Adoption）, year ending 31 March 2018*（15 Nov 2018）, p.1.
　　https://assets.publishing.service.gov.uk/government/uploads/system/uploads/attachment_data/file/757922/Children_looked_after_in_England_2018_Text_revised.pdf

2004年度までに1999年度比で40％増やすという数値目標が掲げられた[6]ことも あってか、2004年度に一旦ピークを迎えたが（3,770人）、その後、ゆるやかに 減少しつづけ、2010年度には3,100人となった。その後、急激な増加傾向に入り、 2014年度には5,360人となったが、この後再び急減傾向になり、2017年度には 3,850人にまで落ち込んだ。この急減には、2013年9月に出された*Re B-S*とい う控訴院判決[7]が寄与しているように思われる。同判決には、本稿でも折に触 れて言及する。

　また、裁判所（ウェールズを含む）で養子命令が出された子の数の推移をみ ると、2014年の6,750人（2014年度でみると6,726人）がピークとなっていたとこ ろ、それ以降は同様に低落傾向にあり、2017年には5,438人（2017年度でみると 5,307人）について養子命令が出されている[8]。育成児童から養子に取られると いう事例が、現代イングランドでの養子の事例の大半を占めている[9]ことが、 この数値からも確認できる。

---

6)　Department of Health, *Adoption: a New Approach*（Dec 2000, Cm 5017）, para 4.16.

7)　*Re B-S*（*Children*）［2013］EWCA Civ 1146. なお、2013年6月には、最高裁判所で*Re B*（*A Child*）（*Care Proceedings: Threshold Criteria*）［2013］UKSC 33という判決が出さ れている。同最高裁判決は、養子命令に直接関係する事案ではないが、実親の同意なく 子を養子に出すことの許容性について説示しており、*Re B-S*判決は、同最高裁判決を随 所で引用しながら、当該事件の事案（養子命令に対する実親の反対につき裁判所が許可 を出すべきかどうか。本文⑤3①参照）に解決を与えるばかりでなく、地方当局の実務 において指針とされるべき点を一般的に述べてもいる。

8)　Ministry of Justice, *Family Court Statistics Quarterly, England and Wales, April to June 2018*（27 Sep 2018）, Table 21. https://www.gov.uk/government/statistics/family-court-statistics-quarterly-april-to- june-2018　なお、ここでの養子命令の件数には、渉外的要素のあるものも含まれている が（*ibid.*, Table 21, note 2）、その数は少ない（拙稿・前掲注1）利用実態176頁参照）。

9)　なお、2017年の養子命令の対象となった子の人数5,438人のうち、継親（step parent） を養親とする件数（本文でいう第2のタイプに対応）は476人（8.8％）となっている。 また、養子命令時の子の年齢の分布でみると、子が1歳未満であった人数（本文でいう 第1のタイプにおおむね対応する）が345人（6.3％）、1-4歳が3,166人（58.2％）、 5-9歳が1,257人（23.1％）、10-14歳が416人（7.7％）、15-17歳が198人（3.6％）、18歳ま たは不明が56人（0.1％）となっている。*ibid.*, Table 21.

210　第3部　イングランド法

## ② 養子機関（adoption agency）

　地方当局（local authority）は、これから養子となるかもしれない子やその親、養子を取りたい者たち、さらには、養子に取られた者たちやその親らの、養子制度に関するニーズに応えるため、諸サービス（ACA2002, s.3.　総称して adoption service と呼ばれる）を提供する義務を負う。

　ACA2002は、養子に関する一定の機能が、養子機関（adoption agency）によって担われるべきことを定めている。養子機関とは、上記のサービスの提供主体としての地方当局および、Care Standard Act 2000, Part 2 に基づいて登録された民間の養子団体をさす（ACA2002, s.2(1)）。養子機関は、子が養子とされるに相応しいか、養親候補者が養親として相応しいか、そしてマッチングが適切であるかを判断する役割を担う。

　育成児童が養子に取られるという、現代イングランドにおける養子の主たる利用法を想定した場合に、養子機関として登場するのは、ほとんどの場合において、民間の養子団体ではなく、地方当局であるとみてよい。養子託置（placement for adoption[10].　④で後述する）を、実親の反対にもかかわらず、placement order による裁判所のオーソライズを得たうえで強制的に行うことができる養子機関は、地方当局だけであり（ACA2002, s.21(1)）、民間の養子団体には認められていない。

　養子機関は、1ないし複数の養子委員会（adoption panel）を備えるべきこととされている（AAR2005, reg.3）。養子委員会は、当該養子機関から独立した委員長、最低でも3年間の実務経験を有する登録ソーシャルワーカー、当該養子機関のスタッフ、当該養子機関の医療顧問（medical advisor）などから構成される（AAR2005, reg.3）。養子委員会の任務は、養親になることを希望する者についての適格認定や具体的なマッチングの適否をはじめとする、養子に関するさまざまな決定について、養子機関に勧告を行うことにある。もっとも、最終的な意思決定は、当該養子機関の決定権限者がすることになっている。

---

10）　placement とは、文字通りには場所を与えてやること一般を意味するが、養子託置（placement for adoption）には、本文④で後述するように、テクニカルに重要な意義を与えられている。

## ③ 養子となる者、養親となる者に関する要件

### 1 養子となる者の要件

養子となる者は、養子命令の時点で18歳以下であり、婚姻（civil partnership を含む）をしていない者に限られる（ACA2002, s.47(8)(9)）。また、養子命令の申立て時に18歳未満でなければならない（ACA2002, s.49(4)）。既に養子になっている者をさらに養子とすることも可能である（ACA2002, s.46(5)）。

### 2 養親となる者の要件

養親となることができるのは、カップルか、1人の者である[11]（ACA2002, s.49）。

カップルとは、婚姻カップル（同性カップルも含む）か、civil partnership の関係にある者たち（制度上、必ず同性カップルである）か、持続的な家族関係にあるパートナーたち（同性カップルも異性カップルもある）のいずれかを指す（ACA2002, s.144(4)）。原則として、カップルの両方とも養子命令時に21歳以上でなければならないが、カップルの一方の実子を養子に取る場合に限り、当該一方は18歳に達していればよい（他方は21歳以上でなければならない）（ACA2002, s.50）。

1人の者が養親になる場合には、その者は21歳以上でなければならない。1人の者としては、婚姻（civil partnership を含む）をしていない者のほか、継親も含まれる。子の実親の一方が、他方の親たる地位を失わせるために、当該子を養子に取ることも、ごく例外的な状況では認められうる。また、婚姻（civil partnership を含む）をしている者であっても、他方の配偶者（partner 含む）に、行方不明である、別居しておりその別居が持続することが見込まれる、または病気のために養子命令の申立てができない、といった事情があれば、単独で養親となることができる（ACA2002, s.51）。

---

11) 養子命令の対象となった子の人数に関する統計（前掲注8）参照）によると、2017年の数値で、養親が異性カップル（婚姻しているかどうかを問わない）である場合が3,431人と過半数を占めているが、同性カップルである場合も583人あり、また養親が1人である場合（継親である場合を含まない）も901人で、いずれも決して無視できない数字ではない。

212　第3部　イングランド法

## 3　養親と養子との年齢差

養親と養子との年齢差に関する要件は存在しない。

## 4　養子機関の役割（付・養子の標準的なプロセス[12]）

　養子機関は、子について養子に出すという選択肢を検討する場合には、子のケースファイルを用意して、関連する情報をそこに収集しておく義務がある（AAR2005, reg.12）。また、子やその実親等に対して、合理的に実行可能な限りにおいて、カウンセリングを行い、彼らの意向を確かめる義務を負う[13]（AAR2005, regs.13, 14）。さらに、子に関して所定の情報を収集し、子に医学的な検査を受けさせ、また合理的に可能な限りにおいて子の家族についての情報（その健康状態も含む）を集める義務を負う（AAR2005, regs.15, 16）。これらの情報をまとめて Child Permanence Report という文書が作成される（AAR2005, reg.17）。Child Permanence Report は、養子委員会においてその子が養子に出されるべきかどうかを議論する際の土台となるほか[14]、養親候補者が子を「選ぶ」際の主たる情報源となる。

---

12)　Stephen Gilmore/Lisa Glennon, *Hayes and Williams' Family Law* (6th ed., 2018, OUP), p.716, 719-720; Jonathan Herring/Rebecca Probert/Stephen Gilmore, *Great Debates in Family Law* (2nd ed., 2015, Palgrave), p.141-142; Jenifer Lord (with Mary Lucking), *The Adoption Process in England: a Guide for Children's Social Workers* (2nd ed., 2016, CoramBAAF).

13)　子を養子に出すことに関連する決定の際に、その決定について子が有する確定可能な希望や感情を、子の年齢や理解力を勘案しつつ考慮することは、制定法上、裁判所の義務であるばかりでなく、養子機関の義務でもある（ACA2002, s. 1 (1), 1 (4)(a)）。

14)　ただし、この議論が養子委員会において行われるのは、養子託置をすることについて実親等の同意が取れている場合に限られる。裁判所の placement order に基づいて養子託置をする必要がありそうな事例では、養子委員会の勧告が求められることなく、養子機関の決定権限者が直接、その子が養子託置をすべき子であることを決定し、placement order の申立てをする。placement order により養子託置のオーソライズが得られた後に、本文ですぐ後に述べる具体的なマッチングを決定する際には、養子委員会の勧告を必ず経ることになる。以上につき、Department for Education, *Statutory Guidance on Adoption* (July 2013), paras 1.19-1.21. https://assets.publishing.service.gov.uk/government/uploads/system/uploads/attachment_data/file/270100/adoption_statutory_guidance_2013.pdf

第1章　イングランド法における養子制度　213

　養子機関は、養親になりたいという者についても同様に、カウンセリングを提供し、ケースファイルを用意して諸情報（逮捕歴なども含まれる）を収集し、Prospective Adopter's Report という文書を作成する（AAR2005, regs.21-25）。これが、養子委員会がその者に養親となる適性があるかを議論する際の土台となる（もっとも、最終的には養子機関の決定権限者が決定する）。適性がないと判断される場合には、その決定は理由付の書面で通知される必要があり、不服があれば再審査委員会で処理される（ACA2002, s.12）。

　さらに、養子機関は、子と養親候補者とをマッチングする際には、候補を複数選定した上で、比較検討し、1つのオプションに絞り込んだうえで[15]、Adoption Placement Report を作成する。これには、養子機関がその判断に至った理由や、そのマッチングを打診された養親候補者の所見などが記載される。養子委員会は、Adoption Placement Report のほか、前述の Child Permanence Report や Prospective Adopter's Report をもとにして、当該マッチングについての勧告を行う。

　勧告が養子機関の決定権限者によって承認されると、その決定が当該養親候補者に知らされる。具体的な養子託置のための取り決めを定めた Adoption Placement Plan という文書が作成され、養子託置の実行に向けて関係者間でのミーティングが行われる。こうして、子が養親候補者に引き渡され[16]、養子託置が開始される。養子託置がうまくいく場合には、裁判所に養子命令の申立てをし、それが審理される。

　養子託置や、それ以降の段階では、「法的」な問題が比較的多く出てくるので、以下で項を改めて説明する。

## ④　養子託置（placement for adoption）

### 1　養子託置をする権限の取得

養子機関が養子託置をする権限を得る方法としては、①実親等の養子託置同意

---

15)　*Statutory Guidance*, paras 4.21-4.22.

16)　もっとも、養親候補者にすでに里親等の資格において子が引き渡されていた場合には（ACA2002, s.18(1)(b)）、資格が切り替わるだけであり、現実の引渡しを行うことはない。

214　第3部　イングランド法

（consent to a child being placed for adoption）を得る場合[17]と、② placement order という裁判所の裁判を得る場合の2通りがある。①を同意ルート（consensual route）と、②を裁判ルート（placement order route）と呼ぶことにする。②で先述したように、②は地方当局のみが申し立てることができる。

　養子機関は、実際に養子託置をする際には、その子について養子託置がなされるべきであることを確認しなければならない（ACA2002, s.18(2)）。これは具体的には、③4で先述したように、（同意ルートの場合には養子委員会による勧告を経たうえで）養子機関の決定権限者が、その子が養子託置されるべき子であることを決定する手順を踏むことを意味する。

　①　同意ルートの場合、養子機関は、実親等から必要な養子託置同意（特定の養親候補者に限定した形で与えられることもあれば、養子機関が選定する養親候補者一般という形で与えられることもある）が得られたことを確認したときに、その子につき養子託置をする権限を得る[18]（ACA2002, s.19(1)）。この権限は、養子託置同意が撤回されれば失われる（ACA2002, s.19(1). ただし、実親等による子の取戻しの制約について、以下の④2②も参照）。

　養子託置同意が求められるべき実親等とは、親責任を有する親（ACA2002, s.52(6)）または後見人（guardian）である。養子託置同意は、規則が定める一定の様式の書面によって行われなければならない（ACA2002, s.52(7)）。子の実母の養子託置同意に基づいて養子託置がされたところ、その後になって他方の親が親責任を取得した場合、当該他方の親は、養子託置時において母親の養子託置同意と同じ条件の同意をしていたものと扱われる[19][20]（ACA2002, s.52(9)(10)）。

　なお、養子託置同意と同時ないしそれ以降に、将来に養子命令が出されるこ

---

17)　ただし、出生したばかりの子について養子機関が養子託置をすることは、以下の本文で述べる正規の養子託置同意がなくても、カウンセリングの後に、書面で所定の同意を得ることにより、可能である（その書式も含め、*Statutory Guidance*, paras 2.90-2.94）。もっとも、この場合には、子が出生後6週間を経過した後に、正規の同意を得る必要がある。

18)　なお、実親が養子託置同意を与えている場合でも、その子についてケア命令（care order）が出されていれば、地方当局は placement order を申し立ててもよい（ACA2002, s.22(3)）。実親が養子託置同意を撤回する可能性がある場合などに、このやり方が利用される（*Statutory Guidance*, para 8.3）。

第1章　イングランド法における養子制度　215

とについて先に同意しておく（advance consent）こともできる（ACA2002, s.20(1)）。

　実親等が養子託置同意をしようとする際には、養子機関は、CAFCASS[21] に対し、同意の証人となる職員1名を指名するよう求めなくてはならない（AAR2005, reg.20）。この職員は、結果を完全に理解した上で無条件に同意がなされたこと（ACA2002, s.52(5)）を確認する責務を負う。もっとも、実親の同意の完全性を実質的に確保することは、養子機関の任務である[22]。養子機関は、合理的に実行可能な範囲において、子および実親に対し、養子のプロセスや法的意味を説明するのはもちろんのこと、カウンセリングを提供する義務も負うことは、③4で先述した通りである。

　養子託置同意は、養子命令が出されることに対する同意とはあくまで別のものである。しかし実際には、④2で述べるように、養子託置同意があると養子

---

19)　その後にこの同意を撤回することは可能であるが、その場合に子の取戻しができるかについては、本文④2②で後述するところを参照。

20)　この点に関連して、出産した母が、父や、母の家族に、子を出産したという事情を知らせることなく養子に出すことを希望した際に、母のそのような希望を養子機関がどれほど尊重すべきかという点について、議論がある。*Re L*（*Adoption: Contacting Natural Father*）[2007] EWHC 1771（Fam）は、当該事案のもとで、母の希望を尊重して、養子機関（この事例では地方当局）は父を特定したり母の家族に諮ったりするためのそれ以上の措置を取らなくてよいとした。さらに、父が特定された場合に、子が養子に取られるための手続が進んでいることをその父に知らせるべきか（知らせないことが正当化されるのはどういう場合か）、さらには、父母ともその家族に子の出生事実を隠したい場合に、養子機関は、当該父母の親類内で子を養育できる可能性があるどうかについての調査をする義務が必ずあるか、についても、いくつかの裁判例がある。*Hayes and Williams' Family Law*, p.720-725; *Great Debates*, p.138-140.

21)　CAFCASS（Children and Family Court Advisory and Support Service）とは、家族関係訴訟において、子について報告書を作成し、子を代理する役割をもっていた、3つの組織を統合して2001年に発足した、政府外公共機関（non-departmental public body）である（Nigel Lowe/Gillian Douglas, *Bromley's Family Law*（11th ed., 2015, OUP）, p.452-453）。許末恵「英国における子どもの手続上の代理」青山法学論集50巻4号（2009）57頁以下も参照。

22)　Cafcass/ADCS, *Good Practice Guidance for Adoption Agencies and Cafcass: Children Relinquished for Adoption*, para 3.4. https://www.cafcass.gov.uk/grown-ups/parents-and-carers/resources-parents-carers/

216 第3部 イングランド法

機関は子を養子託置に出す権限を取得し、その権限に基づいて実際に養子託置がされると、マッチングがうまくいった場合に、養子命令が出されることを実親等が止めることは非常に難しい。この点において、養子託置同意をすることは、実際上、養子命令が出されることについての同意と非常に近いといえる。

　②　裁判ルートの場合、placement order が下されると、地方当局はその子につき、その地方当局が選定する養親候補者に養子託置する権限を得る（ACA2002, s.21(1)）。特定の養親候補者を想定した placement order を下すことはできない。

　placement order は、子に親も後見人もいない場合を除くと、ケア命令（care order）が発令されているか、その発令要件（子が重大な害〔significant harm〕を現に受けているか、受けるおそれがあると見込まれること等）が満たされていない限り、下されない[23]（ACA2002, s.21(2)）。また、同意が求められるべき実親等が養子託置同意をしている場合[24] および行方不明ないし同意をする能力がない場合を除くと、子の福祉が、その同意が免除されることを要請する（require）場合である場合に限り、下される（ACA2002, ss.21(3), 52(1)）。

　「子の福祉がその同意が免除されることを要請する場合」という要件について、具体的にどのような基準によって判断すればよいか。

　まず、「子の福祉」とは、その子の生涯にわたる（throughout his life）福祉を意味する（ACA2002, s.1(2)）。子の生涯を通じての福祉は、裁判所や養子機関が判断をする際の至高の考慮対象（paramount consideration）である（ACA2002, s.1(2)）。子の福祉を検討する際の考慮要因は、以下のチェックリスト（welfare checklist と呼ばれる）に定められている（ACA2002 s.1(4)）。

　(a)　子の希望、感情

---

23)　実際には、placement order の申立ては、ケア命令の申立てと同時か、ケア命令の手続中になされることが多い（*Statutory Guidance*, para 8.6）。このような並行した申立てが推奨される理由は、placement order が効力をもつあいだは、ケア命令は効力をもたないものの、placement order が取り消されたときにはケア命令が効力をもつことになるからである（*ibid*, para 8.15）。

24)　この場合には、養子託置同意があることによって養子機関は養子託置をする権限を得るので、placement order を申し立てる必要はない。しかし注18）で先述したように、養子託置同意が撤回される恐れがあるようなときは、placement order を申し立ててもよい。

第 1 章　イングランド法における養子制度　217

(b)　子のニーズ

(c)　養子に取られることが生涯にわたって子にもたらすであろう効果

(d)　子の年齢・性別・バックグラウンドその他関連すると考えられる特質

(e)　子が受けたか、受ける可能性のある害（harm）

(f)　親類（relatives）[25] その他の者がその子とのあいだに持っている関係や、
　　彼らの意向

　次に、「要請する（require）」という文言の意味については、次のように説かれている。すなわち、裁判所は、養子命令の申立てに対し、出す権限を有するその他の種類の命令も考慮に入れ、養子命令を出すことが、いかなる命令も出さないことやその他の種類の命令を出すことよりも、子の福祉という観点からより望ましいと考えるときにのみ、養子命令を出すべきである（ACA2002, s. 1(6)）。したがって、「要請する」という文言を理解するにあたっては、他の選択肢ではなく養子に出すという最もドラスティックな介入を、実親等の同意なしに、することが要請される、というここでの文脈をふまえる必要があり、単に養子に出すことが望ましいとか合理的であるというだけでは足りない[26]。

　もっとも、「要請する」という文言にそのような強い意味を読み込むとしても、最もドラスティックな介入であるという性質上、実親等の同意を免除することが子の福祉のみによって正当化されるべきではないという批判も有力である[27]。①で言及した *Re B-S* 判決は、養子は最後の手段（the last resort）であること、他のいかなる手段でもうまくいかないであろう（nothing else will do）場合にのみ許容されるべきことを、直截な物言いで強調し、実務に養子の検討を躊躇させるという結果を招いた[28]。また、これとは少し異なった視点からの問題提起であるが、実親等の同意が免除されてよいかを最終段階（養子命令を出す段階）よりも前に処理しようという placement order の性質上、致し方ない

---

25)　これには実父母も含まれる（ACA2002, s. 1(8)(b)）。

26)　*Re P（Placement Orders: Parental Consent）*［2008］EWCA Civ 535.

27)　*Great Debates*, p.144. ACA2002に至る前の立法提案について、拙稿・前掲注 1）
　　Freeing order 303-309頁も参照。

28)　Judith Masson, "Disruptive Judgments"（2017）29 *Child and Family Law Quarterly* 401 at
　　410-417.

218 第3部 イングランド法

とはいえ、養親候補者が具体的に決まっていない状態でplacement orderの可否を判断することが難しいという問題も、指摘されている[29]。

　最後に、placement orderの利用頻度に触れておく。placement orderの認容件数をみると、2012年および2013年にはいずれも6,000件を超えたが、2014年に急落し（4,301件）、その後微増傾向にあって[30]、2017年には4,673件となっている。placement orderは実親等の同意がない場合にしか使われないというわけではないし、またplacement orderが出された子について必ず養子命令にまで至るというわけでもないが、それでも、1️2で先述した養子命令の件数との対比において考えた場合に、placement orderはかなり頻繁に利用されているといってよいと思われる。

## 2　養子託置の効果

　養子機関が、養子託置についての権限を得ることや、その権限の行使として現に養子託置することによって、次のような重大な効果が発生する。

　①　養子機関が養子託置をする権限を得ると、当該養子機関はその子について親責任を取得する（ACA2002, s.25(2)）。さらに、養子託置が養親候補者に現になされているあいだは、当該養親候補者も親責任を取得する（ACA2002, s.25(3)）。このような親責任の付与は、養子機関が関与しない事例では生じない。

　なお、養子機関は、実親や養親候補者のもつ親責任がどの程度制限されるべきかを決定することができる（ACA2002, s.25(4)）。

　②　同意ルートにおいて[31]、養子機関が養子託置をする権限を得て、実際にも養子託置が実行されても、その後に親が養子託置同意を撤回（withdrawal）する

---

29)　*Great Debates*, p.143.

30)　*Re B-S*判決が結果的にもたらした実務の混乱に対しては懸念が示され、その後のいくつかの控訴院裁判例では、同判決の判示についての実務の「誤解（misunderstanding）」を解くことを目的とした判示がされている（Masson, Disruptive Judgments, at 417-420）。最近の微増傾向には、「誤解」がこのようにして次第に解消されてきたことも影響しているのではないかとも思われる。

31)　なお、裁判ルートの場合には、実親が子を取り戻すためには、placement orderが取り消される（revoked）ことが前提として必要であり、かつ、取消しの裁判において、子が実親により引き取られるべきであると判断される必要もある（ACA2002, s.34(4)）。

第1章　イングランド法における養子制度　219

こと自体は、原則としていつでも可能である。しかし、次のような制約がある。

　第1に、養子託置同意の撤回が、養子命令申立ての後になされても、その撤回は効力を生じない（ACA2002, s.52⑷）。そして、養子機関により養子託置がされた子については、⑤2⑴で後述するように、試験養育期間は最低限で10週間とされているので（ACA2002, s.42⑵）、養子託置同意後、そう時間が経たないうちに養子命令の申立てがされる（そのため、もはや養子託置同意の撤回ができない）という事態も、それなりに起こりうる。

　第2に、養子命令の申立て前であれば、養子託置同意の撤回は有効である。この場合に、養子機関は撤回があった旨を、託置先の養親候補者に伝え、そしてそれを聞いた養親候補者は、聞いてから14日以内に養子機関にその子を返すべき[32]、というのが原則である（ACA2002, s.32⑵）。しかし、その子についてplacement order の申立てがなされ、かつその裁判手続が終結しないあいだは、この原則はあてはまらない[33]（ACA2002, s.32⑴）。そして、placement order を申し立てる義務が地方当局に課される場合が2つ規定されている[34]。かくして、その2つの場合には、地方当局が同義務に基づいて上記の14日以内に placement order の申立てをすれば、裁判所による別段の指示がない限り、placement order

---

32)　養子機関に子が返されると、養子機関から直ちに実親へと子が返されなければならない（ACA2002, s.34⑷）。

33)　*Bromley's Family Law*, p.700 n.165.

34)　すなわち、ACA2002, s.22⑴は、①子が当該地方当局によって養子託置に出されているか、当該地方当局によって世話（accommodation）を与えられている、②その子について養子託置をする権限のある養子機関がない、③その子について実親がいないか、当該地方当局が当該子につき、ケア命令（care order）の発令要件（子が重大な害〔significant harm〕を現に受けているか、受けるおそれがあると見込まれること等）が満たされていると考えている、の3要件がすべて揃い、かつ、当該地方当局がその子は養子託置に出されるべきであることを確認したとき（ACA2002, s.18⑵）に、当該地方当局は placement order を申し立てる義務を負うと規定している。また、ACA2002, s.22⑵は、①当該子についてケア命令が出されうるような申立てが裁判所になされ、その裁判手続がまだ終結していない、または②当該子についてケア命令が出されており、かつそのケア命令により親責任を有する地方当局が、当該子について養子託置をする権限をもたない、のいずれかの場合であって、当該地方当局がその子は養子に出されるべきであることを確認したとき（ACA2002, s.18⑵）にも、当該地方当局は placement order を申し立てる義務を負うと規定している。

事件の手続が終結するまでは、実親に子が返されることにはならないのである[35]。

③　養子命令を裁判所が出すことのできる場合の１つとして、次のような規定が設けられている。すなわち、(a)その者を養親とする養子命令の申立てがされているところの養親候補者に、養子機関が養子託置をしている、(b)その子についての養子託置が、養子託置同意または placement order に基づいてなされたものであった、の２つの要件が満たされていれば、実親が裁判所の許可（leave）を得たうえで養子命令に反対するのでない限り、裁判所は養子命令を出すことができる（ACA2002, s.47(4)(5)）。しかも、この許可は、養子託置同意または placement order の時から、状況の変化（a change in circumstances）があったと裁判所が認めない限り、得られない（ACA2002, s.47(7)）。この規定の結果として、正規に（つまり、養子託置同意か placement order に基づいて）、養子機関から養親候補者に対し養子託置がひとたびなされると、その養子託置が継続している（当該養親候補者がその子を現に養育している状況が継続している）限り、当該養親候補者のための養子命令が出されることを実親が阻止しようと思っても、それはかなり難しい、という仕組みになっている。

## [5]　養子命令（adoption order）

### 1　申立ての手続

養子命令の申立人となるのは、養親候補者である（ACA2002, s.49(1)）。申立てをいつするかは、一応は養親候補者が決めるべき事柄であるが、養子機関を通

---

35)　Caroline Bridge/Heather Swindells, *Adoption: the Modern Law*（2003, Jordan）, paras 9.17, 9.106, 9.108; *Statutory Guidance*, para 8.4. また、Helen Carr/David Goosey, *Law for Social Workers*（14th ed., 2017, OUP）, p.338は、「もし子を実親に返すことを妨げたいと養子機関が思うのならば、当該養子機関は placement order を申し立てなければならない。このときに、placement order が拒絶され、かつ実親が自分に子が返されるべきことを希望する場合には、placement order を拒絶した裁判所が、その子がいつ返されるべきかを決める」と述べる。なお、ACA2002, s.19(4)は、同意ルートによってひとたび子が養親候補者に養子託置された場合には、その後に実親の同意が有効に撤回されても、その子が当該養親候補者のもとにいる限り、その子は ACA2002にいう「s.19に基づいて養子託置された子」に該当する（その結果、たとえば、養子機関や当該養親候補者も引き続き親責任を有することになる）と規定している。

第1章　イングランド法における養子制度　221

じて養子託置を受けた事例においては、現実には、養子機関と密接な連携のもとになされる[36]。実際、養親候補者が養子命令申立ての書類に記入するためにも、養子機関が保有している情報が必要となることがあるほか[37]、以下にみるように、養子命令の申立てがされると、養子機関は裁判所が定めるスケジュールにしたがって報告書を提出する必要もある。

## 2　申立ての前提要件

### (1)　試験養育期間

養子命令が発令される要件として、次のとおり、一定の期間、養親候補者が子とともに生活し、申立人と子が家で一緒にいるのを見る機会が十分にあったことが必要である（ACA2002, s.42）。

(i)　養子機関による養子託置がされた場合、または実の親が自分の子を養子とする場合には、養親候補者（カップルが申し立てる場合には少なくともその一方）と子は、申立て前に最低限10週間は、常時住居を共にしていなければならない。

(ii)　連れ子養子の場合には、上記の期間は6ヵ月間となる。

(iii)　地方当局里親（local authority foster parents）が里子について、養子託置の手順を踏むことなしにいきなり養子命令を申し立てることも可能であり、この場合には、上記の期間は1年間となる。

(iv)　それ以外のケース（親戚を養子に取るようなケースや、私的に里親養育している者が申し立てるケースが考えられる[38]）では、申立て前の5年間のうち少なくとも3年間（継続した3年間でなくてもよい）は、養親候補者と子は住居を共

---

36)　*Statutory Guidance*, para 8.91.

37)　*Adoption Process*, p.119.

38)　*Statutory Guidance*, para 8.45. なお、養子のアレンジメントを、認可された養子機関以外の者が私的に行うこと（private arrangement）は、刑事罰を伴う形で厳格に規制されているが（ACA2002, ss.92-97,123,124）、養親候補者が、子の実親、親類（relative：定義につき ACA2002, s.144(1)参照）、後見人または実親のパートナーであるという場合のために、例外も規定されている（ACA2002, s.92(4)）。なお、このような規制への違反があっても、養子命令を下すことが子の最善の利益に適うことを理由に、裁判所が養子命令を下すことは可能であるというのが、ACA2002以前の裁判例の態度であったが、ACA2002のもとでもそうであるのかは定かでない（*Bromley's Family Law*, p.728-729）。

にしていなければならない。

なお、(iii)と(iv)の場合は、裁判所が許可をすれば、上記の試験養育期間の要件が満たされていなくても、養子命令の申立てが可能である（ACA2002, s.42(6)）。

### (2) 養子機関による報告書の作成等

養子機関による養子託置がされた事例においては、養子機関は報告書を作成し、裁判所に提出しなければならない（ACA2002, s.43）。報告書の構成は決められており[39]、それによると、まず子や実方に関する情報として、子の健康状態、子自身やその親の意向・感情、当該養子機関がその子や実方について取ってきた措置、次に養親候補者に関する情報として、その健康状態や意向・感情、当該養子機関と当該候補者とのこれまでの関わり合い、なされた養子託置の詳細をそれぞれ記載し、最後に、養子機関が、子に対する措置として、現実的に考えうる他の選択肢も考慮し、それぞれについて予想される長所・短所をエビデンスに基づいて挙げた上で[40]、他の選択肢との比較において養子が望ましいと考える理由を記載する。

なお、養子託置の手順を経なかったケースにおいては、養子命令の申立てをしようとする者は、養子命令の申立てをするつもりであることを適切な地方当局に通知しなければならない。通知された地方当局は、事案を調査し、申立人が養親として適格かなどの情報を含む報告書を作成し、裁判所に提出しなければならない（ACA2002, s.44）。

### 3 申立てが認められる要件

年齢などの形式的な要件はすでに③で見たとおりである。ここでは、実親等の同意に関する要件を見ていく。

① 養子機関が実親等の養子託置同意または裁判所の placement order に基づいて養子託置を現にしており、その託置を受けた養親候補者が養子命令を申し立てている場合には、④２③で先述したように、実親が裁判所の許可（leave）

---

39) Ministry of Justice, *Family Procedure Rules 2010*, Practice Direction 14C, Annex A.
40) *Re B–S* [2013] EWCA Civ 1146, paras [38]–[40].

第1章　イングランド法における養子制度　223

を得たうえで養子命令に反対するのでない限り、裁判所は養子命令を出すことができ（ACA2002, s.47(4)(5)）、この裁判所の許可は、実親等による養子託置同意の時またはplacement orderの時から、状況の変化（a change in circumstances）があったと裁判所が認めない限り、出されない。

　②　①の場合を除外すると、養子命令が出されることに対する同意（以下では「養子命令同意」という）が、実親等によってなされるか、あるいはその同意を裁判所が不要であると判断するかのいずれかが、必要である（ACA2002, s.47(2)(a), (2)(c)）。誰の同意が求められるのかについては、④1①で先述した養子託置同意の場合と同じである。出産から6週間以内に母親によってされた、出産した子についての養子命令同意は、無効である（ACA2002, s.52(3)）。なお、子自身の同意は、それ自体としては要件とされない[41]。

　養子命令同意は、無条件に、それがどのような効果を持つのかにつき完全に理解した上で、なされなければならない（ACA2002, s.52(5)）。養子命令同意は、特定された者が養親になることについてのみの同意のこともあれば、養親が誰であれ養子に出すことについての同意のこともある。

　同意が不要であると判断される場合とはどのような場合かについては、placement orderの場合と同じくACA2002, s.52(1)が適用されるので、④1②でplacement orderについて述べたところを参照。

## 6　養子命令の効果

### 1　養子の法的地位

　養子命令が出されると、養親には子について親責任が与えられ、反面で、養親となった者以外の者らが養子命令の直前に有していた親責任はすべて消滅する（ACA2002, s.46(1), 46(2)(a)）。

　また、養子となった子は、養子命令の時から、養親のもとに生まれた嫡出子

---

41）　12歳以上の子については、子が同意をするか、同意をする能力を欠く場合を除いて、養子命令を発令すべきでないという案も、一時期検討されたことがある。しかし、養子に出るという決断について子に責任を負わせるものであるという批判もあって、ACA2002では採用されなかった（*Bromley's Family Law*, p.712）。

224 第3部 イングランド法

であるかのように、養親がカップルである場合には、そのカップルから生まれた子であるかのように、法的には取り扱われる[42]（ACA2002, s.67(5)）。無遺言相続の受益者となる資格は、実親とのあいだにはなくなる。実親は、養子に取られた子を扶養する義務をもはや負わない[43]。

ただし、例外として、近親婚（civil partnership も含む）や近親相姦との関係では、実の親子関係が基準となる（ACA2002, s.74(1)）。

## 2 養子に関する情報

### (1) Adopted Children Register

記録長官（Registrar General）は、Adopted Children Register を備える義務を負う。養子命令は、所定の方式で Adopted Children Register に記入することを記録長官に命じる項を含む（ACA2002, Sch.1, para 1(1)）。こうして、子のもとの出生記録は、Adopted Children Register への記入の公証された写しに差し替えられ、もとの出生記録には「養子（Adopted）」というマークが記入される。追跡可能なように、両者は関連付けられる（ACA2002, s.79(1)）。この関連付けの情報は、ACA2002, s.79に基づいてのみ、記録長官によって開示される。

Adopted Children Register への記入事項の証明書としては、簡略版と完全版とがある。簡略版は、通常の（養子に取られていない）者の出生証明書と全く同様の体裁であり（「出生証明書」という題名になっている）、養子に取られたという事実には一切言及がなく、名前、性別、出生日、出生地しか記載されない。完全版（「記入〔Entry〕の謄本」という題名になっている）はパスポート申請や婚姻の際に必要となるものであり、いつどの裁判所で養子命令が出されたかも記載される[44]。完全版の発行を申請するには、いつどの裁判所で養子命令が出

---

42) 養親となったのが、子の実親のパートナー（継親）だけである場合には、当該実親と養親とのあいだの子であるかのように扱われる（ACA2002, s.67(3)(a)）。

43) *Bromley's Family Law*, p.726.

44) General Register Office, *The Adopted Children Register-Note for Parents*（https://assets.publishing.service.gov.uk/government/uploads/system/uploads/attachment_data/file/653620/ACR_NP1_nov_17.pdf）に、養子命令が出た後の身分登録に関する養親向けガイドがあり、証明書の見本も掲載されていて、有用である。

されたか等の情報を、申請書に記入しなければならない[45]。

### (2) 養子になった子が実親などについての情報を得る手段

　養子に取られた子は、18歳に達すると、該当の養子機関から、出生の記録を取得するのに必要となる情報を提供するよう求める権利をもつ（ACA2002, s.60. ただし、裁判所命令で別段の定めがされることがある）。この情報が提供される前に、カウンセリングサービスが受けられるという情報提供を申請者は受けなければならない（ACA2002, s.63; Disclosure of Adoption Information（Post-Commencement Adoptions）Regulations 2005, reg.16）。養子機関は、所定の情報を、最低限でも100年間、安全に保管する義務を負う。

### (3) Adoption Contact Register

　養子に取られた子と、その実の家族との間の交流が可能なようにすべく、記録長官は、Adoption Contact Register を備える義務を負う（ACA2002, s.80）。これは、養子に取られた者と、その実親その他の親類の両者が、そう望むのであれば、交流ができるようにするためのものである。第1部には、18歳以上になった養子であって、もとの出生証明書（⑥2⑴参照）を取得済で、実親家族との交流を望む者の名前や住所が記入される。第2部には、養子に出された子との交流を望む実親やその家族（こちらも18歳以上でなければならない）についての情報が記入される（ACA2002, s.80）。なお、交流を望む場合だけでなく、望まない場合も、その旨を登録することができる。

## 3 養子命令後の実方との交流（post-adoption contact）

　養子についての考え方が closed adoption から open adoption へと移行する中で、養子命令後も実方との交流が維持されるべきかについて、議論がある。少なからぬ事例で何らかの形での交流が行われているともいわれるが[46]、養親が嫌がっている場合に法的に強制すべき問題ではないという議論が大勢を占めて

---

45) General Register Office, *Adoption Certificate Application Form*.
　　https://assets.publishing.service.gov.uk/government/uploads/system/uploads/attachment_data/file/236834/Adoption_Sept_2013.pdf

いるのではないかと思われる。

裁判所は、養子命令を出す前に、交流についての取り決めをすべきかどうかを検討する義務があり（ACA2002, s.46(6)）、交流について命じ、あるいは禁じる権限を有する（ACA2002, s.51A）。裁判例は、その事案次第であるという留保を付するものの、一般的にいえば、養親の反対にもかかわらず交流を命ずることは極めて例外的であるという立場をとっている[47][48]。

## [7]　養子命令の取消し

養子命令の取消しは、養子命令に至るプロセスに顕著にイレギュラーな点がある場合に限って、ごく例外的に認められるというのが裁判例の態度である[49]。なお、[3]1で先述したように、養子に取られた子をさらに養子にすることも可能である。

---

46)　*Great Debates*, p.149は、養子の70％は実方と何らかの交流（contact）を維持しているという調査の結果を紹介するが、その調査の報告書を参照することはできなかった。いずれにしても、ここでいう交流には、letterbox contact（手紙を直接にではなく仲介者を通じてやりとりする）も含まれると思われる。Elsbeth Neil, "Rethinking adoption and birth family contact: is there a role for the law?"［2018］*Family Law* 1178 at 1179は、letterbox contact の取り決めは早晩機能しなくなる傾向にある、また、直接に会うという交流（face-to-face contact）は少なく、あるとすれば子の兄弟姉妹とのあいだでなされる場合が多い（兄弟姉妹も、地方当局のケア下にあったり、別の養親の養子になっていたりすることもしばしばである）、という調査結果を紹介している。

47)　*Hayes and Williams' Family Law*, p.756-758; *Great Debates*, p.148-150. *Oxfordshire County Council v X, Y and J*［2010］EWCA Civ 581では、既に養子命令が出されている事例において、実親側が、子の写真を毎年提供するよう求めたのに対して、養親が、写真を見せるだけであれば構わないが、写真を保持させることについては、インターネット上に流す等の手段により子が追跡されてしまうのではないかという懸念を示して、争った。原審は写真の提供を命じたが、控訴院は、養親の懸念には全く根拠がないわけではなく、その懸念自体が子の福祉に影響するとして、原審の判断を破棄した。

48)　もっとも、控訴院判事である Sir Andrew McFarlane は、2018年3月の extra-judicial の講演において、養子に取られた子のアイデンティティの確立という観点から、個別の事例に応じて、現在よりももっと開放的な post-adoption contact のあり方を構想する必要があるのではないかという問題提起をしている（Sir Andrew McFarlane, "Contact: a Point of View"［2018］*Family Law* 687)。

49)　*Hayes and Williams' Family Law*, p.752-755; *Great Debates*, p.151-153.

第1章　イングランド法における養子制度　227

　ある研究によると、養子命令から12年のあいだに養子と養親との関係が破綻
（disruption）する率は100件中およそ３件である[50]。破綻事例における子の年齢は、
多くの場合に、11歳から16歳のあいだである[51]。破綻後に子がどういう生活をす
ることになるのかについては、明確な調査結果を見出せなかったが、地方当局の
育成児童（looked-after children）となって、地方当局から世話（accomodation）を
与えられたり、里親養育（foster care）に服したりすることが比較的多いよう
であり[52]、いずれにしても実親の元に戻るということはなさそうに見える。

## 8　養親の秘匿性確保のための裁判実務上の工夫

　養親の名前や所在を秘匿することについては、裁判実務上も注意が払われて
いる。体系的でないが、列挙すると次のような点が目についた[53]。

・養子命令の申立てを実親が争わない場合でも、法廷で実親と養親候補者とが
　同席しないようにすることを主たる目的として、養親候補者に代理人を付け
　ることを、養子機関は検討すべきである[54]。

・養子命令を申し立てる裁判所は、国内のどこでもよいことになっているが、
　養親候補者の住所の最寄りの裁判所にすると、住所についてのヒントを実親
　に与える可能性がある。最終的にどこの裁判所にするかを決定するのは申立
　人（養親候補者）であるが、養子機関はよくアドバイスするべきである[55]。

・養親が秘匿を望むときには、養子命令の申立書において、裁判所がシリアル
　ナンバーを使うよう求めることができる。この場合、名前の代わりにその番
　号が、他方当事者に送られる文書において用いられる[56]。

・裁判所が養子命令を出す際には子および申立人がみずから出席していなけれ

---

50)　Julie Selwyn/Sarah Meakings/Dinithi Wijedasa, *Beyond the Adoption Order: Challenges, Interventions and Adoption Disruption*（2015, BAAF）, p.36.

51)　*ibid*, p.30-31.

52)　*ibid*, p.211.

53)　*Statutory Guidance*, Chapter 8: Adoption Agency and Local Authority Responsibilities in Court Proceedings の記述に依拠する。

54)　*ibid*, para 8.26.

55)　*ibid*, para 8.28.

56)　*ibid*, para 8.29.

228　第3部　イングランド法

ばならないのが原則であるが、子または申立人がいない場で養子命令を下すことも、場合によって（とりわけシリアルナンバーが用いられるような事例では）、可能である（Family Procedure Rules 2010, r.14.16(6)(7)）。出席免除や裁判所における振舞い方（conduct）についてのアレンジメントの内容は、裁判所の設備、申立人に代理人がついているか、子と申立人が裁判所からどれくらい遠いところで暮らしているか、などに応じて異なる[57]。

・養子機関が報告書を作成する際には、養親が特定できるような記述は控えるべきである[58]。

・養子命令の申立ての書式[59]に記載する「事実関係の概要（statement of facts）」は実親等にも送られるので、もし秘匿性を保ちたいのならば、どこに住んでいるか、どの学校に行っているか等の情報を記載しないようにすべきである。

## 9　おわりに

　育成児童（looked-after children）について、養子に出すことが最も望ましい手段であるといえるのかを疑問視する論者は、決して少なくない[60]。これまで何度か出てきた *Re B-S* 判決は、そのような論調に加担するというよりも、養子という手段がドラスティックであることに鑑みて、養子命令や placement order を正当化するには相当の根拠が必要であり、養子機関（地方当局）作成の報告書はその点について十分な検討を加えたものとすべきである、という基本を再確認する点にその真意があったのではないかとも思われるが[61]、しかし

---

57)　*ibid*, para 8.34.

58)　*ibid*, paras 8.93, 8.112.

59)　*Application for an adoption order*（Form A58, 2017）, p.9.
　　https://assets.publishing.service. gov.uk/government/uploads/system/uploads/attachment_data/file/687648/a58-eng.pdf

60)　*Great Debates*, p.133-137, 152-153.

61)　もっとも、*Re B-S* 判決の para [19] は、貴族院判決である *Down Lisburn Health and Social Services Trust and another v H and another* [2006] UKHL 36における Baroness Hale の「連合王国は、親の同意なしに完全に家族的紐帯を切断することを許容する点で、ヨーロッパでは異例の国である」という説示（para [34]）を好意的に引用する（もっとも、この説示が事実を反映しているかはやや疑問である。Masson, Disruptive Judgments, notes

第 1 章　イングランド法における養子制度　　229

結果的には、養子制度の利用に冷や水を浴びせることになった。今後も、育成児童に永続的な養育環境を与えるうえで養子が最も理想的だといえるのかについて、議論が続いていくのではないかと思われる。

〔第 1 章補足〕

　①２の第１段落で触れた統計について補足する。イングランドにおいて育成児童から養子に取られた子の数は、2020年度に3,000人を大きく割り込み（2,890人）、最新（2024年４月現在）の数値は2022年度の2,960人となっている[61a]。Covid-19の影響も大きいと推測されるが、養子の低落傾向はそれ以前から見られていた[61b]。注目されるのは、ACA2002によって創設された、養子と機能的に近接する特別後見制度（Special Guardianship）をイングランドの育成児童に用いる件数が、代わって増えてきていることである[61c]。すなわち、その件数は、2018年度以降継続して、イングランドの育成児童にかかる養子命令の件数を上回っており、最新の数値は2022年度の3,840人となっている。

---

　158, 165も参照）。また、控訴院判事の McFarlane LJ による Bridget Lindley OBE Memorial Lecture 2017での講演 "Holding the Risk: the Balance between Child Protection and the Right to Family Life"（https://www.judiciary.uk/wp-content/uploads/2017/03/transcript-the-inaugural-bridget-lindley-annual-memorial-lecture-march2017.pdf）の終盤（p.24）でも、養子が子の利益になるという議論への懐疑的姿勢が現れている。養子命令が出された子のその後の福祉に関する追跡調査の不十分さを指摘する箇所（p.19）も参照。

[61a]　Explore Education Statistics, *Children looked after in England including adoptions*（https://explore-education-statistics.service.gov.uk/find-statistics/children-looked-after-in-england-including-adoptions#dataBlock-c170b217-5d67-40fc-9060-ae4ed 6 fed1d5-tables）の Headline facts and figures 2023のうち、CLA who were adopted および CLA who left care as the subject of a special guardianship order（SGO）の各項目の Table タブにある数値に依拠した。

[61b]　Lisa Harker, "Adoption in decline"［2023］*Fam Law* 154.

[61c]　特別後見制度は、実親の親族（birth relatives）が子を養育する場合に用いられることが多く、養子と異なって実親との親子関係の切断を伴わない。詳細は、許末恵「英国の特別後見制度」三木＝磯野＝石川献呈『家族と法の地平』（尚学社、2009）247-290頁参照。Harker, *ibid.* の冒頭では、イングランドの育成児童にかかる養子命令と特別後見命令の件数の推移を2008年度から2019年度まで追ったグラフが掲載されており、印象的である。

230　第3部　イングランド法

# 第2章　イングランド法における親子関係[62]

## 1　母の決まり方

　出産した女性が、子とのあいだに遺伝上の関係があるかどうかに関係なく、法的な母となる（自然生殖の場合を想定したものではないが、HFEA2008, s.33(1)は、「胚移植または精子および卵子の移植[63] の結果として子を出産した女性が、その子の母として扱われるべきであり、それ以外の女性はその子の母として扱われない」と規定する。HFEA1990, s.27も同旨）。

## 2　父の決まり方

　生殖補助医療や代理懐胎に関して制定法で修正される場合がいくつかあるが（7参照）、コモンロー上（一般法上）の原則としては、子の遺伝上の父が法的な父となる。7で後述する Leeds 事件も参照。

## 3　出生登録

　出生登録は、遺伝上の関係を正しく記載するべきものであると理解されている。

---

62)　本章での法令の略称は、以下のとおりである。
　　　BDRA1953 = Births and Deaths Registration Act 1953
　　　CA1989 = Children Act 1989
　　　FLA1986 = Family Law Act 1986
　　　FLRA1969 = Family Law Reform Act 1969
　　　HFEA1990 = Human Fertilisation and Embryology Act 1990
　　　HFEA2008 = Human Fertilisation and Embryology Act 2008
　　　WRA2009 = Welfare Reform Act 2009
　　なお、本章で「婚姻」というときは、異性婚か同性婚かを問わず、また civil partnership を含むものとする。また、「配偶者」は、そのような意味における「婚姻」の相手方をさす（特に断らない限り、異性か同性かを問わない）ものとする。
63)　移植が連合王国内でなされたか、それ以外の地でなされたかを問わない（HFEA2008, s.33(3)）。

第2章　イングランド法における親子関係　231

　出生登録で父として記載されている場合、それとは反対の事実を主張しようとする者は、反対事実を主張立証する責任を負う。かくして、出生登録の記載は極めて重要な意義を有する。2003年12月からは、婚姻していない女性が出産した子について父の名が登録されると、その父は自動的に親責任[64]（parental responsibility）を得ることとされたので[65]（CA1989, s. 4 (1)(a)）、出生登録の記載はますます重要になっている。

　なお、登録は出生から42日以内になされるべきである。通常、登録官（registrar）は情報が正しいかどうか審理をせず、行政的に処理する。

## 1　現行の手続

　WRA2009による改正の施行前（現段階ではまだ施行されていない[66]）、出生登録は次のような手続によっている。

### (1)　出生登録の義務を負う者

　(i)　婚姻女性が子を出産した場合には、その父母（father and mother）はいずれも、情報提供適格者（qualified informant）であり、出生登録をする義務も、出産した女性（妻）とその配偶者の両方に課される。なお、情報提供適格者の誰かが出生登録をすれば、他の情報提供適格者の義務も果たされたことになる（よって、夫婦が共同して登録することも、一方が単独で登録することもできる）。

　(ii)　他方で、婚姻していない女性が子を出産した場合には、当該出産女性のみが子の出生登録をする義務を負い、その反面で、男性（父）側には出生登録の義務も権限もない。

---

64)　一度付与された親責任が失われることはない（養子命令の出された子の場合は措く。第1章⑥1参照）。もっとも、他の者に親責任が付与される際に、既存の親責任が制約を受けることはある。

65)　ただし、本文⑤で後述する、親子関係の確定それ自体を目的とする裁判手続（FLA1986, s.55A(1)）の結果、記録長官が未婚の父の名を登録した場合（BDRA1953, s.14A）においては、親責任の付与という効果は生じない（CA1989, s.4(1A)）。

66)　*Hayes and Williams'Family Law*, p.399. *Bromley's Family Law*, p.272は、WRA2009につき、「まだ施行されておらず、施行される見通しは立っていない（unlikely to be implemented）」とする。

232　第3部　イングランド法

### (2)　登録のプロセス

（ i ）　婚姻女性が出産した場合において、父として夫の名が挙げられたとき
は、登録官が特に疑いを持つべき状況であれば別であるが、そうでなければ、
特段の証拠を要することなく、夫の名が登録される。もっとも、もし出産した
婚姻女性や夫が、夫が父ではないと知っているか、夫が父でない可能性が高い
と思っている場合には、それにもかかわらず不実に夫を父として登録すること
は、偽証（perjury）にあたるし、また登録プロセス中に疑いが生じて登録官に
質問された場合に虚偽の回答をすることも、偽証にあたる[67]。この意味におい
て、婚姻女性が出産した子について、夫をその父として登録する「権利」があ
るということではない。

　他方で、もし夫以外の男性を父として登録しようとする場合には、その男性
と子のあいだに遺伝上の関係があることを証拠立てなければならない[68]。ここ
では、*pater est* ルール（⑤参照）の反映を看取することができる[69]。

　婚姻女性が夫と別居しているあいだに出産した子を出生登録する場合でも、
以上のことは変わらない。すなわち、当該女性が、夫は父ではないと明確に主
張しなければ、特段の証拠を要することなく夫が父として登録される。当該女
性が、夫が父でないと明確に主張した場合でも、夫でない男性を父として登録
しようとするならば、その男性と子との遺伝上の関係を示す証拠をもって、登
録をする必要がある[70]。

（ ii ）　他方で、婚姻していない女性（離婚した女性を含む）が出産した場合に

---

67)　Andrew Bainham,"What is the Point of Birth Registration?"（2008）20 *Child and Family*
　　*Law Quarterly* 449 at 453は、偽証法（Perjury Act 1911）の構成要件の詳細を含む掲示が、
　　どの身分登録所（Register Office）でも目立つように貼ってあると述べる。

68)　Bainham, *Children*, p.133. このことは、仮に夫が、その男性が父であると認めていたと
　　しても、変わりがないとされる（Bainham, Birth Registration at 454）。なお、婚姻女性が
　　出産した子について、父の名を登録せずに出生登録するという選択肢は、少なくとも今
　　日では、存在しないように見受けられる（ちなみに、夫が第一次世界大戦に出征中に妻
　　が出産した子について、妻が署名した子の出生の届書において、父の欄が空欄とされて
　　いたという事案にかかる裁判例として、*Brierley v Brierley and Williams*［1918］P 257が
　　ある）。

69)　Bainham, Birth Registration at 454.

70)　Bainham, Birth Registration at 454.

第2章　イングランド法における親子関係　233

は、制定法が定める場合にのみ、父の名が登録される（空欄であっても差支えない）。そのような場合としては、両者が共同で登録に行き両方ともが署名して出生登録する場合、一方が記入し署名した所定の書式を他方が持って出生登録に行く場合、一方の親責任に関する裁判所の命令等を持って他方が出生登録に行く場合などが考えられる（BDRA 1953, s.10）。

### (3)　再登録（re-registration）

当初は父の名が載せられなかったり、誤った男性の名が父として登録されていたりした場合に、それを修正すべく再登録するという手続（誤りの記載は消去せず、正しい記載を欄外に追記する）がある。再登録は、上記(2)(ii)の条件（基本的に、母と男性の両方の同意があることが必要）が満たされる場合に、可能である[71]（BDRA1953, s.10A）。

### (4)　統　　計

未婚カップルの子の出生登録の際に父の名も載せられる事例（joint registration）をみると、そのような事例の件数、その件数が未婚カップルの子の出生登録件数全体に占める割合、のいずれも増大してきており、1964年には26,000件・40％であったものが、2005年には231,000件・84％となっている。それでも、2005年に、イングランドおよびウェールズにおいて、45,000件（イングランドおよびウェールズでの、婚姻カップルを含めた全出生登録件数の7-8％）が、父の名の記載されない場合（sole registered）であった[72]。

## ④　WRA2009のもとで予定されている出生登録の手続

WRA2009のもとでは、婚姻していない女性が出産した場合においても、父母のいずれもが、子の出生について情報提供をする適格を有する（qualified）

---

71)　BDRA 1953, ss.14, 14A には、記録長官がみずから再登録をする場合として、準正（legitimation）の場合と、親子関係の確定それ自体を目的とする裁判手続（FLA1986, s.55A(1). 本文⑤および注65）参照）の結果そうする場合とが規定されている。

72)　Department for Work and Pensions, *Joint Registration: Promoting Parental Responsibility* (2007, Cm 7160), paras 34-39.

234　第3部　イングランド法

ことになり、両方が共同で出生登録することが原則化される（いいかえると、単独で登録するには正当化事由が必要とされる）。

　単独で出生登録をしようとする母は、原則として、父に関する情報を提供する義務を負う。もっとも、一定の事由（父が死亡している、父が誰であるかやその所在が不明である、名指した男性に連絡が取られると母ないし子に危険が及ぶ恐れがある等）がある場合には、その義務を負わない。情報提供された場合には、その後に、登録官は当該男性に対して通知をし、子の出生について情報提供することを求める。ここで当該男性が、子の父であることをみずから承認すれば、父として登録される。また、男性側のイニシアティブにより、父として登録されるべきことを求めることのできる手続（ただし、母の同意も必要とされる）も設けられる。さらに、母およびある男性が、同意のもとでなされる科学的テストの結果、当該男性が子の父であることが判明した際には、当該男性をその子の父として登録する、ということに事前に合意した場合において、実施された科学的テストの結果、実際に当該男性が父であると判明したときは、登録官が当該男性を父として登録する、という手続も設けられることとされている。

　もっとも、このような新制度が提案され意見が求められた際には、登録官から次のような懸念が寄せられた。すなわち、もともと登録官は基本的には受動的に、寄せられた情報を無私公平に記録する役割の者と考えられてきたところ、このような改正がされると、登録官には、単独で登録に来た女性に対し、本当に正当化事由が具備されているのかのチェックをする役割が与えられることになり、こうして登録官に「尋問者（interrogator）、探索者（investigator）、カウンセラー」の色彩を加えるものである、というのである[73]。

### 5　父性の推定（*pater est* ルール）

　これは、婚姻女性が出産した場合に、当該女性の夫が父であると推定されるルールのことである。このルールは、当該出産女性が懐胎時または出生時にお

---

73)　もっとも、Bainham, Birth Registration at 460は、政府は、登録官が、父を追跡したり、父は死亡したないし行方不明であるという母の主張を調査したりする役割をもつことが、現実的であるとは考えていないように見受けられる、という。

いて男性と[74] 婚姻していた場合に、あてはまる（婚姻前に懐胎していても出産時に婚姻していればあてはまるし、また、婚姻解消後通常の妊娠日数内〔特に日数は定まっていない〕に生まれた子にもあてはまる）。もっとも、反対事実（特に遺伝上の事実）を示すことによって、この推定を覆すことができ、この反証は証拠の優越で足りる（FLRA1969, s.26）。

　婚姻していた女性が、分娩前に離婚した場合において、離婚時から通常の妊娠期間のあいだに子を出産したところ、出産時には既に再婚していたときは[75]、2つの推定が衝突する。この場合には結局、出生登録においてどちらの男性が記載されるか、そして他方の男性がその記載を争うかどうか（争う場合には、今日では、次に述べる科学的テストで決着されることになろう）によって父が決まることになろう[76]。

　裁判所は、父子間の遺伝上の関係があるかどうかを確定するために、科学的テスト（scientific testing）[77]を、親子関係が決められるべき裁判手続（親子関係の確定それ自体を目的とする裁判手続〔FLA1986, s.55A(1). これには、不正な手段により判決が取得された場合を除き、対世効が認められる〕のほかに、相続事件、親責任が関わる事件、離婚事件〔相手方の不貞を証拠立てるため〕等の、紛争の前提として親子関係を確定させることが必要となる裁判手続[78]がある）において、指示する裁量を有する（FLRA1969, s.20）。これが指示されると、6でみるように、試料の提供を拒否することは16歳以上の者であれば可能だが、拒否の事実自体からかなり強力な推認（inference）がされる。かくして、科学的テストの指示

---

74)　出産女性が同性婚をしていた場合には、当該同性婚の配偶者が子の他方の親であるという推定は働かない（Marriage（Same Sex Couples）Act 2013, Sch 4, Part 2）。

75)　再婚禁止期間の定めはない。

76)　Bainham, *Children*, p.133.

77)　状況証拠は今日ではほとんどのケースにおいて意味を持たない。もっとも、父だと主張されている人物が死亡したり行方不明であったりするために、科学的テストを実施できない場合においては、今日もなお意味を持ちうる（*Bromley's Family Law*, p.263; *Hayes and Williams' Family Law*, p.353）。

78)　これらの裁判手続で認定された事実は当事者のみを拘束するが、その後の訴訟でも、反対証拠が出るまではそれがさしあたりの事実であるとされる（Masson/Bailey-Harris/Probert, *Cretney Principles of Family Law*（8th ed., 2008, Sweet&Maxwell）, p.537-538）。

236　第3部　イングランド法

がされることは、*pater est* ルールが蔑ろにされてかまわない場合であるという裁判所の態度の表明であると理解することができる。そして、結論から述べれば、科学的テストは、ほとんどの事例において指示されると考えてよい。項を改めて説明する。

## 6　科学的テストが指示される場合・されない場合

　5で先述したように、裁判所は、親子関係が決められるべき事件において、科学的テストをするよう指示する一般的な権限を有する（FLRA 1969, s.20）。科学的テストを指示するには、申立てにそれなりの根拠があることが前提となることはもちろんである[79]。

　科学的テストをするよう指示するべきかどうかの判断基準は、それが子の最善の利益（best interest）に反するかどうかであり、子の最善の利益に反することを積極的に示せない限り、科学的テストの指示がされるべきであるとされる[80]。子の最善の利益を考慮する際に、遺伝上の由来を知る権利（子にとって、自分の父が誰であることを知る権利）が子の利益としてカウントされる反面で、既存の関係を断絶させる可能性があることは子の利益に反する事情の1つとしてカウントされる。裁判例は、次の2つの事例での裁判所の態度の違いからもわかるように、全体としては真実追及の方向に向かっている[81]。

---

79)　*Bromley's Family Law*, p.267は、科学的テストの指示がされない場合の1つとして、主たる論点（たとえば面会交流）を決するために父子関係を確定させる必要がないという場合を挙げる。

80)　*S v S; W v Official Solicitor* [1972] AC 24（HL）.

81)　真実がわかったとしても、それが直ちに子に知らされるべきかはまた別問題となりうる。*Re J (Paternity: Welfare of Child)* [2006] EWHC 2837（Fam）は、裁判所に、子（10歳）が真実を知るよう措置を取る権限があることを前提にしつつ、母の mental illness も考慮して、当該事件においては子に知らせるべきでないと判断した。ただしこの事件は、子は母の長期間にわたるパートナーが父であると思ってきたところ、その子との交流を求めてきた別の男性が科学的テストによって子の遺伝上の父であることが判明し、しかし、当該男性と母との性交渉が強いられたものであったのか・同意のあるものであったのかがさらに争われているうちに、当該男性が行方不明になったので、交流を求める裁判の手続が延期された（adjourned）、というやや特殊な事案にかかるものである。

第 2 章　イングランド法における親子関係　237

---

● *Re F（A Minor）（Blood Tests: Parental Rights）*〔1993〕Fam 314（CA）

　子 E の母である F 1 女は、懐胎当時、夫 F 2 男および B 男（申立人）の両方と性的関係を持っていた。F 1 と B の関係は、E が出生する前に終わっており、E は F 1 F 2 夫婦の子として育てられていた。B は、E の遺伝上の父であると主張して、E との交流などを求める申立てをし、その中で、父性を確定するための科学的テストを指示するよう裁判所に申し立てた。原審は、嫡出性の推定を失う危険に E をさらすべきではないとして、科学的テストの指示に関する B の申立てを認めず、控訴院もこの判断を支持した。

● *Re H and A（Paternity: Blood Tests）*〔2002〕EWCA Civ 383[82]

　R 1 女（R 2 男と婚姻中）は 4 年間にわたり B 男と性的関係を持っており、その間に R 1 は双子を懐胎・出産した。R 2 男は R 1 の不貞を知らず、双子を自分の子として受け入れ、R 1 が働きに出ている間は主たる養育を引き受けていた。R 1 女と B 男との関係が終わった後、B は双子との面会交流などを求める申立てをした。R 1 は R 2 にこの裁判手続を隠した上で、B が父であることを否定して争っていたが、B の訴え提起から 1 年ほど後になってついに R 2 が事情を知った。R 2 は、もし自分が父でないということになったらもう双子の養育は引き受けられない、自分が双子の父であることは99％確信している、と陳述した。原審は、B が父であると判明したときに生じるであろう結果を考慮して、科学的テストの指示をしなかったが、控訴院は、原審の衡量は誤っているとして、これを差し戻した。

---

　科学的テストの指示がされても、16歳以上の者については、本人の同意なしに、それを受けるよう強制することはできない（FLRA1969, s.21）。16歳未満の子から科学的テストのための試料を採取することは、その子につき care and control をもつ者が同意するか、それが採取されることが子の最善の利益にかなうと裁判所が考える場合には可能である[83][84]（FLEA1969, s.21(3)）。

---

82)　*Bainham, Children*, p.144は、この事件が現在の leading authority であるという。

83)　16歳未満だがそれに近く、十分な理解力がある子が拒否したときに、裁判所がその拒否を覆して科学的テストを強制的に受けさせることは、制定法上は可能である。しかし、その拒否が合理的である等の事情がある場合に、子の考えを尊重して、科学的テストを指示しなかった事例がある（*L v P（Paternity Test: Child's Objection）*〔2011〕EWHC 3399;

238　第3部　イングランド法

試料提供を拒否したという事実から、拒否者に不利な推認（inference）を引き出すことは許される（FLRA1969, s.23）。例えば、夫でない男性が試料提供を拒否する場合に、夫の父性推定を覆す証拠が特になくても、その男性が父であるとされて、養育費の支払が命じられることがあるし、また、救済を求める夫が *pater est* ルールを援用するが、科学的テストが指示されたにもかかわらず試料提供を拒否する場合に、夫の父性推定を覆す証拠が何もなくても、夫が求める救済を否定することができる[85]。

## ７　生殖補助医療の場面におけるコモンロー上のルールの修正

遺伝上の父＝法律上の父というコモンロー上のルール（②参照）が、生殖補助医療の場面（代理懐胎〔surrogacy〕が関係する場合はここでは検討しない）において、制定法の規定により排除されることがある。

第一に、婚姻女性が人工授精〔AI〕ないし体外受精〔IVF〕を受けて出産した場合には、その配偶者の同意がなかったことを当該配偶者自身が証明した場

---

[2013] 1 FLR 578. 子の出生前に婚姻した男性が父であることを引き受けたが、ほどなく離婚した。男性は養育費の不払いを蓄積させており、執行されそうになったところ、その男性が、自分は父ではないと主張した。当時15歳であったその子が、科学的テストを受けることを拒否する意向を示した）。

84)　なお、注81) で述べた *Re J* 判決は、FLRA1969, s.20に基づいて科学的テストをする指示をするかどうかについて判断したものであるが、これとは別に、FLRA1969, s.21(3)（本文で述べたように、これは16歳未満の子の場合にのみあてはまる）の判断にあたり、子の最善の利益を考慮する際にも、子が拒否しているという事情が考慮されうる。*Re D (Paternity)* [2006] EWHC 3545（Fam）では、子の拒否は感情的であると裁判所は評価し、遅かれ早かれ真実を知ることが子の利益になるとしつつも、年齢的にはいま事を急ぐことは子の利益にならないとして、父と主張する男性については科学的テストを指示したが、子については、特に期限を決めることなく、科学的テストの指示を stay することとした。

85)　*Hayes and Williams' Family Law*, p.364. ただし、試料提供拒否者に不利な推認が引き出された事例として挙げられるのは、いずれも、養育費の請求など、紛争解決の前提として親子関係を確定させることが必要となる裁判手続（本文⑤参照）に関するものである。これに対して、親子関係の確定それ自体を目的とする裁判手続（本文⑤参照）において、試料提供の拒否という態度から、何らかの推認が引き出されることがあるのかどうかは、よくわからない。

合を除き、遺伝上の関係にかかわらず、当該配偶者が父である（当該配偶者が女性である場合は、「親（a parent）」となり、父はいないことになる〔HFEA2008, s.45〕）と扱われる（HFEA1990, s.28(2). HFEA2008, ss.35, 42も同旨）。指定クリニック以外で施術した場合であっても同様である。

　第二に、第一によっては父が決まらないが、女性が、男性（または別の女性）と共同で（together）、人工授精ないし体外受精を受け、その結果その女性が出産した場合において、施術前に、両者がその子の親となることを引き受ける同意を書面でしていたときには、その同意をした男性が父である（出産女性と共同で施術を受けたのも女性である場合には、同意をしたその女性が「親（a parent）」となり、父はいないことになる〔HFEA2008, s.45〕）と扱われる（HFEA1990, s.28(3). HFEA2008, ss.36, 37, 43, 44も同旨）。第二は、第一とは異なり、連合王国内の指定クリニックで施術した場合にのみ適用される。

　第三に、精子ドナーが、連合王国内の指定クリニックにおいて施術の目的で用いることにつき同意の上、精子を提供した場合には、当該男性は父として扱われない（HFEA 1990, s.28(6). HFEA2008, s.41(1)も同旨）。

　第一および第二によって父が決まれば、子の遺伝上の父が別にいたとしてもその者が法律上の父となることはない。また、第三が適用されれば、精子ドナーは遺伝上の父であるが、やはり法律上の父となることはない。

　しかし、これらのいずれもあてはまらない場合には、次の事例が示すように、遺伝上の父＝法律上の父というコモンロー上のルール（②参照）が適用されることになる。

---

●*Leeds Teaching Hospitals NHS Trust v A*〔2003〕**EWHC 259**（QB）

　Ａ１男Ａ２女という白人夫婦と、Ｂ１男Ｂ２女という黒人夫婦が同じ指定クリニックで施術を受けていた。Ａ２はＡ１の精子を用いて夫婦間人工授精〔AIH〕をするはずであったが、あやまってＢ１の精子が用いられてＡ２が妊娠し、ハーフの双子が出生した。Ａ１Ａ２夫婦はこの双子を育てることにしたが、誰が双子の父であるかが問題となった。裁判所は次のように判断した。まず、Ａ１男がした同意は、自分の精子を使ってＡ２女に治療をすることに限定されているため、上記第一は適用されない。また、クリニックが取り違えをするという根本的なエラーを犯した場合には、子の出生が「共同で施術を受けた」ことの結果であると

240　第3部　イングランド法

いうことはできず、上記第二が婚姻夫婦にあてはまると解したとしても本件で適用されることはない。さらに上記第三について、B1は、妻B2以外の女性の卵子に受精させるために用いられることには同意していないため、やはり適用されない。本件ではDNAテストがされて遺伝上の父がB1であると確認されているので、⑤で述べた父性の推定は働かない。こうして、コモンロー上のルールにより、遺伝上の関係があるB1が父であるとされた（必要があれば養子などで対応することができるから、この結論でも問題はない、という）。

# 第4部　アメリカ法

常岡　史子

# 第1章　はじめに

## ① 本調査の目的

　調査報告の目的は、アメリカにおける親子法制（養子・実子）の現状を明らかにし、わが国における特別養子縁組を含む未成年養子制度及び嫡出推定制度の見直しの要否に関する検討のための基礎資料を提供することにある。そこでは、①未成年養子制度の概要（養子縁組の成立によって実方父母との親族関係が終了するか、養親及び養子の年齢要件、離縁の可否等）とその運用状況（養子縁組成立手続の概要、実父母の同意の有無と申立権者、養子の身分関係の証明等）、及び社会における養子縁組の利用状況と、②法律上の親子関係発生に関する制度の概要（父性を推定する制度の有無とその内容、推定を覆すための手続の有無、法律上の父子関係・母子関係発生に関する制定法と判例のルール等）が、具体的な調査対象となる。

　周知のようにアメリカの家族法制は州ごとに制定され、その内容も多様である。しかし、実親子関係については、嫡出子と婚外子の区別の撤廃や同性カップルから生まれた子の親子関係の確定等子の福祉の観点からの立法の必要性が広く認識されており、統一法委員会（Uniform Law Commission（ULC）：統一州法委員全国会議（The National Conference of Commissioners on Uniform State Laws））による統一法典（統一親子関係法：Uniform Parentage Act（以下 UPA と記述）[1]）

242　第4部　アメリカ法

の作成を通じた子の権利と保護の確保が推進されている。一方、養子制度についても統一法委員会が統一養子法（Uniform Adoption Act（以下 UAA と記述））[2]を作成し、養親子関係の成立と効果に関する統一法案を提示しているが、UPAと比べると各州は UAA の導入にそれほど積極的とは言えない。しかし、諸州はいずれも特に未成年養子における養子の保護を念頭に置いた法律を整備するとともに、むしろアメリカでは、人種や宗教等についての養親と養子とのマッチングを勘案すべきか、勘案すべきとした場合具体的にいかなる基準でこれを図るかがより大きな問題とされていると言える[3]。

　そこで、本調査報告では、まず統一法委員会の統一養子法及び統一親子関係法における養親子関係・実親子関係の要件及び効果について解説する。さらにそれとともに、アメリカ諸州の中でも人口が多く、東海岸と西海岸にそれぞれ

---

1)　http://www.uniformlaws.org/Act.aspx?title=Parentage%20Act%20（2017）（last visited December 14, 2018）．なお ULC が2018年12月にホームページのリニューアルに着手し under construction のため、2019年 1 月 6 日時点で以下の URL で UPA2017年法のみ閲覧可能となっている。そのため、以下 UPA1973年法、2002年法の uniformlaws.org の URL は2018年12月14日時点のものである。https://www.uniformlaws.org/viewdocument/final-act-with-comments-61?CommunityKey=c4f37d2d-4d20-4be0-8256-22dd73af068f&tab=librarydocuments（last visited January 6, 2019）．［注記］2024年 9 月20日時点で、ULC の下記のサイトに、UPA1973年法・2002年法・2017年法が掲載されている。
https://www.uniformlaws.org/committees/community-home/librarydocuments?LibraryKey=7bd3aca3-acc5-4e17-bccd-e8eceb818b11

2)　http://www.uniformlaws.org/Act.aspx?title=Adoption%20Act%20（1994）（last visited December 14, 2018）．前掲注1）と同じく2019年 1 月 6 日時点で under construction であり、同日の段階で ULC のホームページに UAA1994年法は掲載されていない（以下 UAA1994年法の uniformlaws.org の URL につき同様）。なお、その後 ULC では、養子縁組した子の身上監護の移転に関する統一法又はモデル法の起草作業が開始している。https://www.uniformlaws.org/committees/community-home?CommunityKey=a46ee4e6-9963-48db-a70c-386367422fd8［注記］ULC は2021年に Uniform Unregulated Child Custody Transfer Act（UUCCTA. 無規制な子の監護権譲渡に関する統一法）を公表した（https://www.uniformlaws.org/committees/community-home?CommunityKey=473903e2-ea5a-4088-a8be-ba3f9086d46b）。同法の概要は【後記】を参照。

3)　Leslie Joan Harris, June Carbone, Lee E. Teitelbaum & Rachel Rebouché, Family Law 935, Wolters Kluwer（6th ed. 2018）.

位置し政治的・経済的にも影響力の強いニュー・ヨーク州とカリフォルニア州を中心に、州法における養子法制及び親子関係法制について記述する[4]。また、本調査報告では、アメリカにおける養子制度の利用の実態についても言及している（本稿第2章①）。これらの考察を通じて、アメリカが養子・実子を含む親子関係に関する法制度としていかなる方向を指向しているかを提示することをねらいとする。

## ② アメリカにおける親子法制の概要[5]

　家族関係を法律によって規律することを目的とする家族法において、親子関係の決定は法として最低限必要な役割を果たす分野であると言える。特に実親子関係は、アメリカにおいても父母の婚姻関係の存在を通じて親と子の法律上の関係が発生するという仕組みが採られている。すなわち、婚姻している女性が子を産んだ場合、その子の父はこの女性の夫であると推定するルールである。アメリカでは1970年代頃まで出生児の90％は婚姻している母から生まれており、その夫が子の父と推定された。当時親子関係の鑑定に際して用いられていた血液検査は科学的に絶対的な方法ではなく、たとえ事実は生物学的親子関係のない者であってもある男性を子の生物学的な父ではないとして排除するには十分でなかった。そこでは、子の法律上の父とは社会上の父（social father）を意味し、そのような父として機能する男性は原則として子の母の夫であった。

　一方、婚姻外で生まれた子について、コモン・ローはそのような子を私生児（bastard）であり、誰の子でもない子（children of no one）としていた。生物学上の父は婚外子に対して権利も義務も持たず、主に子の出産費用に関する損害賠償責任を負うのみであった。父に対する婚外子の扶養請求権は認められず、父もまた婚外子の監護権を有さなかった[6]。そして、コモン・ローの伝統に従

---

4)　アメリカ国勢調査局（Bureau of the Census）による調査で、2017年7月1日時点の各州の人口は第1位がカリフォルニア州（約3,950万人）、第2位がテキサス州（約2,830万人）、第3位がフロリダ州（約2,098万人）、第4位がニュー・ヨーク州（約1,985万人）である。https://www.census.gov/data/tables/2017/demo/popest/state-total.html（last visited January 6, 2019）参照。

5)　Harris, Carbone, Teitelbaum & Rebouché, *supra* fn.3 831-33.

244　第4部　アメリカ法

うアメリカにおいても、かつては、非婚の母（unmarried mother）から生まれた子は法的にも社会的にも親を持たないという状況に置かれていた。しかし、19世紀の初めまでに、アメリカのほとんどの州では婚外子についても母との間では法律上の親子関係を認めるとの法整備が行われた[7]。そして20世紀に入ると、多くの州は、婚外子にも一定の条件のもとで父の遺産から財産を得ることを認める方向へと進んだ。ただし、他方では、婚外子に、父の相続権や父の死亡に際して一定の経済的利益を得る権利はもちろん、父の生存中に扶養を請求する権利も認めない州も少なくなかった。また、多くの州では、婚外子の父に子の監護権や子との面会交流権を認めていなかった[8]。

　このような状況に変化が生じたのは1960年代の終わり頃からであり、連邦最高裁判所の一連の判決によって、嫡出親子関係に比して婚外子とその親を差別する諸州の制定法が合衆国憲法の平等保護条項（equal protection clause）違反と判断されるようになった[9]。ただし、実際には婚外子が生物学上の父との法的親子関係を確立することはまれであり、たとえば判例では母と婚外子が子の父と長期間共同生活を送っていること等が父子関係成立の要件とされたが[10]、1970年代当時においてシングル・マザーの多くは子の生物学上の父と同棲していないのが現実でもあった。

　一方、今日、アメリカでは出生児の約40%が婚姻外で生まれており、非婚の母が子の生物学上の父と同棲している割合も増えている[11]。州によっては、親の婚姻関係の有無を基準とする法律上の区別的取り扱いを一切廃止している所もあり、統一親子関係法の2017年改定版（UPA2017年法：UPA（2017））もこの立場を採る[12]。

---

6)　石川稔「アメリカにおける親子法の最近の動向」ジュリ602号（1975）103頁。

7)　MICHAEL GROSSBERG, GOVERNING THE HEALTH: LAW AND THE FAMILY IN NINETEENTH CENTURY AMERICA, 198-200, 207-15, The University of North Carolina Press（1985）.

8)　Leslie Joan Harris, *Reforming Paternity Law to Eliminate Gender, Status and Class Inequality*, 2013 MICH. ST. L. REV. 1295, 1299-1302.

9)　Labine v. Vincent, 401 U.S. 532, 539-40（1971）; Weber v. Aetna Cas & Sur. Co., 406 U.S. 164, 165, 175-76（1972）; Stanley v. Illinois, 405 U.S. 645-46, 658（1972）; Trimble v. Gorden, 430 U.S. 762, 773-76（1977）.

10)　Stanley v. Illinois, *supra* fn.9, 651-53.

第1章　はじめに　245

　しかし、多くの州法では、依然として親の婚姻関係やあるいは生物学上の親子関係に基づく法的区別が維持されている。また、親の婚姻関係の有無に基づく区別を廃止した州においても、実際には嫡出子（婚内子）と婚外子との法的地位にはなお相違がある。すなわち、アメリカでは全州において、婚姻している女性から生まれた子はこの女性の配偶者の子と推定するルールが置かれている[13]。これは、誰もこの推定を争う者がなければ、子の母の配偶者が子の法律上の親であることを意味する。それに対して、非婚の女性から生まれた子については、父との法律上の親子関係を形成するために別途手続が必要とされる。

　一方で、この間、婚外子の増加のみならず、嫡出子についても両親の離婚・再婚による家族関係の多様化が進み、また、親子鑑定におけるDNA検査技術の著しい進歩や同性婚の承認等、親子関係の成立に関する伝統的な法規範の見直しを迫る状況がアメリカでは急速に広がっている。LGBTカップルの子や機能上の親（functional parents）など、生物的な親子関係のない者の間の法的親子関係の成立の問題をめぐり、父母の婚姻関係に基づく親子関係の推定を法律上の実親子関係発生の根拠となおし続けてよいかが裁判所で問われ、この問題に立法的な解決を与えている州も少なくない。

　アメリカについて特徴的なのは、法律上の親子関係について、子の扶養義務者の決定を目的とする場合と子の監護者を定めるための身分関係の確立を目的とする場合とで、親子関係の定義が異なりうることを容認する方向にある点であろう。家族関係の多様化は、家族という子の生育の場の不安定化とつながる。

---

11)　全米保険医療統計センター（National Center for Health Statistics）の報告によれば、婚姻外で生まれた子のうち、母が子の父と同棲していた者の割合は2002年に41％であったのが、2006年から2010年には58％まで増加した。ただし、全出生児に対して婚姻外で生まれる子の数・割合は2009年をピークとして減少傾向にはあり、2009年に41％であったのが、2017年は39.8％である。その一因として10代の女性の出産率の減少、特に非婚の黒人女性、ヒスパニック女性の出産率の減少が指摘されている。https://www.cdc.gov/nchs/data/databriefs/db162/htm; https://www.cdc.gov/nchs/fastats/unmarried-childbearing.htm（last visited January 6, 2019）.

12)　UPA（2017）第202条は、「親子関係はすべての子について平等であり、親の婚姻の有無によって影響を受けない。」と規定する。

13)　HARRIS, CARBONE, TEITELBAUM & REBOUCHÉ, *supra* fn.3, 843.

246　第4部　アメリカ法

また、性的交渉の自由度の増大は、子の生物学上の父に関する疑いも増大させる。子の扶養という側面については、1975年に社会保障法第4編に新設されたD章（Title IV-D of the Social Security Act, 42 U.S.C. Sections 651 through 669）のもとで、連邦と州によって児童支援促進プログラムが推進されてきた[14]。これは"Title IV-D"プログラムと呼ばれ、そこでは児童支援を確立しその基金を集めるための第一歩として、非婚の子どもの父を特定することの必要性が強調された[15]。1992年から2013年の間に、婚外子と父との法律上の親子関係の確定数は年間51万6,000件から約160万件にまで増加し、その後も年間150万人から140万人で推移している[16]。それによって多くの男性が婚外子の法律上の父と特定され、一度も生活を共にしたことがなく実際の親子関係を育んだ経験のない子の養育費を請求されるという状況が生じている。さらに、現在、多くの州では、「2人以上の大人」に一人の子の「親」としての法的地位を求める権利を認める法の整備が進められている[17]。アメリカにおける法的親子関係の決定は、従来の婚姻に基づく推定のルールから大きく変容してきている。親子関係法をめぐるこのような現代社会における諸変化は、子の扶養義務及び子の監護権の両面において、「どの大人を子の法律上の親と見なすべきか」に関し複雑な問題を生じさせている。

---

14)　https://www.gpo.gov/fdsys/pkg/STATUTE-88/pdf/STATUTE-88-Pg2337.pdf#page=15
（last visited January 6, 2019）.

15)　Office of Child Support Enforcement, U.S. Department of Health & Human Services, https://www.acf.hhs.gov/css/about（last visited January 6, 2019）.

16)　https://www.acf.hhs.gov/sites/default/files/programs/css/fy_2017_preliminary_data_report.pdf?nocache=1529610354（last visited January 6, 2019）.

17)　HARRIS, CARBONE, TEITELBAUM & REBOUCHÉ, *supra* fn.3, 909.

# 第2章　養子制度

## 1　アメリカにおける養子縁組の動向

　アメリカ合衆国国勢調査局の2010年の調査によれば、2010年時点でアメリカに居住している18歳未満の養子の数は約150万人であった。これは、2000年の約160万人から10万人減少している[18]。また、各年の養子縁組成立件数についても、2007年に約13万4,000人であったのが、2014年には約11万人であり下落傾向にある。その理由の一つとして、アメリカ人の養親による国際養子縁組の減少が挙げられ、また、親族間での養子縁組数の減少も一因とされている[19]。ただし、幼児の養子縁組（infant adoption）は一定数で推移しており、2007年に18,078件であったのが、2014年には18,329件となっている[20]。

　現在、アメリカにおける18歳未満のすべての子のうち、養子である子は約2.4％にとどまるが、婚姻している親と暮らす子の数は、実子の場合69％であるのに対して、養子は73％という数字が出ている。また、予期せぬ妊娠で出産した子についても、子を養子に出すという選択は現在のアメリカでは非常に少なく、白人の未婚女性の場合3％未満。黒人の未婚女性の場合2％未満とされている。50年ほど前、白人未婚女性の40％がそのような子を養子に出していた時代とは状況が大きく異なるとの報告もある[21]。

---

18)　https://www.census.gov/prod/2014pubs/p20-572.pdf（last visited January 6, 2019）.

19)　Report of National Council For Adoption, https://www.adoptioncouncil.org/publications/2017/02/ adoption-by-the-numbers（last visited January 6, 2019）. 2014年の養子成立件数のうち41,023件が親族間の縁組、69,350件が非親族間の縁組であったと報告されている。

20)　Report of National Council For Adoption, *supra* fn.19.

21)　Priscilla K. Coleman & Debbie Garratt, *From Birth Mothers to First Mothers: Toward a Compassionate Understanding of the Life-Long Act of Adoption Placement*, 31 Issues L.& Med. 139, 141（2016）.

248　第4部　アメリカ法

　ただし、アメリカにおいて深刻に受け止められているのが、里子（child in foster care）の養子縁組である。里子の数は近年増加しており、2012年に39万7,000人であったのが、2016年には43万7,000人となっている。そのうち、親族が里親となるケースも増えており、2016年には里子の32％がこれであった。ただし、45％の里子は非親族の里親のもとで暮らし、また、12％の里子はグループホームや施設で生活している[22]。里子の多くは、生みの親らが子を育てることができないか育てる意思がないために里親に預けられた子であり、虐待やネグレクト等のため、もとの家庭では子の安全が確保できないと裁判所が判断したことにより里子に出されるケースも多い。2016年には、18歳未満の子の1,000人に6人が里子として里親に監護されている[23]。

　ただし、里子と里親との関係は永続的なものではなく、複数の里親に預けられた経験を持つ子も珍しくない。監護と養育を必要とする子に安定的な家庭を与えるためには養子縁組をすることが望ましいとされ、養子縁組を待つ未成年の里子は10万人を超えると言われている[24]。なお、2007年のものであるが、里子から養子になった子の69％は里親と縁組しており、23％は子自身の親族と養子縁組したとのデータがある[25]。ただし、このように里子から養子となった子は比較的低収入の養親家庭に引き取られる傾向があり、54％の子が特別な医療ケアを必要とする状態にあるとも言われている。

　養子縁組に関する規律は州法の管轄であり、その内容は州ごとに多様である。ただし、根幹となる部分は共通しており、前の親と子との親子関係を終了させること及び養親となる者と子との間に新たな親子関係を創設することである。そして、この手続は、多くの場合裁判所の司法手続によって行われる。

---

22)　Report of Child Trends, https://www.childtrends.org/indicators/foster-care（last visited January 6, 2019).

23)　Report of Child Trends, *supra* fn.22.

24)　Report of Adopt US Kids, https://www.adoptuskids.org/adoption-and-foster-care/overview/adoption-from-foster-care（last visited January 6, 2019).

25)　Harris, Carbone, Teitelbaum & Rebouché, *supra* fn.3, 920.

第 2 章　養子制度　249

# ② 統一養子法（Uniform Adoption Act）の養子制度[26]

## 1　概　　要[27]

　統一州法委員全国会議（現統一法委員会）は、1953年に最初の統一養子法（UAA）を公表し、その後1969年と1994年に改定版が出されている。UAA1994年法は、時代にそぐわなくなった前法を刷新し、養子法の統一的モデルとなる新たな指針の提示を目的として作成されたものである。1953年法・1969年法を採択・施行したのはアイオワ、アーカンソー、オクラホマ、ニュー・メキシコ、ノース・ダコタの 5 州であり[28]、1994年法の採択・施行はバーモント 1 州にとどまっている[29]。しかし、養子の多様性とその保護の実現というアメリカが現在においても継続的に抱える問題に解決の道筋を与えようとする UAA1994年法の諸条文は、その目的のための具体的な施策を規定したものとして、今日もなお意義を失っていないと言うことができる。

　UAA1994年法は 8 編（Article1-Article8）から成り、第 1 編「総則（general provisions）」、第 2 編「未成年養子（adoption of minors）」、第 3 編「未成年養子の一般的手続（general procedure for adoption of minors）」、第 4 編「継親による未成年の継子の養子縁組（adoption of minor stepchild by stepparent）」、第 5 編「成人及び法律的に独立した未成年者[30]の養子縁組（adoption of adults and emancipated minors）」、第 6 編「養子縁組手続の記録：保存、機密性及び入手方法（records of adoption proceeding: retention, confidentiality, and access）」、第 7 編「養子縁組と関連する禁止行為及び許容行為（prohibited and permissible activities in connection

---

26) http://www.uniformlaws.org/Act.aspx?title=Adoption%20Act%20（1994）（last visited December 14, 2018）.

27) http://www.uniformlaws.org/ActSummary.aspx?title=Adoption%20Act%20（1994）（last visited December 14, 2018）.

28) http://www.uniformlaws.org/Act.aspx?title=Adoption%20Act%20（1953）（1969）（last visited December 14, 2018）.

29) http://www.uniformlaws.org/Act.aspx?title=Adoption%20Act%20（1994）（last visited December 14, 2018）.

30) 法律的に独立した未成年者（emancipated minor）とは、婚姻や軍への入隊、裁判所の決定等によって親の子に対する監護や監督から解放された者を言う。

250　第4部　アメリカ法

with adoption)」、第8編「雑則（miscellaneous provisions)」という構成である。その中心は未成年養子であり、そこでは、生みの親による直接的な養子縁組によるか（direct placement）又は仲介機関を通じた養子縁組によるか（agency placement）が一つの区別となっている。さらに、生みの親の同意権の確保、養子縁組記録の機密性の維持と開示の要請との調整も同法の作成に当たり重視された点である。

## 2　養親子関係成立の一般的要件と効果

UAA1994年法第1-102条は、「本法に従い、いかなる者も、親子関係の創設を目的として養子を取り又は養子となることができる。」と規定する。同条は、既婚・未婚、人種、民族、宗教等のカテゴリー付けによって養子縁組を妨げられることはないという、一般原則を示すものである。

裁判所による養子縁組成立判決（decree of adoption）が確定すると、養親と養子に法律上の親子関係が発生する。それにより、親子関係から生じるすべての権利義務が養親子となったこの者らに帰属する（同法第1-104条）。また、継親が継子を養子とする場合（UAA1994年法第4編）を除き、養親子関係の発生によって養子とその前の親との親子関係は終了する（同法第1-105条、第3-705条(d)項）。ただし、養子縁組成立判決が確定する前に養子に与えられていた権利や利益には、影響しない（同法第1-106条）。判決確定前に養子の実親が死亡した場合におけるこの子の法定相続分に関する権利等が、これにあたる[31]。

養子縁組成立判決には、これらの他に、未成年の養子の元の氏名、養親となる者の氏名、養親となる者が既婚か未婚か、養親となる者が養子の継親か否か、養子の新たな氏名とそれが効力を生じる時点、養子の新しい出生証明書に記載されるべき情報（ただし、養親となる者若しくは12歳に達した養子が新たな出生証明書の発行を請求しないときは不要）、養子の出生年月日及び出生地（不明な場合には裁判所が諸種の証拠や推定に基づいてこれを決定する）を明記し、さらに当該縁組が養子の最善の利益においてなされたものであることを記さなければなら

---

31)　UAA（1994）§1-106, Comment, http://www.uniformlaws.org/Act.aspx?title=Adoption%20 Act%20（1994）（last visited December 14, 2018).

ない（同法第3-705条(a)項(b)項）。なお、養子の前の親の氏名は、養親となる者がその記載を請求しかつ前の親が同意した場合に限り、養子縁組成立判決に記載される（同法第3-705条(c)項）。

---

● **UAA（1994）第1-105条（養子縁組後の養子と前の親との法律関係）**
　第4-103条で異なる定めがある場合を除き、養子縁組の判決が確定したときは、
　(1)養子の前の親と養子との法律上の親子関係は終了する。ただし、前の親が
　　負っている子の養育費の未払金の支払義務についてはこの限りでない。
　(2)以前に裁判所によって下された養子との面会交流に関する命令は、終結す
　　る。

● **UAA（1994）第1-106条（養子のその他の権利）**
　養子縁組成立の判決は、この判決が確定する前に養子に付与された権利又は利益に影響しない。

---

## 3　未成年養子制度

### (1)　養子縁組の権限を有する者

　未成年養子については、UAA1994年法第2編が定める。そこでは、養親の選定及び養親への養子の身上監護の移転（Placement）[32]（第1章）、試験的養育の評価（第2章）、健康保険施設（Health Care Facility）による未成年者の身上監護の移転（第3章）、養子縁組への同意及び子に関する権利の譲渡（Relinquishment）[33]（第4章）についての規定が置かれている。

　そのうち第2-101条は、未成年者養子縁組をすることができる者に関する総則規定である。

---

[32]　UAA1994年法において placement for adoption とは、未成年者の将来の養親を選定し、この者に未成年者の身上監護を移転することを言う（同法第1-101条(13)号）。

[33]　relinquishment とは、未成年者の縁組を目的としてこの子に関する監護権を含むすべての親（又は後見人）の権利を任意に仲介機関に譲渡することを指す（UAA（1994）第1-101条(15)号）。

252　第4部　アメリカ法

---

● **UAA（1994）第2-101条（未成年者の養子縁組をする（place for adoption）ことができる者）**

(a)未成年者の養子縁組ができるのは、次の者に限る。

　(1)(b)項及び(c)項で規定されているように、未成年者の法的監護権（legal custody）及び身上監護権（physical custody）を有する親

　(2)未成年者の養子縁組について裁判所により明確に権限を与えられた後見人

　(3)養子縁組を目的として未成年者に関する権利の譲渡（relinquishment）を受けた仲介機関（agency）

　(4)未成年者とその親又は後見人との関係を終了させる旨の裁判所の命令によって、当該未成年者の養子縁組の権限を明確に与えられた仲介機関

(b)(c)項で異なる定めがある場合を除き、未成年者の法的監護権及び身上監護権を有する親は、他方の親が同意若しくは子に関する権利の譲渡をせず又はこの者と未成年者との親子関係が終了していなかった場合でも、当該未成年者の養子縁組をすることができる。

(c)未成年者の法的監護権及び身上監護権を有する親は、他方の親が未成年者の法的監護権又は面会権を有しかつこの親の所在が知られているときは、当該未成年者の養子縁組をすることができない。ただし、他方の親が書面で養子縁組に同意するか又は、養子縁組前に、未成年者の養子縁組をしようとする親が他方の親の最後に知られている住所に配達証明郵便で養子縁組の意思を通知したときは、この限りでない。

(d)本法によって未成年者の養子縁組につき権限を与えられた仲介機関は、一方の親のみが子に関する権利の譲渡を行うか又は未成年者との親子関係を終了させた場合であっても、未成年者の養子縁組をすることができる。

---

　第2-101条(a)項(1)号(2)号が規定するように、未成年者の監護権を有する親又は裁判所によって権限を与えられた後見人は、この未成年者について養子縁組をなすことができる（direct placement adoption）。他方、親又は後見人が仲介機関に未成年者の養子縁組をしてもらうことを選び（agency placement adoption）、縁組をなすことに同意を与えたときは、親又は後見人は未成年者に関するすべての権利を仲介機関に譲渡しなければならない（relinquishment）。この譲渡後は、仲介機関が親又は後見人に代わって行動する。すなわち、仲介機関は、UAA1994年法の手続に従いこの子の養子縁組をすることができる（UAA（1994）第2-101条(a)項(3)号）。なお、仲介機関は、裁判所の命令によっても未成

年者の養子縁組をする権利を取得する（UAA（1994）第2-101条(a)項(4)号）。


## (2) 直接的養子縁組（direct placement adoption）

　未成年者の親又は後見人は、直接、養親となる者を選び、養親に子の身上監護権を移すことができる（UAA（1994）第2-102条）。

---

● **UAA（1994）第2-102条（親又は後見人による直接的養子縁組）**

　(a)親又は直接子の養子縁組をなす権限を与えられた後見人は、第2-201条から第2-206条に従って試験的養育につき良好な評価を得たか又は第2-201条(b)項若しくは(c)項により試験的養育の評価を要しない養親とのみ、未成年者の養子縁組をすることができる。

　(b)親又は後見人は、未成年者の直接養子縁組のために将来の養親を選定することができる。第7編に従って、親又は後見人は、将来の養親に未成年者の法的監護権及び身上監護権を与え若しくは移転するにあたり、弁護士、医療提供者若しくは仲介機関を含む第三者の援助を得ることができる。

　(c)将来の養親は、親又は後見人に試験的養育の評価の謄本を交付しなければならず、また親又は後見人によって要求された追加情報を与えることができる。この評価及び追加情報は、身元に関する情報を除くように編集されなければならない。ただし、将来の養親の身元に関する情報は、この者が開示に同意したときは、編集するに及ばない。第7編に従い、将来の養親は、養子となる未成年者を見つけるにあたり第三者の援助を得ることができる。

　(d)未成年者の養子縁組への同意が、養子縁組時になされていない場合、未成年者の養子縁組をする親又は後見人は、身上監護権の移転が養子を目的とすること及び親又は後見人が養子縁組、同意、子に関する権利の譲渡及び親権の終了に関する本法の諸規定につき情報を得ていることを記載した書面に署名して、将来の養親にこれを交付するものとする。この書面は、そこで明記されている時点までに同意がなされるまでの間、当該未成年者のために扶養及び医療その他の監護をなす権限を将来の養親に与えるものでなければならない。将来の養親は、署名した書面をもって、当該未成年者の扶養及び医療その他の監護をなすこと並びに、明記された期間内に同意がなされなかったときは、親又は後見人に当該未成年者の監護権を返還することについての責任を承認したものとする。

　(e)直接的養子縁組に関するサービスを提供する者又は団体は、そのサービスについて照会をする者に対して、サービス及び料金表を書面で交付するものとする。

---

254 第4部 アメリカ法

## (3) 仲介機関による養子縁組 （agency placement adoption）

未成年者の養子縁組の権限を与えられた仲介機関も、養親を選定し、この未成年者の養子縁組を行うことができる（UAA（1994）第2-103条）。

● **UAA（1994）第2-103条（仲介機関による養子縁組）**

(a)未成年者の養子縁組をなす権限を与えられた仲介機関は、そのサービスについて照会をする者に対して、未成年者のために将来の養親を選定する当該機関の手続及び料金表を含むサービス内容を書面で交付するものとする。

(b)未成年者の養子縁組を行う仲介機関は、将来の養親に、養子縁組の判決が登録されるまでの間未成年者の扶養及び医療その他の監護をなす権限を、書面で与えるものとする。将来の養親は、未成年者の扶養及び医療その他の監護についての責任を、書面によって引き受けるものとする。

(c)第4章に従って未成年者を引き渡した親の請求により、仲介機関は、当該未成年者が養子縁組されたか、養子縁組の申立てが許可、否認若しくは撤回されたか、申立てが許可されなかった場合において他の養子縁組が行われたかについて、この親に迅速に情報を提供するものとする。

● **UAA（1994）第2-104条（仲介機関が未成年者の養子縁組をする場合における縁組の優先）**

(a)仲介機関は、第2-201条から第2-206条に従って試験的養育につき良好な評価を得た者とのみ、未成年者の養子縁組をすることができる。

　(1)仲介機関が親又は後見人によって選定された将来の養親と未成年者の養子縁組を合意したときは、親又は後見人によって選定されたこの者と縁組をしなければならない。

　(2)仲介機関がそのような合意をしなかったときは、未成年者の最善の利益において仲介機関が選定した者と縁組をしなければならない。

(b)(a)項(2)号により未成年者の最善の利益を判断する場合において、仲介機関は、優先順位に関して次の者を考慮するものとする。

　(1)当該未成年者の兄弟姉妹の誰かを以前に養子としたことがあり、かつ当該未成年者を養子とすることを書面で求める者

　(2)親又は後見人の求める特徴を備える者であって、仲介機関がこの要求に応じることに合意し、親又は後見人と仲介機関によって同意された期間内にこの者を探し出した場合

　(3)直前の24ヶ月内において6ヶ月以上又は未成年者が生まれてから半分の期

間のいずれか短い間、未成年者の身上監護をしてきた者であって、この者が当該未成年者を養子とすることを書面で求める場合

(4)未成年者が積極的な情緒的関係を形成しており、この未成年者を養子とすることを書面で求める親族

(5)仲介機関が選定したその他の者

(c)(b)項(2)号の要求に応じることを要しない場合、仲介機関は、未成年者の人種、国籍又は民族的出自のみを根拠にして、未成年者の養子縁組を遅延させ又は否認してはならない。未成年者の訴訟のための後見人（guardian ad litem）又は試験的養育の良好な評価を受け当該未成年者を養子とすることを書面で仲介機関に求める者は、本項に違反した仲介機関に対してエクイティ上の救済を求める訴訟又は裁判手続を提起することができる。

(d)現実的でありかつ兄弟姉妹である未成年者の最善の利益になる場合には、仲介機関は、(a)項から(c)項に従って選定された同じ将来の養親とこの兄弟姉妹との養子縁組をするものとする。

(e)仲介機関が(a)項(2)号に従って未成年者の養子縁組をする場合、(b)項(3)号に記載された者は、縁組後30日以内に、仲介機関による当該縁組の効力を争う訴訟又は裁判手続を提起することができる。この者が証拠の優越（preponderance of the evidence）によって、当該未成年者がこの者と本質的な情緒的結びつきを持ち、この者との養子縁組が当該未成年者の最善の利益であることを証明したときは、裁判所は当該未成年者をこの者の養子とする。

なお、親や後見人か仲介機関かを問わず、未成年者の養子縁組をしようとする者は、可能な限り養子縁組前に入手できる範囲で子の医学的・心理学的病歴や社会生活上の履歴、子の親や親戚の病歴や遺伝的疾病に関する情報を養親となるべき者に対して報告すべきこととされている（UAA（1994）第2-106条）。

### (4) 養子縁組への同意と子に関する権利の譲渡（relinquishment）

#### (a) 同意権者

養子縁組への同意権者は、UAA1994年法第2-401条で規定されている。それによれば、直接的養子縁組（direct placement adoption）の場合は、(1)養子となる未成年者を出産した女性及び、①養子となる未成年者がこの女性の婚姻中に出生するか又は婚姻の解消若しくは法定別居判決後300日以内に出生した場合におけるこの婚姻の相手方、②この女性の婚姻が無効又は無効宣言されうる

256 第4部 アメリカ法

ものである場合において、当該婚姻中又は婚姻終了後300日以内に養子となる未成年者が出生した場合におけるこの婚姻の相手方、③養子となる未成年者の父であるとの判決を受けた者若しくはこの未成年者との親子関係を発生させる効力のある書類に署名した者で、この未成年者のために相応の養育費を支払い面会交流してきたか、子の出生後養子縁組前に子を出産した女性と婚姻した者、若しくは④養子となる未成年者を自己の家に受け入れこの子を自己の子として公然と扱ってきた者のいずれかの同意がある場合、(2)裁判所によって未成年者の養子縁組への同意権を明確に認められた当該未成年者の後見人の同意がある場合、又は(3)養子となる未成年者の現時点での養父母若しくはその他の法律上承認された父母の同意がある場合にのみ、未成年養子の申立ては許される（同条(a)項）。

　一方、仲介機関による養子縁組（agency placement adoption）の場合には、未成年者の養子縁組をする当該機関及びUAA1994年法第2-401条(a)項で挙げられた者で当該未成年者に対する権利を仲介機関に譲渡していない者の同意が必要である。これらの者の同意がある場合においてのみ、仲介機関による未成年養子の申立ては許される（同条(b)項）。

　さらに、direct placement adoption の場合も agency placement adoption の場合も、養子となる未成年者が12歳に達しているときは、上述の同意権者の同意に加え、原則としてこの未成年者自身の、養子縁組に関するインフォームド・コンセントが必要とされる（同条(c)項）。

---

● **UAA（1994）第2-401条（同意が必要な者）**

　(a)　第2-402条に従い同意を要しないか免除される場合を除き[34]、本条により未成年者の養子縁組の権限を有する親又は後見人が未成年者の直接的養子縁組を行うときは、未成年者を養子とする縁組の申立ては、次の(1)から(3)のいずれかの者の同意がある場合にのみ認容される。

　　(1)当該未成年者を出産した女性及び、

---

34)　UAA1994年法第2-402条は、養子縁組への同意を要しない者を列挙する。養子縁組を目的として仲介機関に法的監護権、身上監護権を含む子に関する権利を譲渡した者、未成年者との親子関係が裁判によって終了した者、裁判によって無能力者と宣言された親等がこれに当たる。

第2章 養子制度 257

(i) 当該未成年者が婚姻中又は婚姻解消若しくは裁判所の別居判決後300日以内に出生したときは、この女性と婚姻していた男性

(ii) 当該未成年者の出生前に表見上法を遵守した方式によりこの女性との婚姻を企図した男性であって、この企図された婚姻が無効であるか又は無効と宣言されうるものであり、未成年者が企図された婚姻中若しくは企図された婚姻終了後300日以内に出生した者

(iii) 裁判によって子の父と決定された男性若しくは未成年者との親子関係を成立させる効果を持つ書類に署名した男性であり、(A)未成年者の扶養のために合理的で継続的な養育費を資力に応じて支払いかつ未成年者と面会若しくは交流していたか、(B)未成年者の出生後、養子縁組のための子の身上監護の移転前に当該未成年者を出産した女性と婚姻するか、表見上法を遵守した方式によりこの女性との婚姻を企図したがこの企図された婚姻が無効であるか又は無効と宣言されうるものであった者、又は、

(iv) 養子となる未成年者を自己の家に受け入れ、この子を自己の子として公然と扱ってきた男性

(2)裁判所によって未成年者の養子縁組に同意する権限を明確に与えられた未成年後見人、

又は、

(3)未成年者の現在の養母及び養父又は法律上親と認められた母及び父

(b)第2-402条に従い同意が要求される場合を除き、本法により権限を与えられた仲介機関による未成年者の養子縁組において、未成年者を養子とする縁組の申立ては、次の者による同意がある場合にのみ認容される。

(1)未成年者の養子縁組のために養親を選定し、養親に身上監護権を移転する仲介機関、及び、

(2)(a)項に挙げられた者で、仲介機関への任意の親権の譲渡を行っていない者

(c)裁判所が未成年者の同意を免除した場合を除き、12歳に達した未成年者を養子とする申立ては、(a)項及び(b)項で必要とされる同意に加えて、当該未成年者が養子縁組に対するインフォームド・コンセントを行った場合に限り、認容される。

## (b) 同意と子に関する権利の譲渡

UAA1994年法第2-401条で求められる未成年者の養子縁組への同意をした親又は後見人は、未成年者に関するすべての権利を仲介機関に譲渡（relinquish）することができる。この権利には、未成年者の法的監護権及び身上監護権、未

258 第4部 アメリカ法

成年者の養子縁組への同意権が含まれる（同法第2-403条）。

　未成年者の親又は後見人が直接子の養子縁組をする場合（direct placement adoption）、縁組を進めるためには、親又は後見人自身が縁組において同意を行うことが必要である。一方、親又は後見人が仲介機関に未成年者の養子縁組を委託することを選び（agency placement adoption）、仲介機関が縁組をなすことに同意を与えたときは、親又は後見人は未成年者に関するすべての権利を仲介機関に譲渡（relinquish）しなければならない。それによって仲介機関は未成年者の監護権を取得し、その養子縁組をする権限を有することになる。

⒞　同意・譲渡の手続

　親又は後見人が未成年者の養子縁組に同意し又は当該未成年者に関する権利を仲介機関に譲渡するには、正式記録裁判所（court of record）の裁判官、正式記録裁判所裁判官によって同意・譲渡を採録するよう任命された者、仲介機関や養親の代理人ではない弁護士等一定の者の面前で、同意又は譲渡への署名若しくは確認をすることを要する（UAA（1994）第2-405条⒜項）。また、養子縁組への同意書中に記名されている将来の養親は、当該未成年者を養子とする意思を示した陳述書に署名する（同法第2-405条⒠項）。

　なお、養子となる未成年者自身の同意は、養子縁組手続の中で裁判所の前で署名若しくは確認がなされるか又は裁判所が指示する方法によって行われなければならない（同法第2-405条⒝項）。

⒟　同意・譲渡の効果

　親又は後見人がUAA1994年法第2-405条の定める方式に従って行った同意は終局的なものであり、原則として撤回できない。これにより、同意書に氏名の記載されている養親に未成年者の法的監護権及び身上監護権が与えられ、養親は未成年者の扶養及び医療その他のケアをする責任を負う。また、同意を行った親の未成年者に対する義務は、未払いの養育費を除いて終結する（UAA（1994）第2-407条⒜項）。

　親又は後見人がUAA1994年法第2-405条の定める方式に従って仲介機関に未成年者に関する権利を譲渡したときは、この譲渡は終局的なものとなり、原

則として撤回できない。これによって、養子縁組成立判決が確定するまでの間、未成年者の法的監護権は仲介機関が有する。したがって、仲介機関は当該未成年者の養子縁組をし、養子縁組に同意を与え、そして養親となるべき者に当該未成年者の扶養及び医療その他のケアをなす責任を委譲する。子に関する権利を仲介機関に譲渡した者の未成年者に対する義務は、未払いの養育費を除いて終結する（同法第 2 -407条(b)項）。

### (e) 同意の撤回

direct placement adoption の場合、子の出生から192時間以内に、同意を行った親が、養親となるべき者又はその弁護士に対して同意を撤回すると書面で通知したときは、同意は撤回される。同意を与えた者と養親となるべき者が養子縁組の撤回に合意したときも、同様である（UAA（1994）第 2 -408条(a)項）。

agency placement adoption の場合における仲介機関への子に関する権利の譲渡（relinquishment）も、子の出生から192時間以内に、譲渡を行った親が、譲渡を受けた仲介期間に対して譲渡を撤回すると書面で通知したときは、譲渡は撤回される。譲渡した者と仲介期間が撤回に合意したときも、同様である（UAA（1994）第 2 -409条(a)項）。

このように、新生児を養子に出す場合には、生みの親はいったん養子縁組に同意しあるいは子に関する権利を譲渡（relinquish）した場合でも、子の出生から192時間以内であれば理由なしにその同意や譲渡を撤回することができる。ただし、新生児ではない子の養子縁組については、生みの親による同意や子に関する権利の譲渡はそれがなされると同時に効力を生じる。

### (5) 養子縁組成立判決

#### (a) 申立権者

UAA1994年法のもとで養子縁組により養親子関係を成立させるためには、原則として裁判所の判決（decree）を要する。未成年者の養子縁組に関する裁判手続は、同法第 3 編が規定する。そこでは、管轄・裁判地（第 1 章）、弁護士ないし訴訟のための後見人（guardian ad litem）の選任等手続に関する一般規定（第 2 章）、養子縁組の申立て手続（第 3 章）、手続係属の通知（第 4 章）、親

260　第4部　アメリカ法

子関係終了の申立て（第5章）、養子及び養親となるべき者の評価（第6章）、審問手続と養子縁組成立判決（第7章）、出生証明書（第8章）について定められている。

　養子縁組成立又は親子関係終了に関する裁判手続は、陪審によらず、裁判所によって審理されなければならない（UAA（1994）第3-202条）。第7編に従った手続を除き[35]、UAA1994年法のもとでの民事訴訟手続は非公開の法廷で審理しなければならない（UAA（1994）第3-203条）。

　養子縁組成立訴訟の申立権を有するのは、①UAA1994年法第2編第1章に従い養子縁組を目的として未成年者の身上監護の引渡を受けた者、②UAA1994年法に従い未成年者の身上監護を移転する権限を有する者によって養親となるべき者として選定されたが、まだ身上監護の引渡を受けていない者、③養子縁組を目的とする未成年者の身上監護の引渡を受けていないか又は第2編第1章から第3章に従った将来の養親として選定されず若しくは拒絶されたが、養子縁組の申立てをする直前に少なくとも6ヶ月間この未成年者の身上監護を行ってきた者でありかつ十分な理由を示して（good cause shown）裁判所により養子縁組の申立てを許された者に限られる（UAA（1994）第3-301条(a)項）。③に属する者は、未成年者の養子縁組について正式の身上監護引渡の手続を経ていないが、十分な理由を示したことによって裁判所から養子縁組の申立てを許された者である。これは、事実上の養親となっている者との関係につき未成年者の利益を考慮して、その関係を法律上の養子縁組とすることを可能とすることを目的とした規定である。

　また、養子縁組成立の訴訟を申し立てた者の配偶者は、原則としてこの訴訟に参加しなければならない。

### (b)　申立ての期限

　上述(a)の①の者は、養親として選定され養子となる未成年者の身上監護がこの者に引き渡されてから30日以内に養子縁組の成立を求める申立てを裁判所にしなければならない（UAA（1994）第3-302条）。②の者も、養子となる未成年

---

35)　第7編は、養子縁組における禁止行為と許容行為に関する規定である。

第2章 養子制度 **261**

者の身上監護が引き渡された後は同様である。これは、養親の選定と身上監護の移転がなされたにもかかわらず、養子となるべき者の身分関係が不安定なまま、縁組が遅延するという事態を防ぐことを目的とする。なお、もし60日以内に申立てがなされないときは、当該未成年者の養子縁組に同意を与えた親は、その同意を撤回することができる（UAA（1994）第2-408条(b)項(2)号）。

---

● **UAA（1994）第3-301条（養子縁組申立ての当事者適格）**

(a)(c)項で異なる定めがなされている場合を除き、本法においては次の者のみが未成年者を養子とする縁組の申立ての訴えの利益を有する。

　(1)養子縁組のために未成年者の引渡を受けている者若しくは本法のもとで縁組のために未成年者の身上監護を引き渡す権限を有する者によって養親となるべき者として選定された者、又は、

　(2)養子縁組を目的とした身上監護の引渡を受けていないか又は第2編第1章から第3章に従って養親となるべき者として選定されていないか若しくは養親となることを拒絶された者であるが、養子縁組の申立てをなす直前の少なくとも6ヶ月間において当該未成年者の身上監護権を有しており、かつ十分な理由を示したことにより裁判所によって申立てを許された者

(b)申立人の配偶者は、この申立てに参加しなければならない。ただし、配偶者が申立人と法律上の別居をするか裁判により無能力と宣言された場合はこの限りでない。

(c)継親が未成年の継子と養子縁組する申立ては第4章に従って、法律的に独立した未成年者（emancipated minor）の養子縁組は第5章に従って、なすことができる。

● **UAA（1994）第3-302条（申立ての時期）**

裁判所がより遅い時期における申立てを許可した場合を除き、第3-301条(a)項(1)号により訴えの利益をもつ養親となるべき者は、この者が養子縁組のために未成年者の身上監護の引渡を受けた後30日以内に、養子縁組の申立てをなすものとする。

---

(c) 通　知

未成年者の養子縁組成立の訴えが申し立てられた場合、① UAA1994年法第2-401条により同意をその要件とされている者及び仲介機関の他、②養子とな

262　第4部　アメリカ法

る未成年者の父であると主張しているが当該未成年者との父子関係が裁判によって確定されていない者や③申立人以外で養子となる未成年者の法的監護権若しくは身上監護権又は面会交流権を持つ者等に対して、20日以内に養子縁組手続に関する通知がなされなければならない（UAA（1994）第3-401条(a)項）[36]。

　UAA1994年法は、生みの親の同意を得る手続を行政機関等ではなく独立の裁判所においてなすべきことを定めている。生みの親は裁判所において書面による同意書に署名し、養子縁組の効果についての十全な情報開示を保障される（本稿第2章②3(4)）。これは特に direct placement adoption の場合に、生みの親の権利の保護のため重要な役割を果たす。子の父が知られていない場合であれば、この同意手続は父の身元を明らかにする契機にもなり、このような父に養子縁組手続に参加し、同意する機会を与えるという意味も持つ[37]。ただし、知られていない父を特定することはしばしば容易ではなく、父の同意のないことが子の養子縁組の妨げになることも考えられる。そのような場合、UAA1994年法は生みの父の権利を終了させ、養子となることに関する子の利益を優先させる（UAA（1994）第3-504条(b)項）。なお、統一親子関係法（UPA）の規定するように子に複数の推定される父がいるような場合には[38]、養子縁組についてすべての推定される父の同意が必要となる。


(d)　事前の試験的養育の評価

　direct placement adoption と agency placement adoption のいずれの方法を採る場合でも、養親となる者は縁組前に試験的に子の監護をし、それについて独立の専門機関による評価を受けなければならない（UAA（1994）第2-201条～第

---

36)　なお、この通知を受ける権利は放棄することができる。その場合、放棄する者は裁判所の面前でこれをなすか、養子縁組への同意や子の権利の譲渡等をなす署名入り書面においてすることができる（UAA（1994）第3-405条(a)項）。

37)　UAA1994年法第3-404条は、養子となるべき未成年者の知られていない父（unknown father）の捜索とこの者への養子縁組成立訴訟又は親子関係終了裁判の通知について規定する。

38)　UPA（1973）第4条、UPA（2002）第204条、UPA（2017）第204条（本稿第3章②2(3)）参照。

第 2 章　養子制度　263

2 -207条）。未成年者の養子縁組を成立させる訴えの提起後、裁判所は養親と
なるべき者による試験的な養育の評価を命じる。この評価は、州の免許による
資格を有する者その他法律の定める方法によって行われる（UAA（1994）第
3 -601条）。

　このような養親となるべき者による事前の試験的養育の実施とその評価は、
特に direct placement adoption における子の保護のために機能する。

### (e)　親子関係終了命令

　養子縁組成立手続の中で、未成年者の養子縁組に対して任意に同意や子に関
する権利の譲渡（relinquishment）をしない親がいる場合、裁判所への申立てに
よってこの親と当該未成年者との親子関係を終了させることができる。親の一
方が任意に同意や子に関する権利の譲渡をし、あるいはその親権の終了手続が
なされたが、他方の親が同意や子に関する権利の譲渡をしていないというとき
も、この手続による。

　親子関係終了の申立ては、未成年者の養子縁組をした親や後見人、未成年者
の養子縁組を行う仲介機関が提起することができる。また、養親となるべき者
もこの申立てを提起することができる（UAA（1994）第 3 -501条）。

　親子関係終了の申立ては、養子縁組の成立を求める訴訟の係属中であれば、
いつでも行うことができる（UAA（1994）第 3 -502条）。

　親子関係終了の申立てがなされると、当該申立てに関する審理について被告
へ通知される。通知の到達後20日以内に被告が応訴せず、かつ父子関係が確定
していない被告の場合には20日以内に父性確定に関する訴えを提起しないとき
は、養子縁組成立訴訟が却下若しくは棄却される場合を除き、裁判所は、被告
と養子となる未成年者との親子関係を終了させる命令を下す（UAA（1994）第
3 -504条(a)項）。これにより、被告と養子となる未成年者との親子関係は終了す
る（UAA（1994）第 3 -503条）。

264 第4部 アメリカ法

● **UAA（1994）第 3 -501条（権限）**

親若しくは親とされる者（alleged parent）と未成年者との親子関係を終了させる申立ては、本法による養子縁組をなす手続において、次の者が申し立てることができる。

　(1)未成年者のために養親となるべき者を選定しかつこの者に当該未成年者の身上監護を移転する意図を有するか若しくは移転した者

　(2)未成年者の親で、その配偶者が第 4 編に従いこの未成年者を養子とする申立てをした者

　(3)本編（第 3 章）若しくは第 4 編に従い養子縁組の申立てをした、未成年者の養親となるべき者

　(4)未成年者のために養親となるべき者を選定しかつこの者に未成年者の身上監護を移転する意図を有するか若しくは移転した仲介機関

● **UAA（1994）第 3 -502条（申立ての時期と内容）**

　(a)本章における申立ては、養子縁組の申立てが本編若しくは第 4 編に従ってなされた後であり、かつ養子縁組成立判決の登録前であれば、いつでも行うことができる。

　(b)本章による申立ては、申立人によって署名及び真実性の宣言がなされ、裁判所で手続がなされ、かつ次の記載がされていなければならない。

　(1)申立人の氏名

　(2)未成年者の氏名

　(3)未成年者との親子関係が終了することになる親若しくは親とされる者の氏名及び最後に知られている住所

　(4)申立ての基礎をなす事実及び事情並びに親子関係の終了を求める理由

　(5)申立人が養親となるべき者である場合には、親子関係終了の申立てが認容されたときは、申立人は未成年者を養子とする申立て手続をとるつもりであること

　(6)申立人が親、後見人若しくは仲介機関である場合には、申立人が養親となるべき者を選定し、この者が養子縁組手続の申立人となっていること

　親子関係終了の申立てに対して被告が応訴したときは、裁判所は事実認定を目的とした審理日程を迅速に決定し、審理を開始しなければならない。養子縁組手続の係属によって、養子となる未成年者の親子関係に関する法的地位と身上監護が養親となるべき者に移るのか、それとも元の親に戻るのか不確実な状

第 2 章　養子制度　265

況が生じており、裁判所は可能な限り速やかにこれを決定することが求められる。その場合、UAA1994年法第 3 -504条(c)項の掲げる(1)から(5)のいずれかの事由があり、被告との親子関係を終了させることが子の最善の利益であるとの証拠の優越（preponderance of evidence）があるときは、裁判所は原則として当該親子関係を終了させる。

---

● **UAA（1994）第 3 -504条(c)項（親子関係の終了事由）**

　裁判所は、明白かつ確信を抱くに足る証拠によって（upon clear and convincing evidence）次に掲げる事由の一つが存在し、かつ証拠の優越によって終了が子の最善の利益であると判断したときは、被告と子との親子関係を終了させる。

(1)養子縁組成立の訴えが提起された時点で未成年者が満 6 ヶ月に達していない場合において、次の(i)から(iv)のすべてに該当するとき

　(i)　妊娠前、妊娠中及び出産後の相応の出費につき、被告がその資力に応じて支払をしていなかったとき

　(ii)　未成年者の扶養のために合理的で継続的な養育費を、被告の資力に応じて支払っていなかったとき

　(iii)　未成年者との面会を定期的に行っていなかったとき

　(iv)　未成年者が他方の親の身上監護に服していなかった間、この子の法的監護権及び身上監護権を引き受ける能力と意思を表示していなかったとき

(2)養子縁組成立の訴えが提起された時点で未成年者が満 6 ヶ月に達していた場合において、被告がこの訴えの直前の少なくとも 6 ヶ月間において、次の(i)から(iii)のすべてに該当するとき

　(i)　未成年者の扶養のために合理的で継続的な養育費を、被告の資力に応じて支払っていなかったとき

　(ii)　未成年者との面会交流を定期的に行っていなかったとき

　(iii)　未成年者が他方の親の身上監護に服していなかった間、この子の法的監護権及び身上監護権を引き受ける能力と意思を表示していなかったとき

(3)被告が、暴行罪又は差止命令若しくは保護命令違反で有罪判決を受け、当該犯罪若しくは命令違反の事実及び被告の行動が、未成年者との親子関係を維持するのに適切でないことを示すとき

(4)未成年者の懐胎時又は出生時に被告がこの未成年者の母と婚姻しておらず、被告が遺伝上の父でも養親でもないとき

(5)親子関係の終了が［親権の強制終了に関する州法で］具体的に挙げられている事由に基づき、正当化されるとき

266　第4部　アメリカ法

　親子関係終了の申立てを認める命令が裁判所によって下されると、被告と未成年者との親子関係は、未払いの養育費債務を除いて、終了する。当該未成年者の養子縁組に対する被告の同意権や養子縁組手続に関する通知を受ける権利は、消滅する（UAA（1994）第3-505条）。

　一方、親子関係終了を求める申立てが認められない場合、裁判所は訴えを棄却し、あわせて当該未成年者の法的監護権及び身上監護権について決定しなければならない（UAA（1994）第3-506条(a)項）。この場合において誰が子の監護をなすかについては、事例ごとの個別的判断による。子の実親はもちろん児童養育支援機関や、さらに、養親となることを希望していた者がこの子の監護権を求めることもできるとされている。

### (f)　養子縁組成立判決の効果

　裁判所は、養子縁組が未成年者の最善の利益となりかつUAA1994年法第3-703条(a)項の定める(1)から(11)の要件を満たすと判断したときは、養子縁組の成立を認容する判決を下す。

---

● **UAA（1994）第3-703条（養子縁組の申立ての認容）**

　(a)裁判所は、養子縁組が未成年者の最善の利益となりかつ次の要件を全て満たすと判断したときは、養子縁組の成立を認容する。

　　(1)訴えの提起から少なくとも90日経過していること。ただし、裁判所が十分な理由を示してこの要件を免じたときはこの限りでない。

　　(2)養子が少なくとも90日間申立人によって身上監護されてきたこと。ただし、裁判所が十分な理由を示してこの要件を免じたときはこの限りでない。

　　(3)養子縁組成立手続の通知がなされるか又は第4章により通知を受け取る権限のある者につき通知を免じたこと

　　(4)必要な同意、子に関する権利の譲渡（relinquishment）、免除、親の利益の放棄若しくは第5章[39]に従って下された命令を含む親権を終了させる裁判所の命令がなされ、裁判所に提出されたこと

　　(5)本法により求められる評価が提出され、裁判所によって考慮されたこと

　　(6)申立人が当該未成年者にとって適切な養親であること

---

39)　UAA1994年法第3編第5章は、親子関係を終了させる申立てに関する諸規定である。

⑺州際養子縁組若しくは国際養子縁組に関する本法の要件が適用されるときは、それを満たしていること

⑻インディアンの子の福祉に関する法律（Indian Child Welfare Act, 25 U.S.C.）第1901条以下が本手続に適用されないか、若しくは適用されるときはその要件を満たしていること

⑼第3-702条[40]により求められる会計報告書及び宣誓供述書（affidavit）が裁判所によって審査され、裁判所が否認、修正又は、第7編で認められていないか養子縁組に関して通常負う費用と比較して不相当若しくは不必要な支払い若しくは費用の償還を命じたこと

⑽申立人が第2-106条[41]によって求められる報告を受けたこと

⑾養子が18歳に達した後の養子への元の親の身元の公開に関する第2-404条(e)項に従って署名された書類が、裁判所に提出されたこと

　他方、裁判所が養子縁組の成立を認めないときは、裁判所はこの訴えを棄却し、未成年者の法的監護権及び身上監護権について適切な命令を下さなければならない。裁判所による否定の理由が、養子となる者の親の同意若しくは子に関する権利の譲渡の撤回又は取消を理由とするときは、裁判所はこの場合について定める UAA1994年法第2-408条、第2-409条に従って、監護権を有していた親等に未成年者の監護権を返還する。その他の場合には、裁判所は未成年者の最善の利益に従ってその監護につき決定する（UAA（1994）第3-704条）。

　養子縁組手続が終結すると、それは終局的な効果を生じる。養子縁組の成立を認める判決について上訴する権利の出訴期限は6ヶ月である（UAA（1994）第3-707条）。この期間が経過すると、もはや縁組の妨げになっている父

---

40)　UAA1994年法第3-702条は、養子縁組に関する手数料及び費用の開示に関する規定である。これが裁判所によって精査されることにより、特に direct placement adoption において子が養親に「売り渡される」といった事態を防ぐことが意図されている。養親が支払うべき金額の上限等は、同法第7編に規定されている。

41)　第2-106条は、養子となる者の出自等に関する情報の開示について規定する。そこでは、未成年者の養子縁組をする者は、養親が未成年者の身上監護権を得る前に、可能な範囲で、未成年者及びその遺伝上の親や親族の医学的・心理学的病歴、社会生活における履歴等について養親に報告すべきことを定める。

268　第4部　アメリカ法

(thwarted father）も知られていない父（unknown father）も成立した養子縁組を覆すことはできない。

　養子縁組判決確定後30日以内に、裁判所の書記は、［州の出生登録所］によって提供される書式に養子縁組の報告を記載して、［登録所］に送付しなければならない（UAA（1994）年法第3-801条）。登録所がこの養子縁組報告を受領すると、登録所は、養子のために新たな出生証明書を発行する。ただし、裁判所、養親又は12歳に達した養子が、新たな出生証明書若しくは修正された出生証明書が発行されないよう求めたときは、登録所は養子の新たな若しくは修正された出生証明書を発行してはならない（UAA（1994）第3-802条）。

### (6)　記録・身元の秘密保持

　UAA1994年法は、養子縁組に関する訴訟記録と生みの親及び養子の身元等についての機密保持を原則とする（UAA（1994）第6-102条）。ただし、親は養親を選ぶ権利を持ち（direct placement adoption）、同意や子に関する権利の譲渡の手続の一部として養親に関する情報を得る機会を与えられる（同法第2-102条(c)項）。

　また、養親や養子の後見人、18歳に達した養子自身らは、養子や養子の元の親に関する身元の特定にかかわらない情報を非公開記録から得ることができる（UAA（1994）第6-103条）。さらに、身元の特定に関する情報についても、養子の元の親がその氏名や誕生日、最後に知られている住所その他の情報の開示を許す等一定の場合には、養親や養子の後見人、18歳に達した養子自身らはこの情報を得ることが可能である（UAA（1994）第6-104条）。

### (7)　継親と未成年の継子の養子縁組

　UAA1994年法は継親と未成年の継子の養子縁組についても原則として第3編の未成年養子の一般規定に従うとするが（同法第4-101条）、第4編中にいくつかの特則を置く。このような養子縁組の場合、継親と継子は、継子の監護権を有する実親すなわち継親の配偶者と同居しているケースが典型であり、養子縁組は継親と継子との事実上の親子関係を法的なものにするという意味を持つにとどまることが多い。未成年者は新たな見知らぬ他人にその身上監護を移さ

第2章　養子制度　269

れるわけではなく、養子縁組によって従来からの生活状況が変更されるもので
はないことが、第4編の諸規定の背景となっている。

　未成年の継子との養子縁組手続の申立権者は、継子の親の配偶者である継親
である。継子の親が単独監護権者であるときは、養子縁組申立て直前の60日間
継子がこの親と継親によって身上監護されていることが要件となる（UAA
（1994）第4-102条(a)項(1)号）。継子の一方の親と他方の親とがこの子の共同監護
権者であるときは、継子が継親による養子縁組申立て直前の12ヶ月間におい
て、継親の配偶者である親及び継親と主に居住していることが要件である（同
項(2)号）。継親の配偶者である親が死亡し若しくは精神的無能力となったが、
死亡若しくは精神的無能力宣言の前に継子の法的監護権及び身上監護権を有し
ていたときは、継子が継親による養子縁組申立て直前の12ヶ月間において、主
に継親と居住していることが要件となる（同項(3)号）。

　なお、UAA1994年法第2-104条に従い、継親に継子の身上監護を移転した
仲介機関も、この継親と継子との養子縁組を申し立てることができる（UAA
（1994）第4-102条(a)項(4)号）。

　また、継子が12歳に達しているときは、継親との養子縁組についてこの子の
同意を得ることを原則とする（UAA（1994）第4-104条）。継親と継子との養子
縁組について、継親の配偶者である継子の親及び継子の他方の親の同意を要す
ることは、未成年者の養子縁組一般と同様である（UAA（1994）第4-105条、第
4-106条）。

　継親と継子との養子縁組の申立ては、第3編第5章による、継親の配偶者で
はない継子の親と継子との親子関係終了裁判と併合することができる（UAA
（1994）第4-102条(c)項）。継親と継子の養子縁組成立判決が確定したときは、
UAA1994年法第1-103条から第1-106条の効果が生じる。ただし、継親の配
偶者である継子の親と継子との親子関係は存続する。また、継子が親子関係の
終了した前の親を相続する権利も影響を受けない（UAA（1994）第4-103条）。

　未成年の継子の養子縁組手続において申立人による請求があったときは、裁
判所は、継子と他の者との面会交流を許す書面による合意（この他者、申立人、
申立人の配偶者、12歳に達した継子の署名を要する）について精査し、未成年の
養子の最善の利益においてこの合意を承認する決定をなすことができる（UAA

270　第4部　アメリカ法

（1994）第4-113条(a)項）。また、継子の監護権を持つ親と継親が養子縁組成立後の他者と継子との面会交流に反対しているときであっても、継子の前の親（非監護権者である親）、祖父母、兄弟姉妹は、縁組後の継子との面会交流を裁判所に求めることができる（同条(c)項）。

### 4　成年養子制度

　UAA1994年法は、成年者ないし法律的に独立した未成年者（emancipated minor）を養子とする縁組も可能とし、第5編に規定を置く。ただし、自己の配偶者を養子とすることはできない（UAA（1994）第5-101条(a)項(1)号）。なお成人の無能力者を養子とする場合は、第5編ではなく、第2編、第3編、第4編に拠らなければならない（UAA（1994）第5-101条(a)項(2)号）。成年者若しくは法律的に独立した未成年者を養子とした者は、この養子の兄弟姉妹を除いて、当該縁組から1年間は他の成年者若しくは法律的に独立した未成年者を養子とすることができない（UAA（1994）第5-101条(b)項）。

　成年養子縁組には、養子及び養親の同意を要する。養親の配偶者の同意も、法定別居しているとき又は裁判所が配偶者が同意を与えることができないか養子及び養親の最善の利益に反して同意を留保していると判断したときを除いて、必要とされる（UAA（1994）第5-103条(a)項）。また、養子縁組の申立ては、養親となる者及び養子となる者が共同して行わなければならない（UAA（1994）第5-105条(a)項）。

　成年養子縁組の効果は、UAA1994年法第1-103条から第1-106条と同じである。継親が成年の継子を養子とする場合は、同法第4-103条と同様となる（UAA（1994）第5-102条）。

　養子縁組判決確定後30日以内に、裁判所の書記は、［州の出生登録所］のために養子縁組の報告を調製しなければならない。養子縁組の申立人らが請求したときは、第3編第8章に規定されているように養子について新たな出生証明書を発行することをこの報告書に記載すべきものとされている（UAA（1994）第5-108条）。

# 第3章　親子関係制度

## 1　法律上の親子関係に関する規律の動向

### 1　嫡出子（婚内子）の親子関係

　アメリカにおいても、コモン・ローに従い、婚姻している女性の夫が、この女性の産んだ子の父であるとの推定ルールが長らく用いられてきた。現在でも、全出生児の約6割は婚姻している女性から生まれており（本稿第1章②）、この母の配偶者が子の法律上の父と推定されるというルールがアメリカの諸州で適用されている。また、多くの州では、婚外子の出生後に両親が婚姻した場合にも、婚姻による父性推定が及ぶとする規律を置く。なお、婚姻による父性推定は、妊娠中に他方の親が死亡したり婚姻が解消されたりした場合にも適用される。そこではいわゆる300日ルールを規定する州も多く、統一親子関係法（1973年法・2002年法・2017年法）はいずれの版も、婚姻による父性の推定を両親の離婚又は一方の死亡から300日以内に出生した子にも及ぼしている[42]。

### 2　婚外子の親子関係

#### (1)　父性の任意認知手続

　アメリカにおいて、婚外子の親子関係の決定につき現在最も重要な役割を果たしているのは、父性の任意認知（voluntary acknowledgement of paternity（以下 VAP と記述））と呼ばれる手続である。VAP に関する手続については、2006年

---

42)　たとえば、アイダホ（Idaho Statutes §16-2002⑿）、マサチューセッツ（Massachusetts General Laws Part II Ch.209C, §6(a)）、ミズーリ（Missouri Revised Statutes Title XII §210.822）、オレゴン（Oregon Revised Statutes Domestic Relations §109.070）、バージニア（Virginia Code §63.2-1202 D）は統一検認法のいずれの版も施行していないが、州法で300日ルールを定めている。一方、他の州では、アリゾナは婚姻解消から10ヶ月（Arizona Revised Statutes §25-814）、ミネソタは280日（Minnesota Statutes §257.55）、ネバダは285日（Nevada Revised Statutes Title11 §126.051）等の規定を置くところもある。

272 第4部 アメリカ法

に連邦法が公布された[43]。それによれば、母及び子の父と目される者が任意認知の書面に署名しこれを担当機関に提出すると、当事者が、原則として60日以内に撤回しない限り、VAP は終局的に確定したものとなり、父子関係成立の法律効果が生じる（42U.S.C§666(a)(5)(D)(ii)）。60日を経過した後は、詐欺（fraud）、強迫（duress）又は事実の重大な錯誤（material mistake of fact）を理由としてのみ VAP の効力を争うことができ、VAP が効力を生じないことを主張する側がこれらを主張・立証しなければならない（42U.S.C§666(a)(5)(D)(iii)）。また、各州は、他州においてその手続に従って当事者の署名がなされた VAP に対して、十分な信頼と信用（full faith and credit）を与えなければならない（42U.S.C§666(a)(5)(C)(iv)）。

VAP は、アメリカにおいて非婚の父が子との法律上の親子関係を成立させるための最も一般的な方法となっている。2017年のアメリカ全土での婚外子の父子関係確定件数は約143万5,000件であり、そのうち104万9,000件が VAP の手続による[44]。VAP は、多くの場合、子の出生時に病院その他の出産施設で父母によって署名されている。VAP を提出することによって、子の父として署名した者の名前が子の出生証明書に記載され、管轄を有する裁判所又は行政機関はこの者が子の法律上の親であるとの宣言（adjudication of paternity）を発する（42U.S.C§666(a)(5)(D)(i)）。近年の社会学的研究では、多くの非婚の親は精神的にも経済的にもカップルとしての結びつきを相互に共有しており、子の出生時に同棲していて、共同して子を育てることを希望しているとの調査結果がある。子の出生時に VAP に署名する親の割合が高いことが、非婚の親のこのような傾向を反映しているとも指摘される[45]。

---

43) United States Code, 2006 Edition, Supplement 4, Title 42：THE PUBLIC HEALTH AND WELFARE. 同 U.S.C（合衆国法律集）42編第666条により、子の扶養の執行の実効性を促進するための制定法上の手続の要件が定められた。

44) https://www.acf.hhs.gov/sites/default/files/programs/css/fy_2017_preliminary_data_report.pdf?nocache=1529610354（last visited January 6, 2019）.

45) HARRIS, CARBONE, TEITELBAUM & REBOUCHÉ, *supra* fn.3, 845.

第3章 親子関係制度 273

## (2) 父子関係確定訴訟

VAP 以外で婚外子の父子関係を成立させる方法として、アメリカでは全州で父子関係確定訴訟（paternity suit 又は filiation suit）と呼ばれる手続が置かれている。父子関係確定訴訟は、アメリカでは通常、子の扶養の執行手続の一部として行われる。この執行手続は、形式としては対審式手続と定義されており、母と子が公的扶助を受けていることによって手続開始がなされる場合も少なくない。父子関係確定訴訟では生物学上の父子関係の存否が争点であり、この点について争いがある場合に最も重要になるのは、DNA 検査に基づく証拠である。

連邦法は、遺伝子検査の結果の認容性について、この検査が、保健福祉長官（the Secretary of Health and Human Services）によって指定された認可団体によって信頼できると一般的に承認されている型のものであり、かつそのような認可団体によって認定された試験所によって実施された場合には、父子関係成立の証拠として認めるべき旨を規定する（42U.S.C§666(a)(5)(F)）。そして、父であると訴えられた者が子の父であるという閾値確率（threshold probability）を示す遺伝子検査の結果が出た場合、州の選択により父子関係を推定又はみなす規定を設けることを、各州に求めている（42U.S.C§666(a)(5)(G)）。

ただし、多くの事案において、父子関係確定訴訟は遺伝子検査をすることなく解決されている。すなわち、諸州法は、連邦法の規定する諸要件を遵守した上で、父子関係確定訴訟を欠席判決（default judgement）によって処理することを可能とし、また、父であると訴えられた相手方が出頭した場合であっても、遺伝子検査は強行規定ではなく、この検査を行わずに父子関係を確定することは妨げられないとしている。

さらに、現実には、父子関係確定訴訟以外の方法で子の父が決定される場合も多い。すなわち、アラバマ、カリフォルニア、コロラド、デラウェア、ハワイ、インディアナ、マサチューセッツ、ミネソタ、モンタナ、ネバダ、ニュー・メキシコ、オクラホマ、ノース・ダコタ、ニュー・ハンプシャー、ニュー・ジャージー、ペンシルバニア、テキサス、ワシントン、ワイオミングの各州[46]

---

46) HARRIS, CARBONE, TEITELBAUM & REBOUCHÉ, *supra* fn.3, 844.

では、婚外子の母と婚姻していない男性であっても、その子と同居しその子を自らの子として扱っている場合には、この男性を子の父と推定する旨の規定を置く。これによって、VAP が提出されていないときでも、婚外子と父との法律上の親子関係を成立させることが可能となっている。

## 2 統一親子関係法（Uniform Parentage Act）の親子関係制度

### 1 統一親子関係法の概要[47]

統一親子関係法（UPA）は、法的親子関係の成立に関する統一的な指針を各州の州法に提供することを目的として、1973年に統一州法委員全国会議（現統一法委員会）によって公表された（UPA（1973））。UPA1973年法の第一の目的は、子の法律上の親の決定について嫡出子と婚外子（非嫡出子）の区別を除去することであり、嫡出子・婚外子を含めた親子関係の成立と父性の推定に関する一連の規定が設けられた（UPA（1973）第3条、第4条。本稿第3章2 2）。UPA1973年法のこのようなスタンスは、1960年代以降連邦最高裁判所が非嫡出子を嫡出子と区別する諸州の親子関係法を平等保護条項違反とする判決を相次いで打ち出したことを反映したものであり[48]、親の婚姻関係の状況に関係なくすべての子と親に平等の権利を保障することが、統一親子関係法の最初の核となる理念であった[49]。UPA1973年法は14州（アラバマ、イリノイ、オハイオ、カリフォルニア、カンザス、コロラド、テキサス、ニュー・ジャージー、ノース・ダコタ、ハワイ、ミネソタ、モンタナ、ロード・アイランド、ワシントン）が採択・施行し、親子関係における嫡出子と婚外子の区別の廃止を推進するものとなった。

統一州法委員全国会議は、さらに2002年に統一親子関係法の大幅な改定を行った（UPA（2002））。この改定は1973年法の内容をアップデートすることを

---

47) http://www.uniformlaws.org/Shared/Docs/Parentage/SummaryUPA%20final.pdf（last visited December 14, 2018）.

48) 前掲注9）参照。

49) UPA（1973）§2は、"The parent and child relationship extends equally to every child and every parent, regardless of the marital status of the parents." と規定し、婚姻に依拠しない法的親子関係の成立を明記する。

目的とし、まず、婚外子の父の決定方法として司法手続外の認知（non-judicial acknowledgment of paternity）を認める規定を新設した。この認知手続は、これと合わせて父であるとの登録（paternity registry）がなされることによって、裁判所における父子関係確定判決と同一の効力を有するとするものであった。さらに、2002年の改定では、遺伝子検査に関する規定[50]及び性交によらない妊娠によって出生した子の親の決定に関する規定が新設された。また、括弧付き[51]であるが代理出産契約を是認し、当該契約のもとで出生した子の親子関係に関する規定を設けた。

UPA2002年法は、テキサス州やイリノイ州、ワシントン州など11の州で採択された[52]。その後、同性婚の認容をはじめとする家族の多様化や社会の変化を規定に取り込むことを目的として、統一法委員会はさらに統一親子関係法の改定に着手し、2017年に最新版（UPA（2017））が公表されるに至っている。アメリカ法律家協会（American Bar Association）も2018年2月5日にUPA2017年法に対して支持を表明し、2018年12月時点でカリフォルニア、バーモント、ワシントンの3州がUPA2017年法を採択・施行している（他に、ロード・アイランドは採択済・未施行）。ただし、たとえばニュー・ヨーク州のように統一親子関係法の1973年、2002年、2017年のどの版も導入せず、独自の州法によって親子関係を規律する州も存している[53]。

UPA2017年法は10編（Article1-Article10）から成り、第1編「総則（general provisions）」、第2編「親子関係（parent-child relationship）」、第3編「親子関係の任意認知（voluntary acknowledgement of parentage）」、第4編「父子関係の登録（registry of paternity）」、第5編「遺伝子検査（genetic testing）」、第6

---

50) UPA1973年法及び2002年法における親子鑑定規定につき、中村恵「アメリカ統一親子関係法における親子鑑定」東洋法学57巻1号（2013）185頁以下に紹介がある。

51) UPAの条文中に括弧［　］が付されることがあるが、これはこの部分の採用の有無や文言の選択を各州の判断に委ねる趣旨である。以下、条文中の［　］につき同様。

52) UPA2002年法を採択・施行したのは、アラバマ、イリノイ、オクラホマ、テキサス、デラウェア、ニュー・メキシコ、ノース・ダコタ、メイン、ユタ、ワイオミング、ワシントンの諸州である。

53) Barbara Stark, *Only in New York: The Geography of Family Law*, WISCONSIN JOURNAL OF LAW, GENDER & SOCIETY, VOL.29, NUM.1,22,41（2014）.

276 第4部 アメリカ法

編「親子関係の司法判断手続（proceeding to adjudicate parentage）」、第7編
「生殖補助医療（assisted reproduction）」、第8編「代理出産契約（surrogacy
agreement）」、第9編「提供者に関する情報（information about donor）」、第10
編「雑則（miscellaneous provisions）」から構成されている。2017年法で行わ
れた主要な改正点は、以下の5点である。

　第一に、UPA2017年法は、同性カップルから出生した子についても他の子と
平等の扱いを保障することを意図する。2002法はジェンダーに基づいた文言で
記述されており、夫婦やカップルが1人の男性と1人の女性から成ることを前
提とする規定振りになっていた。しかし、2015年の Obergefell v. Hodges 判
決[54]で、連邦最高裁判所は同性である2人の者の婚姻を禁止する法律を憲法違
反であると判断した。さらに2017年の Pavan v. Smith 判決[55]において、連邦最
高裁判所は、同性カップルの一方から生まれた子の親子関係についても異性
カップルの子と平等に扱うべきことを再確認した。これらの判決が出たことに
よって、以後同性カップルを異性カップルと区別して扱う法律は憲法違反であ
る可能性が生じたため[56]、UPA2017年法はこの点について同法をアップデート
し、同性カップルにも平等に適用されるよう諸規定をジェンダーに中立な文言
に修正した。この修正によって、親子関係の推定、任意認知、遺伝子検査、生
殖補助医療に関する諸規定の適用が同性カップルにも拡張され、親子関係を規
定する諸州法が連邦憲法との適合性を確保する上での指針を与えるものとなっ
ている。同時に、これは多様化した家族の親子関係の決定に法的な明確性を与
え、不必要な訴訟を回避することも目的とされている。

　第二に、UPA2017年法は、事実上の親（de facto parent）と子との間の法律上
の親子関係を認める規定を新設した。今日、多くの州が、子とは生物学的にも
婚姻を通じても結びつきがないが親としての機能を果たしている者に、何らか

---

54）　Obergefell v. Hodges,135 S.Ct.2584（2015）.

55）　Pavan v. Smith, 137 S.Ct.2075（2017）.

56）　たとえば2017年にアリゾナ州最高裁判所は、州法の定める婚姻による父性推定規定を異
　　性婚のカップルのみに適用し同性婚のカップルに適用しないのは合衆国憲法のデュー・プ
　　ロセス条項及び平等保護条項に違反すると判示した。McLaughlin v. Jones, 401 P.3d 492
　　（Ariz. 2017）.

の監護権や面会交流権を認めるという方向で法律を拡張している。たとえば、アリゾナ、インディアナ、カリフォルニア、コネチカット、コロラド等の諸州やワシントン D.C.[57] は、現行の親子関係法を事実上の親にも準用することによってこのような拡張を図っている。さらに、デラウェア州[58] 及びメイン州[59] では、「親」の定義に「事実上の親」を含める規定を州法に置き、このような親を親子関係法における法律上の親として扱うというところにまで至っている。このような状況を受けて、UPA2017年法の新第609条は、「事実上の親」であることを求める者と子との親子関係の成立に関する制定法上の手続について統一的な枠組みを提供する。

　第三に、UPA2017年法は、強姦を犯した者について、その結果被害者が妊娠した子どもとの親子関係の成立を排除する規定を設けた。2015年に連邦議会は、「強姦によって出生した子の監護に関する法律」（H.R.1257- Rape Survivor Child Custody Act）を採択し、「強姦によって妊娠した子の母は、その子に関する強姦者の監護権を命令によって終結させることを裁判所に求めることができ、裁判所は強姦の明白で説得的な証拠がある場合にはこれを許さなければならない」とする法律を諸州が導入する契機を与えた。UPA2017年法の新第614条は、上記連邦法の実施を目的とした規定である。

　第四に、UPA2017年法は代理母に関する生殖補助医療技術の進展を反映し、規定をアップデートした。統一親子関係法は2002年法第8条で代理出産に関する規定を設けていたが、州による導入は進まず、同条を採択した11州のうち第8条に基づく代理出産規定を施行したのはテキサスとユタの2州にとどまっていた。そこでUPA2017年法は、より代理母の実情に即した規定を設けたものである。

　第五に、UPA2017年法は第9条を新設し、生殖補助医療によって生まれた子がその配偶子（gamete）の提供者に関する医学的情報及び身元確定情報を入手

---

57)　https://www.lgbtmap.org/img/maps/citations-parents-de-facto.pdf（last visited January 6, 2019）.［注記］諸州の判例・裁判例の動向を中心とした親子関係に関する近時の分析として、山口真由『アメリカにおける第二の親の決定』（弘文堂、2022）。

58)　Delaware Code Title13 §8-201(c).

59)　Maine Revised Statutes 19-A §1653.

278　第 4 部　アメリカ法

する権利について規定する。疾病対策予防センター（Centers for Disease Control and Prevention: CDC）の報告によれば、今日アメリカでは毎年の新生児のうち約1.7％が生殖補助医療によって出生しており[60]、配偶子の提供者に関する情報にアクセスする子の権利の重要性が増している。そこで、新第 9 条は、配偶子の提供者の身元に関する情報の開示までは要求しないものの、配偶子バンクや不妊治療クリニックに対して、生殖補助医療による出生子が18歳に達したら身元情報を開示することを配偶子の提供者が希望するか否か提供者に問い合わせるべきことを、規定した。同条はまた、配偶子の提供者の身元確定に結びつかない病歴情報を当事者の請求に応じて開示するよう、諸州が信義則に従って尽力することを求める。

## 2　法律上の親子関係の成立[61]

### (1)　親子関係の発生原因

UPA2017年法は、第 2 編第201条から第204条で親子関係の成立について規定する。第201条は法律上の親子関係の発生原因を列挙する。

---

● **UPA（2017）第201条（親子関係の成立）**

　親子関係は、次のいずれかの場合において、一人の自然人（individual）[62]と一人の子との間で発生する。

　　(1)この自然人がこの子を出産した場合（ただし、第 8 編[63]において異なる定めがされているときは、この限りでない。）

　　(2)第204条に従い、この自然人が子の親であると推定される場合。ただし、この推定が訴訟手続で覆されるか又は第 3 編[64]に従って親子関係が有効

---

60)　https://www.cdc.gov/art/artdata/index.html（last visited January 6, 2019）.

61)　https://my.uniformlaws.org/HigherLogic/System/DownloadDocumentFile. ashx?Document FileKey=e4a82c2a-f7cc-b33e-ed68-47ba88c36d92&forceDialog=0（last visited January 6, 2019）.

62)　UPA2017年法は、同法において individual とは自然人を意味すると定義する（第102条⑿）。

63)　第 8 編は、代理出産契約に関する諸規定である。以下、UPA（2017）につき同様。

64)　第 3 編は、親子関係の任意認知（VAP）に関する諸規定である。以下、UPA（2017）につき同様。

第3章　親子関係制度　279

に否認される場合は、この限りでない。

(3)この自然人が、第6編[65]に従ってこの子の親であると判決された場合

(4)この自然人がこの子を養子にした場合

(5)この自然人が、第3編に従いこの子を認知した場合。ただし、この認知が第308条により取り消され又は第3編若しくは第6編に従いその効力が争われてこれが認められたときは、この限りでない。

(6)この自然人とこの子との親子関係が、第7編に従って確定した場合

[(7)この自然人とこの子との親子関係が、第8編に従って確定した場合]

このように UPA2017年法は母子関係、父子関係を区別せず、ジェンダーに中立な条文となっている。ニュー・ハンプシャーやメインのように、州によっては UPA2017年法よりも早く同性カップルとその子との親子関係について同様の改正を行ったところもある[66]。

なお、UPA1973年法及び UPA2002年法は母子関係と父子関係の成立を区別し、男性か女性かというジェンダーに基づく条文（UPA（1973）§3,UPA（2002）§201）を置いていた。

〈参考〉

● **UPA（1973）第3条（親子関係の成立）**

子との親子関係は、

(1)生物学上の母については、子を出産したことの証明又は本法に基づいて成立する、

(2)生物学上の父については、本法に基づいて成立する、

---

65)　第6編は、親子関係の司法判断手続に関する諸規定である。以下、UPA（2017）につき同様。

66)　ニュー・ハンプシャー州は2014年に州法を改正し、New Hampshire Revised Statutes §168-B:2では親子関係の成立につき man、woman ではなく "person" というジェンダーに中立な文言を用いる。http://gencourt.state.nh.us/legislation/2014 /SB0353.html（last visited January 6, 2019）. また、メイン州も2015年に法改正し、Maine Revised Statutes Title 19-A Domestic Relations §1851において、親子関係は①出産、②養子、③認知、④反証を許さない推定、⑤事実上の親子関係、⑥遺伝上の親子関係、⑦生殖補助医療、⑧代理出産契約によって発生すると端的に規定する。http://legislature.maine.gov/statutes/19-A/title19-Asec1851.html（last visited January 6, 2019）.

280 第4部 アメリカ法

(3)養親については、養子縁組をしたことの証明又は［改定統一養子法（Revised Uniform Adoption Act)］に基づいて成立する。

● **UPA（2002）第201条（親子関係の成立）**

(a)母子関係は、次の場合に一人の女性と一人の子の間に成立する。

(1)この女性がこの子を出産した場合（ただし、第8編[67]において異なる定めがされているときは、この限りでない。）

(2)この女性を母とする判決がある場合

(3)この女性がこの子を養子にした場合

［(4)代理母契約が第8編に従い有効であるか又は他の法律に従い執行可能である場合において、この女性を、代理母から生まれた子の親と認める判決があるとき］

(b)父子関係は、次の場合に一人の男性と一人の子の間に成立する。

(1)第204条に従い、この男性がこの子の父であるとみなされる（unrebutted presumption）場合[68]

(2)第3編[69]に従い、この男性が、父であるとの有効な認知をした場合。ただし、この認知が取り消され又はその効力が争われてこれが認められたときは、この限りでない。

(3)この男性を父とする判決がある場合

(4)この男性がこの子を養子にした場合

(5)ある女性が第7編[70]に従って生殖補助医療を受けることにその男性が同意し、その結果この子が生まれた場合

［(6)代理出産契約が第8編に従い有効であるか又は他の法律に従い執行可能である場合において、この男性を、代理母から生まれた子の親と認める判決があるとき］

---

67)　第8編は、代理出産契約に関する諸規定である。以下、UPA（2002）につき同様。

68)　UPA（2002）第204条(b)項は、同条による推定は第6編による判決によってのみ覆すことができると規定しており、推定が覆されない場合には、当該男性が子の父とみなされることになる。

69)　第3編は、親子関係の任意認知（VAP）に関する諸規定である。以下、UPA（2002）につき同様。

70)　第7編は、生殖補助医療による出生子に関する諸規定である。以下、UPA（2002）につき同様。

第3章　親子関係制度　281

## ⑵　親子関係発生の効果

　統一親子関係法に従って成立した法律上の親子関係は、子が嫡出子（婚内子）であるか婚外子であるかを問わずすべての子と親に平等に及ぶ。UPA1973年法は第2条でこの原則を明記しており、これは UPA2002年法第202条及び UPA2017年法第202条に受け継がれている。

---

● **UPA（2017）第202条（親の婚姻状況による区別の禁止）**
　親子関係は、親の婚姻状況にかかわらず、すべての子と親に平等に及ぶ。

---

　また、統一親子関係法により成立した親子関係は、他の法律に異なる定めがある場合を除き、親権（parental rights）が終了（termination）していない限り効力を有する（UPA（2017）第203条）。同条の目的は、第201条により法律上の親とされる者も、親子関係の不存在が確定しあるいは子への虐待や遺棄等の事由がある場合親権が消滅し、法律上の親子関係が終了することを明記する点にある。

---

● **UPA（2017）第203条（親子関係成立の効果）**
　本法のもとで成立した親子関係は、親権が終了していない限り、効力を生じる。ただし、州法により異なる定めがある場合は、この限りでない。[71]

---

## ⑶　親子関係の推定

　UPA2017年法第201条⑵号は、第204条に基づき親子関係の推定を受ける者と子との間に法的親子関係が発生すると規定する。第204条の規定内容は以下のようなものである。

---

● **UPA（2017）第204条（親子関係の推定）**
　⒜ある自然人は、次の場合において子の親と推定される。
　⑴［第8編又は］州法により異なる定めがなされている場合を除き、
　㈠当該婚姻が無効であるか又は無効と宣言されうるかどうかにかかわらず、この自然人と子を出産した女性とが婚姻しておりかつ子がこの婚姻中に出生した

---

71)　UPA2002年法第203条も同様の規定を置く。

場合

(B)当該婚姻が無効であるか又は無効と宣言されうるかどうかにかかわらず、この自然人と子を出産した女性とが過去に婚姻しており、婚姻が死亡［離婚、解消（dissolution）、無効（annulment）若しくは無効宣言（declaration of invalidity）］によって終了した後、［又は別居若しくは別居扶養の判決後、］300日以内に子が出生した場合[72)]

(C)当該婚姻が無効であるか又は無効と宣言されうるかどうかにかかわらず、この自然人と子を出産した女性とが子の出生後に婚姻し、この自然人が子との親子関係を随時主張し、かつ、(i)この主張が［州の機関の保管する出生記録とともに］記録されているか又は(ii)この自然人が子の出生証明書に子の親として記名されることに同意し現に記録されている場合、又は、

(2)この自然人が子の出生後子が2歳になるまで、一時的な不在期間も含めて、子と同一の世帯に居住しており、かつ公然とこの子を自己の子として扱っていた場合。

(b)本条による親子関係の推定は覆すことができ、親子関係を争う主張は、第6編における判決又は第3編による親子関係の有効な否認によってのみ決することができる。

　第204条(a)項(1)号は、婚姻に基づく子との親子関係の推定を規定しており、統一親子関係法が婚姻を法律上の親子関係の推定原因とする旧来の立場を放棄するものではないことを示す。同時に、同項(2)号は、子が出生してから最初の2年間の子との共同生活の存在及びその間子を自己の子として扱っていたという事実を親子関係の推定原因としており、親の婚姻関係の存否を問わず、婚外子についても、このような事実のある者と法律上の親子関係が推定されることを規定する。これにより、VAPの提出がなくとも婚外子と親との親子関係が推定され、婚外子の親子関係の成立に資するものとなっている。同様の規定は統一親子関係法の導入いかんにかかわらず、複数の州法でも見られるところである（本稿第3章[1]2(2)アラバマ等の諸州）。

---

72)　第204条(a)項(1)(B)の括弧でくくられた語については、各州が独自の用語を使用することができる。UPA (2017) §204, Legislative Note. https://www.uniformlaws.org/viewdocument/final-act-with-comments-61?CommunityKey=c4f37d2d-4d20-4be0-8256-22dd73af068f&tab=librarydocuments（last visited January 6, 2019）.

第3章　親子関係制度　283

　ただし、(a)項による親子関係の推定は(1)号の場合であれ(2)号の場合であれ、反証を挙げて覆すことができる。その手続は、第6編の規定する親子関係確定訴訟等又は、第3編（親子関係の任意認知（VAP）に関する諸条文を置く）の規定する親子関係否認手続（UPA（2017）第303条。子について他の者が認知（VAP）をした場合に、この方法が認められる。）によらなければならない。

　なお、統一親子関係法の初版であるUPA1973年法は、母子関係は原則として子の分娩を証明することによって発生するとしており（前掲同法第3条(1)号）、親子関係の推定は父子関係に関するもののみ規定していた。同法第4条がこれを定める。

---

● **UPA（1973）第4条（父性の推定）**
　(a)ある男性は、次の場合において子の生物学上の父（natural father）であると推定される。
　　(1)この男性と子の生物学上の母（natural mother）とが婚姻しているか婚姻していたことがあり、子がその婚姻中に出生した場合又は、その婚姻が死亡、無効（annulment）、無効宣言（declaration of invalidity）若しくは離婚によって終了するか、別居判決が裁判所によって正式に出された後、300日以内に子が出生した場合
　　(2)子の出生前にこの男性と子の生物学上の母とが表見上法を遵守した方式により婚姻を企図したが、この企図された婚姻が無効であるか又は無効と宣言されうるものであり、かつ(i)この婚姻につき裁判所のみが無効宣言できる場合には、子が婚姻中に出生するか又は、死亡、無効（annulment）、無効宣言（declaration of invalidity）若しくは離婚による婚姻終了後300日以内に子が出生したとき、又は、(ii)この婚姻が裁判所の裁判を要することなく無効である場合には、同棲の終了後300日以内に子が出生したとき
　　(3)子の出生後、この男性と子の生物学上の母とが婚姻するか表見上法を遵守した方式により婚姻を企図したが、この企図された婚姻が無効であるか又は無効と宣言されうるものであり、かつ(i)この男性が子の父であることを書面で認知し、［カウンティの第一審裁判所（appropriate court）又は人口動態統計局（Vital Statistics Bureau）に］提出したとき、(ii)この男性の同意を得て子の出生証明書にこの者を父として記名したとき、又は、(iii)この男性が書面による任意の約束若しくは裁判所の裁判により、子の扶養義務を負うとき

284 第4部 アメリカ法

> (4)子が未成年である間、この男性が子を自己の家に引き取り、公然と自己の
> 生物学上の子として扱っている場合
> (5)この男性が子の父であることを書面で認知して［カウンティの第一審裁判
> 所又は人口動態統計局に］提出し、認知の提出が迅速に子の母に通知さ
> れ、母が通知を受けた後相当な期間内に［カウンティの第一審裁判所又は
> 人口動態統計局への］書面によってこの認知に異議を申し立てない場合。
> 他の男性が本条により子の父であると推定される場合、認知は、この推定
> される父の書面による同意があるか又は当該推定が反証によって覆された
> 後においてのみ、効力を生じる。
> 　(b)本条による推定は、明白かつ確信を抱くに足る証拠によってのみ、適切な訴
> 訟において覆すことができる。相互に対立する2個以上の推定が生じた場合、事
> 実に関して政策的及び論理的に、より説得力があると考えられる推定が支配す
> る。この推定は、他の男性と子との父子関係を成立させる裁判所の判決によって
> 覆される。

　UPA1973年法第4条(a)項は、実質的証拠（substantial evidence）によって特定
の男性が子の父であると示された場合、父子関係を成立させるための正式手続
は必要ないことを規定している。すなわち、同項に記された諸事情があれば、
父性の推定が生じる。これらの事情は、当時の諸州法が嫡出推定（presumption
of legitimacy）に関して設けていた諸例に相当する。一方、(b)項は、(a)項に従っ
て生じた推定が一定の事情のもとで反証を許すものであることを示す。当時の
多くの州法における嫡出推定の反証規定と同様に、この証明は「明白かつ確信
を抱くに足る証拠」によってなされなければならず、現実には推定を覆すのは
困難であったと言われている[73]。

　その後、2002年の改定で2002年法第204条は1973年法第4条を以下のように
変更した。

> ● **UPA（2002）第204条（父性の推定）**
> (a)ある男性は、次の場合において子の父であると推定される。
> 　(1)この男性と子の母とが婚姻しており、子がその婚姻中に出生した場合

---

73)　UPA（1973）§4,Comment.http://www.uniformlaws.org/shared/docs/parentage/upa73_
　　With%20 pref%20 note.pdf（last visited December 14, 2018）.

(2)この男性と子の母とがかつて婚姻しており、その婚姻が死亡、無効（annulment）、無効宣言（declaration of invalidity）若しくは離婚によって終了した後、［又は別居判決後、］300日以内に子が出生した場合

(3)子の出生前に、この男性と子の母とが表見上法を遵守して婚姻したが、この企図された婚姻が無効であるか又は無効と宣言されうるものであり、かつ、子がこの無効な婚姻中又は死亡、無効（annulment）、無効宣言（declaration of invalidity）若しくは離婚による婚姻終了後（又は別居判決後、）300日以内に生まれた場合

(4)子の出生後、この男性と子の母とが、当該婚姻が無効であるか又は無効と宣言されうるものであるかどうかにかかわらず、表見上法を遵守して婚姻し、この男性が子の親であることを任意に主張し、かつ(A)この主張が（出生記録を保管する州の機関に）提出されて記録されるか、(B)この男性が子の出生証明書に子の父として記名されることに同意しそれが記載されるか、又は(C)この男性が自己の子としてこの子の扶養を約束しそれが記録された場合

(5)子の出生後子が2歳になるまで、この男性が子と同一の世帯に居住しており、かつ公然とその子を自己の子として扱っていた場合。

(b)本条による推定は、第6編[74]における判決によってのみ覆すことができる。

　UPA1973年法第4条は、一定の形式的事情を証明することによって、ある特定の男性を子の父と推定する場合を挙げたものであり、その最も端的な事情は、子の母とその男性の婚姻中における子の出生であった。同時に、UPA1973年法は第4条(a)項(4)号で「子が未成年である間、この男性が子を自己の家に引き取り、公然と自己の生物学上の子として扱っている場合」にも父性の推定が働くとして、「自己の子として扱うこと」を父性推定の要件とすることにより、嫡出子（婚内子）と婚外子を平等に扱うという同法の目的に応えようとしていた。2002年の改定では、このUPA1973年法第4条(a)項(4)号をUPA2002年法第204条(a)項(5)号において修正し、子の出生後2年間という期間を明記して父性推定の有無に疑義が生じないように図った。UPA2017年法も第204条(a)項(2)号

---

74)　第6編は、親子関係の司法判断手続に関する諸規定である。以下、UPA（2002）につき同様。

286　第4部　アメリカ法

でこれを承継する。

　なお、UPA2002年法は第3編で父性の任意認知に関する条文を創設し、有効な認知がある場合には父性推定ではなく父子関係が確立するとする規定を設けた。それにより、UPA2002年法では、UPA1973年法第4条(a)項(5)号による父性推定規定は削除されている（UPA2017年法も同様）。

　UPA2002年法第204条(b)項は、UPA1973年法第4条(b)項と同一の内容を定めるものであり、いずれも親子関係につき複数の推定が存する場合の扱いを念頭に置いた規定であるとされる。ただし、UPA2002年法における改定では、複数の男性の父性推定が存する場合における裁判所の判断基準について明確な規律は置かれなかった。同法の解説によれば、遺伝子検査の発展によって、父性推定が重複する場合にも裁判所の判断は依然よりも格段に容易になっており、かりに男性が遺伝子検査を拒否した場合には、裁判所は、禁反言の原則（UPA（2002）第608条）によって、たとえ真実は子の生物学上の父ではないとしても、子の父として公然と振る舞っていたという事実に基づき、子の利益のため、父性推定を受ける男性と子との父子関係を維持する方向で判断を下すこともできると考えられていた[75]。

　一方、UPA2017年法は同性カップルから出生した子も含めジェンダーに中立な条文に改定したことにより、父性の推定（presumption of paternity）ではなく親子関係の推定（presumption of parentage）へと第204条を改変したが、推定事由についてはUPA2002年法第204条を受け継いだ。そして、第204条(b)項には再度改定を加え、親子関係の推定が競合する場合、その対応として第6編の規定に従った判決とともに第3編による親子関係の否認手続にもよりうることを明示した[76]。なお、親子関係の推定が競合する場合における司法判断手続については、第6編第613条（本稿第3章②3）が規定する。

---

75)　UPA（2002）§204, Comment. http://www.uniformlaws.org/shared/docs/parentage/upa_final_2002.pdf（last visited December 14, 2018）.

76)　UPA（2017）§204, Comment. https://www.uniformlaws.org/viewdocument/final-act-with-comments-61?CommunityKey=c4f37d2d-4d20-4be0-8256-22dd73af068f&tab=librarydocuments（last visited January 6, 2019）.

第3章　親子関係制度　287

## 3　親子関係の否定

### (1)　裁判手続

UPA2017年法は、親子関係が推定される者と子との親子関係を否定できる場合について第6編で規定する。同法は、一般に、親子関係の成立と否定の双方につき、司法手続で判断する場合民事訴訟手続に拠ると定めている。これは、UPA1973年法第14条、UPA2002年法第601条でも同様である。

---

● **UPA（2017）第601条（法定の手続）**

　[(a)] 子の親子関係に関する裁判は、民事訴訟手続による。本［法］[77]で異なる定めがされている場合を除き、この手続は、［州の民事訴訟のルールに従って］行われる。

　[(b)代理出産契約に基づき出生した子の親子関係の裁判手続は、第8編に従う。][78]

〈参考〉

● **UPA（1973）第14条**

　(a)本法における訴訟は、民事訴訟手続のルールに従った民事訴訟である。子の母及び父であると訴えられた者は証言をする権利を有し、かつ強制的に証言を求められうる。……

● **UPA（2002）第601条**

　民事訴訟手続が、子の親子関係を裁判するために用いられる。この手続は［民事訴訟手続］によって行われる。

---

### (2)　申立権者と関係人への通知

親子関係に関する訴訟の申立権者は、子、子を出産した女性、UPAの規定に基づき親であるとされる者、子との親子関係について裁判で決せられるべき者の他、各種の政府機関等が申立権を有するとされている（UPA（2017）第602

---

77)　UPA（2017）第601条の原文は this［act］となっている。UPA2017年法を導入する各州法の名称がactに限らず、codeやstatutesである場合もあることから、ここではactが［　］に入れられている。以下、本［法］につき同様。

78)　第601条(b)項は2017年法で新設された条文であり、代理出産によって出生した子の親子関係の決定は第8編の手続に従うことを明記する。

条）。これは、親子関係の確定が、多くの場合子の扶養の確保と結びついていることによる（本稿第1章②参照）。

---

● **UPA（2017）第602条（訴訟手続の原告適格）**

　第3編及び第608条から第611条において異なる定めがなされている場合を除き、親子関係の裁判に関する手続は次の者が申し立てることができる。

　⑴子

　⑵子を出産した女性。ただし、裁判所がこの者は親でないと判決したときはこの限りでない。

　⑶本法により親である者

　⑷子との親子関係を判決で定められるべき者

　⑸子ども支援機関（child-support agency）〔又は本法とは別の州の法律によって権限を与えられたその他の政府機関〕

　⑹本法とは別の州の法律によって認定された養子縁組仲介機関（adoption agency）又は免許を有する子の斡旋機関（child-placement agency）

　⑺本法とは別の州の法律によって権限を与えられた代理人で、本来なら手続を申し立てる権利を有するが死亡し、無能力者であり若しくは未成年者である者を代理する者。

---

　さらに、第603条は、子との親子関係に関する訴訟が提起されたことにつき、原告は同条に列挙されたすべての者に対して通知を与えるべきことを規定する。これらの者はこの訴訟によって影響を受けることから、この者らに当該訴訟に参加する権利を確保することがその目的である[79]。

　他方で、第603条の目的は、訴訟参加しなかった者がいるとしても当該訴訟において親子関係につき判決することが許されるという点にもある。したがって、同条はそのような者の当事者併合（joinder of parties）を要求していない。また、同条(c)項は、本条の通知要件に従わなかった場合でも判決は無効となら

---

79)　UPA2017年法第623条(a)項⑵号は、同条(b)項で異なる定めがされている場合を除き、親子関係に関する判決は、当該訴訟の当事者及び当該訴訟手続に関する通知を受領した者を拘束すると規定する。したがって、前訴の当事者でなかった者が後訴で親子関係に関する裁判を提起した場合、前訴の判決は後訴において抗弁となりうる（UPA（2017）第623条(d)項）。

第3章 親子関係制度 289

ないことを明らかにする。

---

● **UPA（2017）第603条（訴訟手続の通知）**

　(a)［原告は、］次の者に対して親子関係に関する訴訟の通知をしなければなら
ない。
　　(1)子を出産した女性。ただし、裁判所が、この者は親ではないとの判決をす
　　　でにしていたときはこの限りでない。
　　(2)［本法］に従い子の親である者
　　(3)推定される親、認知した親又は裁判で確定された親
　　(4)子との親子関係を判決で定められるべき者
　(b)(a)項に従い通知を受ける資格のある者は、訴訟に参加する権利を有する。
　(c)(a)項により必要とされる通知を欠く場合でも、判決は無効とならない。通知
の欠缺は、(a)項により通知を受ける資格のある者が第611条(b)項[80]に従い訴訟を
提起することを妨げない。

---

　なお、第603条は、子自身に通知を与えることを求めていない。これは、子
を訴訟の必要的当事者として加えることを要求しないという UPA2017年法の
政策判断と一致する（UPA（2002）第603条も同様の立場を採っていた）。
UPA2017年法第618条は、(a)項で「未成年の子は本編（第6編：筆者注）におけ
る訴訟の任意的当事者（permissive party）であるが、必要的当事者（necessary
party）ではない。」と規定するとともに、(b)項で「裁判所は、子の利益が適切
に主張されていないと判断したときは、本編の訴訟において子を代理する［弁
護士、訴訟のための後見人（guardian ad litem）又は同様の者］を任命するもの
とする。」としている。

### (3) 判決の拘束力

　UPA2017年法第623条(a)項は、親子関係の決定に関する命令が統一州際家族
支援法（UIFSA（2008））の人的管轄権を満たす場合、この命令は当該訴訟の全

---

80)　UPA（2017）第611条は、判決により親とされた者と子との親子関係を他者が争う場合
　　の規定であり、同条(b)項は、第602条の原告適格を有しかつ前訴の当事者ではなく第603
　　条による通知も受けていない者（ただし子自身を除く）は、当該判決の確定から2年以
　　内に限り、訴えを提起できると定める。

当事者に対して法的拘束力を持つことを定める。ただし、子については、同条(b)項が、子が未成年の間は、当該命令が遺伝子検査の結果と一致しているか又は子が弁護士によって代理された場合を除き、子を拘束しないというルールを採用している[81]。

第623条(c)項は、離婚判決等が親子関係に関する事実認定を構成する場合について規定する。また、同条(d)項は、前訴における親子関係に関する判決の利益を主張する第三者の保護のための規定である。いずれも UPA2002年法のルールを受け継いだものである。

---

● **UPA（2017）第623条（親子関係に関する決定の法的拘束力）**

　(a)(b)項で異なる定めがされている場合を除き、

　　(1)親子関係の認知又は親子関係の否認への署名によって、第３編に規定されているところに従い当該認知及び否認は拘束力を生じる。並びに、

　　(2)［統一州際家族支援法（Uniform Interstate Family Support Act）第201条による州法の］管轄要件を満たす情況において行われた裁判所による親子関係に関する判決の当事者及びこの訴訟手続の通知を受領した者は、この判決に拘束される。

　(b)子は、次の場合を除き、本法による親子関係に関する決定に拘束されない。

　　(1)この決定が取消を許さない親子関係の認知に基づくものであり、認知が遺伝子検査の結果と一致する場合

　　(2)この決定が遺伝子検査の結果と一致する事実認定に基づき、かつこの一致が当該決定その他において宣言されている場合

　　(3)親子関係の決定が第７編［又は第８編］に従ってなされた場合

　　(4)子が当該訴訟の当事者であったか、又は［弁護士、訴訟のための後見人若しくはこれらと同様の者］によって代理されていたとき

　(c)［離婚、婚姻解消（dissolution）、婚姻無効（annulment）、無効宣言（declaration of invalidity）、法的別居（legal separation）、別居扶養命令（separate maintenance）］のための訴訟において、裁判所が、［統一州際家族支援法第201条による州法の］管轄要件を満たす情況において以下の終局決定を行った場合には、この裁判所は

---

81）　UPA（2017）§ 623, Comment. https://www.uniformlaws.org/viewdocument/final-act-with-comments-61?CommunityKey=c4f37d2d-4d20-4be0-8256-22dd73af068f&tab=libraryd ocuments（last visited January 6, 2019）.

子の親子関係に関する判決を行ったものとみなされる。

(1)この子を明確に「当該婚姻の子」若しくは「当該婚姻の子孫（issue）」であると特定した場合若しくは、両配偶者がこの子の両親であることを指摘する同様の文言を含む場合、又は、

(2)一方配偶者に対してこの子の扶養を命じた場合。ただし、この配偶者と子との親子関係をこの命令において明確に否定した場合はこの限りでない。

(d)(b)項又は第611条で異なる定めがされている場合を除いて、親子関係の決定は、前訴で当事者でなかった者の親子関係に関する判決を求める後訴において、抗弁として主張することができる。

(e)親子関係に関する判決の当事者は、上訴、判決の取消又はその他の司法審査に関する本法以外の州法によってのみ、この判決に対して異議を申し立てることができる。

## (4) 親子関係の否定

### (a) UPA1973年法・2002年法

UPA2017年法第204条に従い推定される親と子との親子関係を争う場合について、同法第608条が規定する。同条は、UPA2002年法第607条を承継したものである。

UPA1973年法は、第6条で父子関係の決定手続について規定していた。すなわち、同条の(a)項及び(b)項は、同法第4条(a)項により推定される父子関係の存在を宣言し又は父子関係を争う訴訟についての要件を定める。それによれば、婚姻又は婚姻に準じる父母の関係に基づく推定を覆すことは、人的にも時間的にも一定の範囲に限定されている（(a)項）。それに対して、婚姻以外の事情に基づく推定を覆すための要件は、より緩やかに設定されている（(b)項）。また、同条(c)項は、父性推定が生じない場合につき誰が父子関係を確定する訴えを提起できるかを規定し、子に提訴権があることを明記する。さらに、この訴訟は子の利益を主として目的とすることから、母と訴えられた父若しくは推定される父との間でなされた父性を確定する訴訟を起こさないという合意は、原則として認められないとされていた（同条(d)項）[82]。

---

82) UPA（1973）§6, Comment.http://www.uniformlaws.org/shared/docs/parentage/upa73_With%20 pref%20note.pdf（last visited December 14, 2018）.

292　第4部　アメリカ法

---

● **UPA（1973）第6条（父子関係の確定（Determination of Father and Child Relationship）：申立権者：出訴期限）**

(a)子、その生物学上の母又は第4条(a)項の(1)号、(2)号若しくは(3)号により子の父と推定される男性は、次の場合に訴えを提起することができる。

　(1)第4条(a)項(1)号、(2)号若しくは(3)号により推定される父子関係の存在を宣言することを目的とする場合は、いつでも訴えを提起することができる。

　(2)第4条(a)項(1)号、(2)号若しくは(3)号により推定される父子関係の不存在を宣言することを目的とする場合は、これに関する事実を知った後相当の期間内にのみ訴えを提起することができる。ただし、子の出生から［5］年を超えてはならない。推定が覆された後は、他の男性と子との父子関係を、この男性が当該訴訟の当事者となっていたときは、同じ訴訟手続において決定することができる。

(b)第4条(a)項(4)号若しくは(5)号により推定される父子関係の存在又は不存在の決定を目的とする場合、利害関係人はいつでも訴えを提起することができる。

(c)第4条によって推定される父を持たない子に関する父子関係の存在を確定する訴えは、子、その母若しくは子の人格代表者、［適切な州の機関］、母が死亡している場合においては母の人格代表者若しくは母の親、父であると訴えられた者若しくは自ら父であると訴えている男性、父であると訴えられた男性が死亡し若しくは未成年者である場合はこの男性の人格代表者若しくはこの男性の親が、提起することができる。

(d)第13条(b)項[83] に従い裁判所によって認容された合意を除き、申し立てられた父若しくは推定される父と母若しくは子との間の合意は、その文言にかかわらず、本条の訴えを妨げない。

(e)本条による訴えが子の出生前に提起された場合、全手続は子の出生まで停止される。ただし、訴状の送達及び証言の証拠保全のための処分はこの限りでない。

---

その後2002年の改定で、UPA2002年法第607条は、同法第204条によって生じる父性の推定を争う権利を、子の母や推定を受ける父とともに、父性推定される父のいる子との父子関係を主張する第三者の男性にも認めるとの改正を行った。UPA2002年法公表前の2000年の時点において、婚姻している女性の出産した子との父子関係を第三者である男性が主張することができるかどうかは、州

---

83）　UPA（1973）第13条は、正式事実審理（trial）前の和解について定める。

第3章　親子関係制度　293

法によって異なる扱いがされていた。多くの州は、婚姻による父性推定を覆す
ために、推定される父のいる子との父子関係を主張する権利を第三者に認めて
いたが、このような場合において制定法の定める父子関係の推定を覆すことを
目的とした第三者による父子関係確定の訴えを禁じる州も存在していた。
UPA2002年法第607条は、この点について第三者の男性にも訴えをなす権利を
認め、その要件を規定したものである[84]。

　UPA2002年法は、第204条により発生した父性推定を覆すにあたり、推定さ
れる父と子の母が子の懐胎時期に同棲していた場合には2年間の出訴制限を定
める（同条(a)項）。すなわち、同条(b)項の場合を除いて、推定される父、子の
母又は第三者の男性は、この出訴期間内においてのみ父性推定を争うことがで
きる。したがって、反対に、推定される父と子の母が懐胎時期に同棲しておら
ず、かつ懐胎可能な時期に性交渉を持たず、推定される父がその子を自己の子
として公然と扱った事実がないときは、これらの者も父性の推定をいつでも争
うことができる。

---

● **UPA（2002）第607条（出訴期限：推定される父のいる子）**
　(a)(b)項で異なる定めがなされている場合を除き、父性推定される父、母又は推
　定される父のいる子との親子関係の決定を求めるその他の者による訴訟は、子の
　出生後2年以内に申し立てられなければならない。
　(b)子と推定される父との間の父子関係の否定を求める訴訟は、裁判所が次の決
　定をしたときは、いつでも提起することができる。
　　(1)推定される父と子の母とが同棲したことも懐胎可能時期に性交渉を持った
　　　こともなく、かつ
　　(2)推定される父が子を自己の子として公然と扱ったことがない場合。

〈参考〉
● **UPA（2002）第602条（当事者適格）**
　第3編並びに第607条及び第609条に従い親子関係を裁判する訴訟は、次の者が
　申し立てることができる。

---

84)　UPA（2002）§ 607, Comment. http://www.uniformlaws.org/shared/docs/parentage/
　　upa_final_ 2002.pdf（last visited December 14, 2018）.

294　第 4 部　アメリカ法

　　(1)子
　　(2)子の母
　　(3)子との親子関係について裁判される男性
　　(4)扶養執行機関［又は他の法律によって認可されたその他の政府機関］
　　(5)認可された養子縁組仲介機関又は免許を有する児童斡旋機関
　　(6)法律によって権限を与えられた代理人で、本来なら手続を申し立てる権利
　　　を有するが死亡し、無能力者であり若しくは未成年者である者を代理する
　　　者
　　(7)第 8 編に従って親となる意思を持つ者

● **UPA（2002）第603条（訴訟当事者）**
　次の者は、親子関係を判決する訴訟手続に当事者として加わらなければならな
い[85]。
　　(1)子の母
及び
　　(2)子との親子関係について裁判される男性


(b)　UPA2017年法

　UPA2017年法第608条は、親子関係の推定否定の要件につき、UPA2002年法
第607条の内容を承継する。ただし、UPA2017年法の方針のもと、ジェンダー
に中立な文言に改定されている。

● **UPA（2017）第608条（推定される親と子との親子関係に関する裁判）**
　(a)推定される親が子の親であるかどうかを決定する訴訟は、次の場合に提起す
ることができる。
　　(1)子が成年に達する前
　　(2)子が成年に達したが、子自身が訴訟を提起する場合。
　(b)第204条による親子関係の推定は、裁判所が次の決定をなした場合を除き、

---

85)　UPA（1973）第 9 条は子を必要的当事者と規定していたが、UPA（2002）第603条は、
　UPA1973年法と異なり、子を必要的当事者とはしていない。諸州法でも子を必要的当事
　者とするところはほぼなく、UPA2017年法もこれを踏襲する。

子が 2 歳に達した後は覆すことができない。

(1)推定される親が遺伝上の親ではなく、子と同居したことがなく、かつ自己の子としてこの子を扱ったことがないこと、又は

(2)子に 2 人以上の推定される親があること

(c)子を出産した女性が子の親子関係に関する請求における唯一の第三者であるときは、第614条[86]に異なる定めがなされている場合を除いて、推定される親と子との親子関係に関する判決手続に以下のルールが適用される。

(1)当該手続の当事者が誰も推定される親と子との親子関係を争わないときは、裁判所は推定される親を子の親と判決する。

(2)推定される親が第506条[87]に従い子の遺伝上の親であると特定され、かつこの特定に対して第506条のもとで申し立てられた異議が認められないときは、裁判所は推定される親を子の親と判決する。

(3)推定される親が第506条に従い子の遺伝上の親と特定されず、推定される親若しくは子を出産した女性が推定される親と子との親子関係を争うときは、裁判所は第613条(a)項及び(b)項の事由に基づき、子の最善の利益において子の親子関係につき判決する。

(d)第614条で異なる定めがされかつ本編の他の出訴制限に服する場合を除き、推定される親と子との親子関係を判決する手続において、子を出産した女性に加え、もう一人の第三者が子との親子関係について請求をなすときは、裁判所は第613条に従い親子関係につき判決する。

## (5) 親子関係が競合する場合

UPA2017年法第608条で引用されている同法第613条は、複数の者による親子関係の主張が競合する場合についての判決手続と裁判所の判断基準を規定する。そのうち第613条(c)項については、ＡとＢの選択肢が用意されている。これは、UPA2017年法が、子が 3 人以上の親を法律上有しうる可能性を認める立場を採ったことによるものである[88]。UPA2002年法はこの点について明確に言

---

86) UPA (2017) 第614条は、強姦を犯した者とその結果被害者が妊娠した子どもとの親子関係の成立を排除することを目的とする規定である（本稿第 3 章②1 ）。

87) UPA (2017) 第506条は、遺伝子検査の結果とその効力及びこの結果を争うための要件について規定する。

296　第4部　アメリカ法

及していなかったが、UPA2017年法では、各州は(c)項としてA又はBの条文を選択することができるとした。UPA2017年法が事実上の親（de facto parent）と子との法的親子関係を認める規定を新設したことも[89]、複数の大人が親としての機能を法律上果たしうることを後押しする。

　選択肢Bは、近年、諸州において裁判所が3人以上の者を子の法律上の親として認める傾向が高まっていることを反映する。カリフォルニア、デラウェア、ワシントンD.C.、メインの各州は、州法によって裁判所が子に3人以上の親を認めることを許している[90]。なお、UPA2017年法の選択肢Bでは、3人以上の親を認めるかどうかの判断において子にとっての損失（detriment to the child）の発生を裁判所の考慮要素としている点に留意を要する。

---

### ● UPA（2017）第613条（親子関係の主張が競合する場合における裁判）

　(a)第614条で異なる定めがされている場合を除き、第608条(c)項、第610条若しくは第611条のもとで、2人以上の者によって子との親子関係が競合的に主張され又は争われている訴訟において、裁判所は、以下に基づいて、子の最善の利益において親子関係につき判決するものとする。

　　(1)子の年齢
　　(2)各人が子の親としての役割を果たした期間
　　(3)子と各人との関係性の性質
　　(4)子と各人との関係が認められない場合における子への害
　　(5)各人が子との親子関係を請求する根拠
　　(6)子と各人との関係が壊れることによって生じるその他のエクイティ上の要
　　　素若しくはその他の子への害の可能性

　(b)ある者が遺伝子検査の結果[91]に基づいて親子関係を争う場合、(a)で挙げた諸事由に加えて、裁判所は次の事由を考慮するものとする。

---

88)　UPA（2017）§613, https://www.uniformlaws.org/viewdocument/final-act-with-comments-61?CommunityKey=c4f37d2d-4d20-4be0-8256-22dd73af068f&tab=librarydocuments（last visited January 6, 2019）.

89)　UPA（2017）第609条が、事実上の親が子との法律上の親子関係の成立を求める訴訟手続の要件を定める。

90)　Cal. Fam. Code 7612(c) ; Del. Code Ann. tit.13, §8-201(a)(4)(b)(6), (c) ; D.C. Code §16-909(e) ; Me. Rev. Stat.tit.19-a, §1583(2).

(1)この者が子の遺伝上の親ではないであろうという証拠開示に関する諸事実
　(2)この者が遺伝上の親ではないであろうという通知を受け取った時と訴訟提起との時間的間隔

選択肢A
　(c)裁判所は、子が本法のもとで2人を超える親を持つという判決をしてはならない。

選択肢B
　(c)裁判所は、2人を超える親を認めないことが子にとって損失であると判断するときは、本法に従い子が2人を超える親を持つと判決することができる。子の損失の認定は、親若しくは親子関係の決定を求める者の不適任性の認定を要件としない。子の損失を判断するにあたり、裁判所は、子の世話と愛情のための身体的及び精神的必要性を満たし、その役割を相当の期間果たしてきた者のもとで安定的に保護されている情況から子が引き離された場合における害を含む、すべての関連する要素を考慮するものとする。

## ③　生殖補助医療と親子関係

### 1　生殖補助医療による出生子の親子関係

　生殖補助医療（代理出産契約を除く）によって出生した子の法律上の親子関係については、UPA2017年法第7編が規定する。同編は、生殖補助医療により親となることを意図する者（intended parent）について、婚姻しているか否かを問わない。ただし、特に、生殖補助医療により子を出産した女性の配偶者が子との親子関係を争う場合において、同法第705条による制限が課されていることに注意を要する。また、婚姻の解消若しくは無効後に生殖補助医療が実施されて子を懐胎した場合、懐胎した女性の元配偶者は、生殖補助医療が婚姻解消・無効後に行われた場合にも子の親になることに同意しこれを記録していた

---

91)　親子関係に関する訴訟における遺伝子検査の認容性について、UPA2017年法第606条が規定する。それによれば、当事者が宣誓付供述によって遺伝子検査を請求した場合、裁判所は子及びその他の者に対して遺伝子検査の結果を提出するよう命じることができる（同法第503条）。そして、検査結果報告後14日以内に当事者が当該結果の承認を拒否しない限り、裁判所は原則として当該報告結果を真実の証拠として承認するものとされている。

298　第4部　アメリカ法

ときを除き、子の親とはされない（同法第706条）。

　なお、生殖補助医療により出生した子の親となることを意図していた者が、胚や配偶子の移植から子の出生までの間に死亡した場合でも、この者と子との間の親子関係の成立は妨げられない。また、生殖補助医療について同意しそれが記録されている者が胚・配偶子の移植前に死亡した場合でも、この者が、自己の死後に生殖補助医療が実施されたときはそれによって生まれた子の親になることに同意しこれが記録されているか若しくはそのような意思が明白かつ確信を抱くに足る証明によって立証され、かつ、この者の死亡後［36］ヶ月以内に胚が子宮内に移植されたか若しくは子がこの者の死亡後［45］ヶ月以内に出生したときは、この死者はこの子の親である（同法第708条）。

---

●　**UPA（2017）第702条（提供者の親としての地位）**
　（配偶子の：筆者注）提供者は、生殖補助医療によって懐胎された子の親ではない。

●　**UPA（2017）第703条（生殖補助医療による出生子の親子関係）**
　第704条に従い、生殖補助医療により懐胎された子の親となる意思を持ってある女性の生殖補助医療に同意した者は、子の親である。

●　**UPA（2017）第704条（生殖補助医療への同意）**
　(a)(b)項で異なる定めがされている場合を除き、第703条で規定された同意は、生殖補助医療により懐胎された子を出産した女性及び子の親となる意思を持つ者の署名のある記録においてなされなければならない。
　(b)(a)項で要求される記録への同意を、子の出生前、出生時又は子の出生後に欠く場合であっても、次のときは、裁判所は親子関係への同意を認定することを妨げられない、
　　(1)この女性又はこの者が、明白かつ確信を抱くに足る証拠によって、懐胎前にこの者とこの女性がともに子の親となるという意思をもって行った明白な合意があることを証明したとき
　　(2)この女性とこの者が、子が出生してから2歳になるまで、一時的な不在期間を含め、子と同じ世帯で生活し、両者が子をこの者の子として公然と扱っていたとき。ただし、この者が子が2歳になる前に死亡するか若しくは無能力者となったとき又は2歳になる前に子が死亡したときはこの限り

でない。この場合において、一方当事者が、明白かつ確信を抱くに足る証拠によって、この女性とこの者が子と同一の世帯で生活する意思を有しかつこの者が子を自己の子として公然と扱うという意思を両者が有していたが、この者が死亡若しくは無能力者となったことによりこの意思を実行することができなかったことを証明したときは、裁判所は、本項に従い、親子関係への同意を認定することができる。

● **UPA（2017）第705条（配偶者による親子関係の否認の制限）**
　(a)(b)項で異なる定めがされている場合を除き、子の出生時に、生殖補助医療によって子を出産した女性の配偶者である者は、その子との親子関係を否定することができない。ただし、次の場合はこの限りでない。
　　(1)子の出生後2年以内に、配偶者が子との親子関係に関する判決を求める訴訟を提起し、かつ、
　　(2)裁判所が、配偶者が、子の出生前、出生時若しくは出生後に、生殖補助医療に同意していなかったか又は第707条[92]により同意を撤回したと認定したとき。
　(b)生殖補助医療で出生した子と配偶者との親子関係に関する判決を求める訴訟は、裁判所が次の判定をしたときは、いつでも提起することができる。
　　(1)配偶者が生殖補助医療のために配偶子を提供しておらず、生殖補助医療に同意もしていなかったこと
　　(2)配偶者と子を出産した女性が生殖補助医療を行ったであろう時以降、同棲していないこと、及び、
　　(3)配偶者がその子を自己の子として公然と扱ったことがないこと。
　(c)本条は、生殖補助医療が行われた後に配偶者の婚姻が無効と宣言された場合であっても、配偶者による親子関係の否認に適用される。

　生殖補助医療によって出生した子の親子関係を争う手続については、UPA2017年法第612条が規定する。同条は、第7編のもとで生殖補助医療により懐胎した子の法律上の親となる意思を表示した者（intended parent）と子との親子関係に関する争いについて、訴訟を提起することができることを明記し

---

92)　UPA（2017）第707条は、第704条により生殖補助医療に同意した者は、妊娠に至った胚・配偶子移植の前であればいつでも同意を撤回できると規定する。

300　第4部　アメリカ法

たものである。親子関係が競合する場合、第613条の規定に従う。

　なお、第8編の代理出産契約に関する規定に基づき親となる者と子との親子
関係に関する訴訟については、別途第8編で規定されている。

---

● **UPA（2017）第612条（生殖補助医療による出生子の親子関係の裁判）**

　(a)第7編に基づき親である者又は子を出産した女性は、親子関係に関する判決
を求める訴訟を提起することができる。裁判所が、第7編に従いこの者が親であ
ると判断したときは、裁判所はこの者が子の親であると判決する。

　(b)ある者と子との親子関係について判決する訴訟において、子を出産した女性
以外の第三者が第7編に従い親であるとされるときは、裁判所は第613条に従い
この者と子との親子関係について判決する。

---

## 2　代理懐胎による子と法律上の親子関係

### (1)　代理出産契約に関する規律

　代理出産契約については、UPA2002年法も括弧つきであるが条文を設けてい
た。しかし、同法を採択した11州の中でテキサスとユタのみが、UPA2002年法
に基づく代理懐胎規定を施行するにとどまっていた。他方で、たとえばイリノ
イ[93]、デラウェア[94]、メイン[95]の各州はUPA2002法に依拠しない独自の州法に
よって、代理出産を法律上認容していた。ただし、今日においても、代理出産
契約を合法的なものとして認容するかどうかは州によって異なり、代理出産に
ついて規定を置かない州も多い。また、ミシガン、ワシントン[96]、ネブラスカ
のように商業的な代理出産契約を禁止する州や、ニュー・ヨーク、アリゾナ、
インディアナのように代理出産契約を認めないことを明確に法律で示す州もあ
る。

---

93)　Illinois Gestational Surrogacy Act（2004）.

94)　Delaware Code 13, §§ 8-801- 8-813（2013）.

95)　Maine Revised Statutes Title19-4 §§ 1931-1939（2015）.

96)　なお、ワシントン州はUPA2017年法を導入したことに伴い、2019年1月1日から一定
　　の要件の下で商業的代理出産契約を認めるに至っている。http://lawfilesext.leg.wa.gov/
　　biennium/2017-18/Pdf/Bills/Senate%20Passed%20Legislature/6037-S.PL.pdf#page=1（last
　　visited January 6, 2019）.

一方、UPA2017年法は代理出産技術の発展を反映させ、遺伝子的代理母（genetic surrogate）と懐胎代理母（gestational surrogate）を区別した規定を設けている。遺伝子的代理母は、生殖補助医療によって懐胎した子の親になる意思を持たない者で自己の配偶子を用いて生殖補助医療により妊娠することに同意した女性を指す（UPA（2017）第801条(1)号）。それに対して、懐胎代理母は、生殖補助医療によって懐胎した子の親になる意思を持たない者で自己のものではない配偶子を用いて生殖補助医療により妊娠することに同意した女性を言う（同条(2)号）。いずれの場合においても、代理母となる女性は21歳に達していること、すでに少なくとも1人子を産んでいること、医療機関による医療チェックを受けていること等を要する（同法第802条(a)項）。また、代理出産契約によって子の親になることを意図する者についても、21歳に達していること、医療機関による医療チェックを受けていること等を要件とする（同条(b)項）。なお、遺伝子的代理母契約であれ懐胎代理母契約であれ、UPA2017年法は独身者であっても intended parent（第7編の規定に従い、生殖補助医療により懐胎した子の親となる意思を表示した者）として契約できるとしている（同法第801条(3)号）。また、契約成立後の代理母の婚姻や離婚・法定別居等ないし intended parent の婚姻や離婚・法定別居等も、契約で別段の定めがない限り、代理母契約の有効性に影響しない（同法第805条）。

### (2) 懐胎代理母契約

懐胎代理母契約によって出生した子の親子関係は UPA2017年法第809条が規定しており、intended parent がこの子の法律上の親となる。したがって、代理母やその（前）配偶者はこの子の法律上の親にはならない（UPA（2017）第809条(a)項(b)項）。

懐胎代理母契約で出生した子が代理母の遺伝上の子であると主張された場合には、UPA2017年法の第1編から第6編の規定に従って子の親子関係が決定される（同法第809条(c)項）。また、医療機関の過誤により intended parent と代理出産によって出生した子が遺伝的に繋がっていないことが判明した場合には、原則として intended parent が子の親とされるが、UPA2017年法が別途規定する親子関係の決定を求める他の諸請求に服する（同条(d)項）。

302　第4部　アメリカ法

### (3)　遺伝子的代理母契約

遺伝子的代理母契約を有効に締結するには、裁判所の承認が必要とされている（UPA（2017）第813条）。この承認手続は、代理母契約による生殖補助医療を開始する前に行われなければならない。裁判所は、この代理母契約がUPA2017年法の要件を満たしており、契約の全当事者が任意に合意しかつ契約条件を理解していることを確認した場合に、遺伝子的代理母契約を有効とする命令を発するものとされている。このようにして有効に成立した遺伝子的代理母契約によって出生した子の親子関係は同法第815条が規定しており、intended parent がこの子の親となる（同条(a)項）。その場合、裁判所は、(1) intended parent が子の法律上の親であること及び親の権利義務は intended parent に排他的に帰属すること、(2)代理母及びその（前）配偶者は子の親ではないことを宣言し、(3)子の出生証明書に intended parent を親として記載するよう指示を出すものとされている（同条(b)項）。ただし、遺伝子的代理母は、子の出産から72時間以内であれば、代理母契約への同意を撤回することが可能である（同法第814条(a)項(2)号）。この場合には、代理母が子の母となる。

遺伝子的代理母契約によって出生した子が生殖補助医療によって懐胎された子ではないと主張された場合、裁判所は遺伝子検査を命じる。その結果、生殖補助医療によって懐胎されたのでないことが判明したときは、子の親子関係はUPA2017年法第1編から第6編に従って決定される（UPA（2017）第815条(d)項）。

第4章 諸州の養子・親子法制 303

# 第4章 諸州の養子・親子法制

## ① 養子制度

### 1 諸州の概要[97]

#### (1) 養親の要件

保健福祉省児童局（U.S. Department of Health & Human Services, Children's Bureau）の調査によれば[98]、アメリカの各州は既婚者・未婚者を問わず養子を取ることを認めている。そのうち、24州（アイオワ、アーカンソー、アリゾナ、アラバマ、アラスカ、インディアナ、ウィスコンシン、ウエスト・バージニア、オクラホマ、オハイオ、カンザス、ケンタッキー、デラウェア、ニュー・ハンプシャー、ネブラスカ、ノース・ダコタ、バージニア、ハワイ、フロリダ、マサチューセッツ、ミシガン、メイン、モンタナ、ロード・アイランド）では、既婚者が養子を取る場合には「夫と妻が共同縁組を申し立てる」ことが必要とされている。さらに、たとえばアリゾナ州では、養子縁組に際して他の考慮要素が同等であるときは、独身者よりも婚姻している夫婦により優先的に養子縁組を認めるものとされる[99]。

一方、同じく共同縁組を要件とする場合について、イリノイは「配偶者又はシビル・ユニオン・パートナー」、ニュー・ヨークは「配偶者又は unmarried intimate partners」という文言を用い、よりジェンダーに中立な規定となっている。

継親による継子との養子縁組についても、諸州は継子の親がその子の法的監護権を有する場合に、一般の養子縁組よりも緩和された要件（継子の監護親と

---

97) Child Welfare Information Gateway "State Statutes, December 2015", U.S. Department of Health & Human Services, Children's Bureau, https://www.childwelfare.gov/pubPDFs/parties.pdf#page=2&view=Who%20may%20adopt?（last visited January 6, 2019）.

98) Child Welfare Information Gateway, *supra* fn.97.

99) Arizona Revised Statutes §8-103D.

304　第4部　アメリカ法

の共同縁組を要せず、継親と継子との養子縁組に対する監護親の同意のみを要件と
する等）のもとで養子縁組することを可能としている。さらにたとえばバーモ
ント州では、法律婚の手続をとっていないカップルの一方がそのパートナーの
子を継子として養子にすることも認めている[100]。

　養親の年齢については、18歳に達していればよいとする州（ケンタッキー、
コネチカット、テネシー、ニュー・ジャージー、モンタナ、ルイジアナ、ワシントン）
の他、21歳を要件とする州（オクラホマ、コロラド、デラウェア）、25歳を要件
とする州（アイダホ、ジョージア）等がある。さらに、養親と養子との年齢差
について要件を設ける州もあり、カリフォルニア、サウス・ダコタ、ジョージ
ア、ニュー・ジャージー、ネバダ、ユタは養親が少なくとも10歳年長であるこ
と、アイダホは15歳年長であることを規定する。

### (2)　養子の要件

　養子となる者の要件について、アメリカでは全州において未成年養子縁組を
認めている。さらに、インディアナでは養子となる者は18歳未満であることを
原則とし、未成年養子縁組のみを認める。一方、多くの州では成人についても
養子となることを認め、成年養子縁組を可能としている。ただし、たとえばコ
ロラド、ロード・アイランドは養子は21歳未満でなければならないとの制限を
設ける。マサチューセッツ、ネバダでは成人の養子は養親よりも年少であるこ
とを要件とする。また、養子が永続的な身体的若しくは知的な障害を持つ者で
ある場合に限り、成年養子縁組を認める州（アラバマ）、そのような障害を持
つ者か又は、養子となる者が未成年者である時から継子若しくは里子として関
係を築いてきた者が、子が成人となってから養子縁組する場合にのみ認める州
（オハイオ）もある。継子である成人との養子縁組を認める州として、他にコ
ネチカットやバージニア[101]がある。

---

100)　Vermont Statutes Title 15A §1-102(b), §4-101(b).
101)　バージニアは、成人になる少なくとも3ヶ月前から養親となる者の家に居住し、養親
　　との年齢差が少なくとも15歳あることを要件として、継子の他成人の甥姪を養子にする
　　ことも認める。

第 4 章　諸州の養子・親子法制　305

## (3)　管轄州に関する要件

　養子縁組成立の申立てをするにあたり、申立者である養親が当該州に居住していることを要件とする州も少なくない（アイダホ、アリゾナ、イリノイ、インディアナ、ウィスコンシン、オレゴン、ケンタッキー、サウス・カロライナ、ジョージア、テネシー、デラウェア、ニュー・メキシコ、バージニア、ミシシッピ、ミネソタ、ロード・アイランド、ワイオミング）[102]。なお、アリゾナ、ウィスコンシン、コロラド、サウス・カロライナ、テキサス、ワイオミングは、養子縁組成立の申立てがなされる時点において養子となる者が当該州にいることを要件とする。

## (4)　養子縁組をする権限を持つ者

　諸州は、子の養育及び監護に関する法的権利を持つ者又は団体に、その子についての養子縁組をなす権限を認めている。子の生みの親、法律上の後見人、訴訟のための後見人や、州の社会福祉局（State's departments of human or social services）、子の養子縁組につき免許を与えられた仲介機関等がこれに当たり、各州法に具体的な規定が置かれている。ただし、たとえばインディアナ、ウエスト・バージニア、オハイオ、コロラド、デラウェアは、すべての養子縁組について州の社会福祉局若しくは免許を受けた仲介機関による縁組を原則とする。ケンタッキー、ミズーリ、ルイジアナ、ロード・アイランドも、継親や親族による養子縁組を除いて、縁組は仲介機関によるべきことを定める。
親や後見人による direct placement adoption を認める州も、州の担当部門への通知や、当該部門若しくは裁判所の承認を得ることを要件とする（ウィスコンシン、ケンタッキー、ニュー・メキシコ、フロリダ、マサチューセッツ、ミズーリ、ミネソタ、メリーランド、ロード・アイランド）。また、アーカンソー、フロリダ、ミズーリ、ルイジアナは、裁判所の命令を得ずに子の法的監護権を永続的に移転することを原則として禁じる。デラウェアは、親族でない者への養子縁組に

---

102)　ただし、特則を置く州もあり、インディアナやサウス・カロライナは障害等特別な必要性を持つ子との養子縁組を非居住者にも認める。イリノイ、ニュー・メキシコ、ミシシッピ、ロード・アイランドでは、非居住者も仲介機関を介した養子縁組は可能である。

306　第4部　アメリカ法

つき、州の担当部門又は仲介機関による監督を要件とする。


## 2　ニュー・ヨーク州

### (1)　手　　続

アメリカでは、養親の側であれ養子の側であれ養子縁組を希望する場合、仲介機関を通じて養子となる者又は養親となる者を探すという方法が通常採られている。各州には正式な免許を持つ公的若しくは私的な仲介機関が多数置かれており、養親と養子を結びつける役割を担う。ニュー・ヨーク州では、これらの団体に加え州の地方事務所（NYS Regional Offices）も養子縁組に関する斡旋・仲介に関わっている[103]。なお、法律上の手続としては、direct placement adoption と agency placement adoption がともに認められている（New York Domestic Relation Laws（DOM）第7編第2章（Adoption from an Authorized Agency）、第3章（Private-Placement Adoption））。

DOM 第7編（第109条〜第117条）は、ニュー・ヨーク州における養子縁組の要件・効果と手続について規律する。それによれば、成人であれば未婚の者、婚姻している者、婚姻していないが親密なパートナー関係にある2人の者（two unmarried adult intimate partners）は、養親として養子を取ることができる。ただし、婚姻している者、婚姻していないが親密なパートナー関係にある者の場合は、養子との共同縁組が原則となっている（同法第110条）。

養子縁組の手続は、direct placement adoption の場合も agency placement adoption の場合も司法手続であり、裁判所（court）又は検認裁判官（surrogate）によって行われる（同法第110条）。


### (2)　同意権者

養子縁組については、養子が14歳以上である場合にはこの養子自身及び、婚姻中に懐胎若しくは出生した子の両親又は婚姻外で出生した子の母の同意が必要である（DOM 第111条1項(a)号(b)号(c)号）。婚外子の父の同意は、子が出生後6ヶ月以上経過後に養親に引き渡される場合は、父がこの子と実質的、継続的

---

103）　https://ocfs.ny.gov/adopt/agcymenu.asp（last visited January 6, 2019）.

かつ反復的な交流（実際の面会交流とともに、相当額の養育費の支払い等を含む）を行っているときに、必要とされる（DOM 第111条1項(d)号）。子が出生後6ヶ月未満で養親に引き渡される場合は、子が養親に引き渡される直前の少なくとも6ヶ月間子若しくは子の母と公然と同居し、子を自分の子として公然と扱い、子の出産費用等に関し相当額を支払っていたときにのみ、婚外子の父の同意が必要となる（DOM 第111条1項(e)号）[104]。

他に、養子となる子の法的監護権を持つ者や団体があるときは、養子縁組についてこれらの同意も必要とされる（DOM 第111条1項(f)号）。

また、ニュー・ヨーク州では成人養子縁組も認められている。養子となる子が18歳に達したときは、母や父の同意を要することなく、自らの同意のみで養子縁組をすることが可能である（DOM 第111条4項）。

### (3) 養子縁組成立判決

養子縁組成立の申立てがなされた場合、養子となる者が未成年者であるときは、裁判所は少なくとも3ヶ月の待機・調査期間を設けなければならない。ただし、継親が継子を養子とする場合において、継子及びその生みの親とともにすでに3ヶ月以上同居しているときは、3ヶ月の待機期間は不要である（DOM 第116条1項）。

養子縁組が子の最善の利益になると判断したときは、裁判官又は検認裁判官は養子縁組の承認を決定し、養子と養親は完全な親子関係として扱われるべきことを命じる（DOM 第114条）。これにより、当該養親子間に法律上の親子関係が発生する（DOM 第117条）。

## 3　カリフォルニア州
### (1) 要　　件

カリフォルニア州は、Family Code（FAM）第13編（第8500条～第9340条）が養子縁組について規定する。そのうち第1章（第8500条～第8548条）が定義に

---

104)　DOM 第111-a 条は、養子縁組手続の申立てがされたことの婚外子の父への通知について規定する。

308 第4部 アメリカ法

関する一般規定、第2章（第8600条～第9212条）が未成年養子、第3章（第9300条～第9340条）が成年養子に関する条文である。そこでは、「配偶者又はドメスティック・パートナー」というジェンダーに中立な文言で規定がなされている。

未成年養子制度について、FAM 第8600条は、「成年者は、婚姻していない未成年者を養子とすることができる。」とし、direct（independent）placement adoption（FAM 第8800条～第8823条）、agency placement adoption（FAM 第8700条～第8720条）ともに認められている。養親は養子より少なくとも10歳以上年長であることを要件とする（FAM 第8601条(a)項）。ただし、継親が継子を養子とする場合、養子となる者の姉、兄、伯母、伯父、いとこが養親となる場合（これらの者が婚姻しているときはこれらの者とその配偶者が養親となる場合）において、裁判所が、当該養子縁組が当事者の最善の利益でありかつ公益にも資すると判断したときは、養子と養親の年齢差に関係なく裁判所は養子縁組の成立を認めることができる（FAM 第8601条(b)項）。継親による継子の養子縁組については特則（FAM 第9000条～第9007条）が置かれており、domestic partner がその partner の子を養子とする場合もこの継子養子縁組手続によることができる（FAM9000条(b)項）。いずれの場合においても、未成年養子縁組については養親となる者が裁判所に申立てをしなければならない（FAM 第8609.5条、第8714条、第8802条、第9000.5条）。

一方、成年養子縁組については、年少者であれば年齢差を問わず成人を養子とすることができる。ただし、自己の配偶者を養子とすることはできない（FAM 第9320条(a)項）。また、成年養子縁組は、当事者の書面による合意及びそれに対する裁判所の承認によって成立する（FAM 第9320条(a)項(b)項、第9321条）。なお、成年養子縁組がなされた場合において、養子は、いつでも縁組の解消を求める申立てを裁判所になすことができる（FAM 第9340条）。

(2) 同意権者

未成年養子について、養子となる者が12歳に達しているときは、養子縁組につきこの者の同意を要する（FAM 第8602条）。また、養子となる者の生みの母及び推定される父の同意も必要とされる（FAM 第8604条）。推定される父のいない子については、母の同意のみを要する（FAM 第8605条）。子の養子縁組に

あたり、子の実親はその権利について助言を得、必要な場合にはカウンセラーによるカウンセリングも受けることができる（FAM 第8801. 3 条(a)項、第8801. 5 条）。

direct（independent）placement adoption の場合、養子となる子の母が出産してから退院するまでは、養子の実親も養親も養子縁組の同意書に署名してはならない。ただし、出生した子よりも長く母が入院している場合には、母が署名をなす能力を有することが母を担当する内科医及び外科医によって証明されたときは、子の退院以降子の実親及び養親は同意書に署名することができる（FAM 第8801. 3 条(b)項(2)号）。この同意は、30日以内であれば撤回することができる（FAM 第8814. 5 条(a)項(1)号）。

agency placement adoption の場合、子の実親は、社会福祉局（Department of Social Services）、カウンティの仲介機関又は免許を受けた仲介機関に対して、子の養子縁組への同意及び子に関する権利の譲渡（relinquishment）をなすことができる。この場合、実親は、2 人の証人及び当該仲介機関の権限ある職員の面前で、譲渡に関する書面に署名することを要する（FAM 第8700条(a)項）。これによって relinquishment は完了し、以後は両者の合意によってのみ解除できるにとどまる。

なお、婚姻している者も単独で未成年者・成年者を養子とすることができる。この場合、養親となる者の配偶者の同意を得なければならない（FAM 第8603条（未成年養子）、第9301条（成年養子））。


（3）効　　果

養子縁組の成立により、養親と養子の間に法律上の親子関係が発生する（FAM 第8616条（未成年養子）、第9305条（成年養子））。また、養子は養親の氏を名乗ることができる（FAM 第8618条（未成年養子）、第9304条（成年養子））。

未成年養子の場合、縁組の成立によって養子の現時の親はこの子に対する全ての権利義務を免じられる（FAM 第8617条(a)項）。ただし、この親と養親が養子縁組手続の終局前に書面に署名し、裁判所に提出することによって、養子の現時の親は、この子に対する義務と責任の終了を放棄することができる（FAM 第8617条(b)項）。また、このような放棄手続がなされたか否かにかかわらず、養

310　第4部　アメリカ法

親と養子の実親、養子等との合意により、養子縁組成立後も養子とその実親や兄弟姉妹との面会交流、養子に関する情報の共有を行うことは妨げられない（FAM 第8616.5条）。

　成年養子については、自らの親族ではない成年者を養子とした者は、この養子の生物学上の兄弟姉妹若しくは障碍者を養子とする場合を除いて、当該縁組から1年間は自らの親族ではない他の成年者を2人以上養子とすることができない（FAM 第9303条(a)項）。また、成年者との養子縁組をした養親の配偶者は、当該養子の生物学上の兄弟姉妹を除いて、当該縁組から1年間は自らの親族ではない他の成年者を養子とすることができない（FAM 第9303条(b)項）。

## ② 親子関係制度

### 1　諸州の概要

　出生による親子関係の発生に関し、母子関係については分娩者を母とするのが各州法の原則である。また、父子関係（同性婚を含むジェンダーに中立な規定では、分娩者ではないもう1人の者との親子関係）についても、婚姻による父性（親子関係）推定ルール（婚姻している女性の産んだ子につき、その女性の夫（配偶者）を子の父（親）と推定する）がアメリカで広く適用されている（本稿第3章①）。

　統一親子関係法（UPA）もこれらの原則に基づいており、多くの州が統一親子関係法（UPA）の1973年法、2002年法又は2017年法を採択・施行してきている（本稿第3章② 1）。

### 2　ニュー・ヨーク州

#### (1)　嫡　出　子

　ニュー・ヨーク州では親子関係について、New York Consolidated Laws, Family Court Act（FCT）第517条から第565条が規定する。ただし、これらの条文は、婚外子の父子関係の決定に関する家庭裁判所の手続についてのものが中心である。ニュー・ヨーク州法には、親子関係の発生に関する実体法上の要件に関する規定がない。特に、嫡出子に関する制定法の規律を置いていない点にその特徴がある。

親子関係の発生については、コモン・ローの伝統に従い婚姻による推定の
ルールが採用されている。したがって、子の出生時に子の母と婚姻している配
偶者は、その子のもう1人の法律上の親と推定される。この推定は、非婚のカッ
プルにも適用される。

　婚姻中に妻が懐胎若しくは出産した子が夫の生物学上の子でないときは、父
の決定を求める訴え（paternity action）を家庭裁判所に提起することができる。
この訴えを提起できるのは、子の母又は父と推定される男性、子若しくは子の
後見人その他子と親子関係にある者、子の最近親者、慈善福祉団体の代表権者
等である（FCT 第522条）。母の配偶者である夫がここに含まれない点に注意が
必要である。また、父性を否認する訴え（non-paternity action）は FCT には置
かれていない。

### (2) 婚 外 子

　ニュー・ヨーク州では、母が婚姻外で出産した子には、法律上の父はいない
とされている。生物学上の父が、当然に子に対する権利義務を取得するわけで
はない。婚外子と父との法的親子関係を発生させるためには、①父の認知の書
類（acknowledgement of paternity form）に父と母の双方が署名するか（FCT 第
516-a 条）、②父子関係に関する訴えを提起し（FCT 第517条）[105]、これにより下
された父子関係確定判決（order of filiation）に裁判所が署名することが、必要
となる。

　婚外子につき父を決定する訴えを提起できるのは、子の母、自らが子の父で
あるとする男性、子又は子の後見人その他子と親子関係にある者、子の最近親
者、慈善福祉団体の代表権者等らである（上掲 FCT 第522条）。子が公的扶助を
受給している場合には、州の社会福祉局（Department of Social Services）もこの
手続を申し立てることができる。

　父を決定する判決が確定すると、それにより父とされた者に子の監護権及び
子との面会交流権が与えられ、また、この者は子の養育費を支払う義務を負う

---

105）　ただし子が21歳に達したときは、父子関係を成立させる訴えを申し立てることは原則
　　としてできない（FCT 第517条）。

312　第4部　アメリカ法

（FCT 第542条）。子の養育費支払請求手続は、裁判所が父を決定する判決に署名すると同時に、自動的に開始する（FCT 第545条）。

　なお、ニュー・ヨーク州は別途「推定される父の登録制度（putative father registry）」を設けており、婚外子の養子縁組手続に際して、その父への通知と同意の確保を図っている[106]。すなわち、婚外子の父が父性登録簿（paternity registry）へ署名すると、親権の終了（termination of parental rights）や養子縁組手続に関する通知を受けることができる[107]。

### 3　カリフォルニア州

　カリフォルニア州は UPA2017年法を導入しており、親子関係法の内容は同法に依拠している[108]。同州の Family Code（FAM）第12編（第7500条～第7962条）が親子関係について定めるが、そのうちの第3章（第7600条～第7730条）が UPA に関する規定である。ただし、婚姻による父性の推定（第2章）及び生殖補助医療・代理懐胎による出生子（第7章）については、UPA とは別に規定を置く。

　すなわち、婚姻による父性推定については、「子の懐胎及び出産の時に同棲していた配偶者の子は、当該婚姻の子と決定的に推定（conclusively presumed）される。」（FAM 第7540条(a)項）。ただし、「(a)項の決定的な推定は、子を出産した女性の夫が懐胎時期に性的に不能若しくは不全でありかつ子が生殖補助医療によって懐胎されたのではないと裁判所が判断したときは、適用されない。」（同条(b)項）。また、FAM 第7540条により子の親と推定される配偶者が子の遺伝上の親ではないと裁判所が認定したときは、この推定は覆される（FAM 第7541条(a)項）。第7540条に基づき親と推定される配偶者と子との親子関係を争う訴訟は、子の出生から2年以内に提起されなければならない。この訴えを提

---

106)　New York Consolidated Laws, Social Services Law §372-C.

107)　UPA も父性登録制度に関する規定を設けている（UPA2017年法第4編（registry of paternity））。

108)　California, Assembly Bill No. 2684, https://leginfo.legislature.ca.gov/faces/billTextClient.xhtml?bill_id=201720180AB2684（last visited January 6, 2019）.

起できるのは、各配偶者、第7611条（UPA2017年法第204条に相当）により親と推定される者、子若しくは子の訴訟のための後見人である（FAM第7541条(b)項）。

なお、生殖補助医療・代理懐胎による出生子の親子関係について、カリフォルニア州はUPA2017年法に従った改定を行っていないが、現行法においても生殖補助医療（FAM第7606条）及び代理懐胎契約（FAM第7962条）を法律上認める。そして、代理懐胎契約については、懐胎代理母契約、遺伝子的代理母契約ともに認められている（FAM第7960条）。

## 【後記】

### 1 Uniform Unregulated Child Custody Transfer Act について

#### (1) Uniform Unregulated Child Custody Transfer Act 制定の経緯

ULCは、2021年にUniform Unregulated Child Custody Transfer Act（無規制な子の監護権譲渡に関する統一法。以下、UUCCTAと記述）を採択・公表した[109]。その数年前から、アメリカでは、子の出生や養子縁組により養子を迎えた後で、親が子の養育に困難を感じ、裁判所の監督や児童福祉制度の枠外で子の監護権を他者に譲渡するというケースが生じていることに社会の注目が集りつつあった[110]。実務上現実に行われているこのような規制外の監護権譲渡に対して明確な規律が何もなされないまま放置されれば、子の福祉を大きく損なうとともに、養子制度そのものの崩壊をもたらす危険も懸念された[111]。

この問題に対処するため、2013年に複数の連邦政府機関と各州の児童福祉団体、全米司法長官協会の代表らで構成される米国ワーキング・グループ（U.S.

---

109) ULC, Unregulated Child Custody Transfer Act, https://www.uniformlaws.org/committees/community-home?CommunityKey=473903e2-ea5a-4088-a8be-ba3 f9086d46b（last visited September 20, 2024）.

110) UUCCTA, Prefatory Note, 1, https://www.uniformlaws.org/committees/community-home/librarydocuments?communitykey=473903e2-ea5a-4088-a8be-ba3f9086d46b&LibraryFolderKey=&DefaultView=（Final Act）（last visited September 20, 2024）. 特に国際養子縁組による子の状況について、Megan Twohey, *The Child Exchange：Inside America's Underground Market for Adopted Children*, Reuters, September 9, 2013, https://www.reuters.com/investigates/adoption/#article（last visited September 20, 2024）.

111) UUCCTA, *supra* fn.110, 1.

314　第4部　アメリカ法

Working Group）が立ち上げられ、2015年には同グループによる報告書が公表された[112]。そこでは、①規制外の監護権譲渡は州法違反であるとする明確な規定、②州の児童保護機関が規制外の監護権譲渡の諸事例を調査しかつ禁ずる権限、及び③児童斡旋機関が、一定の特別なニーズを有する子どもを養子にする場合に予想すべきこと及びその場合にどのように対処すべきかを知るためのより良い情報と研修を養親となろうとする者に対して提供する要件を立法化すべきであると指摘されており、その後、例えばユタ州が同報告書の勧告に応じて州法を制定するといった動きも見られた[113]。また、規制外の監護権譲渡について、連邦法によって禁止しようとの動きも出ていた[114]。このような状況を受けて、ULCは2018年に起草作業に着手し、一定の者に対する子の監護権の譲渡の禁止と親らへの情報・研修の提供を内容とするUUCCTAが2021年に成立した。

## (2)　Uniform Unregulated Child Custody Transfer Actの主意

　親の中には、子が生まれたり養子縁組をしたりした後で、子の養育や子の行動への効果的な対処が困難であったり、できなくなったりする者もいる。UUCCTAは、そのようなケースの多くは、親自身の未経験さや育児に関する訓練・準備の不足、又は養子縁組の時における子どもの身体的若しくは心理的な健康上の問題、あるいはその両方に起因するものであろうとし、親が当初、支援を得ようとしたがうまくいかず、他に方法がないために、子どもの監護権を規制外で、友人や知人さらにはインターネットその他のメディアを通じて見

---

112)　Kay E. Brown et al., A., Steps Have Been Taken to Address Unregulated Custody Transfers of Adopted Children, September 16, 2015, Government Accountability Office, http://www.gao.gov/products/GAO-15-733（last visited September 20, 2024）.

113)　UUCCTA, *supra* fn.110, 2.

114)　Child Abuse Prevention and Treatment Act, S. 1927, 117 Cong.（2021）, *See* UUCCTA, *supra* fn.110, 2. そこでは、UUCCTAはこの問題に関するいかなる連邦法をも補完することを意図したものであるとされている。養子縁組に関する連邦法の紹介として、原田綾子「アメリカの養子制度と養子法の概観」鈴木博人編著『養子制度の国際比較』（明石書店、2020）51頁以下がある。

つけた他者に譲渡する事案が生じていると指摘する[115]。しかし、そのような方法では、多くの場合監護権を譲り受けた者がその子を養育する能力を有することについての証拠はなく、また、各州法下において子の健康、教育、福祉について決定する権限を持たないこともある。さらに、潜在的な児童虐待者や性的人身売買人が子育てに困難を感じている親をインターネットで探しているといったケースもありうる。UUCCTAの諸規定はこのような事態を防ぎ、子の保護と親への支援を実現することを目的とする。

　UUCCTAの起草当初は、同法の適用対象を国際養子縁組によって養子となった子に関する無規制な監護権譲渡[116] に限定して、検討が行われていた。しかし、その後の議論の中で、国際養子縁組に限らずその他の特別なニーズを持つ子との養子縁組をしようとする養親にも、国際養子縁組の場合と同様の情報と研修が必要であることが明らかになり、同法の適用範囲を拡大して、国際養子縁組のみならず、一定の特別なニーズを持つ子に関する養子縁組全体をその範疇に含めることとされた[117]。さらに、最終的には、特別なニーズを持つ養子についてだけでなく、子の監護権の無規制な譲渡を禁止する諸規定をあらゆる子の監護権譲渡にも適用するところまで、UUCCTAは拡大されている[118]。その背景には、実親による実子の無規制な監護権譲渡も、養子の場合と同様に問題があり危険であるという認識がある[119]。

---

115)　UUCCTA, *supra* fn.110, 1.

116)　*See* Twohey *supra* fn.110.

117)　ULC, Draft for Approval of UUCCTA, 1-2, https://www.uniformlaws.org/committees/community-home/librarydocuments?communitykey=473903e2-ea5a-4088-a8be-ba3f9086d46b&LibraryFolderKey=&DefaultView=（Enactment Kit）（last visited September 20, 2024）.

118)　UUCCTAはその適用対象となる子（child）を18歳（州法により成年年齢が異なるときはその年齢）未満の能力付与されていない者（unemancipated individual）と定義し（UUCCTA§102(1)）、解説で、同法の諸規定は親、後見人又は養子縁組のために子の委託を受けた者の監護下にある子を対象とすると述べている。*See* UUCCTA§102, Comment. ただし、インディアンの子は同法ではなく別途 Indian Child Welfare Act of 1978, 25 U.S.C. の保護の対象となる（UUCCTA§103）。

119)　ULC, *supra* fn.117.

316　第 4 部　アメリカ法

## (3)　Uniform Unregulated Child Custody Transfer Act の概要

　UUCCTA の要点は、(ⅰ)一定の分類の者への子の監護権の譲渡を禁止する、(ⅱ)親が子の監護権の譲受人を見つけるためにソーシャル・メディアやチャットルーム等を利用して宣伝や募集を行うことを禁止する、(ⅲ)支援を必要とする家族への情報の提供や特別なニーズを抱える子どもを養子にすることについての研修の場を設けるということにある。

　(ⅰ)と(ⅱ)については、UUCCTA 第 2 編が規定を置く。そのうち(ⅰ)は、UUCCTA 第202条が、親又は後見人による、①子の一方の親、②子の継親、③子と血縁、婚姻若しくは養子縁組等によって親族関係にある成年者、④監護権譲渡の時点で、子若しくは子の親ないし後見人と十分な期間、密接な関係があり、監護権譲渡の時点において親若しくは後見人が子の監護者として適していると信じることに合理性のある成年者等への子の監護権の譲渡に、UUCCTA 第 2 編は適用されないと定めている。すなわち、ここで規定された子の家族その他の一定のカテゴリー以外の者への子の監護権譲渡は UUCCTA の対象となり、禁止されることを意味する。そして、UUCCTA 第203条で、親、後見人又は養子縁組のために子を委託された者は、譲渡の時点で子に関する権利と責任を放棄する意図をもって、他者に子の監護権を譲渡してはならないこと (UUCCTA 第203条(a)号)、そのような意図をもって監護権を譲渡できるのは、養子縁組、司法的裁定による監護権の付与、児童斡旋機関を通じた付与、その他の司法訴訟若しくは部族訴訟等による場合に限られること (UUCCTA 第203条(b)号)[120] を定める。また、UUCCTA 第203条(a)号に違反することを知っているか知ることが相当であった者は、原則として、子の監護権を譲り受けたり、その仲介をすることはできない (UUCCTA 第203条(c)号)。

　UUCCTA 第203条の諸規定に違反した者は、犯罪として処罰の対象となる (UUCCTA 第203条(d)号)。また、児童保護機関には、UUCCTA 第203条違反の監護権譲渡の可能性がある場合、家庭訪問による調査その他子の福祉を守るために適切な措置を取る権限が認められている (UUCCTA 第204条)。

---

120)　子に関する権利と責任を放棄する意図をもってする監護権の譲渡をこれらの場合に限ることによって、監護権を譲り受けた者が子の健康、教育、福祉について決定する法的権限を有することを担保するねらいがある。*See* UUCCTA § 203, Comment.

また(ⅱ)については、UUCCTA 第205条が、UUCCTA 第203条に反する子の監護権譲渡に関する勧誘と広告を禁じている。これに違反した場合も、犯罪として処罰の対象となる。

(ⅲ)の必要な情報や支援の提供は養子縁組の場合を対象とし、UUCCTA 第3編が規定する。そこでは、養子縁組が提案された時点で身体的又は心理的な健康状態やその他の状況により養親が子どもの世話において困難に直面する可能性があると予測される場合に、養親となろうとする者が、問題が発生する前にそれについて知らされ、対処するための指導を受けることを保証することをねらいとする。それにより、養子縁組を仲介する児童斡旋機関は、養親の候補者に対して以下の情報を提供することを義務づけられる。すなわち、①子のアイデンティティや喪失感、トラウマなどの養子縁組に関する一般的な情報（UUCCTA 第303条）、及び、②当該子の家庭等のバック・グラウンドや身体的・心理的健康に関する具体的な情報、③当該子の養育において直面する可能性のある問題に効果的に対処するために利用できる医療や教育資源などに関する情報（UUCCTA 第304条）等である。さらに、児童斡旋機関は、養子縁組のための子の斡旋において、養親の候補者に対し当該子に特化したガイダンスと指導を提供しなければならない（UUCCTA 第305条）。また、養子となった子や養親からの請求があれば、児童斡旋機関は、問題に対処し養子縁組を維持するための経済的援助や支援サービスに関する情報の提供も要する（UUCCTA 第306条）。児童斡旋機関がこれらの規定を遵守していないという申立てがあったときは、州の法執行機関は調査を行い、差止命令等による救済や規定を遵守させるための行政手続を取ることができるとされている（UUCCTA 第307条）。

2024年3月時点で、UUCCTA は4州（ワシントン、ユタ、コロラド、オクラホマ）ですでに法律として施行され、また3州（サウス・カロライナ、ノース・カロライナ、ミズーリ）で導入が決定している[121]。養子縁組や監護権の譲渡に関する規律は州法の専権事項であり、各州では UUCCTA の採択いかんにかかわらず規制外の子の監護権譲渡について対策を進めている[122]。ただし、そこでは

---

121) ULC *supra* fn.109.

122) Child Welfare Information Gateway, https://www.childwelfare.gov/resources/unregulated-custody-transfers-adopted-children/ (last visited September 20, 2024).

318　第 4 部　アメリカ法

養子縁組における養子の保護を中心としたものも多く、UUCCTA の規定する
ように広く実子を含めた子を対象とするものでは必ずしもない。また、州に
よって法律の内容には相違があり、ある州における規制外の子の監護権譲渡の
禁止規定が他の州では効力を有しないことが起こり得る。ULC の統一法はそ
のような事態を回避し、諸州の州法の統一をねらいとするものでもあり、
UUCCTA に対する今後の各州の動きが注目される。

## 2　統一親子関係法（Uniform Parentage Act：UPA）について

　UPA2017年法は、2024年 9 月時点で 7 州（ワシントン、バーモント、カリフォ
ルニア、ロード・アイランド、メイン、コネチカット、コロラド（実質的に同
一内容））において法律として施行され、また、 3 州（ペンシルベニア、マサ
チューセッツ、カンザス）が導入を決定している[123]。

　なお、UPA2017年法の第 9 編は生殖補助医療における配偶子の提供者に関す
る情報についての条文であるが、2023年に一部が改正され、配偶子バンク及び
不妊治療クリニックに対して、配偶子提供者に関する識別情報と非識別の病歴
の両方を収集し、保持することを義務づけた（UPA（2023）第903条、第906
条）[124]。これにより、配偶子バンク又は不妊治療クリニックは、生殖補助医療
によって懐胎された子が18歳に達したときは、その請求によって、配偶子提供
者に関する識別情報を子に提供しなければならない（UPA（2023）第905条(a)
号）。また、生殖補助医療によって懐胎された子が18歳に達した場合にその子
の請求があるとき、又は、子が未成年の場合は子の親若しくは後見人の請求が
あるときは、配偶子バンク又は不妊治療クリニックは、子、又は子が未成年の
場合は子の親若しくは後見人に対して、提供者の非識別病歴へのアクセスを提
供しなければならない（UPA（2023）第905条(b)号）。

---

123)　ULC, Parentage Act, https://www.uniformlaws.org/committees/community-
　　home?CommunityKey=c4f37d2d-4d20-4be0-8256-22dd73af068f（last visited September
　　20, 2024）.

124)　UPA（2023）, https://www.uniformlaws.org/committees/community-home/librarydocu
　　ments?communitykey=c4f37d2d-4d20-4be0-8256-22dd73af068f&LibraryFolderKey=&Def
　　aultView=（Final Act）（last visited September 20, 2024）.

さらに、配偶子バンクや不妊治療クリニックが他の医療機関等から配偶子の提供を受けた場合についても規定が置かれ、生殖補助医療によって懐胎された子が18歳に達して、請求したとき、又は、子が未成年の場合は子の親若しくは後見人が請求したときは、生殖補助医療に使用された配偶子を他の配偶子バンク又は不妊治療クリニックから受領した配偶子バンク又は不妊治療クリニックは、子又は子が未成年の場合は子の親若しくは後見人に対して、配偶子を提供した配偶子バンク又は不妊治療クリニックの名前、住所、電話番号及び電子メールアドレスを開示しなければならないとされている（UPA（2023）第905条(c)号）。

# 第5部　韓国法

郭　珉希

## 第1章　親生推定（嫡出推定）

### 1　父子関係の成立と親生子の推定

#### 1　父子関係の成立

　親と子の間の関係、すなわち、親生子関係は父子関係と母子関係がある。母子関係は、妊娠及び出産（出生）という外形的・自然事実によって確定されるが、父子関係はそうではない。父子関係の証明の難しさのため、韓国民法は父子関係を迅速に確定するために親生子推定の規定を置いている。親生推定の制度は、家庭の平和と出生子の地位を保護する機能をする。

#### 2　親生推定の要件

> 第844条（夫の親生子の推定）①妻が婚姻中に妊娠した子は、夫の子と推定する。
> ②婚姻の成立の日から200日を経過した後に生まれた子は、婚姻中に妊娠したものと推定する。
> ③婚姻関係の終了の日から300日以内に生まれた子は、婚姻中に妊娠したものと推定する。

　妻が婚姻中に妊娠した子は、夫の子と推定する（第844条第1項）。ここで、婚姻中に妊娠したのかについての証明の難しさのため、民法は、次の二つの場合

322　第5部　韓国法

に、婚姻中に妊娠したものと推定する。まず、婚姻関係の成立の日から200日を経過した後に生まれた子は、婚姻中に妊娠したものと推定する（同条第2項）。婚姻の成立日から200日以内に生まれた子は、婚姻中の出生者ではあるが親生推定を受けない。親生推定を受けられない親生子の場合には、親生子関係存否確認の訴によりその親子関係の存否を確認することができる。ただし、ここで婚姻が成立した日とは、原則として婚姻届を提出した日であるが、通説と判例によると、事実婚から法律婚に移すことが普通の慣行であることを考慮して、事実婚の成立日も含まれると解している。したがって、婚姻届出日から200日になる前に出生した子であっても事実婚の成立日から200日後に生まれたならば親生推定を受ける。第二に、婚姻関係の終了日から300日以内に生まれた子も婚姻中に妊娠したものと推定する（同条第3項）。

## 3　親生推定の効果
### (1)　親生子関係の存在の推定

　親生推定を受ける子は、母の法律上の夫の子と推定する。親生推定は、他の反証が許可されない強い推定であり[1]、その推定を覆すには、父又は母が親生否認の訴を提起しなければならない。親生子関係不存在確認の訴によりその嫡出性を否定することはできない[2]。必ず親生否認の訴を提起しなければならないので、相続関連訴訟のような別の訴訟で先決問題として親生否認を主張することもできない。ただし、2017年の民法改正によって、一定の要件を備える場合には、親生否認の許可請求（第854条の2）、または認知の許可請求（第855条の2）によりその親生推定を争うことができるようになった。

　また、法律上、他人の親生子と推定している子に対し親生否認の訴による確定判決によってその推定が否認されない限り、誰も認知できない[3]。例えば、親生推定を受ける子の実父が、その実父であることを証明しても親生否認判決がなければ認知することができない。さらに、親生推定を受ける子が実親を相

---

1)　大法院1997. 2. 25. 96旦1663。
2)　大法院1984. 9. 25. 84旦84；大法院1992. 7. 24. 91旦566；大法院2000. 8. 2. 2000旦292。
3)　大法院1987. 10. 13. 86旦129；大法院1992. 7. 24. 91旦566など。

第1章　親生推定（嫡出推定）　323

手に認知請求をすることもできない。ただし、判例は、親生否認の訴ではなく
親生子関係不存在確認の審判請求をしたことが不適法な請求であっても、裁判
所がその誤りを見落として請求を受け入れ親生子関係不存在の確認審判を宣告
しその審判が確定した以上、その審判を当然無効とすることはできないとし
た。なお、その審判の既判力は第三者にも及ぶため、親生推定の効果はなくなっ
てしまうことになり、したがってその子あるいは実親に対する認知の請求がで
きるという[4]。

## 4　親生推定の制限

### (1)　学　　説

親生推定に関する民法第844条は、夫婦の別居などで妻が夫の子を懐胎する
可能性が全くないような場合についての例外を認めていない。しかし、学説と
判例は夫の子を懐胎できない客観的に明白な事情がある場合には、親生子推定
が及ばないとしている。

具体的にどのような範囲で親生子推定が排除されるのかについては、見解が
分かれている。まず、夫が行方不明又は生死不明である場合、夫が長期間収監・
入院・外国滞在などで不在の場合、婚姻関係が破綻され事実上離婚状態で別居
しているような場合、夫と子の間に明白な人種の違いがある場合には、推定が
破れるというのは異論がない。ところが、夫と子の血液型が異なるとか夫が生
息不能であるような場合には、推定否定説（血縁説）、親がすでに離婚してい
る場合のように家庭の平和がもはや存在していない場合にのみ推定が及ばない
という説、当事者や関係の同意がある場合にのみ推定が及ばないという説、推
定認定説（外観説）など、意見が分かれている。

### (2)　判　　例

判例は、従来、例外なく親生子推定を認めていたが[5]、その後、判例を変更
して、次のような場合には親生推定は及ばないとしている。まず、民法第844

---

4)　大法院1992．7．24．91ロ566。
5)　大法院1968．2．27．67ロ34。

324　第5部　韓国法

条は妻が夫の子を懐胎できる場合に適用されるのであり、性的関係の欠如に
よって夫の子を懐胎できないことが外観上明らかな事情がある場合には、親生
子推定が及ばないとする。そのため、夫が、その推定を覆すには親生否認の訴
によらずに親生子関係不存在確認の訴訟を提起することができる[6]。第二に、
子の実親が家族関係登録簿上の親と異なることが明白な場合である。家族関係
登録簿上の親の婚姻中の子と記載されている者であっても、実親が家族関係登
録簿上の親と異なることが客観的に明白な場合には親生推定が及ばない[7]。第
三に、親生推定を受ける子に対して親生子関係不存在の確認審判が確定した場
合である。親生子推定を受ける者に対し、親生否認の訴ではなく、親生子関係
不存在確認の訴を提起することは不適法だが、その審判が確定した以上、その
審判を当然無効とは言えないので、確定判決の既判力と相応しない親生推定の
効果はなくなる[8] からである。

　夫と子の血液型が違う場合については大法院の判決はまだ見えないが、最近
の判決では人工授精のように遺伝子型の不一致の場合であっても一定の要件の
下で推定は維持されるという[9]。下級審判決の中には、夫婦関係やその家庭が
既に破綻しており民法第844条の規定の目的の基盤が喪失した場合であれば、
血液型の違いの場合だけでなく、さらに、遺伝子型の不一致の場合にも、親生
推定の効力は及ばないと判断したものがある[10]。

### (3)　親子関係の存否確認

　親生推定が及ばない場合には、夫及び母が親生否認の訴を提起することがで
きることはもちろん、法律上の利害関係のある者はだれでも親生子関係不存在

---

6)　大法院1983. 7. 12. 82므59全員合意体判決。

7)　大法院2000. 1. 28. 99므1817判決【判決要旨】民法第844条の親生推定を受ける者は、親
　　生否認の訴によりその親生推定を覆すことなく、他人を相手に認知請求をすることはで
　　きないが、戸籍上の親の婚姻中の子として登載されている子であってもその実親が戸籍
　　上の親とは異なることが客観的に明白な場合には、その親生推定が及ばないので、その
　　ような場合には、親生父母を相手に認知請求をすることができる。

8)　大法院1992. 7. 24. 91므566。

9)　大法院2019. 10. 23. 2016므2510全員合意体判決。

10)　ソウル家判1995. 5. 30. 94드61780；ソウル家判1994. 7. 15. 93드89828参照。

第1章 親生推定（嫡出推定） 325

確認の訴を提起することができる[11]。親生推定の及ばない子は家族関係登録簿
上の父が親生否認の訴を提起していなくても、実父に対して認知請求の訴を提
起することができる。

## ② 親生推定の否認

### 1 親生否認の訴

親生否認の訴とは、親生推定を受ける子に対して夫婦の一方が、その子の親
生推定を覆すことによって父子関係を否定するために提起する訴である（第
846条）。親生否認の訴は、親生子の推定を遡及的に消滅させることを目的とす
る形成訴訟である。

#### (1) 親生否認権者（提訴権者）

親生否認の訴は、原則として、夫婦の一方、すなわち、夫又は妻だけが提起
できる。子は親生否認の訴の提訴権者ではない。夫だけでなく、妻も訴を提起
することができるので、不貞行為により子を出産した生母も夫を相手に親生否
認の訴を提起することができる。判例は、民法第846条における「夫婦の一方」
は、第844条（夫の親生子の推定）における夫婦の一方と同様の意味であるが、
第844条の夫婦の一方の婦は、すなわち、子を「婚姻中に妊娠した妻」を指し、
さらに妻は「子の生母」を意味するので、結局、親生否認の訴を提起すること
ができる妻は「親生母」を意味するという[12]。

夫又は妻が被成年後見人である場合には、成年後見人が成年後見監督人の同
意を得て親生否認の訴を提起することができ、成年後見監督人がない場合又は
同意できないときには、家庭裁判所にその同意に代える許可を請求することが
できる（第848条第1項）。そして、この場合、成年後見人が親生否認の訴を提
起しない場合には、被成年後見人は、成年後見終了の審判があった日から2年
以内に親生否認の訴を提起することができる（同条第2項）。夫又は妻が遺言で
親生否認の意思表示をしたときは、遺言執行者は、親生否認の訴を提起しなけ

---

11) 大法院1983. 7. 12. 82므59全員合議体判決。
12) 大法院2014. 12. 11. 2013므4591。

326　第5部　韓国法

ればならない（第850条）。


### （2）　訴の相手方

　親生否認の訴は、夫又は妻が他の一方又は子を相手に提起しなければならない（第847条第1項）。相手となる者がすべて死亡していた場合には、その死亡を知った日から2年以内に検事に対して親生否認の訴を提起することができる（第847条第2項）。親生否認の訴は、子が死亡した後にも、その直系卑属があるときは提起できる。この場合、子の母があればその母が相手となり、母がいなければ検事を訴の相手とする（第849条）。


### （3）　調停前置主義

　親生否認は訴によらなければならないが、親生否認の訴は家事訴訟法ナ類事件として調停前置主義が適用されるため、裁判に先立って家庭裁判所に調停を申請しなければならない（家事訴訟法第50条第1項）。夫が子の親生を承認する調停が成立したときは、当事者間で合意した事項を調停調書に記載することで子は夫の親生子と確定される。親生子の否認の調停の場合には、調停が成立しても、これは当事者が任意で処分できる事項ではないので、親生否認の効力は直ちに生じず、最終的には家庭裁判所の判決が必要である（同法第59条）[13]。調停が成立しない場合には、調停の申請の時点に訴が提起されたとみなされ、訴訟手続きに進む（同法第49条、民事調停法第36条）。


### （4）　出訴期間

　親生否認の訴は、その事由があることを知った日から2年以内に提起しなければならない（第847条第1項）。この規定は、民法改正の前には、「その出生を知った日から1年以内に提起しなければならない」と規定されていたが、憲法裁判所がこれに対し憲法不合致決定[14]を下したため、2005年に「その事由があることを知った日から2年」と改正された。ここで、その事由があることを

---

13)　法院1968. 2. 27. 67므34。
14)　憲法裁判所2015. 3. 26. 2012바357。

知った日とは、夫又は妻との間に血縁関係による親子関係がないことを知った日である。夫が子の出生前に死亡したり、夫や妻が親生否認の理由があることを知った日から2年以内に死亡したときには、夫又は妻の直系尊属や直系卑属がその死亡を知った日から2年以内に親生否認の訴を提起することができる（第851条）。出訴期間の起算点となる「死亡を知った日」とは、死亡という客観的な事実を知ったということを意味し、死亡や親生子関係にあるという事実まで知る必要はない[15]。

### (5) 承認による親生否認権の喪失

　子の出生後、親生子であることを承認した者は、親生否認の訴を提起できない（第852条）。承認は、明示的だけでなく、暗黙的なものであってもいい。しかし、出生届をしただけでは、承認があったとはされない。親生否認の訴を提起したときにも、出生届をしなければならないからである（家族関係の登録等に関する法律第47条）。親生子の承認が詐欺又は強迫により行われたときには、取り消すことができる（第854条）。

### (6) 親生否認判決の効力

　親生否認判決が確定すると、親生子関係は消滅する。子は母の婚姻外の出生者となるが母の夫とは何の関係もないことになる。親生否認判決は第三者にもその効力が及ぶ（家事訴訟法第21条第1項）。したがって、その実父は子を認知することができる。親生否認の判決が確定した場合には、訴を提起した者は、判決確定日から1ヶ月以内に判決の謄本及びその確定証明書を添付して家族関係登録簿の訂正を申請しなければならない（家族関係の登録等に関する法律第107条）。

## 2　親生否認の許可請求と認知許可請求

### (1) 憲法裁判所の違憲判決

　憲法裁判所は、改正前の民法第844条第2項中の「婚姻関係終了の日から300

---

15)　大法院2015. 2. 12. 2014므292。

328　第5部　韓国法

日以内に生まれた子」に関する部分について、民法制定の以来の社会的・法律的・医学的事情の変更を全く反映していないまますでに婚姻関係が解消された後に子が生まれ、実父が生まれた子を認知しようとする場合でさえ、全く例外なく、その子を母の夫の親生子と推定し必ず親生否認の訴がなければならないとすることは、母が家庭生活と身分関係で享受すべき人格権、婚姻と家族生活に関する基本権を侵害するという理由で、憲法不合致決定を下した[16]。その後、憲法裁判所の決定の趣旨を考慮して、2017年10月31日に民法が改正された。改正前の民法の第844条第2項を第2項（婚姻関係成立の日から200日後に出生した場合）と、第3項（婚姻関係終了日から300日以内に出生した場合）とを分離し、第3項の場合に、より簡単に親生推定を覆すことができるようにするために、親生否認の許可請求制度（第854条の2）と認知許可請求制度（第855条の2）を新設した。

### (2)　親生否認の許可請求

　婚姻関係の終了日から300日以内に生まれた子の母又は母の元配偶者は家庭裁判所に親生否認の許可請求ができる（第854条の2第1項本文）。ただし、婚姻中の子として出生届がされた場合には、親生否認の許可請求ができない（同項ただし書）。親生否認の許可請求がある場合、家庭裁判所は、血液採取による血液型検査、遺伝因子の検査など科学的方法による検査結果や長期間の分離のようなその他の事情を考慮して、これを許可するかどうかを決する。許可を受けた場合には、親生推定の第844条第1項（夫の子の推定）及び第3項（婚姻関係終了日から300日以内に生まれの婚姻中の妊娠の推定）の推定は及ばない。家庭裁判所が親生否認の許可審判をする場合には、母の前配偶者とその成年後見人（成年後見人がある場合に限る）に意見を陳述する機会を与えることができる（家事訴訟法第45条の8第1項）。そして親生否認を許可する審判に対して母又は母の元配偶者（民法第854条の2第1項に規定された者）は即時抗告をすることができる（家事訴訟規則第61条の2）。

---

16)　憲法裁判所2015. 4. 30. 2013헌마623。

第1章　親生推定（嫡出推定）　329

## (3)　認知の許可請求

　婚姻関係の終了日から300日以内に生まれた子の実父は家庭裁判所に認知の許可を請求できる（第855条の2第1項本文）。婚姻中の子として出生届があった場合には、認知の許可請求はできない（同項ただし書）ことは親生否認の許可請求と同様である。許可を受けた実親による家族関係の登録等に関する法律第57条第1項の規定の定める届出があった場合には、親生推定の第844条第1項（夫の子と推定）及び第3項（婚姻関係の終了日から300日以内に生まれの婚姻中の妊娠の推定）の推定が及ばない。家庭裁判所が認知の許可審判をする場合には、母の前配偶者とその成年後見人（成年後見人がある場合に限る）に意見陳述の機会を与えることができる（家事訴訟法第45条の8第1項）。そして認知を許可する審判に対して母又は母の元配偶者（民法第854条の2第1項に規定された者）は即時抗告できる（家事訴訟規則第61条の2）。

## ③　親生推定（嫡出推定）の重複

### 1　親生推定の重複

　女性が配偶者の死亡又は離婚により婚姻が解消された後、すぐに再婚をして子を出産した場合など、子の出生日が後婚成立日から200日後であると同時に、前婚終了日から300日以内である場合もある。このような場合には、その出生子は、第844条により前婚の夫の子と推定されるが、同時に後婚の夫の子とも推定されるので、親生推定の重複が生じる。このような場合には、当事者の請求により家庭裁判所が子の父を決定するがこのような訴をいわゆる、「父を定める訴」という。父を定める訴は形成の訴である。

### 2　父を定める訴

#### (1)　提訴権者と相手方

　父を定める訴を提起することができる者は、子、母、母の配偶者又は元配偶者である（家事訴訟法第27条第1項）。訴の相手方は誰が訴を提起するかによって異なる。子が取消しを求めた場合には、母、母の配偶者と母の前配偶者を相手とする。母が訴訟を提起した場合にはその配偶者と元配偶者が相手となる（同条第2項）。そして母の配偶者が提起した場合には、母と母の前配偶者が相

330 第5部 韓国法

手方となり、母の元配偶者が提起した場合には、母と母の配偶者がそれである（同条第3項）。相手となるものの中で死亡した者がいる場合には、生存者を相手にして、生存者がないときは検事を相手にして訴を提起することができる（同条第4項）。

### (2) 調停前置主義

　父を定める訴は、家事訴訟法上、ナ類事件であって調停前置主義が適用されるため、父の決定のために訴を提起しようとする者は、まず調停を申請しなければならない（家事訴訟法第2条第1項ナ類事件5）・第50条）。親生否認の訴と同様に調停が成立してもこれは任意で処分することができない事項に関するものであって父の決定の効力は生じず最終的には家庭裁判所の判決がなければならない（家事訴訟法第59条第2項）。父を定める訴には、提訴期間を制限する規定はない。

### (3) 家庭裁判所の証拠調査と判断

　父を決める訴は、前婚の配偶者と再婚の配偶者の親生推定が重複する場合に実の父が誰であるかを訴訟で決める手続きなので、その判断基準は原則的に自然的な血縁関係があるかどうかである。つまり、父を確定しなければならない場合、他の証拠調査により心証を得られなかったときは、家庭裁判所は、検査を受ける人の健康と人格の尊厳を損なわない範囲で、当事者又は関係人に血液採取による血液型の検査など遺伝因子の検査やその他の適当である認められる方法による検査を受けることを命ずることができる（家事訴訟法第29条第1項）。そして、当事者又は関係人が正当な理由なくこの命令に違反した場合には、家庭裁判所は、職権又は権利者の申請により、決定で1千万ウォン以下の過怠料を賦課することができる（同法第67条第1項）。正当な理由なく、再受検命令に違反した場合には、30日の範囲で、その義務を履行するまで違反者に対する監置を命ずることができる（同条第2項）。

### (4) 父を定める訴の効力

　父を定める訴の確定判決は、第三者にも効力が及ぶため（家事訴訟法第21条

第1章　親生推定（嫡出推定）　331

第1項）、判決が確定した後は、親生否認の訴を提起することができない。判決が確定されると、訴を提起した人は、判決確定日から1ヶ月以内に家族関係登録簿の訂正を申請しなければならない（家族関係の登録等に関する法律第107条）。父を定める訴に関する第845条とそれと関わる家事訴訟法の規定は、重婚の場合、両婚姻においての親生推定を受ける場合にも類推適用すべきであるという見解がある。

332　第5部　韓国法

# 第2章　養子縁組

## ①　序

### 1　序　　説

　養子制度とは、出生によって親と子の関係が当然に成立するのではなく、養子縁組によって本当の親と子ではない者の間に、親と子の関係を擬制することをいう[17]。養子縁組の目的上、養子制度は、従来の家計を継承するための、いわゆる「家のための養子」から「親のための養子」へ、今日では、「子のための養子」へ発展してきた。養子縁組の成立においては養親子関係の創設を単に養親と養子の間の私的な契約であると考える「契約型養子」から、国が養子の福祉のために積極的に関与して養子縁組が適合であると認められる場合に、裁判所の裁判等により養子縁組を成立させる「宣告型養子」へ変化している。養子縁組の効果においては、養子と親生父母の親族関係を存続させる「不完全養子」から、その関係を断絶し、罷養（離縁）を原則として許可しないなど、養子を養親の親生子と同様に扱う、いわゆる「完全養子」へ進展している。韓国の現行法上の養子制度においても現在は家のための養子は存在しない。したがって、親生子があっても、養子縁組が可能であり、養子の数にも制限はない。また、養子は親族がなくてもできるし、養父と同姓同本でなくてもいい（異姓養子の認定）。事後養子と遺言養子は廃止され、養親は生存中のみに縁組できるので、死亡した者は養子縁組の当事者となることができない。

### 2　韓国の養子制度

　韓国における養子の制度は、民法第866条以下で定めている「一般養子」と民法第908条の2以下で定めている「親養子」がある。民法上、一般養子は、当事者間の養子縁組の合意と養子縁組届出とで成立する契約型養子である。養

---

17)　尹眞秀『親族相続法講義』（博英社、2008）192頁。

子縁組が成立しても、養子の従前の親族関係は存続するので不完全養子である（第882条の2）。ただし、養子が未成年者である場合や被成年後見人が養子又は養親となる場合には、家庭裁判所の許可を受けなければならないという規定（第867条、第873条第2項）を、2013年から施行されている改正民法で新設することにより、養子の福利などを確保することができる規定を設けて、契約型の養子制度の弱点を補完している。一方、民法は、一般養子とは別に、親養子制度を規定しているが、これは家庭裁判所の養子縁組の審判によって養子縁組が成立する宣告型養子である（第908条の2）。親養子縁組が成立すると親養子は養親の婚姻中の出生者となり、親養子の従来の親族関係は原則として終了するので（第908条の3）、いわゆる完全養子制度を導入している。

　民法のほか、特別法による養子もあるが、現在の「入養特例法」による養子縁組がそれである。元々入養特例法は原則に国内及び国外の養子縁組のいずれにも適用されたが、2023年に全部改正されて国内養子縁組の場合には「国内入養に関する特別法（以下、「国内入養特別法」という）」[18] が適用され2025年から施行される。国内入養特別法は、18歳未満のいわゆる「保護対象児童」の国内養子縁組に関する要件及び手続きなどに関する特例を定めている。これに対して、国際養子縁組の場合には、別の法律として2023年に制定された「国際入養に関する法律（以下、「国際入養法」という）」[19] によって規律することになった。「国際入養法」は、韓国が2013年にハーグ国際養子縁組条約に署名してから長い間、批准してはいなかったが、ようやくその批准のために制定した法律である。そのため、国際入養法は、ハーグ国際入養条約の履行法律であるが、同時に、国際養子縁組に関する基本法でもある。同法は、第2条第6号における国際養子縁組であって、保護対象児童及び連れっ子を対象とする国外入養と、18歳未満の児童の国内への入養に適用される。これにより、韓国においては、国内養子縁組と国際養子縁組との規律を異にする。

　以上のように、韓国法上の養子縁組は、国内養子縁組の場合には、民法上の養子縁組（一般養子及び親養子）と国内入養特別法による養子縁組があり、国

---

18)　法律第19555号2023. 7. 18全部改正・施行2025. 7. 19。
19)　法律第19555号2023. 7. 18制定・施行2025. 7. 19。

334　第5部　韓国法

際養子縁組の場合の国際入養法による養子縁組がある。それぞれの適用対象や要件などは異なるものの、相互に影響を及ぼすといえる。

### 3　民法と国内入養特別法との関係

　現行民法上の養子縁組の制度は、2012年の改正民法によって設けられたものであるが、2012年の民法改正では、未成年者の一般養子の場合、裁判所の許可が必要となり、未成年者の罷養（離縁）については、裁判上の離縁しか認められず協議上の罷養は廃止するなど、従来の養子縁組法のシステムを大幅に変更した。特に、2005年の民法に親養子縁組に家庭裁判所の許可制度を導入して以来、2012年の民法改正では未成年者及び被成年後見人の養子縁組の場合にも養子縁組の許可制度が導入された[20]。民法上の養子となる者は、成年者及び未成年者のいずれも対象であるが、現在の入養特例法及び2025年から施行される国内入養特別法は、保護対象児童の国内養子縁組を対象としている。韓国の養子縁組の実務上、最も多くの件数を占めているのは、特例法による養子縁組ではあるが、民法上の一般養子の規定は養子縁組の一般法として機能している。親養子縁組や国内入養特別法による養子縁組も別途の規律がない場合には一般養子に関する規定を準用しているからである（民法第908条の8、国内入養特別法第9条）。一方、国内入養特別法は、この法律に基づいて養子となった子は、民法上の親養子と同様の地位を有すると定めている（国内入養特別法第25条）。ただ、従来の入養特例法にあった罷養に関する規定は、国内入養特別法では削除されたが、同法第9条によって民法によることになる。

## ②　一般養子

### 1　未成年者の養子縁組

#### (1)　養子となる子と意思表示

　民法は、児童の精神的な成熟度などを考慮して、養子縁組の当事者となるこ

---

20)　韓国において入養許可制度の導入とその意義に関して議論する文献は金昌姫「養子制度に関する研究―入養の成立と効果を中心に―」中央大學校大學院博士学位論文（1986）98頁、權貞姫「入養法의 並行的 立法論」家族法研究第7号（1993）250・255頁、李秉和「入養児童の国際的保護」國際法學會論叢第48巻2号（2003）153頁以下、尹眞秀「兒童權利協約と韓國家族法」『民法論攷Ⅳ』（博英社、2009）327頁以下など参照。

とができる年齢を13歳であるとして従来より緩和した。養子となる子が、13歳以上の場合には、法定代理人の同意を得て養子縁組を承諾する（第869条第1項）。養子となる子が、13歳未満の場合には、法定代理人が養子となる子に代わって養子縁組の意思表示（承諾）をする（第869条第2項）。一方、法定代理人は、養子縁組の同意又は承諾を家庭裁判所の養子縁組の許可の前に、撤回することができる（第869条第5項）。これは一種の熟慮期間として、養子縁組の同意又は承諾をした親生父母の自己決定権を尊重するという趣旨で導入された規定である[21]。法定代理人が自分の義務を履行しないだけでなく、子供を保護・養育の意思もない場合には、子供の福利のために養子縁組が必要となる。しかし、従来には法定代理人が正当な理由なく養子縁組に反対したり、所在不明等の理由で養子縁組を承諾又は同意できない場合には養子縁組が不可能であった。つまり、養子縁組が必要な場合でも、法定代理人の承諾又は同意を得なければならないという規定により、子供の福利が回復不能に侵害されることがあるという問題点があった。

　そのため、現在の民法は、「法定代理人が正当な理由なく同意又は承諾を拒否した場合、または法定代理人の所在を知ることができないなどの理由で同意又は承諾を得ることができない場合には、家庭裁判所は、法定代理人の同意又は承諾なしに養子縁組を許可することができる」と規定している（第869条第3項）。ただし、法定代理人が親権者である場合には、その親が3年以上子に対する扶養義務を履行しない場合、または子供を虐待又は遺棄又はその他の子供の福利を著しく害した場合にのみ、家庭裁判所は、法定代理人（親権者）の養子縁組の同意又は承諾なしに養子縁組を許可することができる（第869条第3項第1号ただし書及び第870条第2項）。この場合、家庭裁判所は、法定代理人を審問しなければならない（第869条第4項）。

### (2)　親生父母（実親）の同意

　現行民法上、養子となる子は、成年・未成年とも父母の同意を得なければならない。一定の年齢に達していない未成年者の場合、つまり、民法上、13歳未

---

21)　金相瑢「改正養子法解説」法曹第668号（法曹協会、2012）22頁。

336　第5部　韓国法

満の未成年者の場合には、法定代理人が養子縁組の承諾をして（第869条第2項）、13歳以上の未成年者の場合には、法定代理人の同意を受けて、未成年者が養子縁組の承諾をすることになる（第869条第1項）、この場合にも、法定代理人の養子縁組の同意又は承諾のほか、親の同意が必要なのかが問題になるが、父母がすでに未成年の子の養子縁組に同意・承諾した場合には再び親の同意は必要ではない（第870条第1項第1号）。しかし、親が離婚して、親の一方が親権者ではない場合のように親が法定代理人でない場合に、他の一方の父又は母の同意が必要であるかについて従来から見解が分かれていた。もし、親が離婚して一方だけが親権を行使する場合には、法定代理人の承諾あるいは（未成年者の入養承諾に対する法定代理人の）同意のみで養子縁組が成立すれば、法定代理人ではない親が知らない間に養子縁組が行われ、親の権利が不当に侵害される恐れがあるからである。

　このような不合理を防止するために、民法は、親の一方が親権者ではないような場合、親が法定代理人でない場合には、法定代理人の承諾又は同意のほか、親の同意を得なければ養子縁組が成立しないと定めている（第870条第1項第1号）。また、親がその義務は履行せず正当な理由なく養子縁組に同意しない場合又は親の行方が不明な場合には、親の同意を得ることができないので養子縁組ができない。したがって民法は親が親権喪失宣告を受けた場合や、親の行方が不明な場合などの理由で同意を得ることができない場合には、親の同意が必要でないと規定している（第870条第1項第2号・第3号）。また、親が3年以上、子に対する扶養義務を履行しない場合あるいは親が子を虐待又は遺棄するなどその他の子供の福利を著しく害した場合には、親が養子縁組の同意を拒否しても家庭裁判所が養子縁組を許可することができる。この場合、家庭裁判所は、親を審問しなければならない（第870条第2項）。そして養子となる未成年者の親は家庭裁判所の養子縁組の許可があるまでは同意を撤回することができる（第870条第3項）。

### (3)　家庭裁判所の許可と届出

　従来、民法上の養子縁組は、当事者の合意と届出だけで成立する契約型の養子制度であった。しかし、養親が保険金などを受領する目的で養子縁組をして

第2章　養子縁組　337

その養子となった嬰児を殺害したり、性的暴行や虐待などの犯罪が生じるなど、不適格者による養子縁組が深刻な社会問題を生じさせた。このように契約型養子の制度を固守する場合には、養子となる児童の福利が危うくなることを防ぐことができない。これらの問題に対応して、現行の民法は、未成年者を一般養子とする場合には、家庭裁判所の許可を受けなければならないという規定をおいている（第867条）。

　一般養子の場合には家庭裁判所の許可を受けて、家族関係の登録等に関する法律で定めるところにより届け出ることにより、養子縁組が成立するものと規定している（第878条）。その結果、一般的な養子縁組は、「家族関係の登録等に関する法律」で定めるところにより届出をしなければならないが、その届出によって初めてその効力が生じるので創設的届出である。つまり、家庭裁判所の許可のみで当然養子縁組の効力が生じることはない。これに対して、家庭裁判所の許可を得てから当事者の届出との間に時間的な間隔によって養親の経済的な条件が悪化するなど、新たな事情変更が生じる恐れがある、第二に、養子縁組のように当事者の法律関係に重大な影響を与える身分関係について、家庭裁判所の許可を受けたとしても、養子縁組の届出をしなければ裁判所の裁判が無駄になる恐れがあるなどの指摘があった。しかし、当事者の意思を尊重し、裁判所の介入を最小限に抑えることにより、予備養親の心理的な負担を軽減して養子縁組を有効とする必要があるという政策的な考慮に基づいて、このように規定したものである。

## 2　成年者の養子縁組

　成年者は自らの養子縁組の意思表示をすることができるが、韓国社会の情緒上、未成年者と同様に、親の同意を得なければならない（第871条第1項本文）。しかし、親の所在が不明などの理由で同意を得ることができない場合には、親の同意なしに養子縁組が行われることができる（第871条第1項ただし書）。一方、親が正当な理由なく養子縁組の同意を拒否した場合には養親あるいは養子となる者は、家庭裁判所に親の同意に代わる審判を請求することができる。裁判所の審判によって、親の同意なく養子縁組ができる（第871条第2項）。成年者の養子縁組は、契約型の養子なので当事者の合意と届出だけで成立する。

338 第5部 韓国法

### 3 被成年後見人の養子縁組

被成年後見人は、成年後見人の同意を得て、養子縁組を成立することができるし、養子となることもできる（第873条第1項）。被成年後見人の親の同意も必要である。また、被成年後見人が養親あるいは養子となる場合には、未成年者養子縁組の場合と同様に家庭裁判所の許可を受けなければならない（第873条第2項、第867条）。一方、成年後見人が正当な理由なく被成年後見人の養子縁組などについて同意を拒否したり被成年後見人の親が正当な理由なく同意を拒否した場合には、家庭裁判所は、その同意がなくても、養子縁組を許可することができる（第873条第3項第1文）。この場合、家庭裁判所は成年後見人又は被成年後見人の親を審問しなければならない（第873条第3項第2文）。

### 4 一般養子縁組の効果

養子は養子縁組の届出があった時点から養親の親生子のような地位を有し養親の血族・姻戚との間にも親族関係が発生する（第772条）。そして判例によれば、養親が離婚したとしても、養親子関係は消滅しない[22]。養親の夫婦が縁組した後、その一方が死亡あるいは離婚したり生存した養母や養父が再婚した場合には、再婚した配偶者と養子の間には姻戚関係が成立する。養子と養親とその血族との間には、互いに扶養関係・継承関係が生じる。そして養子が未成年者である場合、養子は養親の親権に服する（第909条第1項2文）ことになり、実親の親権は消滅する。

一般養子の場合、縁組の後にも養子縁組の前の親族関係は存続する（第882条の2）。すなわち、養子の親生父母及びその血族、姻戚などの親族関係は、養子縁組によって影響を受けない。したがって、養子は親生父母・養親の両者の相続人となり、養子が直系卑属・配偶者なしで死亡すると実親・養親が共同相続人となる[23]。養子縁組後も養子の姓は変更されない。養子の姓の場合、養子は養親の親生子のような地位を有しているので、養親の姓と本を従うことになるのではないかと議論があるが、養子縁組の前の親族関係はそのまま存続す

---

22) 大法院2001. 5. 24. 2000므1493全員合議体判決。
23) 大法院1995. 1. 20. 자. 94마535決定。

第 2 章　養子縁組　339

るので養子の姓は変更されないと解される。ただし、養子の福利のために養子が養父の姓と本を継ぐ場合には、養父・養母又は子の請求により裁判所の許可を得てこれを変更することができる（第781条第6項）。

## 5　縁組の無効

### (1)　無効事由

　養子縁組は、次のような場合に無効になる。まず、当事者の間で養子縁組の合意がなかった場合には養子縁組は無効である。養子縁組の意思とは、実質的に養親者としての身分的生活関係を形成しようとする意思であり、そのような意思の合致がない場合には、養子縁組は無効である。例えば、意思無能力者の養子縁組や偽装養子、条件・期限付きで養子縁組の合意をした場合などである。養子縁組の合意は届出書を作成するときと受理されるときとも存在しなければならないので、一方の当事者が養子縁組の意思を撤回した後、相手が一方的に養子縁組届出を提出した場合に養子縁組は無効である。第二に、未成年者を入養する場合、家庭裁判所の許可がなかったにも関わらず養子縁組届が受理された場合や養子となる子が13歳未満の場合、法定代理人の縁組の承諾がなかった場合にも養子縁組は無効である。第三に、被成年後見人が養子縁組をしたり、養子がされた場合に家庭裁判所の許可を受けずに養子縁組の届出が受理された場合、または、第四に、延長者や尊属を養子とする養子縁組届出が受理された場合も無効である（第883条）。

### (2)　養子縁組の無効の訴

　養子縁組に無効事由が存在する場合、養子縁組は当然無効ではなく養子縁組の無効判決によって初めて養子縁組が無効となる。したがって、養子縁組の無効の訴は形成訴訟である。養子縁組の無効の訴は、当事者・法定代理人又は4親以内の親族が提起することができる（家事訴訟法第31条、第23条）。養子縁組無効の訴の相手方は以下の通りである。養親と養子はお互いを相手にして訴訟を提起する（同法第28条、第24条第1項）。第三者が訴を提起したときは養親と養子を相手にして、そのいずれか一方が死亡したときはその生存者を相手にして、訴を提起する（同法第28条、第24条第2項）。相手がすべて死亡した場合には、

340　第５部　韓国法

検事を相手とする（同法第28条、第24条第３項）。

　一方、養子縁組無効の訴の場合には調停前置主義が適用されない。ただし、養子縁組が無効の場合、当事者の一方は、過失のある相手に対して、これによる財産的・精神的損害賠償を請求することがあるが（民法第897条、第806条）、養子縁組の無効による損害賠償請求や原状回復の請求は先に調停を経なければならない（家事訴訟法第２条第１項ダ類事件、第50条）。

### (3)　養子縁組の無効の効果

　養子縁組の無効判決が確定すれば当事者間に最初から養子縁組がなかったことになる。養子縁組による親族関係は消滅する（第776条）。そして養子縁組が無効の場合、当事者の一方は、過失のある相手に対して、これによる財産的・精神的損害賠償を請求することができることは前述した。養子縁組の無効判決は第三者にも効力がある（家事訴訟法第21条第１項）。判決が確定されると、訴を提起した者が判決確定日から１ヶ月以内の判決の謄本及びその確定証明書を添付して家族関係登録簿の訂正を申請しなければならない（家族関係の登録等に関する法律第107条）。

## 6　縁組の取消し

### (1)　取消事由

　縁組の取消しは一定の事由がある場合に取消権者が一方的に養子縁組の効力を消滅させる制度である。縁組の取消しは財産法上の法律行為における原則的な取消しとは異なり、法的性質は婚姻の取消しと同様である。つまり、その取消しは婚姻と同様に取消請求権者の一方的な意思表示があれば取り消されるのではなく取消請求権者が家庭裁判所に取消しを請求し取消判決が確定しなければ養子縁組は取り消されない。取消しの効果は養子縁組が成立した時に遡及せずに、将来に向けてのみ生じる（第897条、第824条）。

　現行民法上、養子縁組の取消事由（改正民法第884条）は次のようである。まず、養子縁組の実質的要件を備えていない場合（同条第１号）、第二に、養子縁組当時、養親と養子のいずれかに悪質（悪疾）やその他の重大な理由があることを知らなかった場合（同条第２号）、第三に、詐欺又は強迫により養子縁組の

意思表示をした場合（同条第3号）である。養子縁組の実質的要件を満たしていない場合、すなわち、(i)未成年者の縁組の場合、(ii)13歳以上の未成年者が法定代理人の同意を得ずに養子縁組を承諾した場合、(iii)法定代理人の所在を知ることができないなどの理由で同意又は承諾を受けずに家庭裁判所が養子縁組の許可をしたが、法定代理人の同意又は承諾をすることができる状態にあった場合、(iv)未成年者が親の同意なしに養子となった場合（親が親権喪失の宣告を受けた場合、または親の素材を知ることができないなどの理由で同意を得ることができない場合は除く）、(v)成年者が父あるいは母の同意なしに養子となった場合（親の行方不明などの理由で同意を得ることができなかった場合を除く）、(vi)被成年後見人が成年後見人の同意なしで養子縁組をしたり養子となった場合、(vii)配偶者のある者が単独で縁組をした場合あるいは他の一方の同意なく養子となった場合である。

### (2) 養子縁組の取消しの訴

　養子縁組を取り消すためには養子縁組の取消しの訴を提起する前に家庭裁判所に調停を申請しなければならない（家事訴訟法第2条第1項ナ類事件10）、第50条）。ただし、養子縁組の取消しは当事者が任意で処分できない事項であるため、調停の成立だけでは養子縁組が取り消されるわけではなく判決がなければ取消しの効力が生じない（同法第59条第1項ただし書）。

　養子縁組の取消しの訴を提起することができる者は前述した各取消事由における取消請求権者である。養子縁組取消しの訴の相手方は次のようである。養親と養子は互いに相手となる（同法第31条、第24条第1項）。この際、相手が死亡した場合には、検事に対して訴を提起すれば良い（同法第31条、第24条第3項）。第三者が訴を提起したときは養親との養子を相手にするが、そのいずれか一方が死亡したときはその生存者に対して訴訟を提起する（同法第28条、第24条第2項）。相手方がすべて死亡した場合には検事を相手とする（同法第28条、第24条第3項）。養子縁組の取消しの訴は形成訴訟でありその判決は第三者にも効力がある（同法第21条第1項）。判決が確定されると、訴を提起した者は裁判の確定日から1ヶ月以内に届出をしなければならないが、このときの縁組届は報告的届出である。訴訟の相手方も縁組届をすることができる（家族関係の登

342　第5部　韓国法

録等に関する法律第73条、第58条第3項）。届出書には裁判確定日を記載しなければならない。

　家庭裁判所は養子縁組の取消事由が存在する場合であっても養子となる未成年者の福利のために取消請求を棄却することができる。すなわち、家庭裁判所は養子となる未成年者の福利のためにその養育状況、養子縁組の動機、養父母の養育能力その他の事情を考慮して養子縁組を取り消さないほうが良いと認めるときは養子縁組取消請求を棄却することができる（第884条第2項）。

### (3)　養子縁組の取消しの効果
　縁組取消しの効果は遡及効を有せず将来効を有するのみである（第897条、第824条）。したがって、取消判決が確定した時から養子縁組が無効となる。そして養子縁組により生じた親族関係も終了する（第776条）。養子が未成年者である場合には養子縁組が取り消された時に実親の親権が当然復活することにはならない。その際には親生父母（実親）一方又は双方、未成年者、未成年者の親族が縁組の取消事実を知った日から1ヶ月、縁組が取り消された日から6ヶ月以内に家庭裁判所に実親一方又は双方を親権者と指定する請求ができる（第909条の2第2項）。養子縁組が取り消された場合、当事者の一方は過失のある相手に対して、これによる財産的・精神的な損害の賠償を請求することができる（第897条、第806条）。縁組取消しによる損害賠償請求や原状回復請求をする場合には、先に調停を申請しなければならないことは前述したようである。

## 7　縁組の解消──罷養（離縁）
### (1)　協議上罷養
　罷養はいったん有効に成立した養親者関係を人為的に解消することである。現行の民法上の罷養の方法は協議上罷養と裁判上罷養とがある。協議上罷養は養父母と養子が協議によって罷養することであり広い意味での契約であるが、一定の方式が要求される（第904条、第878条）。協議罷養の合意は外形的な意思表示の一致で十分である。協議罷養は「家族関係の登録等に関する法律」で定めるところにより罷養届出をすることによってその効力が生じる（第904条、第878条）。したがって協議の罷養届出の法的性質は創設的届出である。

現行民法には協議罷養の無効に関する規定はないが家事訴訟法に規定がある。罷養の無効は調停前置主義が適用されない（同法第2条第1項カ類事件）。しかし、罷養の無効を原因とする損害賠償と原状回復請求は先に調停を経なければならない（同法第2条第1項ダ類事件）。罷養の無効には養子縁組の無効に関する規定が類推適用される。協議罷養の取消しも認められるが、民法は詐欺又は強迫により罷養の意思表示をした者は詐欺を知った日又は強迫を免れた日から3ヶ月以内に家庭裁判所に罷養の取消しを請求することができると規定する。協議罷養の取消しは、家庭裁判所に訴を提起して請求しなければならないが調停前置主義が適用される。

## (2) 裁判上罷養

裁判上罷養は、一定の原因がある場合、家庭裁判所に罷養請求の訴を提起して罷養することである。特に、未成年者養子縁組の場合、罷養の合意と届出のみで簡単に養親子関係が消滅するとならば、罷養後の養子の保護と養育など未成年者の福利に大きな影響を与えることになる。したがって、民法は国家機関が介して養子の未成年者の福利が危うくなることを防止するために、未成年者の罷養は裁判上の罷養のみを認めており養子が被成年後見人である場合にも同様に規定している（第898条）。

未成年者などの裁判上罷養の請求権者には子の福利のために検事が利害関係人として追加された。まず、養子が13歳未満の場合には養子縁組を承諾した法定代理人が養子に代わって罷養の請求をすることができる（第906条第1項本文）。罷養を請求することができる者がいない場合、例えば、養子縁組の当時、法定代理人が死亡したり所在不明の場合などには、養子の親族や利害関係人が家庭裁判所の許可を得て罷養を請求することができる（同項ただし書）。この場合に、「養子の親族」の範囲につき「親族」をあえて生家の親族に限定して解する必要はないという見解[24]もあるが、罷養後の子の養育と保護など未成年者の保護のために生家の親族に限定して解しなければならないという見解[25]もあ

---

24) 金相瑢「改正養子法解説」法曹第668号（法曹協会、2012）42頁。
25) 張炳珠「改正入養制度の問題点と改善方向―改正民法と入養特例法を中心に―」法学論考41号（2013）510頁。

る。また、利害関係人には、養子縁組機関長及び児童保護専門機関長など児童に関する施設の機関長なども含まれる。養子の親族や利害関係人が罷養を請求する場合、民法は「家庭裁判所の許可を受けて罷養を請求することができる。」と定めている。すなわち、未成年者の罷養の場合に家庭裁判所の許可を得て罷養を請求し罷養の許可をもって養親子の関係が解消される構造である。

養子が13歳以上の未成年者である場合には、養子縁組の同意をした親の同意を再び得て罷養することができる（第906条第２項本文）。しかし、養子縁組に同意した親が死亡したり、その他の事由によって同意できない場合（所在不明の場合など）には、同意なしに罷養を請求することができる（第906条第２項ただし書）。この場合には、家庭裁判所の後見的な介入によって未成年者を軽率な罷養から保護することができるからである。養親や養子が被成年後見人である場合には成年後見人の同意を得て罷養することができる（第906条第３項）。

一方、成年後見人側に罷養理由があるにも関わらず正当な理由なく同意を拒否したり、同意をすることができない場合、例えば、行方不明などの場合には、罷養ができなくなる。この際、被成年後見人である養子の福利のために罷養しなければならないにも関わらず罷養ができない場合には、検事が養子のために罷養を請求することができる（第906条第４項）。未成年者の場合にも正当な理由なく法定代理人が罷養を請求しない又は親族及び利害関係人の無関心で罷養を請求しない場合（13歳未満の養子の場合）、または親が罷養に同意しない場合（13歳以上の養子）には罷養ができないので、民法は養子の福利のために罷養しなければならない場合には検事が罷養を請求することができるように定めているのである。

裁判上罷養は調停前置主義が適用されるので調停が成立すると罷養の効力が生じる。罷養が成立すると養親と養子の間の養親子関係をはじめとする全ての親族関係が消滅する（第776条）。したがって、養子縁組により生じた親子としての法律効果もすべて消滅することになる。養子が未成年者である場合には、罷養になると親生父母の親権が当然に復するわけではないので親生父母の一方又は双方、未成年者、未成年者の親族が一定の期間内に家庭裁判所に親生父母の一方又は双方を親権者と指定する請求ができる（第909条の２第２項）。裁判上罷養の場合にも、協議上の罷養のように過失のある相手に対しそれによる財

産的・精神的損害の賠償を請求することができ、この場合には、調停前置主義が適用される。

## 3 親 養 子

### 1 意 義

　親養子制度は専ら養子の福祉の観点から養子を養親の親生子と同様にして実親など従来の親族との関係を断絶させる制度である。一般養子の場合には、養子縁組の後でも従前の親族関係が終了しないので親生父母との親子関係が存続するし、養子が養親の姓と本を称することができる制度を規定しておらず世間に養子であることが明らかにされて、養子縁組の事実を明かしたくない養親の希望に十分対応できないとの問題があった。その結果、一般養子縁組をしても縁組の届出をせずに虚偽の親生子出生届をする場合が多くなった。親生子出生届について学説と判例は無効行為の転換の法理を適用して養子縁組の効力を認めることにより[26]、ある程度、現実的な要求に対応してきた。しかし、家族関係登録簿制度の信頼性や近親婚などの危険性が問題として指摘され、民法は親生父母（実親）との関係を断絶し養子が養親の姓と本を称し養子であることが容易には明らかにされない方法で養子を養親の親生子と同様に扱う養子縁組制度を設ける必要があるとして親養子制度を導入した。

　韓国民法上の親養子制度は次のような特徴がある。まず、韓国の親養子制度は子のための養子制度である。親養子縁組の場合、養子は19歳未満の未成年者でなければならない。養親となる者は一定の期間の間婚姻生活を維持した夫婦であることを要件とする。そして家庭裁判所が養子の福利を最優先に考慮し養子を優れた人格で育てることのできる親を繋げてくれる制度として機能することを目指している。第二に、宣告型縁組制度である。韓国民法上、一般養子は養子と養親の合意によって縁組が成立する契約型縁組であるが、親養子は当事者の意思の合致のほか家庭裁判所の審判によって縁組が成立する。親養子縁組が成立した後はたとえ養子に瑕疵があっても原則、その無効や取消しが認められない、いわゆる宣告型縁組制度であるということができる。第三に、完全養

---

26)　大法院1977.7.26.77다492全員合議体判決。

346　第5部　韓国法

子制度である。韓国民法上の親養子は縁組が成立すると養子の親生父母（実親）などの従来の親族関係は断絶され、養子は養親の姓と本を称する。また、罷養を厳しく制限するなど養子を親生子と同様に扱う完全養子制度としての性格を持つ。

## 2　親養子の要件

第908条の2（親養子縁組の要件等）①親養子縁組をしようとする者は次の各号の要件を満たして家庭裁判所に親養子縁組を請求しなければならない。

1．3年以上の婚姻中の夫婦が共同で縁組をすること。ただし、1年以上の婚姻中の夫婦の一方がその配偶者の親生子を親養子とする場合にはこの限りでない。

2．親養子となる者は未成年者であること。

3．親養子となる子の親生父母が親養子縁組に同意すること。ただし、父母が親権喪失の宣告を受け又は所在不明の場合その他の事由によって同意できない場合にはこの限りでない。

4．親養子となる子が13歳以上の場合には、法定代理人の同意を得て縁組を承諾すること。

5．親養子となる子が13歳未満の場合には、法定代理人が子に代わって縁組を承諾すること。

②家庭裁判所は次の各号のいずれかに該当する場合には第1項第3号・第4号の規定による同意又は同項第5号の規定による承諾がなくても第1項の請求を認容することができる。この場合、家庭裁判所は、同意権者又は承諾者を審問しなければならない。

1．法定代理人が正当な理由なく同意又は承諾を拒否した場合。ただし、法定代理人が親権者である場合には第2号又は第3号の事由がなければならない。

2．親生父母が責任のある事由で3年以上子供の扶養義務を履行せず面接交渉をしていない場合。

3．親生父母が子供を虐待又は遺棄したりその他の子の福利を著しく害した場合。

③家庭裁判所は、親養子となる人の福利のために、その養育状況、親養子縁組の動機、養親の養育能力、その他の事情を考慮して、親養子縁組が適当でないと認める場合には、第1項の請求を棄却することができる。

(1)　親養子縁組の対象（養子となる子）

　親養子となる子は未成年者でなければならないので、19歳未満の子がその対象である（第908条の2第1項第2号）。従来は親養子の年齢を15歳未満に限定したが、2012年の民法改正において未成年者に変更しその縁組の対象の範囲を拡大した。

(2)　養親となる者

　親養子の養親は3年以上の婚姻中の夫婦であって共同で縁組をしなければならない（第908条の2第1項第1号本文）。親養子縁組をしようとする養親は法律婚の夫婦でなければならないので事実婚の夫婦は養子縁組をすることができない。また、3年以上の法律婚の関係を維持しなければならない。これは、養子のために安定した家庭生活を提供することができることが望ましいということから規定されたものである。ただし、夫婦の一方がその配偶者の親生子を親養子とする場合には、1年以上の婚姻中であれば十分である（第908条の2第1項第1号ただし書）。配偶者の親生子を親養子とする場合には、例えば、再婚した夫婦が再婚配偶者の親生子を自分の親養子とする場合又は配偶者と他人の間で生まれた婚姻外の出生者を自分の親養子とする場合には、1年以上の婚姻関係を維持すれば縁組ができる。

　養親は夫婦でなければならないだけでなく原則として共同で養子縁組をしなければならない。共同縁組とは、家庭裁判所に縁組の申請をする際に夫婦が共同で請求しなければならないという意味である。ただし、配偶者の親生子を養子とする場合には共同で申請する必要がない。例えば、夫の前妻の所生の婚外子を縁組する場合や再婚して元配偶者の子を夫が縁組する場合にはすでに一方の配偶者との間にはその子との親生子関係が存在するので共同縁組をする必要はないからである。

(3)　法定代理人の同意・承諾

　親養子となる子が13歳以上の場合に、縁組には法定代理人の同意を得て縁組を承諾しなければならない（第908条の2第1項第4号）。親養子となる子が13歳未満の場合には、法定代理人がその子に代わって縁組を承諾する（第908条の2

348　第 5 部　韓国法

第 1 項第 5 号）。このような縁組の承諾や同意は原則に一般養子と同様である。

#### (4)　親生父母（実親）の同意

　親養子縁組は親養子となる子の親生父母（実親）の同意が必要である（第908条の 2 第 1 項第 3 号本文）。ここで、実親は法律上の親を意味するので婚姻外の出生者がその実父から認知される前には、生母の同意があれば良い。親生父母の養子縁組に対する同意はその親が法定代理人ではない場合に必要なものと解する。同意権者には親生父母なので親権者や養育権者ではない親も含まれる。子が既に他の夫婦の一般養子となった状態で再度別の夫婦と親養子縁組をすることが可能であるかに対して下級審の判例の中にはこれを肯定したものがある[27]。

　実親が親権喪失の宣告を受けたか又は行方不明の場合、またはその他の事由によって同意できない場合には、同意は必要ではない（第908条の 2 第 1 項第 3 号ただし書）。つまり、親権喪失の宣告を受けた父や母は親養子縁組に対する同意権を有しない。また、生死不明や心身喪失などで意思表示のできない場合なども同意できない事由であると解される。親生父母の双方にこれらの事由がある場合には、同意は必要なく、実父や実母一方にそのような事由がある場合は他の一方の同意のみで十分である。

　家庭裁判所は、一定の事由があるときは、親生父母の同意や法定代理人の同意・承諾がなくても親養子縁組を認容することができる。一定の事由とは次のようである。第一に、法定代理人が正当な理由なく同意又は承諾を拒否する場合である。ただし、法定代理人が親権者である場合は、以下の第 2 号又は第 3 号の事由がなければならない（第908条の 2 第 2 項第 1 号）。第二に、親生父母（実親）が自分に責任がある事由で 3 年以上子の扶養義務を履行せず面接交渉をしていない場合である（同条同項第 2 号）。第三に、親生父母（実親）が子供を虐待又は遺棄したり子の福祉を著しく害した場合である（同条同項第 3 号）。この際、家庭裁判所は同意権者又は承諾者を審問しなければならない（同条同項）。

---

27)　大邱地法2009. 12. 4. 2009느단496審判。

第2章　養子縁組　349

## (5)　家庭裁判所の許可

　家庭裁判所は、親養子縁組の請求があった場合子の福祉の観点から養子縁組を許可するかどうかを決定しなければならない。家庭裁判所は親養子となる子の福利のためにその養育状況、親養子縁組の動機、養親の養育能力、その他の事情を考慮して、親養子縁組が適当でないと認められる場合にはその縁組請求を棄却することができる（第908条の２第３項）。親養子縁組は家庭裁判所の親養子縁組の審判の確定によって成立する（第908条の３第２項を参照）。

## 3　養子縁組の届出と登録

　民法上親養子規定に基づいて縁組をしようとする者が裁判で許可を受けた場合には、その親養子縁組裁判の確定日から１ヶ月以内に裁判の謄本と確定証明書を添付して養子縁組の届出をしなければならない。その届出書には裁判確定日を記載する（家族関係の登録に関する法律第67条）。請求訴訟の相手も養子縁組届をすることができる（同法第68条、第58条）。親養子縁組は、前述したように、家庭裁判所の親養子縁組審判の確定によって成立するので、それに伴う縁組届出は報告的届出ということができる。

## 4　親養子縁組の効力

> 第908条の３　（親養子縁組の効力）①親養子は夫婦の婚姻中の出生者とみなす。
> ②親養子の養子縁組前の親族関係は第908条の２第１項の請求による親養子縁組
> 　が確定したときに終了する。ただし、夫婦の一方がその配偶者の親生子を単独
> 　で養子とする場合における配偶者及びその親族と親生子の間の親族関係はこの
> 　限りでない。

## (1)　婚姻中の出生者

　親養子は夫婦の婚姻中の出生者とみなす（第908条の３第１項）。親養子は養親の親生子と同様であり養親は夫婦なので婚姻中の出生者となるわけである。親養子と養親の間には扶養の権利義務と相続権などが認められる。親養子は夫婦の婚姻中の出生者とみなされるため、養親が親養子の親権者になる（第909条第１項）。親養子の養親がすべて死亡した場合には未成年である親養子のた

350　第5部　韓国法

めに後見が開始される。親養子の養親がすべて死亡したとしても親養子の養子縁組前の親族関係が復することはないため、このときは、家庭裁判所に実親の一方又は双方を親権者と指定する請求は許容されないので（第909条の2第2項ただし書）、後見が開始されることになるのである。

### (2)　親養子の姓と本

　親養子は養親の婚姻中の出生者とみなされるので親養子縁組の成立後には、養親の姓と本を称する。このとき養父と養母のどちらの姓と本を称するかは一般の法理によらなければならない。したがって、原則に養父の姓と本を称するが、養父母の婚姻届出の当時、子が母の姓と本を称するに協議があった場合には親養子は養母の姓と本を称することができる（第781条第1項）。親養子の姓と本だけでなく名前も変更できる。

### (3)　養子縁組前の親族関係の終了（断絶型養子縁組）

　親養子の養子縁組前の親族関係は親養子縁組が確定したときに終了する（第908条の3第2項）。親養子は養親の親生子とみなされるので実親など従来の親族との関係は終了し、終了する時点は親養子縁組が確定したとき（親養子縁組の成立を認容する家庭裁判所の審判があるとき）である。罷養が成立すると養子縁組前の親族関係は復する。一方、親養子縁組になっても親生父母（実親）などの法律上の親族関係が終了するのみで自然血縁関係が消滅するわけではないので、従来の血族との婚姻禁止は依然として維持される（第809条第1項）。

　夫婦の一方が、その配偶者の親生子を単独で養子とした場合における配偶者とその親族と親生子の間の親族関係は存続する（第908条の3第2項ただし書）。例えば、母が再婚し前夫との間に出産した子を再婚夫の子として親養子縁組をした場合、親養子の実父と実父の血族などの親族関係は終了するが、生母と生母との血族などの親族関係は存続する。同様に父が再婚し前妻との間に生まれた子を再婚する妻の子として親養子縁組をした場合も同様である。

第2章　養子縁組　351

## 5　縁組の取消し

第908条の4（親養子縁組の取消し等）①親養子となる子の実父又は実母は自分
　に責任のない事由によって第908条の2第1項第3号ただし書による同意がで
　きなかった場合に親養子縁組の事実を知った日から6ヶ月以内に家庭裁判所に
　親養子縁組の取消しを請求することができる。
②親養子縁組に関しては第883条、第884条を適用しない。

第908条の7（親養子縁組の取消し・罷養の効力）①親養子縁組が取り消された
　り罷養となったときには親養子関係は消滅し養子縁組前の親族関係は復活する。
②第1項の場合に親養子縁組の取消しの効力は遡及効を有しない。


### (1)　取消事由と取消権者

　親養子制度は、家庭裁判所の審判によって養子縁組が成立する宣告型縁組制
度なので一般養子の場合に適用される養子縁組の無効（第883条）や取消し（第
884条）の規定は適用されない。ただし、例外的に取消事由を別にいくつか規
定している。親養子となる子の実父又は実母の責任のない事由によって同意が
できなかった場合には、親養子縁組の事実を知った日から6ヶ月以内に家庭裁
判所に親養子縁組の取消しを請求することができる（第908条の4第1項）。こ
れは親生父母（実親）が同意することができなかったことが、自分の責任でな
い事由によるものであるとき、例えば子供が迷子になったり誘拐された場合、
あるいは親生父母の心身喪失などの事由があった場合には、親生父母（実親）
に限定ではあるが取消権を与えている。

　しかし、養子縁組の取消原因が存在しても家庭裁判所は親養子となる者の福
利のためにその養育状況、親養子縁組の動機、養親の養育能力、その他の事情
を考慮して親養子縁組を取り消すことが適当でないと認められる場合には、養
子縁組の取消請求を棄却することができる（第908条の6、第908条の2第3項）。


### (2)　取消届出

　親養子縁組の取消しの裁判が確定した場合、訴を提起した人は裁判の確定日
から1ヶ月以内に裁判の謄本と確定証明書を添付して届出をしなければなら

352　第5部　韓国法

ず、その届出書には、裁判確定日を記載しなければならない（家族関係の登録
等に関する法律第70条、第69条第1項第2項）。このとき、その訴訟の相手も裁判
書の謄本と確定証明書を添付して親養子縁組の取消しの裁判が確定した旨（裁
判確定日を記載）を届け出ることができる（同法第70条、第69条第3項）。

## (3)　取消しの効力

　親養子縁組が取り消されると親養子関係は消滅して養子縁組前の親族関係は
復活するが、その取消しの効力は遡及効を有しない（第908条の7）。親養子縁
組が取り消された場合、その親養子の親権者に関しては一般養子の縁組の取消
しに関する規定が同様に適用される。したがって親養子縁組の取消しの場合に
も親生父母の一方又は双方、未成年者、未成年者の親族は、一定の期間内に家
庭裁判所に親生父母の一方又は双方を親権者と指定する請求をすることができ
る（第909条の2第2項）。親権者の指定請求がないときは家庭裁判所は未成年
後見人を選任することができる（第909条の2第3項）。

## 6　縁組の解消──罷養（離縁）

---

第908条の5（親養子の罷養）①養親、親養子、実父・実母あるいは検事は次の
　　各号のいずれかの事由がある場合には家庭裁判所に親養子の罷養（離縁）を請
　　求することができる。
　1．養親が親養子を虐待又は遺棄、その他親養子の福利を著しく害するとき
　2．親養子の養親の悖倫行為により親養子関係を維持することができなくなっ
　　たとき
②第898条及び第905条の規定は親養子の離縁についてこれを適用しない。

第908条の6（準用規定）　第908条の2第3項は親養子縁組の取消し又は第908条
　　の5第1項第2号の規定による罷養の請求についてこれを準用する。

第908条の7（親養子縁組の取消し及び離縁の効力）①親養子縁組が取り消され
　　たり罷養となったときには親養子の関係は消滅し養子縁組前の親族関係は復活
　　する。
②第1項の場合に親養子縁組の取消しの効力は遡及効を有しない。

---

第2章　養子縁組　353

　親養子が成立すると養子は養親の親生子とみなされる、いわゆる完全養子であるが、完全養子制度においては罷養を認めていないのが普通である。したがって、一般養子について適用される罷養（協議罷養と裁判罷養）の規定は親養子には適用されないが（第908条の5第2項）、韓国民法は例外的に罷養を可能にする規定を置いている。また、親養子の罷養は協議罷養を認めておらず、家庭裁判所に罷養請求する裁判上罷養のみを認めている。

### (1)　罷養事由と罷養請求権者

　民法は親養子罷養の事由を二つ定めている（第908条の5第1項）。第一に、養親が親養子を虐待又は遺棄したりその他親養子の福利を著しく害するときである。これは親養子のための罷養事由である。第二に、親養子の養親に対する悖倫行為により親養子関係を維持することができなくなった時に罷養できる。これは養親のための罷養事由である。罷養請求権者には、養親、親養子、実父又は実母のほか親養子の福利を保護するために、公益の代表者としての検事が含まれる。

### (2)　罷養の判断

　親養子縁組の解消にも調停前置主義が適用される（家事訴訟法第2条第1項ナ類事件14号、第50条）。しかし、親養子縁組の解消には協議罷養が認められないため、調停による罷養も認められないとしなければならないという批判がある。前述した二つの罷養事由の中、第2号の事由が存在しても家庭裁判所は親養子の福利のために、その養育状況、親養子縁組の動機、養親の養育能力、その他の事情を考慮して離縁することが適当でないと認められる場合には、罷養請求を棄却することができる（第908条の6、第908条の2第3項）。つまり、養親のための罷養理由である第2号の場合、親養子の責任ある事由があるとはいえ罷養が親養子の福利に不利な結果になる場合には、罷養を許可しないことができると規定したものである。

### (3)　罷養の届出と登録

　親養子離縁の裁判が確定した場合には、訴を提起した者は裁判の確定日から

１ヶ月以内に裁判の謄本と確定証明書を添付して罷養の届出をしなければならない。その届出書には裁判確定日を記載する（家族関係の登録等に関する法律第69条第１項・第２項）。この時、その訴訟の相手も同様に親養子罷養の裁判が確定した旨を届け出ることができる（同法第69条第３項）。

### (4)　罷養の効力

　家庭裁判所によって罷養判決が確定すると、親養子関係は消滅し親養子の縁組前の親族関係が復活する（第908条の７第１項）。したがって、養子の姓と本は、従前の実親の姓と本に変更される。この場合、子の福祉のために必要な場合、家庭裁判所の許可を得て既存の養親の姓と本をそのまま維持することができるかが問題となるがこれを認める規定はない。

　未成年である間、罷養する場合、その親権者については一般養子の罷養の場合に関する規定が同様に適用される。したがって、実親の一方又は双方、未成年者、未成年者の親族は、一定の期間内に家庭裁判所に実親の一方又は双方を親権者と指定する請求をすることができる（第909条の２第２項）。親権者指定の請求がないときは、家庭裁判所は未成年後見人を選任することができる（第909条の２第３項）。

　親養子と養親との親族関係は罷養で消滅するが、罷養が成立しても養親の親族との近親婚禁止の効力は維持される（第809条第３項）。

## ４　国内入養特別法による養子縁組

### 1　意　　義

　前述したように2023年に入養特例法が全部改正され、国内養子縁組には国内入養特別法が適用される。これに対して、国際養子縁組には、国際入養法が適用されるが、この法律上、国際養子縁組には「外国への養子縁組」と「国内への養子縁組」がある。ここで外国への養子縁組とは、養親となる者の双方あるいは一方の日常居所が外国にあって、児童が養子となるためにまたは縁組の結果、日常居所を韓国から外国に移動する養子縁組である。国内への養子縁組とは、養親となる者の双方あるいは一方の日常居所が韓国にあって、児童が養子となるためにまたは縁組の結果、日常居所を外国から韓国に移動する養子縁組

第2章　養子縁組　355

である（国際入養法第2条第6号）。国内入養特別法上の養子縁組は次のようである。

## 2　国内入養特別法上の養子縁組の成立要件
### (1)　養子縁組の対象及び養子となる児童の決定

　入養特例法の適用対象は、原則として18歳未満の「保護対象児童」である。ここで、「保護対象児童」とは、保護者のいないあるいは保護者から離脱した児童、または、保護者が児童を虐待する場合などその保護者が児童の養育に適合しない場合あるいは養育の能力のない場合の18歳の未満の児童である（児童福祉法第3条第4号、国内入養特別法第2条）。国内入養特別法によって養子となる児童は、市・都知事又は市長・郡守・区庁長（区庁長は自治区の区庁長をいう。以下、市・都知事又は市長・郡守・区庁長は「市・都知事等」という）が児童福祉法上の保護措置（児童福祉法第15条第1項第6号）として養子縁組が当該児童に最善の利益になると決定した児童でなければならない（国内入養特別法第13条第1項）。市・都知事等は、養子となる児童を決定する前に、養子となる児童あるいはその法定代理人の養子縁組への承諾（同法第15条第1項）、親生父母の同意（同法第16条第1項）あるいは、その承諾や同意に代わる家庭裁判所の許可事由（同法第15条第2項各号又は第16条第2項各号）があるかどうかを確認しなければならない（同法第13条第2項）。なお、国と地方自治体は、市・都知事等の決定がなされた後から養子縁組許可がなされるまで、養子となる児童に対して保健福祉部令で定めるところにより、定期的に養育状況を点検して必要な福祉サービスを支援し、養育状況点検報告書を作成しなければならない（同条第4項）。

　国と地方自治体は、児童福祉法第3条第3号による保護者が養子縁組の許可又は臨時養育の決定の前までに児童を直接保護・養育することが困難な場合には、児童福祉法上の児童養育施設・児童一時保護施設及び共同生活家庭又は保健福祉部令で定める基準に適合する家庭等にその児童を委託して保護するようにすることができる。これによる児童の保護においては家庭型保護が優先的に考慮されるべきである（同条第5項）。

　この規定により保護される児童については、大統領令で定めるところによ

356　第5部　韓国法

り、その児童が施設等に委託された時から当該児童の住所地を管轄する市・都知事等が後見人となる（同法第14条第1項）。ただし、当該児童について裁判所が既に後見人を選任し又は「保護施設にいる未成年者の後見の職務に関する法律」による後見人がある場合は、この限りでない。市・都知事等が後見人となる場合、親権者の親権の行使は停止される（同条第2項）。しかし、親権者が縁組の同意又は承諾を撤回し、または親生父母が縁組の同意を撤回したときは、更に親権を行うことができる。親権が停止された場合、児童の後見人は、親生父母の申請があったときは、家庭裁判所の養子縁組許可の決定があるまで、正当な事由がない限り養子縁組の手続きの進行と児童の健康及び福利状態について、親生父母に通知しなければならない（同条第3項）。

### (2)　養親となる者

　国内入養特別法上、養親となるには次のような要件と資格がなければならない（国内入養特別法第18条第1項各号）。(i)養子に経済的・情緒的に安定した養育環境を提供できること、(ii)養子に対して宗教の自由を認め、社会の一員としてそれに対応する養育と教育を行うことができること、(iii)児童虐待・家庭内暴力・性暴力・麻薬関連犯罪など大統領令の定まる犯罪履歴がないこと、(iv)アルコール及び薬物中毒などの深刻な健康上の事由がないこと、(v)その他、養子となる者の福祉のために保健福祉部令の定める要件を満たすことである。そして、養親となる者は、保健福祉部令の定める所定の教育を受けなければならない。従前の入養特例法では、養親が大韓民国の国民である場合には、25歳以上であって、養子となる人との年齢差が60歳以下でなければならない。養親となる者が大韓民国の国民ではない場合には、その国の法律に基づいて養親となる資格を満たしていることが必要であり、その年齢は25歳以上45歳未満でなければならないとしていた（入養特例法施行規則第4条）。従前の入養特例法による養親となる資格を満たした者は国内入養特別法上の養親の資格を満たしたものとみなす（国内入養特別法附則第9条）。養子縁組が成立すると、親養子のような効力があるが、民法上の親養子とは異なり養親が夫婦であることは要しない。国内養子縁組の許可を申請する養親となる者は、これらの厳格な要件を満たしていることを証明するために家庭裁判所に各種の書類を提出しなければな

らない（国内入養特別法第21条第1項各号[28]）。

#### (3) 養子となる児童の承諾

養子となる児童が13歳以上の場合には、法定代理人の同意を得てその縁組に承諾をしなければならない（国内入養特別法第15条第1項第1号）。養子となる児童が13歳未満の場合には、法定代理人がその子に代わって縁組に承諾しなければならない（同項第2号）。しかし、家庭裁判所は、次の事由がある場合には、同意又は承諾がなくても、養子縁組許可をすることができる（同条第2項）。第一に、法定代理人が正当な理由なく同意又は承諾を拒否する場合である。ただし、法定代理人が親権者である場合には、後述する親生父母の同意に代わる事由がなければならない。第二は、法定代理人の所在が分からないなどの事由により同意又は承諾を受けることができない場合である。このような同意又は承諾は、縁組の許可があるまでの間、撤回することができるが、保健福祉部令で定めるところにより、書面でする（同条第3項・第4項）。

#### (4) 親生父母の同意

国内入養特別法による養子縁組をするときには、養子となる子の親生父母の同意が必要である（同法第16条）。ただし、親生父母が法定代理人として同意や承諾をした場合、親権喪失の宣告を受けた場合または親生父母の所在不明等の理由で同意を得ることができないときは、そのかぎりではない。親生父母の同意は縁組の許可があるまでは、書面をもって撤回することができる（同条第3項・第4項）。なお、親生父母が責任のある事由で3年以上子に対する扶養義務を履行せず面接交渉をしていない場合、親生父母が子を虐待又は遺棄するな

---

28) 第21条（家庭裁判所の養子縁組許可）①養父母になろうとする者が養子になる児童を養子にしようとする場合には、次の各号の書類を備え、養子になる児童の住所地を管轄する家庭裁判所の養子縁組許可を受けなければならない。

　1．養子となる児童の出生届証憑書類
　2．第13条により養子となるべき児童と決定した書類
　3．第15条及び第16条による養子縁組の同意及び承諾の意思等に関して確認した書類
　4．第20条第2項の規定による縁組確認書
　5．その他児童の福利のために最高裁判所規則で定める書類

358　第5部　韓国法

どその他の子を福利に顕著に害する場合には、親生父母が同意を拒否しても、家庭裁判所は養子縁組の許可をすることができる（同条第2項）。

　以上のような縁組の同意及び承諾は、自由な意思で決定され、表示されなければならず、養子縁組の同意及び承諾の対価として金銭又は財産上の利益その他の反対給付を受け渡し、または受け渡しすることを約束してはならない（同法第17条第2項）。縁組の承諾や同意は児童の出生の日から7日を経過した後に行われなければならない（同条第1項）。さらに、市・都知事等は養子となる児童の縁組の同意及び承諾の前に、その児童又は法定代理人にその同意及び承諾の効果などに関する十分な相談を提供しなければならない（同条第3項）。なお、市・都知事等は親生父母の縁組の同意の前に、その親生父母に児童を直接養育する場合に支援を受けることができる事項、養子縁組の法律的効力及び養子縁組児童の養子縁組情報公開請求求権などに関する十分な相談を提供しなければならない（同条第4項）。市・都知事等は親生父母にその同意の前まで宿泊、医療など適切な支援を提供することができる。

### (5)　養子縁組の申請及び結縁

　養親になろうとする者は、保健福祉部令で定めるところにより、保健福祉部長官に縁組の申請をしなければならない。その申請を受けた保健福祉部長官は、養親となるものが前述した国内入養特別法第18条による資格を備えているかを確認するために、保健福祉部令で定めるところにより相談及び家庭環境調査などを実施し、それに対する報告書を作成しなければならず、必要な資料の提出を要請することができる。養親となる者は、相談及び家庭環境調査と資料提出要請などに誠実に臨まなければならず、事実を歪曲・隠蔽・誇張したり偽りの書類を提出してはならない。

　養子縁組の申請を受けた保健福祉部長官は、入養政策委員会[29]の審議・議決を経て養父母になろうとする人と養子になる児童を縁結びする。この場合、第

---

29)　入養政策委員会は、国内入養の活性化政策に関する重要な事項と入養に関する事項を審議・議決するために、「児童福祉法」第10条第4項による児童政策調停委員会の特別委員会として設けられた委員会である。その組織と主な業務については、国内入養特別法第12条参照。

３条による養子縁組の原則、第７条による国内養子縁組優先推進の原則、養父母になろうとする人の背景と養育状況、養子となる児童の成長背景、特別な養育必要性などを総合的に考慮しなければならない。保健福祉部長官は、縁組の後、養親となるものに保健福祉部令で定めるところにより、養親となる者及び養子となる児童の氏名、生年月日などが記載された縁組確認書を発給しなければならない。

### (6)　家庭裁判所の許可及び臨時養育決定

　国内入養特別法上の養子縁組は、家庭裁判所の認容審判の確定によって効力が生じる（第21条・第26条）。この点は、国際入養の場合も同様である（国際入養法第14条）。したがって、養親となる者は、一定の書類を備えて養子となる児童の住所地を管轄する家庭裁判所から養子縁組の許可を請求しなければならない（国内入養特別法第21条第１項）。家庭裁判所は、特別な事情がない限り、養子となる児童の福利のために、縁組の許可の請求があった日から６ヶ月以内に許可をするかどうかを決定しなければならない。家庭裁判所は、児童の福利を考慮して、養親となる者の縁組の動機、養育能力、その他の事情を考慮して許可しないことができる。

　ところが、家庭裁判所は養子縁組の許可に対する請求があった場合、養子縁組の許可を請求した養親となる者の申請又は職権で、臨時養育の決定をすることができる（同法第22条第１項）。家庭裁判所は、臨時養育決定の可否を決定する際に必要だと認める場合には、家事調査官に養子縁組の動機、養育能力及び養育環境などに関する調査をするよう命ずることができる。臨時養育の決定があった場合、養親となる者は、養子となる児童の臨時後見人となる（同条第３項）。この場合、養子となる児童に対する親権者の親権行使は停止される。なお、家庭裁判所は、臨時養育の決定をする際、養子となるべき児童の養育のために適当と認められる処分をすることができる（同条第５項）。臨時養育決定の申立てについての棄却の決定に対しては、即時抗告をすることができる（同条第４項）。家庭裁判所は臨時養育決定をした場合には該当児童の住所地を管轄する市長・郡守・区庁長にその決定事実を通知しなければならない（同法第24条第１項）。その通知を受けた市長・郡守・区庁長は、遅滞なく該当児童を引き渡

360　第5部　韓国法

される者を指定しなければならない（同条第2項）。臨時養育決定により養子と
なる児童を臨時養育中の養親となる者は、該当児童に対する臨時養育決定が取
り消されたり養子縁組許可の請求が棄却された場合には、遅滞なくその児童を
市長・郡守・区庁長が指定する者に引き渡さなければならない（同条第3項）。
市長・郡守・区庁長は養父母になろうとする人が臨時養育中の児童を虐待・遺
棄するなど大統領令で定める理由がある場合には直ちに保健福祉部長官及び家
庭裁判所に知らせ、該当児童のための最善の保護措置を取らなければならない
（同条第4項）。

　家庭裁判所から養子縁組の許可があった場合には、養親又は養子は、養子縁
組の裁判の確定日から1ヶ月以内に裁判の謄本と確定証明書を添付して親養子
縁組届出をしなければならない（家族関係登録例規第353号第2条）。この法律に
よる養子縁組は、親養子縁組関係証明書を通じてのみ、その養子縁組の事実を
確認することができる（同第5条・第6条）。特例法による養子縁組の許可は、
形成的な効力を有することになったので縁組届出の法的性質も報告的届出であ
る[30]。保護対象児童の国内入養に関してこの法律で特別に規定している事項を
除いては民法の定めることによる（国内入養特別法第9条）が、効力発生時期
に関して特別な規定がある以上、それに関する民法第878条は特例法上の養子
縁組には準用されない。

### (7)　養子縁組の届出

　前述したように、一般養子における縁組届出は創設的届出としての性格を、
特例法に基づく養子縁組届出は報告的届出としての性格を有するという点は、
法文上明白である。ところが、親養子縁組の場合はどうか。本来、親養子縁組
制度が導入された当時の制度の立案者の間では、親養子縁組による縁組の届出
は創設的届出となる必要があるという主張が強くあった[31]。しかし、現在は家
庭裁判所の認容審判が確定されることで直ちに親養子縁組の効果が生じるとい

---

30)　金相瑢「改正入養特例法の特徴」法律新聞第4050号参照。

31)　民法改正特別分科委員會 會議錄（第11次會議—第20次會議）[第2巻]（法務部、1995）
　　454頁以下。

うことが学説[32]と実務の大勢的な見解である。親養子縁組の許可審判は一種の形成的な効力を伴うし、最終的には親養子縁組による養子縁組届出は報告的届出としての性格を有するのであるということである。

民法上の一般養子縁組の許可、親養子縁組の許可及び特例法による養子縁組の許可は、すべて対審的な構造ではない家事非訟事件である。上記のそれぞれのケースは、当事者や審理手続き、審判の形式だけではなく具体的な審理の内容も実に類似している。それにもかかわらず、その許可審判の効力を異なることにするには明文の規定が必要である。入養特例法は、同法に基づく養子を完全養子として効力づけることにより、その性格を親養子縁組に準ずるものと変更した一方、家庭裁判所の認容審判の確定時をその効力発生時期であると明らかにしたのは、そのような明文の根拠を定めたものであるし、それによって従来の親養子縁組との関係で解釈上論争について立場を明確にしたという点で大きな意義がある。

一方、国内入養特別法によると、養子縁組のための裁判所の許可の際、提出する書類のなかで、養子となる児童の出生届出の証明書類がある（第21条第1項第1号）、このように出生届出書を要求することは、母の身元が明かされることを避けるためにいわゆるベビーボックスなどに子供を遺棄するケースを増やす恐れがあるので、この問題を解決するために、母の身元に関する秘密を保つことができる秘密の出産（匿名出産）のような制度の導入が必要であるという主張がある。これについては、出生届のニーズと遺棄の増加の間に因果関係があるかは未だ明確でなく、母の身元を秘密にすることは、子の親を知る権利（児童の権利条約第7条）を侵害することになるとの理由で、これに反対する見解もある。

## 3　養子縁組の効力

国内入養特別法に基づいて養子となった子は、民法上の親養子と同様の地位を有する（国内入養特別法第25条）。したがって養子となった子の姓と本は養父や養母の姓と本を称する。そして親養子の養子縁組前の親族関係は終了する

---

32)　金疇洙・金相瑢『親族・相続法』（法文社、2013）376頁。

362　第 5 部　韓国法

（民法第908条の 3 第 2 項）。

### 4　養子縁組の無効と取消し

　民法上の親養子と同様に、国内入養特別法上の縁組は家庭裁判所の厳格な審査のもとに行われるので、瑕疵がある可能性がほとんどないと思われる。したがって、民法上の一般養子の無効や取消しに関する規定は適用されない。ただし、国内入養特別法は、親養子縁組の場合と同様に養子の実父又は実母に責任がない事由によって縁組の同意ができなかった場合には、縁組の事実を知った日から 6 ヶ月以内に家庭裁判所に養子縁組の取消しを請求することができると規定している（国内入養特別法第28条第 1 項）。しかし、養子縁組制度の特性上、縁組の取消しの場合には、子が再び保護施設に戻されなければならない場合があるので、家庭裁判所は、縁組の取消しの認容判決が確定されたときには、遅滞なく、その旨を保健福祉部長官及び養子の住所地を管轄する市長・郡守・区庁長に通知しなければならない（同条第 3 項）。

### 5　児童権利保障院

　従来は、入養特別法によって国内養子縁組の活性化と養子縁組に対する事後管理などのために中央入養院を設置していたが、現在は、中央入養院は児童権利保障院に変更され、その根拠法律も児童福祉法となっている。したがって、児童権利保障院の業務は養子縁組に関する業務だけでなく児童政策に対する総合的な履行及び関連事業の効果的な推進のために必要な政策の樹立を支援し、事業の評価などの業務である（児童福祉法第10条の 2 第 1 項）。特に、養子縁組に関しては、国内入養特別法及び国際入養法に基づく養子縁組の体系の構築及び運営のための次の各号の業務を行う。国内外の養子縁組政策及びサービスに関する調査・研究、里親及び予備里親に対する教育運営、国内入養特別法に基づく養子縁組政策委員会の運営支援、養子縁組情報公開請求関連業務、養子縁組に関する国際協力業務、国内入養特別法及び国際入養法に基づき、保健福祉部長官から委託を受けた業務、その他、国内入養特別法及び国際入養法に基づく養子縁組システムの構築及び運営に関し、保健福祉部長官が必要と認める業務などである（児童福祉法第10条の 2 第 2 項第 9 号）。

# 第6部　台湾法

黄　詩淳

# 第1章　はじめに

　中華民国の民法親族編は、1931年5月5日（台湾では1945年）から施行されている。親族編は、この十数年間で、もっとも頻繁に改正されている法分野であり、本稿執筆時点の2018年に至るまで、法改正はすでに17回にも及んでいる。これらの法改正は、経済成長、産業構造、家族の形態ないしライフスタイルの変化などの社会的要因が背景となっているが、それらの中でも特に指摘すべきことは、1987年の戒厳令解除である。台湾では1949年5月20日から1987年7月15日まで、38年間もの長期にわたり戒厳[1]が施行され続けた。戒厳令の解除により、政治的には民主化が進み、集会・結社の自由が認められたため、女性団体による積極的な活動が可能となり、その力が親族法改正を実現させたと一般的に評されている[2]。実際、これまで親族編の17回の法改正のうち、戒厳中に行われたものは1985年の1回のみであり、残りの16回はすべて戒厳令解除後に生じたものである。

　17回の法改正のうち、1985年の法改正は、親子法制に関わり、本稿の検討対

---

1)　戒厳（かいげん）とは、戦時や暴動等の緊急事態において兵力をもって国内外の一地域あるいは全国を警備する場合に、国民の権利を保障した憲法・法律の一部の効力を停止し、行政権・司法権の一部ないし全部を軍部の指揮下に移行することをいう。

2)　陳昭如「在棄権与争産之間——超越被害者与行動者二元対立的女児継承権実践」台大法学論叢38巻4期（2009）162-163頁。

象である養子縁組制度と嫡出推定・否認制度に及んでいた。また、司法院大法官会議は、2000年の釈字502号解釈で養親子間の年齢差に関する硬直的な規定について、2004年の釈字587号解釈で嫡出否認の出訴権者と出訴期間の規定について、それぞれ違憲宣告を下した。それらに基づき、2007年には養子縁組制度と嫡出推定・否認制度に関して大幅な法改正が行われた。以下、第2章で台湾における養子縁組制度について、第3章では嫡出推定・否認制度について整理し、第4章で最近の親子法制に関する議論を述べ、結論に代えさせていただくこととする。

第 2 章　養子縁組制度について　365

# 第 2 章　養子縁組制度について

## 1　養子縁組制度の沿革と目的

　清時代の台湾では、養子縁組制度は宗と祭祀を維持するためのものであった。このことは、「中国人の父子一体」という思想に関わる。父と息子とは現象的に分れた個体であっても、本源的には一つの生命の連続であり、祖先の生命が子孫のなかに生き続け、拡大し続けるということが、事の本質的な実体であり、実現されるべき基本的な価値である[3]。息子がない場合には養子をとらなければならないが、この養子は生きるべかりし子と同世代に属する同族のうちから選ぶ必要があり、すなわち、「同宗昭穆（ショウボク）相当者」であり、「嗣子」と呼ばれる。

　養子縁組の主な目的は「宗のため」すなわち家族血縁の継続であったが、台湾へ移住してきた人々は、「家のため」すなわち家族の労働力を増やすために養子をとる者も多かった。また、女子を養子とする者も多く存在し、これはその労働力を目当てにするものであったが、未来の嫁として迎えるものもいた（これは「童養媳」といい、厳密にいえば養子ではない。日本統治時代には西洋法の養子の概念を使い、このような「嫁のため」の養子を養女と区別していた[4]）。

　日本統治時代でも、台湾の養子縁組の目的は、依然として「宗のため」と「家のため」であったが、女子を売買して下女とすることが法律によって禁止されたため、養女の名目を借りてその目的を達する者が現れ、養女の数は増えることとなった[5]。また、養子と実方の関係が断絶されるような「買断養子」（螟蛉子・異姓養子）では、養親が養子を商品のように扱い、さらに他人の養子に出す可能性もあった。そのため、人倫と公序良俗に反するとして禁止されて

---

3)　滋賀秀三『中国家族法の原理』（創文社、1967）113頁。

4)　王泰升「論台湾社会習慣的国家法化」台大法学論叢44巻 1 期（2015）27頁、林秀雄「日治時期台湾之収養制度(下)」台湾法学雑誌265期（2015）32頁。

5)　姉歯松平『本島人ノミニ関スル親族法並相続法ノ大要』（台法月報、1938）165頁。

366 第6部 台湾法

いた[6]。

　1945年の日本敗戦後、中華民国による台湾の支配が始まるとともに、中華民国の法律が台湾で施行された。その後、1949年、国民党政権は中国大陸から台湾に逃げ込み、その統治地域は事実上台湾（台湾本島、澎湖、金門、馬祖）に限られることになった。中華民国法体系も、この時から台湾でだけ生き延びている。この法体系が、「中国で生まれ、幼いころに捨てられ、台湾で成長した」[7]ものだという言い方は、適切な表現だと思われる。言い換えれば、中華民国法は中国で生まれたが、実際に社会に浸透し、実効性を獲得したのは台湾においてである[8]。したがって、本稿は、現在台湾で施行されている民法のことを、中華民国民法または台湾民法と称し、特に断らない限り、両者に区別をつけない。

　中華民国民法の家族法分野において、もっとも大きな改革は、宗祧継承制度[9]を廃止したことであった[10]。これに伴い、養子縁組制度が一本化され、伝統法上の「嗣子」を立てること（立嗣）は認められなくなった。当時の中華民国民法は、男女平等の原則を実現し、進歩的である[11]と評価されながらも、依然として養子縁組制度においては、なお遺言による養子縁組を承認し（旧1071条・1143条）、さらに死後離縁を禁じ、また裁判離縁の事由について養親の利益を重視した（旧1081条）ため、伝統から完全に脱したわけでなく、「宗のため」や「親のため」の色がまだ帯びていた[12]。また、当時、伝統の宗祧制度が法律から消えたものの社会には残存したため、法律が社会現状と齟齬をきたしているという問題も指摘されていた[13]。例えば、1966年の実態調査によれば、戦後の

---

6)　昭和12年上民165号・同年10月9日台湾高等法院上告部判決、王・前掲注4）27頁。

7)　王泰升「第六講：台湾近代法律体系的確立」月旦法学雑誌66期（2000）177頁。

8)　鈴木賢「外来法支配の終焉」アジア遊学48号（2003）55頁。

9)　宗祧制度ないし宗祧継承とは、人を継ぐこと（継嗣）とともに祭祀を承け（承祀）、さらに財産をも承ける（承業）ということである。滋賀・前掲注3）117・119頁。

10)　宗祧継承の廃止理由については、司法行政部民法研究修正委員会編『中華民国民法制定史料彙編(下)』（司法行政部、1976）347・362・591頁。

11)　朱柏松「Ⅵ　中華民国民法　解題」前田達明編『史料民法典』（成文堂、2004）1486頁。

12)　黄浄愉「台湾における養子縁組の制度的特徴と現実の機能——特に日本法との対比で（1）」新世代法政策学研究7号（2010）303頁。

13)　羅鼎『民法継承論』（会文堂新記書局、1946）4頁。

第2章　養子縁組制度について　367

台湾では、養子縁組の主たる目的は依然として「宗のため」であった[14]。また、養女については、下女にするため、あるいは売春にするためのものもなお存在していた[15]。このような養女問題に対処するために、児童福利法が1973年に制定され、養親が養子に対して売春斡旋・傷害・自由妨害等の罪を犯した場合には、その刑を2分の1加重すると規定した（旧児童福利法25条）。

1985年の民法改正では、養子縁組の成立要件に裁判所の「認可」を導入し（旧1079条5項）、国の関与によって養子の利益を保護しようとした。さらに、遺言養子縁組を廃止し、死後離縁をも認めた（旧1080条5項）ため、ある程度、子の利益に配慮したといわれる[16]。その後、国連の児童権利条約の影響を受け、台湾の養子法は2007年に再度改正を余儀なくされた。この時の改正では、養子法に関わるものは23条にも及び、大幅な変更が行われたと評される[17]。2007年の改正では「未成年養子の最善の利益」が強調され、縁組成立と離縁とも裁判所の審理を経る必要があるようになった（民法1079条の1・1080条3項・1081条2項）。以前の養親に偏った裁判離縁の事由をも是正された（1081条1項）。以上のような流れにより、台湾の養子法は「子のため」の制度として整備された。

## ② 現行法下の養子縁組の要件と効果

台湾民法における養子は、完全養子型の1種類しかない。養子となる者の年齢によって、未成年養子と成年養子に分けることができるが、成立要件と法的効果のいずれも同じである。両者の違いは、養子縁組の成立の際における裁判所の認可の基準、また協議離縁時に裁判所の認可の要否が存在するにすぎない。以下、現行法下の養子縁組の要件と効果を詳しく紹介するが、必要に応じて現行法に至るまでの改正経緯にも言及する。

---

14) 法務部編『台湾民事習慣調査報告［6版］』（2004）161頁と181頁の註釈4は、このことが1966年司法行政部台湾民事習慣調査資料「高雄県美濃鎮座談会」と「台南市座談会」の記録によるものだと説明している。

15) 聯合報1960年8月21日3面が報道した省政府の1960年の調査による。

16) 立法院秘書処『民法親属編部分条文修正及民法親属編施行法修正案(上)』（立法院秘書処、1985）3頁は、養子の利益の保護を改正原則の一つとしている。

17) 林秀雄「台湾における養子法の改正について(上)」戸籍時報630号（2008）11頁。

368 第6部 台湾法

## 1 養子縁組の成立

### (1) 実質的要件

### ① 養子縁組の合意と代諾縁組

養子縁組は、養親となるべき者と養子となるべき者との合意によって成立する。日本法と異なり、台湾の養子縁組は届出主義を採用しておらず、形式的要件としては書面と裁判所の認可を設けている（後の(2)で詳述する）。

未成年者が養子となる場合に、日本と似たような代諾縁組の規定があるが、異なる部分もある。すなわち、台湾民法1076条の2によれば、養子となる者が7歳未満の場合には、その法定代理人が代わって縁組の意思表示を行うべきであり、養子となる者が7歳以上で成年に達していない場合は、その縁組は法定代理人の同意を得る必要がある。

### ② 養子と養親間の年齢差

2007年改正前の民法1073条は、「養親の年齢は、養子より20歳以上年上でなければならない」と定めていた。それは、養親は子を保護・教育するため成熟した人格と経済力を有しなければならないという理由に基づいたものであった[18]が、一部の連れ子養子縁組が締結できないという事態を生じさせてしまった[19]。前述した2000年の釈字502号解釈は、この問題について、「民法1073条は……わが国の倫理観に合致する。それは社会秩序を維持し、公的利益を増進するために必要であり、憲法が保障する自由権の趣旨に抵触するものではない。……合理的な年齢差に関する規定は立法の裁量事項に属するが、家庭の平和と養子となる者の権利を考慮し、夫婦が共同して縁組をする場合または夫婦の一方が他方の子を養子とする場合には、社会生活における現実の需要に応じて緩和的な規定を設ける必要がある」とした。それを受けて、2007年の改正では、20歳の年齢差の規定が原則として維持されているが、例外規定が設けられた。すなわち、夫婦共同縁組の場合には、夫婦の一方が養子より20歳以上年上で、かつ他の一方が養子より16歳以上年上であれば、養子縁組を成立させることが

---

18) 法務部編『民法親属編研究修正実録——収養部分』（法務部、2005）597頁。

19) 黄浄愉「台湾における養子縁組の制度的特徴と現実の機能——特に日本法との対比で（2・完）」新世代法政策学研究8号（2010）355頁。

できると改められた（民法1073条１項但書）。また、夫婦の一方が他方の子を養子とする場合には、年齢差の要件を16歳に引き下げられた（同条２項）。なお、年齢差の要件に違反した縁組の効果は無効である（1079条の４）。

### ③　近親間縁組の制限

1985年民法は、伝統的な倫理観を維持するため、長幼の順序（輩分）が相当でない近親間縁組の制限規定を新たに取り入れた。すなわち、直系血族、直系姻族（ただし、夫婦の一方が他方の子を養子とするときは、この限りでない）、長幼の順序（輩分）が相当でない八親等内の傍系血族および五親等内の傍系姻族を養子とすることができない（旧1073条の１）。「輩分」とは、親族において、どの世代に属するか（尊卑）のことである。養子をとる際に、「輩分が相当でない」とは、自分の尊属や自分と同世代の親族を養子とすることのみならず、自分の孫と同じ世代の親族を養子とすることも含んでいる。これは年齢に関係なく、「輩分が相当でない」ため、養子とすることができない。さらに、連れ子養子は別として、直系姻族を養子とすることが禁止されているので、婿養子は認められない。これは、夫婦が夫婦であると同時に兄弟姉妹であることは倫理観に反するからに由来すると思われる[20]。

しかし、養子縁組の前に、八親等までの傍系血族をして「輩分が相当で」あるか否かを調査することは不可能に近いと批判された。そのため、2007年には「八親等内の傍系血族」が「六親等内の傍系血族」へと縮小されたが、違反したら縁組が無効であることは変わらない。この制限規定の効果は依然として厳しすぎると学説によって指摘されている[21]。

### ④　夫婦の共同縁組

連れ子養子を除けば、配偶者を有する者が縁組をするには、その配偶者と共にしなければならない（旧1074条）。しかし、夫婦の一方が意思表示をできない状況にあるときに、他の一方が単独で縁組をすることができるかについては明文規定がなかった。2007年改正法は、この問題を解決するため、1074条において但書を新設した。すなわち、夫婦の一方が他の一方の子を養子とするとき、

---

20)　林秀雄「姻親収養之限制」台湾本土法学雑誌22号（2001）102頁。

21)　陳棋炎・黄宗楽・郭振恭共著『民法親属新論［13版］』（三民書局、2017）333頁。

370　第6部　台湾法

または夫婦の一方が意思表示をすることができないとき、または生死不明が3年を超えるときに、共同縁組の要求を免れることができる。

なお、上述のように配偶者を有する者は、配偶者と共同して養親になることが必要であるが、婚姻していない者は、単独で縁組することができる。

⑤　実親の同意

養子となる者の年齢に関わらず、養子縁組にあたってはその実親の同意を得なければならない（民法1076条の1）。この同意権は、親子関係の本質に基づいて生じたものであり、先述した民法1076条の2の未成年者が養子となる場合における法定代理人の代理権または同意権と、その性質を異にする。したがって、成年者が養子となるときも、その実父母の同意を必要とする。また、この同意権は、親権の内容の一つではなく、親の固有の権利である。そのため、父母の離婚後、その一方が単独親権者である場合でも、子を他人の養子とするときは、非親権者の方の同意が必要である。

(2)　形式的要件

①　書　　面

養子縁組は、当事者が書面で契約を締結した後、共同で裁判所の認可を申し立てることが必要である（民法1079条1項）。2007年改正前は、養子となる者が7歳未満でかつ法定代理人がいないときには、書面を省略することができた（旧1079条1項但書）。それは、孤児や棄児を救済するために緩和された要件であり、裁判所の関与（認可）さえあれば未成年者にとって不利な縁組を避けることができると考えられたからである[22]。しかし、この但書は人身売買を隠蔽するために悪用されたため[23]、2007年改正法は「縁組の名義を借りて、その他の目的を達する者がしばしば存在する」という実態を認め、養子の利益を保護するために但書を削除した[24]。そうすると、養子となる者が7歳未満で、かつ法定代理人がいないときには、民法または他の法律の規定によってまず後見人

---

22)　立法院秘書処・前掲注16）431頁。
23)　黄・前掲注19）351頁。
24)　法務部・前掲注18）605頁。

を定め、その後、後見人が法定代理人として縁組の書面を作成し、代理権または同意権を行使することが必要になる。つまり、現行法の下では書面という要件を免れることができない。

② 裁判所の認可

裁判所の認可は、養子縁組を利用して女子を酷使するという現象を阻むため、1985年の改正時に新たに導入されたものである（旧1079条4項）。2007年の改正は、旧1079条5項におかれた三つの認可すべきでない事由を、独立とした二つの条文に規定した。すなわち、裁判所が縁組の認可の際に、養子となる者が未成年者の場合には、その最善の利益によらなければならない（1079条の1）。これに対して、養子となる者が成年者の場合には、縁組をもって法定の義務を免れる意図を有するとき、事情により縁組が実父母に不利であると認めるとき、縁組の目的に反すると認めるその他の重大な事由があるとき、のいずれにも該当しなければ、裁判所は認可してよいと定められる（1079条の2）。つまり、成年養子はすでに利害を判断する十分な知能を有するため、縁組の目的が脱法行為でなければ、原則的には認めるというのである[25]。脱法行為の具体例としては、民法上の扶養義務、刑事罰や税を逃れることが挙げられる[26]。

## 2 養子縁組の効力

### (1) 効力の発生の時点

2007年改正時に、「養子縁組は、裁判所の認可決定が確定したときから、縁組契約が成立するときに遡ってその効力を生じる」と定めた1079条の3が導入され、効力の発生の時点が明確となった。また、裁判所の認可の性質について、以前には効力要件説と成立要件説が対立していたが、この条文によれば効力要件説を採ったことが明らかとなった[27]。また、特別法の規定によれば、養子となる者が18歳未満で、かつ試験養育がある場合に、養子縁組の効力は共同生活の開始時に遡及する（児童及少年福利与権益保障法19条1項）。

---

25) 法務部・前掲注18）607頁。

26) 戴東雄「論民法親属編修正内容検討」月旦法学雑誌147号（2007）27頁。

27) 黄・前掲注19）352頁。

372　第6部　台湾法

### (2)　親子関係と親族関係の発生

　養子と養父母およびその親族間の関係は、法律に別段の規定がある場合を除く他、嫡出子と同一とする（民法1077条1項）。このように、養子と養方親族との間において、親族関係が生じることはわかる。他方で、養子の直系卑属と養親およびその親族との間には親族関係が生じるのだろうか。これについて、台湾民法は、縁組の効力は養子の未成年かつ未婚の直系卑属のみに及ぶが、縁組の認可前に、養子の成年または既婚の直系卑属が同意するときは、その限りでないと定めている（民法1077条4項）。つまりこれは、完全養子型の精神に基づいて、通常養子の直系卑属は養家に入るが、縁組の前にすでに成人した直系卑属は、もはや教育や保護を受ける必要がなく、むしろ独立した人格を尊重すべきであるから、縁組の効力はその同意によるというように規定したのである。

　これ対して、養子と実親（およびその親族）との関係について、民法は、その権利義務が縁組関係中に「停止される」と定めている（民法1077条2項）。養子とその実父母とは、自然血族関係が依然として存在し（釈字28号）、例えば、近親婚の禁止の規定（民法983条）が適用されうる[28]ものの、権利義務関係が停止されるため、お互いに扶養や相続に関する権利がない、ということになる。

　また、縁組の要件として、夫婦共同縁組の場合を除き、1人が同時に2人の養子となることができないとされている（民法1075条）。これは、2つ以上の親子関係を生じさせず、権利義務関係の複雑化を防止し、成長に適した環境を子に与えるためだと言われる[29]。また、台湾における養子制度の沿革を照らせば、この転縁組を禁止する規定の趣旨は、伝統的な兼祧制度[30]および子の人身売買

---

[28]　自然血族関係が存続する効果としては、近親婚の禁止の他、刑法における親族に関する規定、例えば血族性交罪（刑法230条）や尊属殺人罪（同法272条）も、養子とその実親（またはその親族）に適用される。黄・前掲注19）367頁。

[29]　李甲孚「古代、現代収養制度与台湾収養養女問題的綜合研究」法学叢刊94号（1979）20頁。

[30]　宗祧継承の下で、本来、一人っ子は他人の嗣子になることができない。それは実方の祭祀が絶えてしまうからである。子の数が足りない現状の解決策として、一人っ子による兼祧または三祧が許されていた。要するに、兼祧とは、嗣子が、養親（例えば叔父）の祭祀だけでなく実親（父）の祭祀をも引き継ぎ、同時に数人の子となることである。

第2章　養子縁組制度について　373

を防止するためだと考えられる[31]。そこで、養子を他人の養子とするためには、まず離縁し、実親との権利義務関係を回復し、その後、実親が養子にだすかどうかを決定するという手続が必要だと解されている[32]。

　したがって、台湾における養子縁組は、実親との関係を断絶させる「完全養子」であり、重複縁組関係をも認めない。つまり、台湾では、養親子関係を「自然」の実親子に擬制して、1人の子に1組（または1人）の親しか持たせないようにしている。

### (3)　養子の氏

　2007年改正前民法1078条は、「養子は、養親の氏を称する（1項）。配偶者を有する者が縁組をするときは、養子の氏は、1059条の規定を適用する」と規定していた。2007年改正後、1078条1項は「養子は、養親の氏を称するまたはその元の氏を維持する」と改められ、養子が元の氏を使用し続けることが可能となった。その立法趣旨は、「養子が元の氏を維持する必要があり、かつ養親の同意を得たときは、子の最善の利益の原則に基づき、その元の氏を称してもよい」ということである。

### 3　離　　縁

　台湾法における離縁は、協議離縁、裁判離縁と死後離縁の三種類がある。以下ではその概要を紹介する。

### (1)　協議離縁

　縁組は、養親と養子との合意により解消することができる（民法1080条1項）。留意すべきことは、協議離縁の形式的要件は、書面が必要である点では縁組の成立と同様であるが、裁判所の認可は、養子が未成年者である場合に限って必要であることである（1080条2項）。認可の際に、裁判所は、離縁が未成年養子の利益に合致するか否かを考慮しなければならない（1080条3項）。また、養子

---

31)　戴炎輝・戴東雄・戴瑀如『親属法』（自費出版、2014）395頁。
32)　戴炎輝ほか・前掲注31）395頁。

374　第6部　台湾法

が未成年者である場合に、協議離縁は、離縁後に養子の法定代理人となるべき者による代理（養子が7歳未満のとき）または同意（養子が7歳以上の未成年者のとき）が必要である（1080条5・6項）。

　夫婦共同縁組の場合において、離縁は共同で行わなければならない。ただし、夫婦の一方が意思表示をすることができないとき、または生死不明が3年を超えるとき、夫婦の一方が縁組後に死亡したとき、夫婦が離婚したときは、単独で離縁することができる（1080条7項）。その立法趣旨は、共同離縁は家庭生活の平和を確保するためであり、以上の述べた状況は、家庭生活の平和に影響を与えないから、単独で離縁できる、というものである。

### (2)　裁判離縁

　裁判離縁においては、2007年改正時に、原告適格の拡大および離縁原因の改正が行われた。以前の離縁の訴えの原告は、日本法と同様に、養親または養子、すなわち縁組の当事者に限られていた（旧1081条）。2007年改正時は、縁組当事者の利益を保障するため、当時の児童及少年福利法16条（現行の児童及少年福利与權益保障法20条[33]）を参照し、主管機関および利害関係者も原告適格を有することとなった（1081条1項）。また、離縁原因は、改正前には、①他の一方に対して、虐待または重大な侮辱を加えたとき、②悪意をもって他の一方を遺棄したとき、③養子が2年以上の懲役に処せられたとき、④養子が財産を浪費する事実があるとき、⑤養子の生死不明が3年を超えるとき、⑥重大な事由があるとき、と掲げられたが、③④⑤は養子側だけに存在するもので、公平を失すると批判されていた[34]。そのため、2007年改正では、④と⑤を削除し、③の

---

33)　この条文は、「養父母が養子に対して下記の行為を行うときに、養子、利害関係者または主管機関は裁判所に対して離縁を申し立てることができる。
　一　本法第49条の各号行為があるとき
　二　本法第43条2項または47条2項に違反し、事情が重大であるとき」と定めている。
　　ちなみに、49条は、遺棄、虐待、人身売買等の行為を定め、43条2項は、父母には子に対して飲酒・喫煙・麻薬濫用等の行為を禁止させるべき義務があると定め、47条2項は、父母には子に対してキャバクラ等の風俗店へ出入りする行為を禁止させるべき義務があると定めるものである。

34)　戴炎輝ほか・前掲注31）438頁。

内容を「故意に罪を犯し、2年以上の懲役に処せられ執行猶予の言渡しを受けていないとき」に変えた。

　離縁の訴えは（当時の）民事訴訟法583条の定めた訴訟の一種類であり、同法588条によって婚姻事件の手続に関する規定を準用するが、2007年改正後、裁判離縁の原告が縁組の当事者以外の者に拡大された点において裁判離婚とは異なる。また、2012年6月に施行された家事事件法によって、裁判離縁の手続は、訴訟から非訟に変更された。これについては以下の③でさらに詳しく検討する。

### (3)　死後離縁

　死後離縁は、1985年改正時に、日本民法811条6項を参考にして新設された制度である。当時は「養父母が死亡した後、養子が生活を維持することができなく、かつ、生活を営む能力を有しないときは、裁判所に縁組関係の解消の許可を申し立てることができる」と定められていた（1080条5項）。しかし、日本法における死後離縁は、養子の経済力の有無に関係がないにも関わらず、台湾ではそれを死後離縁の基準とすることは不当であると指摘されていた[35]。2007年改正の際には、旧法に掲げられた事由が養子とって厳しすぎるという理由で、この事由を削除し、「養父母が死亡した後、養子は、裁判所に離縁の許可を申し立てることができる」と定めるようになった（1080条の1第1項）。また、死後離縁が明らかに公平に反すると認められるときは、裁判所は許可を与えなくてよい（1080条の1第4項）。

## ③　家事事件法の立法に伴う手続上の変化

### 1　立法経緯

　2012年6月1日に、台湾において家事事件法が施行された。これまでの家事事件手続は、一部は民事訴訟法（例えば、婚姻訴訟事件、親子訴訟事件など）に、他は非訟事件法（例えば、子の氏の変更事件、不在者財産管理人選任事件など）において規定されていた。このように審理に関する法規が異なる法典の中に散在

---

35)　陳棋炎ほか・前掲注21）376頁。

すると、相互に関連性のある家事事件でも、異なる裁判官が異なる手続で審理するようになりがちであり、裁判所の人的資源を浪費し、ひいては判決が互いに矛盾するといった状況になりかねない。よって、婚姻や親子関係に関する家事訴訟手続と家事非訟手続を家事事件法にて統合し、法律の併合によって家族をめぐる紛争や関連する他の家事事件をより適正に、より迅速に解決並びに包括処理できるよう取り計らうとともに、子の利益の最大化及び家庭の円満化を図ることを目的として、家事事件法は制定された。同法は、全200条から構成され、「総則」、「調停手続」、「家事訴訟手続」、「家事非訟手続」、「履行の確保及び執行」、「附則」の六編によって規定されている。同法はソーシャルワーカーの立会い、手続監護人、家事調査官、手続の併合、仮処分制度、履行の確保、子の引渡し及び子との面会交流の強制執行等の新たな制度も創設した。

## 2　家事事件の五類型

　家事事件法３条によって、家事事件は、甲、乙、丙、丁、戊の五類型に分かれている。このうち、甲類、乙類、丙類は「家事訴訟事件」と呼ばれ、家事事件法37条によって、家事訴訟手続の適用対象となる。また、丁類と戊類事件は「家事非訟事件」と呼ばれ、家事事件法74条によって、家事非訟手続の適用対象となる。分類の基準は、(1)争訟性の有無、(2)当事者あるいは関係者が有する手続に対する処分権の範囲、(3)裁判所の職権・裁量権による介入の必要性である。

　争訟性がある甲類、乙類、丙類の三種類の事件のうち、甲類事件は、丙類事件より、裁判所の職権・裁量権による介入の必要性が強いので、当事者の有する手続に対する処分権の範囲が狭くなる。そして、家事非訟事件である丁類と戊類事件のうち、丁類事件は、戊類事件と比べると、争訟性が少なく、しかも当事者の有する手続処分権が少ないので、裁判所の職権・裁量権による介入の必要性がより強くなる。戊類事件は、ある程度争訟性があり、当事者もある程度手続処分権を有するもので、かつてこれらの事件は訴訟または非訟の手続によって審理されていたが、これらの事件は裁判官による迅速かつ妥当な判断が必要であるため、新法は非訟手続を適用するように改めた。立法理由のように、戊類事件に分類されたものの中には、以前は訴訟手続で処理されていたものが

あり、例えば扶養費の請求や裁判離縁などが挙げられる。学界ではこのような
ものを戊類事件に分類する、すなわち非訟手続によって審理されるという新法
の定め方に対して様々な論争がある。

### 3　裁判離縁の手続に関する論争

　本稿に関わる裁判離縁は、以前の民事訴訟法583条によれば訴訟事件に属し
たが、現行の家事事件法 3 条 5 項13号においては家事非訟事件（戊類事件）に
分けられている。現行法の支持論者は、裁判離縁事件のうち、例えば養親と養
子とも成年者であり、離縁原因の存否について対立があるとき、このような状
況は確かに訴訟の性質があるが、他方で、例えば養親の死亡後の離縁申立には
対立性がなく、また、未成年養子の利益の保護（例えば児童及少年福利与権益保
障法20条）のため離縁を申し立てることも可能であり、この二つの状況には非
訟的な性質が強い、と主張している[36]。また、2007年民法改正時に、1081条（裁
判離縁）について、「主管機関と利害関係者」が新たに原告・申立権者に加え
られたことからも、裁判離縁事件のうち、非訟性が強いものもあると窺われる。
このように、裁判離縁事件は、事案によって非訟性のものまたは訴訟性を有す
るものがあるが、状況に応じてそれぞれを非訟手続あるいは訴訟手続に属する
と規定することは、煩雑であるため、立法者はこれらを戊類事件（非訟手続）
に統一したにすぎない。実際の審理にあたって、未成年者の利益が関わらない
ときに、離縁事件は本質的な家事訴訟事件に属し、訴訟法理が適用されるのに
対して、未成年者に関連するとき、離縁は家事非訟事件であり、裁判所が職権
で事実と証拠を調査しなければならない。このことは、家事事件法の立法に間
違いがあるということを意味するわけではない[37]。

　他方で、家事事件法における裁判離縁の事件の分類に、批判的な観点を持つ
学説も少なくない。その理由は、まず、裁判離縁は、実体法上の形成権に基づ
くものであり、性質上は離婚の訴えと異ならない。立法者は未成年者の利益の

---

36)　沈冠伶「家事事件之類型及統合処理㈠」月旦法学教室118期（2012）68頁、沈冠伶「終
　　止収養事件之審判㈤」月旦法学教室153期（2015）55-56頁。

37)　許士宦「家事非訟之程序保障㈡」月旦法学教室118期（2012）49頁。

378 第6部 台湾法

保護を理由として非訟事件に分類させたが、そのためであれば、むしろ訴訟手続で審理させ、口頭弁論等を経させた方が、未成年者の利益保護に叶う[38]。次に、家事事件法における未成年者の身分関係に関わる事件、例えば、嫡出否認、認知、親子関係存否の確認、養子縁組関係存否の確認、縁組の取消、離縁の取消等の事件において、たとえ未成年者が関連しても、訴訟事件であることは変わらないので、裁判離縁のみを非訟事件に帰属させたことは説得力を欠く[39]。さらに、日本法を参照すれば、日本の裁判離縁は、民法814条によって三つの離縁原因が挙げられ、それが人事訴訟法2条3項の事件に属し、形成的な判決であり対世効がある。これに対して、台湾法の規定は裁判離縁を非訟事件に分類したため、離縁の決定には既判力がなく、安定性が足りない[40]。また、台湾家族法の教科書においては、家事事件法45条が離縁について訴訟上の和解を行うことができると定めているため、裁判離縁は家事訴訟事件に属すべきであり、性質的には離婚と同様に乙類にすべきであり、それを戊類事件にした家事事件法3条5項13号が立法の間違いである、と述べられている[41]。

　以上に見たように、裁判離縁を非訟事件にすべきという現行法支持論者の主な根拠は、養子が未成年である場合に、裁判所の職権より後見的な介入が必要であるため、非訟手続として定めたということであろう。では、そもそも未成年養子の手続上のニーズから、裁判離縁事件をとりあえず非訟類型に入れた上で、仮に当該事案の養子が成年である場合には、さらに例外的に訴訟法理で審理するという規定は妥当であろうか。原則と例外を決める際の一つの参考としては、利用者数であると思われる。つまり、台湾の裁判離縁事件における養子は、果たして未成年養子が主なのか。仮にそうであれば、未成年養子に配慮した規定をデフォルト・ルールにすることは一定の合理性があるが、そうでなければ、現行法の定め方は再考する余地がある。以下の4では、養子縁組の実態

---

38) 呉明軒「関於収養子女規定之適用」月旦法学雑誌230期（2014）91-92頁。

39) 林秀雄「家事事件法中之収養非訟事件：従実体法的観点」月旦法学雑誌219期（2013）14頁。

40) 郭振恭「評析家事事件法甲類及乙類家事訴訟事件」月旦法学雑誌208期（2012）166-167頁。

41) 戴炎輝ほか・前掲注31）440頁。

第2章　養子縁組制度について　379

を検討してみる。

## ④　養子縁組の実態とその機能

以下では、統計資料や先行研究から台湾の養子縁組の実態と機能を概観する。

### 1　養子縁組の成立の実態

まず、養子縁組の総数は、この30数年間にわたり減少し続けている（図1の養子縁組の登記件数を参照）。前にも述べたように、戸籍登記は養子縁組の成立要件ではなく、証明手段の一つにすぎないが、研究者の調査によれば、裁判所の養子縁組の認可の数は、戸籍登記の件数とはほぼ一致しているので、戸籍登記の件数は養子縁組の趨勢を表しているといえる[42]。図1で示したように、1985年まで年間約9,000件の養子縁組があったが、1985年に入ると急激に5,954件に減少した。これは1985年の民法改正で裁判所の認可を養子縁組の成立要件に加えたからだと推測される。その後、しばらくの間は4,000件前後で推移していたが、2000年以降はさらに減少し、ついに2016年には2,000件を切った。養子縁組の件数が激減している現象について、経済的不況や人工生殖技術の進展、さらに未成年養子縁組に対して認可の判断基準が（2007年法改正によって）厳しくなったことが要因である考えられる[43]。

---

42)　黄・前掲注12）307頁。
43)　黄・前掲注12）372頁。

図1 養子縁組の登記件数[44]

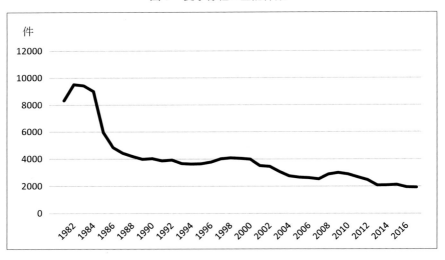

　さらに、裁判所の統計データ[45]によると、2018年1月〜10月の間、養子縁組の認可は、計2,092件ある。そのうち、未成年養子は1,209件[46]（60％）、成年養子は883件（40％）である。このように台湾では、未成年養子が成年養子より多いことは、以前に他の研究が指摘した通りである[47]。このような現状である理由として、第一に、養親子間に20歳以上の年齢差が民法により要求され、40歳未満の者が養親となる場合は必然的に養子が未成年者となること、第二に、縁組の効果が完全養子型であるため、養親となる者が安心して他人の子どもを引き取れる一方、完全養子の効果に配慮し、今までの生活や親族関係が養子になると保つことができなくなるため、成年者が縁組を躊躇するはずであることが挙げられる[48]。

---

44)　データは、内政部戸政司全球資訊網の人口統計資料（https://www.ris.gov.tw/app/portal/346）の「01 認領、收養及終止收養人數按性別及年齡分（按登記）」の表による。
45)　司法院「地方法院收養子女事件當事人身家狀況（中華民國107年1-10月）」（https://www.judicial.gov.tw/juds/report/sf-32.htm）。
46)　そのうち、572件は7歳未満の養子である（未成年養子の47％）。
47)　黃・前掲注12）318頁。

第 2 章　養子縁組制度について　381

　同研究によれば、台湾では、台湾人による未成年他児養子縁組が養子縁組全体の20％を占め、養子縁組制度は現実的には「子のため」になされてきている。これは以前の慣習にも繋がっている。すなわち、伝統法上の「宗のため」の嗣子、養女、童養媳等の養子はいずれも主に未成年者を対象としていた。しかも、中国の伝統的な倫理観では、親は親らしく、子は子らしくなければならないため、その倫理観はある程度、民法における養親子間の一定の年齢差、近親間縁組に関する「相応しい輩分」の要件、転縁組や重複縁組関係の禁止、等の規定に反映されているといえる[49]。

## 2　離縁の実態

　裁判所の統計データ[50]によると、2018年 1 月～10月の間に、離縁は計452件ある。そのうち、未成年養子と養親の協議離縁は58件、死後離縁は226件、裁判離縁は168件である（成年養子と養親の協議離縁は裁判所の審査が必要でないため、データに入っていない）。

　まず、注目すべきことは、死後離縁（226件）が全体の離縁事件（452件）の 5 割を占めているのである。その内訳として、養子が成年者の場合は221件、未成年の場合は 5 件である。前述したように、2007年民法の改正では、養子が生活困難に陥るという死後離縁の事由を削除した。そこで、裁判所はどのような基準に基づいて死後離縁を審理するかが興味深い問題である。養子が未成年の場合に、未成年者の最善の利益を裁判所の判断基準にすべきであると主張する学説がある[51]一方、未成年養子による死後離縁の申立は、未成年養子に対して不利益がなければ、原則的には認められるべきであり、「最善の利益」や「（養家にとって）明らかに不公平」等を考慮しなくてよいという異論もある[52]。いずれにせよ、死後離縁の申立人が未成年養子であることが少数であるため、むしろ成年養子の状況に注目すべきである。これについて、死後離縁が

___

48)　黄・前掲注19) 372-373頁。

49)　黄・前掲注19) 375頁。

50)　司法院・前掲注45)。

51)　戴炎輝ほか・前掲注31) 432-433頁。

52)　鄧学仁「死後収養顕失公平之判断基準」月旦法学教室189期（2018）18頁。

382　第6部　台湾法

明らかに公平に反するときに、成年養子による死後離縁を認めるべきでなく、具体的には、成年養子縁組に関する民法1079条の2の基準を参照し、すなわち、死後離縁の動機が、養子の法的義務を逃れるためか、養親の直系血族に対して不利をもたらすか等によって判断されるべきだと提案する学説がある[53]。もっとも、実際に裁判例を対象に死後離縁の基準を分析とする研究がなく、成年養子による死後離縁の数が多い理由については、将来の研究を期待するしかない。

　次に、裁判離縁は168件のうち、未成年養子は30件（全裁判離縁の17.9％）、成年養子は137件（全裁判離縁81.5の％）、不明は1件である。前の③の3で述べたように、家事事件法の立法者は、未成年養子を保護するため裁判離縁の事件を非訟手続に分類した。このことの当否について、理論の整合性の観点から検討する他、現実の手続の利用状況も無視できないであろう。利用者の大半が成年養子である現状では、裁判離縁事件は、原則的には訴訟類型（離婚と同様な乙類事件）に分類し、未成年養子等の場合に非訟法理をも兼ねて採ると解した方が妥当なのではないか[54]。

---

53)　鄧・前掲注52）18頁。

54)　裁判離縁の利用者数に言及したわけではないが、理論の考察から乙類事件にすべきであるという学説は、前述のものの他、姜世明「宣告終止收養事件」軍法專刊60巻4期（2014）50-51頁。

# 第3章　嫡出推定制度について

## ① 親子関係の成立について

　台湾の民法は、実親子関係を嫡出子と非嫡出子の二種類に分けている。民法1061条は、嫡出子を「婚姻関係より懐胎され生まれた子」として定義づけている。非嫡出子の定義に関する明文の規定はないが、学説は1061条の反対解釈として「婚姻関係より懐胎され生まれたのではない子」と説明している[55]。嫡出子と非嫡出子は、子と父との親子関係の成立の方法は異なるが、一旦法律上の親子関係が認められた以上、法的効果には違いがないと一般的にいわれている[56]。

　父子関係は、嫡出か否かにより成立の方法が違うのに対して、母子関係は、民法に明文の規定がなく、分娩という事実によって認められるとされている。また、非嫡出子とその母との関係について、民法1065条2項が「嫡出子とみなされ、認知される必要がない」と規定しており、このこともまた法律上の母子関係は分娩によって成り立つとの現れである[57]。嫡出子とその父との関係は、嫡出推定の規定（民法1063条1項）により成り立つ。この制度の詳細は以下の②で検討する。他方で、非嫡出子とその父との関係は、（任意認知や強制認知を含めた）認知により成立する（民法1065条1項）。

　留意すべきことは、上に述べたように、台湾では、非嫡出子が（その父によって）認知されたら、その有する権利・義務は基本的には嫡出子と同様であるため、認知は父子関係の成立方法のみならず、嫡出性を付与する効果もある。このことは、民法1065条1項、すなわち「非嫡出子は、父の認知によって、嫡出

---

55)　戴炎輝ほか・前掲注31）329頁、陳棋炎ほか・前掲注21）284頁。

56)　陳棋炎ほか・前掲注21）266・286頁、林秀雄『親属法講義』（元照、2018）236頁。しかし、この言い方は厳密ではない。認知された非嫡出子の氏の定め方において、また、父の死後に認知された非嫡出子の相続できる遺産の範囲おいては、嫡出子とは異なる。

57)　林・前掲注56）236頁。

384　第6部　台湾法

子とみなされる」という文言からも窺われる。これと似たように、母子関係が分娩によって確定されることは、母子関係が成立するのみならず、その子が嫡出性をも取得することとなる（民法1065条2項）。たとえ母が実際に婚姻していなくとも、子は母の「嫡出子とみなされる」。少し奇妙な言葉であることは否めないが、このような定め方の目的は、嫡出子と非嫡出子との法的地位の差をできるだけ減らすためであり、しかも1931年から存在した規定であるから、当時の他の国々が非嫡出子に対して厳しい態度を取っていたのと比べて、中華民国民法は寛容的であると指摘されている[58]。

## ② 嫡出推定の概要

嫡出子とは、前述の通り「婚姻関係より懐胎され生まれた子」として定義されている（民法1061条）。そのため、嫡出子は以下の四つの要件を満たす必要がある。すなわち、①その父母に婚姻関係があること、②父の配偶者（妻）によって分娩された者であること、③その懐胎は婚姻関係中に生じたこと、④その血縁は母の配偶者（夫）と繋がること、である。①と②は客観的な事実であり、証明は難しくないのに対して、医学が発達していない時代に、③と④の証明は簡単ではない。したがって、台湾の民法は諸外国法に倣って、懐胎期間の推定（民法1062条）および夫の子である推定（嫡出推定、民法1063条）という二種類の推定規定を設けた。以下、詳しく述べる。

### 1　懐胎期間の推定

民法1062条は、「（1項）子の出生日より遡り、第181日から第302日にわたる期間を懐胎期間とする。（2項）懐胎が、第181日以内あるいは第302日以前に生じたと証明できれば、その期間を懐胎期間とする」と定めている。

妊婦の体質により懐胎期間の長さは異なり得るが、医学的統計によれば、懐胎から分娩まで、181日より短いこと、または302日より長いことは稀である。

---

58）　戴炎輝ほか・前掲注31）345-346頁、陳棋炎ほか・前掲注21）286頁。ただし、これは現代親子法が重視する「子の保護」のためではなく、むしろ、（父の）家族の血縁を継続するため、婚姻外の結合ないし婚外子に対して寛容な態度を採ったにすぎない。詳しくは、林・前掲注56）236頁を参照されたい。

第3章　嫡出推定制度について　385

台湾法はドイツ民法（1592条1項）を参考としてこのような懐胎期間の規定を設けた。この規定は、次の1063条1項の嫡出推定と共に適用した結果、日本法772条2項のような定め方に言い換えれば、台湾では、婚姻の成立の日から181日を経過した後又は婚姻の解消若しくは取消しの日から302日以内に生まれた子は、婚姻中に懐胎したものと推定する、ということになる。

## 2　嫡出推定

　妻が婚姻中に懐胎した子は、嫡出子と推定する（民法1063条1項）。民法1062条の規定と合わせてみれば、要するに、子の出生日より遡り、第181日から第302日にわたるこの122日の期間中、夫婦に法律上の婚姻関係があれば、その子は嫡出子と推定される。この規定は、母が婚姻中に懐胎した子の法律上の父を、母の夫と推定するという父子関係の推定であるだけでなく、同時に、その子を「嫡出子」とするという嫡出性の付与の規定にもなっている。この推定は、以下の④で検討する嫡出否認の訴えによってのみ覆すことができるが、嫡出否認の訴えの出訴権者と出訴期間には厳格な制限があるので、推定された嫡出子の地位は強く守られている。また、嫡出推定の前提としては、妻が懐胎して分娩した子でなければならないため、他人の子を引き取って自分の嫡出子として出生届を提出すること（虚偽の嫡出子届）は、嫡出推定の効果を生じない[59]。

---

59）　最高法院28（1939）年渝上字1445号判例、史尚寛『親属法論』（自費出版、1974）486頁。補足するが、虚偽の嫡出子届は、台湾では養子縁組の効力を発生しないものの、1985年以前の養子縁組の要式に関する旧1079条は、「養子縁組は書面によって行われるべきである。但し、子の幼い頃から自分の子として養育してきた場合は、その限りでない」と定めていた。そうすると、幼児（判例では7歳未満）を引き取って、自分の子とする意思に基づいて養育している行為があるならば、この条文によって、養子縁組の書面も、養子の実親の同意も不要であり、養子縁組関係は成立するとされていた。最高法院103（2014）年度台上字第528号判決はこのような見解を採用している。つまり、1985年以前には、「幼児」、「自らの子とする意思」と「養育行為」の要件が満たされれば、養子縁組関係が認められたが、このことは虚偽の嫡出子届（または身分占有等の法理）によってではなく、もっぱら旧法下の養子縁組の要件から導き出されていたとされる。また、前述したように、1985年民法の改正では、養子縁組の成立要件に新たに裁判所の「認可」を導入したため、勝手に他人の子を自分の子として養育していても、裁判所の認可がなければ、もはや養子縁組として承認される余地がない。

386　第6部　台湾法

## ③　再婚禁止期間の撤廃と父子関係の重複回避の手続

### 1　再婚禁止期間の規定

　女性が再婚後に出産した子の父親が、前婚の夫か、後婚の夫かわからなくなることを避けるため、1931年民法は女性の再婚禁止期間に関する規定を設けていた。すなわち、「女子が婚姻関係解消後、6箇月を経過した後でなければ、再婚をすることができない。但し、6箇月以内にすでに分娩した場合は、この限りでない」と987条が定めていた。その他、父性推定の重複の可能性がない場合、例えば、離婚した夫と再婚する場合、3年以上生死不明で離婚判決を得た場合、前婚の夫が死亡宣告を受けた場合、前婚解消前に夫婦がすでに6箇月以上の別居を経た場合等でも、この再婚の制限は緩和される[60]。これに違反する婚姻について、「前配偶者またはその直系血族は、裁判所にその取消しを請求することができる。但し、前婚姻関係解消後は6箇月を経過し、又は再婚後に懐胎したときは、その取消しを請求することができない」（民法994条）。

### 2　再婚禁止期間の削除

　しかし、このように再婚を法律上禁止しても、事実上の再婚と懐胎を阻むことができない。その際に、父性推定が重複することになり、別途で親子関係の問題を解決しなければならない。台湾では1998年の婚姻法小改正の際に、民法987条と994条を削除した。削除理由としては、第一に、現在の医学水準ではDNA鑑定により血縁を鑑定することは困難でなく、父の血縁が定められないことは稀であること、第二に、再婚禁止期間に反する後婚は、仮に女性が懐胎したら取り消されず、つまり取り消された後婚は女性が懐胎していない場合に限られ、そのときは血縁不明のおそれがないにもかかわらず、後婚が取り消されるのは公平を失すること、第三に、離婚してすぐ再婚し懐胎した子が、重複の父性推定を受けてしまうが、父の確認の訴えによって問題が解決できること、が挙げられる[61]。また、この規定は女性にのみ適用されており、男女の平

---

60)　戴炎輝ほか・前掲注31）100頁。

61)　立法院公報87巻31期（1998）228頁。

等に反するため、削除されたと説明する学説もある[62]。

### 3　父の確認の訴え

再婚により父性推定が重複する場合に、台湾の民法には、ドイツ民法1593条のような後婚の夫の子と推認される規定が存在しないため、裁判所に対して子の父の確認の訴えを提起しないと、父は定まらない[63]。ただし、戸籍実務では、母が子の出生届をする際に、後婚の夫を子の父として記載しようと申し立てたとき、これは民法に合致し受理すべきであると認めている[64]。仮に前婚の夫または後婚の夫がこれについて争いがあれば、家事事件法65条により父の確認の訴えを提起することができる。この訴訟では、子、母、母の現在の配偶者（後婚の夫）または前婚の配偶者はいずれも適格の原告である（同条1項）。母の現在の配偶者が原告であれば、前婚の配偶者は被告となる。反対する場合も同様である。子または母が原告であれば、現在の配偶者と前婚の配偶者を共同して被告にしなければならない（同条2項）。

## ④　嫡出否認制度の変遷

嫡出推定が事実に反する場合は、嫡出否認制度によってこの推定を争うことができる。この訴訟の出訴権者と出訴期間には厳格な制限がある。理由としては、第三者の介入を防いで家庭の平和を守ること、嫡出父子関係を早期に安定させることが挙げられる。とはいえ、近年台湾法は、原告適格者と訴訟期間の拡大を認めつつある。

### 1　1931年民法と民事訴訟法では夫と「相続権を害される者」のみ

1931年民法は、嫡出の否認に関して、「前項の推定について、夫は、懐胎期間中、妻と同居しなかったと証明できる場合に、否認の訴えを提起することができる。但し、夫が子の出生を知った時から1年以内に提起しなければならな

---

62)　戴炎輝ほか・前掲注31）101頁。

63)　戴炎輝ほか・前掲注31）101・334頁、林・前掲注56）222-223頁。

64)　法務部2015年3月3日法律字第10403501710号解釈。

388 第6部 台湾法

い」と定めている（1063条2項）。すなわち、夫のみが、血縁関係のない子との
親子関係を解消させるか、あるいはそれにもかかわらず保護者として養育する
かを決めることができ、嫡出否認の行使が委ねられている。これは立法当時の
他国の規律と同様な内容である。また、判例は、夫が出訴期間に嫡出否認の訴
えを提起しなかった、あるいは提起したが勝訴判決を得なかった場合に、その
子が法律上その夫の嫡出子であることについては、何人も反対の主張を出して
はいけない、としている[65]。さらに「妻と姦通した男性（つまり子の血縁上の
父）は、その子を認知することができない」と1986年の判例は補足する[66]。さ
らに、たとえ客観的な事実、例えば夫の出征から、子が夫の子でないことが明
白な場合でも、判例は嫡出推定の適用を肯定している[67]。つまり、台湾では、
日本の「推定の及ばない子」の判例理論が形成されておらず、嫡出推定や嫡出
否認の要件と効果については条文の文言が忠実に適用されている。

　その他、留意すべきことは、民法と同じ年に制定された民事訴訟法は、特殊
な否認権者を認めていることである。すなわち、嫡出否認の訴えにおいて、夫
が法定訴訟期間内に死亡した場合に、相続権を害される者は、否認の訴えを提
起することができる（民事訴訟法549条1項）。この訴えは夫の死亡の時から6
箇月以内に提起しなければならない（同条2項）。このような定めは、スイス、
フランス等の民法に存在しないものである[68]。立法理由としては、夫が否認の
訴えを提起していないうちに死亡したとき、その真意は子を嫡出子として認め
たわけではないから、そこで、真実の血縁関係および財産権の保護（すなわち
相続人の権利の保護）を図るため、このような否認権者を認めるゆえである。
夫がすでに死亡したため、家庭の平和や婚姻関係安定のニーズが存在しなく
なったことにより、財産権の保護を強調して相続権が侵害された者に否認権を

---

65)　最高法院23（1934）年上字第3473号判例。

66)　最高法院75（1986）年台上字第2071号判例。

67)　司法院字第2773号解釈。

68)　ドイツについて、1961年民法1959a条は、夫の両親に否認権を認めたが、1998年改正
　　時に削除された。詳しい考察と比較は、呉従周「再訪否認子女之訴：以親生父提訴権之
　　探討為中心」台湾本土法学96期（2007）87-88頁。ちなみに、台湾のこの規定は、日本の
　　人事訴訟法41条に類似している。

第3章　嫡出推定制度について　389

与えることは妥当であるとした学説がある[69]。これに対して、相続の利益によっ
て子の嫡出性を否定した結果、子が推定の父に対する相続権を失ってしまうと
同時に、血縁上の父からの保護を得られる保証がないため、この制度は子の利
益に反して不当であり、しかも手続法が実体法上の否認権者を作り出すことも
体裁が悪いと批判する説もある[70]。

　また、「相続権を害される」とは、例えば当該嫡出推定された子が、推定さ
れた父の遺産を相続するため、自らの相続分が減少する者のこと（例えば子と
同順位の共同相続人）、あるいは相続人になることができなくなる者のこと（例
えば第二順位以降の推定法定相続人）などを指す。このような者は、生前に嫡出
否認の訴えを提起できなかった夫のために、代わりに訴訟を提起するのである
から、夫の訴訟権が存在することを要する[71]。なお、民事訴訟法のこの規定は、
2012年に施行された家事事件法の64条に受け継がれており、現在でも有効なも
のであるが、家事事件法は、2015年12月30日の改正で、出訴期間を「夫の死亡
時から6箇月以内」から「1年以内」に延長した（同法64条2項）。

## 2　1985年法改正で妻へ否認権を付与

　夫のみに否認権を認める制度の下では、仮に夫があえて否認の訴えを提起し
ないとすると、子は本当の血縁上の父とは親子関係が成立できず、子の利益にな
らないことが問題であったこと、また男女の平等に配慮した結果として、1985年
の法改正では、妻にも否認権が与えられた[72]。また否認の要件としては、「妻が
夫より懐胎したのではないと証明できる場合」に変更され、血縁と法律上の親子
関係の一致を求めるという嫡出否認の制度目的に、より適うと考えられる[73]。

　改正法に賛成する学説は、妻が自らの不倫を暴露し名誉を損なうのを恐れ

---

69)　林・前掲注56) 226頁。
70)　戴瑀如「血縁、家庭与子女利益：従徳国立法之沿革探討我国民法上的婚生否認之訴」
　　東呉法律学報20巻2期（2008）59-60頁、簡賢坤「民法親属編修正後婚生否認制度之探
　　討」月旦法学雑誌161期（2008）57-58頁。
71)　戴・前掲注70) 46頁。
72)　法務部編『民法研究修正実録㈠身分法部分』（法務部、1984）552・555頁。
73)　戴・前掲注70) 46頁。

390　第6部　台湾法

ず、否認の訴えを提起することは、子の利益を守るための崇高な精神であるから、支持すべきであるとする[74]。他方で、妻の理性を謳った改正法に疑問を持つ論者もいる。例えば、仮に夫が子の血縁を知りながらも自らの子として育てるつもりがあり、また子の血縁上の父が認知するつもりがないとき、妻は確かに否認の訴えを提起できるものの、このことは果たして子の利益に適うかが疑わしい。とりわけ、子の否認権を認めた現行法（1985年にはまだ子の否認権を認めていない）の下では、妻に否認権を与えることは説得力がない。妻に否認権を認めた理由は、男女の平等と子の利益の保護であるといわれるが、それは建前であり、本当は血縁を重視する封建的な考えに由来していた。したがって、裁判所は個々の事案において妻の否認権の行使が子の利益のためであるかを斟酌し、そうでない場合は権利濫用として棄却すべきである、と主張される[75]。

付言すると、1985年の改正法では、子に否認権を与えることがなかった。その理由は、子が母の不倫行為を公にすることは、倫理に反し、家庭の平和を壊してしまい、しかもその結果が子自身の利益に適うとは限らないからであった[76]。子の独立した否認権は、2007年改正を待たなければならなかった。

## 3　2004年の憲法裁判

1985年法改正以降、台湾は戒厳令の解除や民主化等、激しい変化を経てきた。婚姻や家庭の連帯も揺らいでいる。例えば、1985年の離婚率（人口千対）は1.10‰であったが、徐々に成長して、2003年はピークの2.87‰を迎えた[77]（以

---

74)　戴・前掲注70）46頁。

75)　林・前掲注56）226頁。

76)　戴東雄「否認子女之訴」万国法律120期（2001）80頁、李木貴「否認子女之訴与確認親子関係不存在之訴：最高法院九十二年度台上字第一六四三号判決解釈論之批判」月旦法学雑誌110期（2004）193頁。

77)　資料は、内政部戸政司全球資訊網の人口統計資料（https://www.ris.gov.tw/app/portal/346）の「07　離婚対数及粗離婚率（按登記）」の表による。2010年以降、離婚率は少し下がり、最近5年は2.5‰前後に横ばい状態が続いている。ちなみに、2016年日本の離婚率は1.73‰である。詳しくは、厚生労働省政策統括官（統計・情報政策担当）編『平成30年　我が国の人口動態——平成28年までの動向』（厚生労働省政策統括官、2018年）47頁（https://www.mhlw.go.jp/toukei/list/dl/81-1a2.pdf）。

下の図2を参照)。

図2　台湾の離婚率(人口千対)の変遷

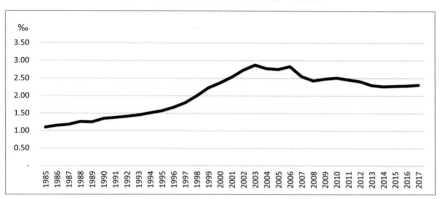

　離婚の多発に伴い、親子関係の争いも増え続ける。問題は、1985年民法における嫡出否認の要件が「夫または妻が、子の出生を知った時から1年以内に訴えを提起しなければならない」とされていることで、この要件が厳しすぎると批判されていた。つまり、子の血縁が推定の父と繋がっていないことに気づき、否認したいが、すでに出訴期間が過ぎていることがしばしば見られた。台湾の裁判所は、(当時の)1063条2項における「子の出生を知った時」という文言を、文字通りに解釈しており、日本のようにそれを「否定すべき子の出生を知った時」つまり自分の子でないことが判明した時という柔軟な解釈[78]を採ったわけではないからである。当事者が問題を解決するため、代わりに子あるいは子の血縁上の父が親子関係不存在の確認の訴えを提起することが、特に2000年前後に多発した。
　まず、子が提起した親子関係不存在の確認の訴えについて、最高法院は、最初は認めなかった。すなわち、当時の民法によれば子が嫡出否認の出訴権者ではなく、仮に(子と推定された父との)親子関係不存在の確認の訴えを認めた

---

78)　例えば、奈良家審昭53・5・19家月30巻11号62頁。二宮周平『家族法(第4版)』(新世社、2013)160頁を参照されたい。

392　第6部　台湾法

ら、それは嫡出推定を覆す権利を実質的に子に与えたことと変わらないからである（最高法院90（2001）年度台上字第760号判決）。しかし、2年後、妻が夫と離婚して子の血縁上の父と再婚した事案[79]において、子がDNA鑑定の結果を用いて当時の新民事訴訟法247条に基づいて提起した親子関係不存在の確認の訴えでは、原審は以前の主流的な見解に従い子の請求を棄却したが、最高法院92（2003）年度台上字第1643号判決は、子が確認の訴えを提起することを肯定し、原判決を取り消して差し戻した[80]。

　次に、子の血縁上の父もまた、子と推定された父との親子関係不存在の確認の訴え、あるいは子と自らとの親子関係存在の確認の訴えを提起し、裁判所の立場を問う。しかしながら、最高法院は子による訴訟に対する態度と異なり、血縁上の父の請求に対しては、一貫して拒み続けていた[81]。

　そして2004年に、前記の最高法院90（2001）年度台上字第760号判決（子が原告）と同院92（2003）年度台上字第2610号決定（血縁上の父が原告）で敗訴した原告らは、民法1063条2項の嫡出否認の規定が、憲法に違反しているとして、司法院大法官会議に憲法解釈を求めた。大法官会議は、釈字587号で以下のことを述べ、民法の規定を違憲として判断した。すなわち、子がその血縁の出自を知り、真実の父子関係を確定することは、子の人格権に関わり、憲法の保障に値する。民法1063条は、「（1項）妻が婚姻中に懐胎した子は、嫡出子と推定する。（2項）前項の推定について、夫または妻は、妻が夫より懐胎したのではないと証明できる場合に、否認の訴えを提起することができる。但し、子の出生を知った時から1年以内に提起しなければならない」と定めており、それ

---

79)　本件は離婚と再婚の事案であるが、子は重複の嫡出推定を受けておらず、前夫の子と推定されるにすぎない。

80)　この事件は、合計2回の差戻しを経て、最終的に台湾高等法院94年度家上更㈡字11号判決は子の請求（親子関係不存在の確認）を認めた。

81)　最高法院90（2001）年度台上字第65号決定、同院90（2001）年度台上字第2252号決定、同院92（2003）年度台上字第2610号決定、同院92（2003）年度台上字第1083号決定等。なお、2000年前後から2007年法改正まで、嫡出否認の訴えおよび親子関係不存在の確認の訴えに関する最高法院の見解の変遷については、陳安信・王沛元「婚生否認之訴与確認親子関係存否之訴：最高法院104年度台上字第138号判決評釈」軍法専刊63巻1期（2017）126-131頁。

第3章　嫡出推定制度について　393

は身分の安定と子の利益を図るものである。しかし、出訴権者は夫婦の一方に限られ、子が含まれていない。また、仮に子が単独で訴えを提起することができたら、現行法の出訴期間と起算点は必ずしも子に配慮した合理的な規定ではない。このように、子の訴訟権は民法によって不当に制限され、その人格権を維持するに足りないため、この範囲において民法の規定は、憲法が人格権と訴訟権を保障する趣旨に適わない。また、民法は、他人の嫡出子に対して否認の訴えを提起する権利を血縁上の父に与えていない。これは、訴訟によって他人の婚姻関係、家庭の平和ないし子が家で養育を受ける権利を損なうことを防ぐためのものであり、憲法に抵触するものではない。将来は法改正によってこの種類の訴訟を認めることが可能であるが、それは立法が決めるべき事項である、と述べられた。

## 4　2007年法改正で子へ否認権を付与

釈字587号に対応するため、2007年に1063条が改正され、子の出訴権が認められるようになった。すなわち、1063条2項は、「前項の推定について、夫若しくは妻の一方または子は、妻が夫より懐胎したのではないと証明できる場合に、否認の訴えを提起することができる」としている。また、嫡出否定の出訴期間について、以前の起算点は「子の出生を知った時」であったが、現在は「嫡出でないことを知った時」、つまり日本法の解釈と類似するように改正した。すなわち、1063条3項は「前項の嫡出否認の訴えについて、夫若しくは妻の一方が、子が嫡出でないことを知った時から、または子が自ら嫡出でないことを知った時からから2年以内に提起しなければならない。但し、子が未成年の時に知った場合に、成年になってから2年以内に提起すればよい」と定めている。

7歳以上の未成年者は、家事事件法14条2項によれば、嫡出否認を含む自らの身分または自由に関する事件では、手続能力を有するが、未成年の子がたとえ嫡出でないことを知ったとしても、能力または知識の制限のため、訴えを提出する困難があるかもしれない。このことに配慮して出訴期間は成年の時から2年間と延長した。

最高法院は、法改正の前に、子を救済するため一時期に親子関係不存在の確

認の訴えを認めたが、2007年法改正後、嫡出推定に関する争いはすべて嫡出否認の訴えによって解決すべきであり、それを回避して親子関係不存在の確認を主張してはならないという安定した見解に戻った[82]。

---

82)　例えば、最高法院96（2007）年度台上字第2278号判決、同院100（2011）年度台上字第994号判決、同院104（2015）年度台上字第138号判決。詳しい考察は、陳安信ほか・前掲注81）130-131頁。

# 第4章 最近の議論──同性カップルの法的保障と親子法

　2007年に養子縁組と嫡出否認制度に対する法改正後、民法の親子法の規定をさらに大幅に改正するという論調は見られない。もっとも、判例を観察すれば、解釈論上の問題がないわけではない。例えば、母の前夫の嫡出子と推定された子は、生後まもなく血縁上の父によって認知され[83]、36年間にわたり血縁上の父と同居してきたが、その血縁上の父が死亡したとき、他の共同相続人（子の兄弟姉妹）によって認知の無効が主張された[84]件で、最高法院は、「他人の嫡出子と推定された子を認知することは無効である」という論理を堅持し、認知を有効と認めて子を救済しようとした事実審の判断を3回にわたって破棄し差し戻した[85]。この身分の安定性を甚だしく害する見解に対して、学説は、最初の無効の認知はその後の嫡出否認の訴えの遡及効によって追認されるという「無効行為の追認」理論が必要であることを主張する[86]。その他、死後に認知

---

83)　血縁上の父は認知届を出して、それが受理された。しかし、子は嫡出推定を受けたため、血縁上の父による認知は無効であり、この認知届も誤っていたものだと裁判所に認定された。認知届が受け付けられたのは、おそらく当時に婚姻は儀式婚主義であって、子の母とその前夫の結婚が戸籍に記載されていなかったからであろう。

84)　この件では、血縁上の父が死亡した後、推定された父は嫡出否認（本当は親子関係不存在の確認）の訴えを提起し勝訴した。したがって、子と推定された父との間の父子関係は、遡って消滅するが、そのときに血縁上の父がすでに死亡したため、もはや任意認知することができない。仮に子が死後認知の訴えを提起して勝訴としても、最高法院は、民法1069条に基づいて、父の死後に認知された子の相続権を制限的に解している。そのため、子は他の兄弟姉妹と同様に父の遺産を相続できるわけではない。

85)　最高法院97（2008）年度台上字第1613号判決、98（2009）年度台上字第704号判決、99（2010）年度台上字第367号判決である。なお、本件は最終的には二審が妥協して子を敗訴させ、それが最高法院100（2011）年度台上字第370号判決で確定した。

86)　林秀雄「認領子女之訴之性質：評最高法院九十八年台上字第九四号民事判決」月旦裁判時報4期（2010）64-65頁。

396　第 6 部　台湾法

された子の相続権[87]、無効の認知が養子縁組に転換することが可能か[88] 等の問題をめぐる判例は、さらに検討する必要がある[89]。

　立法論的に取り上げられた問題としては、親子法内部のものではなく、同性カップルの法的保障に関連するものが挙げられる。すなわち、2017年 5 月24日の司法院大法官会議釈字748号は、同性カップルに結婚を認めない民法の婚姻に関する規定は、婚姻の自由および平等権の保障に反し違憲であると判断した[90]。その効果として、関連機関は憲法解釈が公布されてから 2 年以内に、この解釈の趣旨にしたがい関連法令の改正または制定をしなければならない。もっとも、婚姻自由に対する平等的な保護を実現する法律の形式は、立法者の裁量による。 2 年以内に法令の改正または制定が完成されなければ、同性別の二人は、その結合について、上記民法の婚姻に関する規定に基づき、二人以上の証人が署名した書面を用いて結婚届を出すことができる、とされている。

　憲法解釈の前に、同性婚を認めるべきか、どのように（民法を改正するか、特別法を制定するか）認めるか、親子関係に関しては異性カップルと同様に扱うべきか等の問題を巡って様々な議論が存在した。例えば、筆者が2016年に関与した同性パートナーシップ法の調査研究では、 4 人の家族法研究者に対するインタビューが行われた。そのうち、 1 人は民法の婚姻の規定を直接に改正することに賛成するが、 1 人は民法の婚姻章とは別に、もう一つの同性カップル用の章を民法に加えるべきであると主張し、また残りの 2 人は特別法の制定を

---

87)　最高法院100（2011）年度台上字第452号判決と同院103（2014）年度台上字第618号判決は、相続権を制限する見解を採用している。

88)　最高法院102（2013）年度台上字第2301号判決と同院103（2014）年度台上字第51号判決は、転換を認めたが、日本の最高裁昭和54年11月 2 日判決（判例時報955号（1998）56頁）と異なり、台湾のこの事案は、無効行為の転換論が養子の利益を保護するため用いられたわけではなく、むしろ逆に、転換が認められた結果、養子縁組関係が有効に成立し、（養父より遥かに裕福である）実父との関係を停止させ、実父の遺産に対する相続権が否定された。

89)　最近の台湾の親子法に関する判例の状況と問題点は、黄詩淳「身分法発展回顧：2010-2014年之実務発展分析」台大法学論叢44巻特刊（2015）1610-1619頁を参照。

90)　日本語に関する解説は、鈴木賢「アジアで一番乗り、台湾で同性婚実現へ：台湾司法院大法官第748号解釈を読み解く」法律時報89巻 9 号（2017） 4 - 6 頁。

支持する[91]とした。次に、親子法に関して、4人のうちの1人は、現行の嫡出推定の規定は、同性カップルに適用すべきでないと述べた[92]。さらに、同性カップルが養子縁組を利用することができるかについて、4人のうちの1人は、ドイツ法のように、当事者の一方の実子と他方が縁組するという連れ子養子縁組を認めるものの、共同縁組を認めないという意見を表した。もう1人は、子の最善の利益から、同性カップルに養子縁組をする権利を軽率に認めるべきでないと表明した。3人目は、養子縁組を認めるかについて明確な見解を示していなかったが、認める前に、さしあたり、カップルの一方が他方の未成年の実子と同居している場合には、ドイツ法のような小配慮権（das kleine Sorgerecht）を他方に認めた方が合理的であると話した。残りの1人は養子に関しては全く言及しなかった[93]。この4人のインタビューをまとめてみると、同性カップル間の関係について、その保障の方法が民法改正または特別法によるかに関わる議論があるものの、効果的には婚姻と同様か類似にすべきとするのは、主流的な意見といえる。これに対して、同性カップルの親子関係に関する規律は、研究者の中でも非常に分岐した意見が見られ、共通した方向性がまだないと言えるだろう。

　憲法解釈のおよそ一年半後、この同性婚合法の動きに反対する団体が、2018年11月の統一地方選挙で三つの国民投票案を提出し、結局、同性婚合法反対への意見が賛成多数となった。この国民投票の結果によって、同性カップルの結合を保障する方法は、民法の改正ではなく、特別法を制定する可能性が増えた[94]。いずれにせよ、釈字748号解釈が設定した2年間の期限までは半年間しか残っていない。この限られた時間に、同性カップルの2人間の権利義務を規

---

91)　林昀嫺ほか「同性伴侶法制実施之社會影響与立法建議成果報告書」85-86頁（法務部の法務研究計画与成果のページからダウンロードできる https://www.moj.gov.tw/cp-60-64618-1dfb8-001.html）。

92)　林昀嫺ほか・前掲注91）95頁。

93)　林昀嫺ほか・前掲注91）93-94頁。

94)　松岡宗嗣「台湾の同性婚をめぐる国民投票、反対派が多数に。これまでの経緯と今後の影響を解説」（2018年11月27日 https://www.huffingtonpost.jp/soushi-matsuoka/gay-marriage-taiwan_a_23601176/）は、鈴木賢教授の見解をこのようにまとめた。

398　第 6 部　台湾法

律する民法の条文改正ないし特別法の制定が完成されることはまだ可能であるが、親子法までコンセンサスをまとめることは不可能に近いため、たとえ法改正または立法が実現されても、親子法に関する内容は、上述した家族法研究者たちが示したものか、あるいはさらに制限的な立場になりそうである。

## 【後記】

　本稿の完成後、2019年 5 月22日に司法院釈字第748号解釈施行法が公布され、これにより台湾では同性カップルの婚姻が認められることとなった。この変化は民法の改正ではなく、特別法の制定によってもたらされたものである[95]。この法律の下では、同性カップルの関係は異性間の夫婦関係と等しく扱われているが、親子関係においては異なる規定が存在する。第一に、嫡出子の推定が適用されない点である。次に、法の施行時点で、同性カップルの一方は他方の実子を養子にすることが許可されていたものの、共同で他人の子を養子にすることは不可能であった。2023年 6 月 9 日の法改正により、同性カップルが共同で養子縁組を行うことが可能となった（法20条）。最後に、生殖補助医療の利用については、現状では同性カップルに認められていないが、法改正が検討されている状況である。

---

95)　この過程を詳しく紹介し、分析した文献として、鈴木賢『台湾同性婚法の誕生』（日本評論社、2022）を参照。

**親子法制の比較研究**

2024年12月25日　初版第1刷発行

監 修 者　　大　村　敦　志
著　　　者　　長　野　史　寛・石　綿　はる美
　　　　　　　金　子　敬　明・常　岡　史　子
　　　　　　　郭　　　珉　希・黄　　　詩　淳

発 行 者　　石　川　雅　規

発 行 所　　株式会社 商 事 法 務

〒103-0027 東京都中央区日本橋3-6-2
TEL 03-6262-6756・FAX 03-6262-6804〔営業〕
TEL 03-6262-6769〔編集〕
https://www.shojihomu.co.jp/

落丁・乱丁本はお取り替えいたします。　　印刷/中和印刷㈱
© 2024 Atsushi Omura　　　　　　　　 Printed in Japan
*Shojihomu Co., Ltd.*
ISBN978-4-7857-3135-9
＊定価はカバーに表示してあります。

JCOPY ＜出版者著作権管理機構　委託出版物＞
本書の無断複製は著作権法上での例外を除き禁じられています。
複製される場合は、そのつど事前に、出版者著作権管理機構
（電話 03-5244-5088、FAX 03-5244-5089、e-mail: info@jcopy.or.jp）
の許諾を得てください。